Birger Petersen-Mikkelsen
Die Melodielehre des *Vollkommenen Capellmeisters* von Johann Mattheson

EUTINER BEITRÄGE ZUR MUSIKFORSCHUNG

herausgegeben von Birger Petersen-Mikkelsen und Martin West

Band 1

über den Autor

Birger Petersen-Mikkelsen (geb. 1972) studierte Komposition und Musiktheorie an der Musikhochschule Lübeck sowie Musikwissenschaft, Theologie und Philosophie an der Christian-Albrechts-Universität Kiel (Promotion 2001). 1995-1998 Dozent an der Musik- und Kunstschule Lübeck; seit 1995 Kirchenmusiker an der ev.-luth. Friedenskirche Eutin. Seit 1997 lehrt er die Fächer Musiktheorie, Komposition und Improvisation an der Hochschule für Musik und Theater Rostock, außerdem Tonsatz, Partitur- und Generalbaßspiel am Institut für Kirchenmusik und Musikwissenschaft der Ernst-Moritz-Arndt-Universität Greifswald und Analyse an der Hochschule für Künste Bremen.
Mehrere Preise und Auszeichnungen, so der Europäische Kompositionspreis der Terminbörse Amsterdam, der Kunstpreis Cloppenburg und der Kulturpreis Ostholstein. Die Musik- und Kongreßhalle Lübeck wurde 1994 mit der Uraufführung des Orchesterstückes *„Singbarer Rest"* eröffnet.

Birger Petersen-Mikkelsen

Die Melodielehre
des *Vollkommenen Capellmeisters*
von Johann Mattheson.

Eine Studie zum Paradigmenwechsel
in der Musiktheorie des 18. Jahrhunderts

Eutin 2002

für Edda

CIP-Kurztitelaufnahme der Deutschen Bibliothek

Petersen-Mikkelsen, Birger:
Die Melodielehre des „Vollkommenen Capellmeisters" von Johann
Mattheson. Eine Studie zum Paradigmenwechsel in der
Musiktheorie des 18. Jahrhunderts / Birger Petersen-Mikkelsen. –
Eutin 2002. (Eutiner Beiträge zur Musikforschung; Bd. 1)
ISBN 3-8311-3484-7

NE: GT

© Eutin 2002; alle Rechte liegen beim Autor.
Herstellung: Books on Demand GmbH, Norderstedt

ISBN 3-8311-3484-7

Inhaltsverzeichnis

Vorwort

Der Vollkommene Capellmeister (1739) von Johann Mattheson gehört zu den Großwerken der deutschen Musiktheorie des 18. Jahrhunderts, in seiner Wirkung vielleicht nur noch vergleichbar mit den Schriften Rousseaus über die Musik. Enzyklopädisch versammelt der *Capellmeister* nahezu alles, was dem frühen 18. Jahrhundert auf dem Gebiet der Musik philosophierend, theoretisierend und praktisch ausübend an Erfahrung verfügbar war.

Der großen Wirkungsbreite im 18. und frühen 19. Jahrhundert steht allerdings eine merkliche Verhaltenheit der systematischen wissenschaftlichen Auseinandersetzung mit Mattheson zumal in der deutschen Musikwissenschaft gegenüber: Die systematische Rekonstruktion dieses Hauptwerks des Hamburger Universalgelehrten fehlt ebenso wie eine angemessene historische Verortung. Die vorliegende Arbeit will einen Versuch in dieser Richtung unternehmen: In der Konzentration auf den Aspekt der Melodielehre soll hier eine Fragestellung aufgegriffen werden, die zum zentral Neuartigen von Matthesons Musikkonzeption gehört und die in vielfacher Wechselwirkung mit anderen Grundfragen des Musikdenkens des 18. Jahrhunderts steht. Diese Arbeit wurde von der Philosophischen Fakultät der Christian-Albrechts-Universität Kiel im Juli 2001 als Dissertation angenommen.

Mein Dank gilt zunächst und vor allem meinem Doktorvater, Herrn Prof. Dr. Bernd Sponheuer, der mit vielen Anregungen, Geduld und fortwährender Motivation dieses Projekt von Anfang an unterstützt hat, ebenso aber auch dem Zweitgutachter, Herrn Prof. Dr. Siegfried Oechsle, der nicht nur mit zwei Seminaren über Mattheson und seine Zeit den Anstoß in die Richtung, den diese Arbeit schließlich nahm, gab. Danken möchte ich ferner Herrn Prof. Dr. Friedhelm Krummacher und Herrn PD Dr. Helmut Well für so manchen kritischen Einwand und viele anregende Gespräche, außerdem Frau Prof. Dr. Renate Groth (Bonn), Frau Prof. Dr. Janina Klassen (Freiburg im Breisgau), Herrn PD Dr. Markus Waldura (Saarbrücken), Herrn Prof. Dr. Wilhelm Seidel (Leipzig), Herrn Prof. Dr. Herbert Schneider (Saarbrücken) und Herrn Prof. Dr. Thomas Christensen (Chicago / USA) für Rat und Tat und viel Unterstützung. Die Bibliotheksteams der Christian-Albrechts-Universität Kiel und der Musikhochschule Lübeck und das Team der Musikabteilung der Bibliothèque Nationale de France waren entgegenkommend und hilfreich, ebenso wie mein „Korrekturteam", Susan Lempert und Axel Frieb-Preis.

Dank gezollt sei schließlich meinen Eltern, meinem Lehrer Herrn Prof. Roland Ploeger, ohne den ich dieses Buch nicht geschrieben hätte, und nicht zuletzt meiner Frau Edda, ohne deren Zuneigung, Geduld und Nachsicht mein Dissertationsprojekt niemals einen Abschluß gefunden hätte. Ihr ist dieses Buch gewidmet.

Eutin, im Februar 2002   Birger Petersen-Mikkelsen

Einleitende Bemerkungen

Unter dem 14. Mai 1737 erscheint im ersten Teil von Johann Adolph Scheibes *Critischem Musicus* eine anonyme, berühmt gewordene Polemik gegen Bachs Schreibart: Sie wird zum Ausgangspunkt eines umfangreichen musikästhetischen Diskurses. Dabei handelt es sich beim *Critischen Musicus* keineswegs um eine auf unmittelbare Aktualität bedachte Zeitschrift, wie diese Reaktion vermuten lassen könnte, sondern vielmehr um eine in Folgen erscheinende „Enzyklopädie der Musik"[1]. In einer späteren Veröffentlichung bemerkt nun Scheibe im Zusammenhang mit einem Überblick über die Grundlagen des Komponierens im zweiten Viertel des 18. Jahrhunderts, das Fundament aller Musik sei nicht etwa Harmonie oder Kontrapunkt, sondern die fließende Melodie: „Jedweder Komponist muß in Gedanken singen"[2]. Einfachste Regeln sollen die Eingängigkeit von Kompositionen gewährleisten, und nicht die Kunst des Komponisten, sondern „eine „edle und erhabene Belustigung des Gemüthes"[3] solle im Vordergrund stehen. In einer Antwort auf Kritik an seiner Position bekräftigt Scheibe, daß in der neuen Musik nicht „Kunst", sondern „Geschmack" zum entscheidenden Schlüsselbegriff geworden sei: „Es dürffte also der so genannte neumodische Geschmack, der nach dem reifen Urtheil des unpartheyischen Herrn Verfassers [...] zwar verdorben ist, weit gegründeter und natürlicher seyn als der altfränkische Geschmack derjenigen, welche, mit dem Herrn Verfasser, den Zwang der Natur vorziehen"[4].

Über Bach, der namentlich nicht genannt wird, steht im eingangs erwähnten Sechsten Stück des *Critischen Musicus* zu lesen: „Dieser große Mann würde die Bewunderung ganzer Nationen seyn, wenn er mehr Annehmlichkeit hätte, und wenn er nicht seinen Stücken, durch ein schwülstiges und verworrenes Wesen, das Natürliche entzöge, und ihre Schönheit durch allzu große Kunst verdunkelte"[5]. Die Attacke

---

[1] Martin Geck, *Bach. Leben und Werk*, Reinbek bei Hamburg 2000, S. 228.
[2] Johann Adolph Scheibe, *Critischer Musicus*, Leipzig ²1745; Nachdruck Hildesheim und New York 1970, S. 52.
[3] Ebd., S. 54; vgl. Geck, *Bach*, S. 229.
[4] Scheibe, *Criticus musicus*, zit. nach Bach-*Dokumente*, hg. von Werner Neumann und Hans-Joachim Schulze für das Bach-Archiv Leipzig (= Supplement zu NBA) *Bd. II. Fremdschriftliche und gedruckte Elemente zur Lebensgeschichte Johann Sebastian Bachs 1685-1750*, Kassel, Basel, Tours, London und Leipzig 1969, S. 317.
[5] Scheibe, *Critischer Musicus*, S. 47.

Scheibes ist unterschiedlich interpretiert worden: Günther Wagner hat die ältere Auffassung, Scheibe habe „ein einfaches, simples, vorklassisch-empfindsames Kompositionsideal" vertreten, als grundsätzlich falsch zurückgewiesen, da Scheibes Position vor allem dadurch gekennzeichnet sei, daß dieser in seinen Schriften „gegen allzu große Simplizität und Banalität entschieden zu Felde gezogen"[6] sei. Der zentrale „Wertmesser" sei für Scheibe stattdessen die adäquate Behandlung der Sprache gewesen, und hierin habe Bach das aufgestellte Natürlichkeitsideal verfehlt[7]. Friedhelm Krummacher zentriert Scheibes Kritik auf Bachs Polyphonie, wobei Scheibes Beobachtungen „von einer durchaus anderen und neuen Ästhetik" ausgingen, nämlich von der Ästhetik der „sogenannten Frühklassik", von der sich Bachs Kunst ihrerseits distanziere. Der sich an der Kritik Scheibes entzündende Disput ließe sich demnach nicht zum „Muster eines barocken Gelehrtenstreits" herunterspielen[8]. Fritz Reckow nun führt dagegen an, daß – wenn es denn überhaupt ein adäquates Muster für diesen Streit geben sollte – die in der Öffentlichkeit vielbeachteten publizistischen Auseinandersetzungen mit dem Disput mit Scheibe vergleichbar sind, „Querelles", die „wesentlich zur allgemeinen Urteilsbildung, zur Erprobung und Kontrolle der etablierten Kategorien und Kriterien, aber auch zur engagierten Stellungnahme und zur geschliffenen Interpretation beigetragen haben"[9].

Reckow weist auch darauf hin, daß es gerade diese Querelles waren, die ein Johann Mattheson zur kritischen Bewußtseinsbildung dokumentiert und kommentiert hat. So wie Scheibes Kritik an Bach ein echtes Zeitdokument, vielleicht sogar ein Manifest der musikalischen Ziele einer neuen Generation[10] ist, so eng scheint der Zusammenhang der Musikanschauung Scheibes mit der Matthesons zu sein: Von der Grundüberlegung, daß der Geschmack im weitesten Sinne das Leitbild

---

[6] Günther Wagner, *J. A. Scheibe – J. S. Bach: Versuch einer Bewertung*, in: BJb 68 (1982), S. 44.

[7] Ebd., S. 47.

[8] Friedhelm Krummacher, *Bach als Zeitgenosse. Zum historischen und aktuellen Verständnis von Bachs Musik*, in: AfMw 48 1991, S. 70-71 und 73.

[9] Fritz Reckow, *Die ‚Schwülstigkeit' Johann Sebastian Bachs oder ‚Melodie' versus ‚Harmonie'. Ein musiktheoretischer Prinzipienstreit der europäischen Aufklärung und seine kompositions- und sozialgeschichtlichen Implikationen*, in: Helmut Neuhaus (Hg.), *Aufbruch aus dem Ancien régime. Beiträge zur Geschichte des 18. Jahrhunderts*, Köln, Weimar und Wien 1993, S. 221.

[10] Vgl. Hans Heinrich Eggebrecht, *Scheibe gegen Bach – im Notenbeispiel*, in: *Das Musikleben* V (1952), Nachdruck in ders., *Bach – wer ist das? Zum Verständnis der Musik Johann Sebastian Bachs*, München ²1994, S. 187.

der Beurteilung von Musik sein soll, und von der Betonung der Gefühlserregung als Ziel der Musikpraxis einmal abgesehen, führt Scheibe schon in den knappen eingangs zitierten Sätzen die Natur – als Gegensatz zum „Zwang", zur Regelbindung – ins Feld, eine Haltung, die auch im Schrifttum Matthesons immer wieder zum Tragen kommt. Vor allem aber steht im Mittelpunkt der Perspektive Scheibes eine Kategorie, die spätestens im *Vollkommenen Capellmeister* Matthesons von 1739 eine zentrale Rolle spielt und der Mattheson einen didaktischen Überbau verleiht: die Melodie. Daß die Melodie als zentraler Bestandteil der Kontrapunktlehre älterer Provenienz ohnehin immer erheblichen Anteil an der Satzlehre hatte, steht außer Frage[11], täuscht aber auch nicht über die Tatsache hinweg, daß Matthesons Zugang 1739 vollkommen neuartig ist, da er die Melodie auch (wenn auch nicht nur) abgelöst vom Satzverband betrachtet und mit einem Regelwerk versieht.

„Alles muß gehörig singen" – unter dieser Schlagzeile versammelt Mattheson 1739 im *Vollkommenen Capellmeister* die Gelehrsamkeit des barocken Musikers, der in Rhetorik ebenso firm sein muß wie in der fundamentalen Mathematik seiner Zeit, und die Haltung des *galant homme*, dessen Lebensart im frühen 18. Jahrhundert zum Idealbild wurde. Die Melodie dient dabei nicht nur als Objekt der Betrachtung, das im Interesse beider Extreme einer genaueren Untersuchung zu unterziehen ist, sondern zugleich als Brennpunkt der Haltung Matthesons, nicht länger Musik zum Selbstzweck im weitesten Sinne zu betreiben, sondern den Menschen in den Mittelpunkt zu rücken – er wird als hörendes und spielendes Subjekt zum Ziel der Musik, die wiederum nur vom Menschen her zu verstehen ist. Und diese Wendung an das Subjekt trägt bereits die Züge einer modernen Ästhetik; dennoch hat etwa die Rhetorik als Leitdisziplin des Barocks noch einen erheblichen Anteil an der Konzeption Matthesons. Die im *Vollkommenen Capellmeister* beschriebene Melodielehre wird so zum Zentrum einer neuen Musikanschauung.

Dabei ist noch viel eher Matthesons *Neu-Eröffnetes Orchestre* von 1713 als Schrift zu etikettieren, in der sich musikalische Ziele einer neuen Generation manifestieren – mit ihrer neuartigen Adressierung an den

---

[11] Vgl. Carl Dahlhaus, *Die Musiktheorie im 18. und 19. Jahrhundert. Zweiter Teil: Deutschland*, Darmstadt 1989 (Geschichte der Musiktheorie Bd. 11), S. 13: „Daß Johann Mattheson im *Vollkommenen Capellmeister* (1739) behauptete, als erster eine Melodielehre entworfen zu haben [...], ist [...] ein Irrtum, der durch einen historischen Exkurs über Melodielehren aus früheren Jahrhunderten oder sogar Jahrtausenden ohne Mühe widerlegbar wäre".

galant homme, der (wenn auch nur vorläufigen) Negierung einer Stilzugunsten einer Gattungslehre und der Verabschiedung von Solmisation und Kirchentonarten. Zu erfragen ist im allgemeinen das Verhältnis der beiden tragenden Pfeiler des Matthesonschen Musikdenkens, zwischen der Phase der *Orchestre*-Schriften und der des *Vollkommenen Capellmeisters*; die zwischen den Phasen liegenden zahlreichen Arbeiten mögen hier als Zwischenstadien zwischen der Aufräumsituation von 1713 und dem enzyklopädisch angelegten Werk von 1739 verstanden werden. Die entscheidende und bestimmende Perspektive aber bleibt die Melodielehre Matthesons: Ihr widmet Mattheson als erster Verfasser einer Satzlehre, die Bezug nimmt auf den aktuellen kompositionstechnischen Stand, den zentralen Teil seines Hauptwerks, denn nichts anderes stellt der *Vollkommene Capellmeister* unbeschadet der *Orchestre*-Phase bzw. späterer Veröffentlichungen dar.

*

Der Zugang zu Mattheson ist in der Vergangenheit aus den unterschiedlichsten Perpektiven unternommen worden: Neben den frühen, grundlegenden Arbeiten Beekman C. Cannons[12] und Werner Brauns[13] beschäftigen sich etwa die wichtigen Studien zur Gattungs- und Stillehre Claude Paliscas[14] oder Friedhelm Krummachers[15] ebenso wie die Texte Karl-Heinz Götterts zum Einfluß der Rhetorik auf

---

[12] Beekman C. Cannon, *Johann Mattheson – Spectator in Music* (= Yale Studies in History of Music, Vol. 1), New Haven 1947.
[13] Werner Braun, *Johann Mattheson und die Aufklärung*, phil. Diss. (masch.), Halle 1952.
[14] Claude V. Palisca, *The genesis of Mattheson's style classification*, in: George J. Buelow und Hans-Joachim Marx (Hg.), *New Mattheson Studies*, Cambrigde 1983, S. 409-423.
[15] Friedhelm Krummacher, *Stylus versus Opus. Anmerkungen zum Stilbegriff in der Musikhistorie*, in: *Om Stilforskning. Föredrag och diskussionsinlägg vid Vitterhetsakademiens symposium 16-18 november 1982* (=Kungl. Vitterheds Historie och Antikvitets Akademiens Konferenser 9), Stockholm 1983, S. 29-45; Wiederabdruck in: Siegfried Oechsle, Heinrich W. Schwab, Bernd Sponheuer und Helmut Well (Hg.), *Friedhelm Krummacher: Musik im Norden. Abhandlungen zur skandinavischen und norddeutschen Musikgeschichte*, Kassel, Basel, London, New York und Prag 1996, S. 1-17, und ders., *Stylus versus Genus: Zum systematischen Denken Johann Matthesons*, in: Fs Arno Forchert, Kassel 1986, S. 86-95.

Matteson[16], Thomas Christensens zur Tonperzeption bei Matteson[17] oder Siegfried Oechsles zur Rezeption der Stilklassifizierungen Matthesons bei Bach[18] in erster Linie mit den *Orchestre*-Schriften Matthesons, insbesondere mit dem *Neu-Eröffneten Orchestre* von 1713 und deren Rezeptionsgeschichte – es sei denn, enzyklopädisch angelegte Handbücher[19] beinhalten grundsätzlichere Überlegungen, die auch Johann Matteson als polarisierende Figur des 18. Jahrhunderts betreffen. Allein die Dissertation von Konrad Fees[20], die der Incisionslehre Johann Matthesons gewidmet ist und diese in eine genealogische Linie stellt (und ihr eigenes systematisches Umfeld beschreibt), behandelt einen Aspekt, der im *Vollkommenen Capellmeister* Matthesons eine zentralere Rolle einnimmt.

Die Melodielehre Matthesons führt in der musikwissenschaftlichen Debatte hingegen ein merkwürdiges Schattendasein. Da sie als Zentrum der späten Veröffentlichungen des Hamburgers spätestens von der *Critica musica* an, also seit 1722, im Blickwinkel Matthesons steht und das Fundament für seine Äußerungen etwa auch zur Stil- und Gattungsfrage bildet, ist eine systematische Aufarbeitung dieser Melodielehre mehr als notwendig und an der Zeit; schließlich bestimmt die Kategorie *Melodie* nicht nur weite Teile der musiktheoretischen Schriften Matthesons, sondern auch große Teile der musikästhetischen Auseinandersetzungen des 18. Jahrhunderts wie die Debatte um den Primat von Harmonie und Melodie. Daß sich diesem Zentrum niemand

---

[16] Karl-Heinz Göttert, *Rhetorik und Musiktheorie im frühen 18. Jahrhundert*, in: Poetica 18 (1986), S. 274-287.

[17] Thomas Christensen, *Sensus, Ratio, and Phtongos: Matteson's Theory of Tone Perception*, in: Raphael Atlas und Michael Cherlin (Hg.), *Musical Transformation and Musical Intuition*, Chicago 1994, S. 1-20.

[18] Siegfried Oechsle, *Johann Sebastian Bachs Arbeit am strengen Satz. Studien zum Kantatenwerk*, phil. habil. (masch. schr.) Kiel 1996, Druck i. Vorb.

[19] Wie etwa Rolf Dammann, *Der Musikbegriff im deutschen Barock*, Köln 1967, Laaber ²1984, oder Carl Dahlhaus, *Die Musiktheorie im 18. und 19. Jahrhundert. Zweiter Teil: Deutschland*, Darmstadt 1989 (Geschichte der Musiktheorie Bd. 11) und *Die Musik des 18. Jahrhunderts*, Laaber 1994 (Neues Handbuch der Musikwissenschaft Bd. 5) bzw. Janina Klassen in ihren Beobachtungen zur sogenannten „Figurenlehre": *„Nur als zukker und gewürze zu brauchen". Musikalisch-rhetorische Figuren im Kontext von Musikschriften des 16. bis 18. Jahrhunderts*, Habil.-Schrift Berlin 1997 (masch. schr.), oder Peter Schleuning in seiner Studie zum Naturbegriff *Die Sprache der Natur. Natur in der Musik des 18. Jahrhunderts*, Stuttgart und Weimar 1998.

[20] Konrad Fees, *Die Incisionslehre bis zu Johann Matteson. Zur Tradition eines didaktischen Modells*, Pfaffenweiler 1991.

systematisch nähern will, ist allerdings auch aus wenigstens zwei Gründen gut zu verstehen. Einerseits ist das musiktheoretische Lehrwerk Matthesons ausgesprochen komplex, so daß es kaum möglich erscheint, eine Einzelschicht aus dem Gefüge von allgemeiner Musiklehre, Melodielehre und Satzlehre abzutragen: Die Komponenten des *Vollkommenen Capellmeisters* sind zu eng miteinander verknüpft, um ohne weiteres Einzelaspekte der Betrachtung freizugeben, und der Arbeits- (und Sprach)stil Matthesons kommt einer systematischen Aufarbeitung nur bedingt entgegen. Andererseits ist eine Melodielehre ein historisch-kritisch oder sogar empirisch kaum lösbares Problem – zu eng ist die Konnotation der Melodie mit dem Geschmack und dem „Schönen", „Erhabenen". Mattheson ist sich dieser engen Verbindung durchaus bewußt, auch wenn bzw. gerade weil er seine Melodielehre in den Mantel einer Handwerkslehre kleidet – nicht von ungefähr ist die Kategorie *Geschmack* der tragende Aspekt einer Urteilsbildung schon in der Schrift von 1713; in diesem Sinne geht das Regelwerk des *Vollkommenen Capellmeisters* nicht über *regulae arbitrariae*, also auslegbare Empfehlungen hinaus.

Um sich der Melodielehre Matthesons angemessen zu nähern, ist neben einer Antwort auf die Frage, für wen diese Melodielehre überhaupt geschrieben wurde (I), ein Überblick über Grundlagen der Musikanschauung Matthesons notwendig (II), der in engem Konnex zu den musikästhetischen Überzeugungen der ersten Hälfte des 18. Jahrhunderts steht; dabei kann natürlich nur ein Ausschnitt der Gedankenwelt der Zeit Matthesons angemessen präsentiert werden. Nach einem Überblick über den ersten Teil des *Vollkommenen Capellmeisters* unter der Perspektive der im Zentrum des Werkes stehenden Melodielehre (III) als Erörterung der Grundlagen einer allgemeinen Musiklehre soll in dieser Arbeit der Zugang zum zweiten Teil dieser Schrift von 1739 zweifach erfolgen: zum einen der Fragestellung folgend, wie die „Kunst eine gute Melodie zu machen" aus dem von Mattheson exponierten Regelwerk heraus zu verstehen ist, vor allem aber auch unter dem Blickwinkel der *inventio*, der aus der klassischen Rhetorik tradierten Lehre von der Erfindung, die für die Melodielehre im allgemeinen eine herausragende Rolle spielen muß und die für die Arbeit Matthesons in doppelter Hinsicht von Bedeutung ist, nämlich als Präsentation einer veraltet wirkenden Topik und als Grundidee des gesamten zweiten Teils seiner Schrift (IV). Dabei ist der Einwand, das Individuelle sei einer Theorie, die so generalisierend wie Matthesons Melodielehre verfährt, niemals zugänglich, durchaus zu berücksichtigen – ebenso wie die Frage, inwieweit Mattheson mit seiner

Konzeption einer Melodielehre quasi präskriptiv den Menschen zum Mittelpunkt der Musikanschauung erhebt. Ein Rückblick auf die vorangegangenen *Orchestre*-Schriften (V) dient der Vergewisserung, inwiefern die Fokussierung einerseits auf die Melodielehre, andererseits auf den Menschen als Mittelpunkt der Musikausübung schon zu Beginn der schriftstellerischen Tätigkeit Matthesons ausgeprägt war; ins Blickfeld gerät dabei insbesondere die Rezeption der Arbeiten Christoph Bernhards. Ein letztes Kapitel (VI) dient der Klärung der Frage, ob mit der Melodielehre Matthesons tatsächlich ein Paradigmenwechsel im Sinne Kuhns festzustellen bzw. inwieweit die Terminologie einer Wissenschaftstheorie des 20. Jahrhunderts überhaupt auf musikhistorische Phänomene anwendbar ist.

Die Erarbeitung der Melodielehre Matthesons ist als Zugang zur Musikanschauung eines der einflußreichsten Denker und des wohl bedeutendsten deutschsprachigen Musiktheoretikers seiner Zeit in ihrer Systematik nicht unbedingt neu – alle oben angeführten Annäherungen an Johann Mattheson berühren diesen Kernpunkt zwangsläufig. Sie kann aber dazu beitragen, musikästhetische Kontroversen des frühen 18. Jahrhunderts besser zu verstehen und einen Weg zum Denken dieser Epoche aufzuzeigen. Stellt Mattheson in dieser Fragestellung eine Figur der sich zu Ende neigenden Barockzeit dar, steht er am Beginn einer neuen Epoche oder am Wendepunkt?

I Vom galant homme zum *Vollkommenen Capellmeister* – der Adressat Matthesons

Der *vollkommene Capellmeister* – „wer diesen finden will, mag ihn in Utopien suchen"[1]: Mit diesem Satz beginnt Mattheson die Vorrede zu seiner gleichnamigen, maßgeblichen Arbeit von 1739. Während er in der ersten Schrift von 1713 in der Titelei etwas untergeordnet verdeutlicht, daß der Adressat des *Neu-Eröffneten Orchestre* der *galant homme* ist, nennt Mattheson 1739 im Haupttitel die zentrale Figur – und wirft die Frage auf, ob der „vollkommene Capellmeister" in irgendeiner Weise bereits Adressat oder eher Ideal der umfangreichen Arbeit sein wird. Zu untersuchen ist, inwieweit sich Matthesons Vorstellungen vom *galant homme* von 1713 mit denen des Ideals von 1739 decken – und welchen Einflüssen von außen sie unterworfen sein könnten.

Mattheson bezieht sich in seiner Vorrede in Hinblick auf die Titelgebung auf die „löblichen Wercke" Wiqueforts, Cunnigas, Senecas, Wolffs und Ciceros, dessen *Vollkommener Redner*[2] eine Sonderrolle spielen mag: Diese haben „ihre Sachen und Personen nach dem vollkommensten Begriff, den sie davon gehabt, vorgestellet"[3], es geht also nur bedingt um die vollkommenen Eigenschaften der vorgestellten Person, sondern vielmehr um den „vollkommensten Begriff" vom behandelten Objekt. Von dieser Prämisse, die von vornherein den enzyklopädischen Anspruch der Arbeit von 1739 unterstreicht, ist offensichtlich auch bei dem Capellmeister Matthesons auszugehen. Und weiter: „Gründlich-Gelehrte sind durchgehends darin einig, es sey unmöglich, daß ein einziger Mensch auch nur eine einzige, gewisse Art der Wissenschafften zur Vollkommenheit bringe"[4] – was auch für die Musik gilt. Ein „vollkommener Capellmeister" als Ideal kann in einer enzyklopädisch angelegten Schrift, wie es der *Vollkommene Capellmeister* ist, also nicht am Schlußpunkt einer gesteuerten

---

[1] Johann Mattheson, *Der vollkommene Capellmeister, Das ist gründliche Anzeige aller derjeniger Sachen, die einer wissen, können, und vollkommen innehaben muß, der einer Capelle mit Ehren und Nutzen vorstehen will: zum Versuch entworfen von Mattheson*, Hamburg 1739, Reprint Kassel 1954, [6]1995 (= Documenta Musicologica. Erste Reihe: Druckschriften-Faksimiles V, hg. von Margarete Reimann), Vorrede, S. 9; Neusatz hg. von Friederike Ramm, Kassel 1999.
[2] Mattheson meint Ciceros *Orator* (lat. und deutsch hg. von Bernhard Kytzler, München 1975).
[3] Mattheson, *Der vollkommene Capellmeister*, Vorrede, S. 9.
[4] Ebd.

8

Entwicklung stehen, wohl ist er aber als Idealfigur anzustreben. Durchaus in Zusammenhang stehen mag diese Figur mit der Person Johann Mattheson selbst, die Hellmuth Christian Wolff (zugegebenermaßen romantisch idealisierend) nicht nur als „vielseitig gebildete Persönlichkeit, wie sie die italienische Renaissance als Ideal aufgestellt hatte", sondern auch als „Vertreter des deutschen, protestantischen, wahrheitsfanatischen Geistes, der bei aller Weltoffenheit von einer lebendigen, wahrheitsfanatischen Frömmigkeit erfüllt war"[5], porträtiert.

Zu Beginn des zweiten Teils des *Vollkommenen Capellmeisters*, im zweiten Kapitel, überschrieben mit „Von dem Vorsteher der Musik", bekräftigt Mattheson den enzyklopädischen Anspruch seiner Arbeit, wenn er Cicero paraphrasiert: „Alle Wissenschafften und Künste hangen Ketten- oder Glieder-Weise in einem Kreise an einander. Wer nur allein sein Handwerck weiß, der weiß nichts, sondern ist ein Pedant, wäre er auch gleich ein Feldherr"[6]. Es geht Mattheson also offensichtlich nicht allein um eine grundlegende musikalische Ausbildung des Lesers bzw. des angesprochenen Schülers, sondern auch um den Aspekt einer Allgemeinbildung, ein Sich-Einfinden in andere Teilbereiche des Wissens. Eine Sonderrolle mag in dieser Vermittlung von Grundwerten die Rhetorik spielen.

Dennoch bleibt die Frage nach dem *galant homme* und dem Zusammenhang zwischen beiden Begriffen: Wie ist der Abstand zwischen dem *galant homme* der frühen Zeit, für den Mattheson ursprünglich schreibt und der offenbar kein Musiker sein muß, sondern Musik nur als „galanten Zeitvertreib" betreibt (und der daher kein enzyklopädisch aufgearbeitetes Wissen um musikalisches Material besitzen muß), zum Musiker der späten dreißiger Jahre zu überbrücken – bzw. ist diese Distanz tatsächlich so auffällig existent wie hier überzeichnet beschrieben? Spielt der *galant homme* auch 1739 und überhaupt in der *Capellmeister*-Phase Matthesons, die ja auch den *Kern melodischer Wissenschafft* mit einschließt, noch eine Rolle, und wenn ja, welche?

Der aus der beschriebenen Konstellation abgeleitete Fragekomplex kann einerseits zur Klärung des Problems beitragen, inwiefern

---

[5] Hellmuth Christian Wolff, *Die Barockoper in Hambug (1678-1738)*, Wolfenbüttel 1957, S. 284.
[6] Mattheson, *Der vollkommene Capellmeister*, S. 103; vgl. Andreas Liebert, *Die Bedeutung des Wertesystems der Rhetorik für das deutsche Musikdenken im 18. und 19. Jahrhundert*, Frankfurt am Main 1993 (Europäische Hochschulschriften Reihe XXXVI Bd. 98), S. 16.

Grundelemente der Melodielehre, die die Arbeit der dreißiger Jahre nachhaltig bestimmen, schon in der *Orchestre*-Phase vorgeprägt sein müssen – denn diese Elemente müssen sich zwangsläufig auch auf die Person des Adressaten dieser Schrift auswirken. Andererseits steht hinter der Frage nach der Bedeutung des *galant homme* in den späteren Arbeiten Matthesons auch der Versuch zu klären, wer der Adressat des *Vollkommenen Capellmeisters* überhaupt ist – bleibt es der *galant homme*, oder schreibt Mattheson jetzt für einen anderen Lesertypus? Darüber hinaus mag diese Frage nach dem Adressaten für eine historiographische Einordnung der Schrift von Bedeutung sein, wenn der Zusammenhang auf allgemeine musikstilistische Verklammerungen erweitert wird – wobei die Verklammerung in diesem Rahmen nur eine begriffliche sein kann: Es geht um den Zusammenhang zwischen dem *galant homme* und dem sogenannten „galanten Stil", dessen Probleme Mattheson laut Lothar Hoffmann-Erbrecht „am Rande berührt"[7]. Die Perspektive mag hierbei einseitig erscheinen: Im Mittelpunkt der Betrachtung steht der *Vollkommene Capellmeister* als Derivat musiktheoretischen Arbeitens und als Schlußpunkt der Bemühungen Matthesons, eine systematisch aufgebaute Musiklehre vorzulegen. Unter diesem Gesichtspunkt kann unter Umständen die *Orchestre*-Phase nur mehr als Vorstufe wahrgenommen werden – eine problematische Schieflage, die aber zur Darlegung der Problematik bewußt in Kauf genommen sei.

1. Der galant homme des 17. und 18. Jahrhunderts

Eine „Universelle und gründliche Anleitung / Wie ein *Galant Homme* einen vollkommenen Begriff von der Hoheit und Würde der edlen Music erlangen [...] möge", sollte das *Neu-Eröffnete Orchestre* von 1713 werden – so ließ es Mattheson bereits im Untertitel verlauten. Folgt man Beekman C. Cannon[8], dann verweist der Begriff „galant homme" auf den in Hamburg geläufigen Ausdruck „à la mode" und schlägt schon hier einen Bogen zum neuartigen Stil französischer und italienischer Musik: Er versucht zu vermitteln, daß die Parameter dieser Musik neu, revolutionär und fremd sind – und vor allem der bisherigen deutschen Musikanschauung entgegengesetzt. In diesem Sinne ist Reinhard Keiser Matthesons Paradebeispiel des galanten Komponisten. Tatsächlich ist dieser Begriff für das *Neu-Eröffnete Orchestre* einer der

---

[7] In der Arbeit *Der „galante Stil" in der Musik des 18. Jahrhunderts. Zur Problematik des Begriffs*, in: StzMw XXV (1962) (FS Erich Schenk), S. 255.
[8] Cannon, *Spectator*, S. 115.

entscheidenden Schlüsselbegriffe der Schrift, auch ohne gleich den Spagat zwischen den Begriffen *galant homme* und „galante Musik" bzw. „galanter Stil" zu wagen: Der Terminus *galant homme* als in den Arbeiten Matthesons immer wieder benutzte Umschreibung ist für sich allein genommen wichtiger soziohistorischer Anhaltspunkt in der Auseinandersetzung mit der Frage, für wen Mattheson schreibt.

Die etymologische und inhaltliche Herleitung des Begriffes *galant* ist hinreichend geklärt[9]; die maßgebliche und gültige Bedeutung des vieldeutigen Adjektivs hat sich im 17. Jahrhundert herausgebildet[10]. Der ursprüngliche positive Wortsinn (von *galer:* sich vergnügen) wandelte sich dabei immer stärker in erotische Richtung und erfuhr vor Beginn des 18. Jahrhunderts eine erhebliche Abwertung – je nach Stellung vor oder hinter dem dazugehörenden Substantiv: Der positive Wortsinn etwa des *galant homme* steht so diametral der negativen Bedeutung wie zum Beispiel bei der *femme galante* gegenüber. „Von der Etymologie her wird man also unter Kompositionen im galanten Stil eine Musik zu verstehen haben, mit der man sich vergnügt und die Vergnügen bereitet"[11]. Nach Auskunft des Grimmschen Wörterbuches[12] wird *galant* etwa seit 1670 auch im deutschen Sprachgebrauch heimisch; es bedeutete zunächst soviel wie „gebildet nach französischen Begriffen", und ein *galant homme* war „ein modisch gekleideter, vielseitig interessierter Mensch, wie überhaupt der Begriff immer mehr auf die Kleidung Anwendung fand"[13]. Der Terminus verbreitete sich zügig und erfuhr vielseitige Verwendung: Christian Weise bezeichnete bereits 1693 „die Poesie als den galantesten Teil der Dichtkunst", und Menantes alias Christian Friedrich Hunold veröffentlichte 1707 in Hamburg ein Buch unter dem Titel *Die allerneueste Art zur reinen und*

---

[9] Vgl. Ernst Thurau, *„Galant", ein Beitrag zur französischen Wort- und Kulturgeschichte*, Frankfurt 1936; David A. Sheldon, *The Galant Style Revisited and Re-evaluated*, in: AMl XLVII (1975), S. 240-270; ders., *Exchange, Anticipation, and Ellipsis: Analytical Definitions of the Galant Style*, in: Thomas Noblitt (Hg.), *Music East and West* (FS Walter Kaufmann), New York 1981, S. 225-241.

[10] Vgl. François Brunot, *Histoire de la langue française des origines à 1900*, Vol. III, 1, 2. Aufl., Paris o. J., S. 236-239.

[11] Hoffmann-Erbrecht, *Der „Galante Stil"*, S. 254.

[12] Jacob und Wilhelm Grimm, *Deutsches Wörterbuch* Band 4,1, Leipzig 1878, Sp. 1156: „[...] bei uns etwa seit 1670 (das *alamodisch* ungefähr ablösend), noch HOFFMANNSWALDAU scheint es nicht zu brauchen. es spiegelt sich recht darin die geschichte des franz. einflusses in seinem aufsteigen und seinem niedergange, auch in seinen ausartungen bis ins widerliche".

[13] Hoffmann-Erbrecht, *Der „Galante Stil"*, S. 254.

galanten Poesie zu gelangen und zwei Jahre später *Die allerneueste Art, höflich und galant zu schreiben*[14]. Auch im italienischen Sprachgebrauch erscheint häufiger das Adjektiv *galante* bzw. das Kompositum *galantuomo*, aber nichts deutet darauf hin, daß es sich um typische Modeworte gehandelt hätte; im Italienischen wie im Französischen erscheinen die entsprechenden Begriffe im übrigen nicht in musiktheoretischen Traktaten[15]. Der *galant homme* – darin scheint Übereinkunft zu bestehen – hat ein gutes Benehmen und gute Manieren wie der (vom Begriff her ältere) *honnête homme*. Ein Zentrum „galanter Lebensart" war im 18. Jahrhundert neben Leipzig die Hansestadt Hamburg, die Heimatstadt Johann Matthesons – eine Tatsache, die eng mit der Bedeutung Hamburgs als Hafen- und Wirtschaftsmetropole zusammenhängt; neben dem Lesen und dem Kartenspiel wurde der Genuß von Kaffee und Tabak mit der galanten Art assoziiert – und von den reformorientierten Publizisten der Zeit aufgrund seines hohen Sozialisationswertes gepriesen[16]. Nicht von ungefähr schreibt Mattheson 1733 das Gedicht *Der Toback*[17]!

Christian Thomasius kann als erster Fürsprecher des galanten Ideals gelten (auch wenn Lessing 1759 „dem galanten Zeitalter Christian Weises" seine Reverenz erweist[18]). Nachdem er 1687 zunächst seinem Ärger über den Mißbrauch des Begriffes *galant* Luft gemacht hat, definiert er die „Eigenschafft der Galanterie", die der *galant homme* besitzen muß: „[...] daß es etwas gemischtes sey, so aus dem je ne scay quoy, aus der guten Art etwas zu thun, aus der manier zu leben, so am Hofe gebräuchlich ist, aus Verstand, Gelehrsamkeit, einen guten judicio, Höfflichkeit, und Freudigkeit zusammen gesetzet werde, und deme aller Zwang, affectation, und unanständige Plumpheit zu wider

---

[14] Vgl. ebd.; Christian Weise, *Curiöse Gedanken von deutschen Versen*, Leipzig 1693; Menantes (Christian Friedrich Hunold), *Die allerneueste Art zur reinen und galanten Poesie zu gelangen*, Hamburg 1707; ders., *Die allerneueste Art, höflich und galant zu schreiben*, Hamburg 1709/10.

[15] Vgl. Hoffmann-Erbrecht, *Der „Galante Stil"*, S. 254.

[16] Vgl. Sheldon, *The Galant Style*, S. 243.

[17] Abgedruckt bei Cannon, *Spectator*, S. 195. Zur Bedeutung Hamburgs im frühen 18. Jahrhundert vgl. Engelhard Weigl, *Schauplätze der deutschen Aufklärung. Ein Städterundgang*, Reinbek 1997, S. 65-96, und Hans Wilhelm Eckardt, *Hamburg zur Zeit Johann Matthesons: Politik, Wirtschaft und Kultur*, in: George J. Buelow und Hans Joachim Marx (Hg.), *New Mattheson Studies*, Cambridge 1983, S. 15-44 (bes. S. 31-33).

[18] In seinem vierzehnten Brief „die neueste Literatur betreffend", vgl. K. Lachmann (Hg.), *Gotthold Ephraim Lessings sämtliche Schriften* Bd. 8, Stuttgart 1892, S. 31; s. Sheldon, *The Galant Style*, S. 243.

sey"[19]. Unter Bezugnahme auf Mademoiselle Scudery setzt er die Begriffe „Galanterie" und „Politesse" gleich – beide beruhen darauf, „daß man wohl und anständig zu leben, auch geschickt und zu rechter Zeit zu reden wisse, daß man seine Lebens-Art nach dem guten Gebrauch der vernünfftigen Welt richte, daß man denen Leuten niemals dasjenige unter Augen sage, was man sich selbst nicht wollte gesagt haben, daß man in Gesellschafft das grosse Maul nicht allein habe, und andere kein Wort auffbringen lasse, daß man bey dem Frauenzimmer nicht gar ohne Rede sitze, als wenn man die Sprache verlohren hätte, oder das Frauenzimmer nicht eines Wortes würdig achte; hingegen auch nicht allzu kühne sey, und sich mit selbigen, wie gar vielfältig geschiehet, zu gemein mache; dieses alles sage ich, sind solche Eigenschafften, die zu einem galanten Menschen erfordert werden"[20]. Dieser Katalog findet sich ähnlich, nur noch viel systematisierter, in Johann Christian Wächtlers *Pensum der praktischen Galanterie* mit dem Untertitel *Kurtze Methode zu einer galanten Conduite, wie auch recommendablen Politesse in zierlichen Reden und wohlanständigen Gebärden zu gelangen*[21] – mit insgesamt 58 Einzelparagraphen. Thomasius schlägt schließlich vor, „daß man sich auff honnéte [sic] Gelehrsamkeit, beauté d'esprit, un bon gout und galanterie befleißige; Denn wenn man diese Stücke alle zusammen setzet, wird endlich un parfait homme Sâge oder ein vollkommener weiser Mann daraus entstehen, den man in der Welt zu klugen und wichtigen Dingen brauchen kan"[22] – die Verbindung vom *galant homme* zum *parfait homme* ist hier offen ausgesprochen.

*

Benjamin Neukirch, erster Herausgeber einer Anthologie galanter Lyrik, die 1695 erschien (und deren Vorwort sich wie ein Manifest des neuen

---

[19] *Christian Thomas eröffnet Der Studierenden Jugend zu Leipzig in einem Discours, Welcher Gestalt man denen Frantzosen in gemeinem Leben und Wandel nachahmen solle?"* [1687], S. 14-16 und 45-50; Nachdruck: Christian Thomasius, *Über die Begriffe „galant" und „galant homme"* in: Conrad Wiedemann (Hg.), *Der galante Stil 1680-1730*, Tübingen 1969, S. 1.
[20] Ebd, S. 2.
[21] *Commodes Manual Oder Hand-Buch [...] Fünffte und vermehrte Edition von Johann Christian Wächtlern [...]* Leipzig, o. J. [1709]; Nachdruck bei Conrad Wiedemann (Hg.), *Der galante Stil 1680-1730*, Tübingen 1969, S. 13-16.
[22] Thomasius, *„galant" und „galant homme"*, S. 4.

Genres liest[23]), beschreibt 1721 in seinem Essay *Anweisung zu Teutschen Briefen* den *galant homme* ähnlich wie Thomasius und benutzt die gleichen Attribute; zum Thema seines Essays passend, bemerkt er, daß „solche leute [...] durch einen eintzigen galanten brief" zu gewinnen seien. „Allein, sie sind in unsern ländern noch etwas seltsam: und ungeachtet das wort galant bey uns viel gemeiner, als in Frankreich ist; so wissen doch ausser einigen hof-leuten noch ihrer wenig galant zu schreiben"[24]. Abgesehen von den bemerkenswerten Feststellungen, daß (1.) der Begriff *galant* offensichtlich auch im Bewußtsein der Zeitgenossen im deutschen Sprachgebrauch verbreiteter erschien als im Französischen und (2.) der *galant homme* auch in den zwanziger Jahren des achtzehnten Jahrhunderts nicht allzu stark verbreitet war, interessiert an diesem Zitat die Schlußbemerkung: Die Verbindung vom *galant homme* zum „Hofmann", dem „Cortegiano", blieb bislang zum größten Teil unbeachtet. Dabei ist der Einfluß des einen Ideals auf das andere für das ausgehende 17. und frühe 18. Jahrhundert symptomatisch: Er hilft bei der Beschreibung eines allgemeinen Überganges von der höfischen Welt zur Welt des Bürgertums, bei dem auch neue Institutionen wie etwa der Salon eine kaum zu unterschätzende Rolle spielen[25].

Bei der Definition des Hofmannes mag das von Castiglione formulierte humanistisch-höfische Bildungsideal unterstützend wirken: Sein *libro del Cortegiano*[26] hat einen kaum zu unterschätzenden Einfluß auf die

---

[23] Benjamin Neukirch (Hg.), *Hoffmann von Hofmannswaldaus und anderer deutschen auserlesener, bisher ungedruckte Gedichte*, Leipzig und Hamburg 1695; vgl. David A. Sheldon, *The Galant Style*, S. 244. Der Erfolg dieser Anthologie ist an der Tatsache abzulesen, daß sie bis 1727 durch drei weitere Ausgaben und zusätzliche Teile ergänzt wurde.

[24] Benjamin Neukirch, *Anweisung zu Teutschen Briefen*, Leipzig 1721, S. 103-104; Nachdruck als *Über die Galanterie in Briefen* bei Conrad Wiedemann (Hg.), *Der galante Stil 1680-1730*, Tübingen 1969, S. 32.

[25] Vgl. etwa die Darstellung bei Leo Balet und E. Gerhard [Eberhard Rebling], *Die Verbürgerlichung der deutschen Kunst, Literatur und Musik im 18. Jahrhundert*, Berlin 1936 (Frankfurt am Main 1981, hg. von Gert Mattenklott); zur Rolle des Salons vgl. Ludwig Finscher, *Galanter und gelehrter Stil: Der kompositionsgeschichtliche Wandel im 18. Jahrhundert*, in: *Funkkolleg Musikgeschichte* Studienbegleitbrief 6, Mainz 1988, S. 118-196, bes. S. 141-150.

[26] Baldesar Castiglione, *Il libro del cortegiano. A cura di Giulio Preti*, Torino o.J.; das Werk wurde früh in alle europäischen Kultursprachen übersetzt, etwa als *Hofman, ein schon holdselig Buch, in Welscher sprach der Cortegiano, oder zu Teutsch der Hofman genañt / Welches seinen Ursprung und anfang an dem*

europäische Bildungstradition der Folgezeit gehabt und wurde bis ins 18. Jahrhundert zum Muster und Vorbild einer ganzen höfischen Literaturgattung, in der das „Bündnis von Hofideal und humanistisch-rhetorischer Bildung"[27] vollendet erscheint. Der *Cortegiano*, der Hofmann, orientiert sich an den Vorgaben der antiken Rhetorik: Es sind deren zunächst abstrakte Zentralkategorien der Wirkung und Überzeugung, welche im Konzept des gefälligen Hofmannes präsent sind. Seine Konversation soll in allem Leichtigkeit (*sprezzatura*) und Anmut (*grazia*) zeigen – zwei Begriffe, von denen mindestens einer (nämlich die Leichtigkeit) in ähnlicher Formulierung als Kategorie der Melodielehre Matthesons wieder auftauchen wird. Der *Cortegiano* vertritt die Überzeugung, daß Sprache wirkungsbezogenes Mittel der Verständigung und Medium aller kulturellen Tätigkeiten sei, daß aber der Sprechende in allen seinen Äußerungen und seiner ganzen Erscheinung seine eigene Wahrheit darstelle und er sich daher ihr angemessen zu verhalten habe: eine Überzeugung, die weit in das Sprachverständnis Johann Matthesons (etwa im Zusammenhang mit dem Begriff der *Klang-Rede*) hineinreicht. Die Verfügung über die Form bedeutet nach Castiglione auch die Verfügung über den Inhalt[28].

Darüber hinaus hat der *Cortegiano* (wie der antike *Orator*) die Fähigkeit des rhetorisch organisierten sprachlichen Ausdruckes zu erwerben[29] – hier scheint bereits ein Ausbildungsideal durch, das vom *galant homme*

Fürstlichen Hof zu Urbino empfangen / lustig zulesen / Etwa in Italiänischer Sprach durch Graf Balthasern Castigliuon beschriben worden. Numals in schlecht Teutsch / durch Laurentzen Kratzer Mautzaler zu Burckhausen transferiert, München 1565 bzw. *Der Vollkommene Hofmann und Hof=Dame. Von dem Graf Balthasar de Castillon Vormahls in Italiänischer Sprach beschrieben / Anjetzo Wegen seiner / von dem Thuano; Rutg. Rulando; M.* de *Wiquefort, und andern berühmten Scribenten / belobten Vortreflichkeit. Zum erstenmahl Verteutscht Durch I.C.L.L.I.*, Frankfurt am Main 1684; neuerdings *Das Buch vom Hofmann*, übers. von Fritz Baumgart, Bremen 1960.
[27] Wilfried Barner, *Barockrhetorik. Untersuchungen zu ihren geschichtlichen Grundlagen*, Tübingen 1970, S. 369; vgl. Gert Ueding, *Klassische Rhetorik*, München 1995, S. 108.
[28] Ebd., S. 109.
[29] Vgl. Ursula Geitner, *Die Sprache der Verstellung. Studien zum rhetorischen und anthropologischen Wissen im 17. und 18. Jahrhundert*, Tübingen 1992 (*Communicatio. Studien zur europäischen Literatur- und Kulturgeschichte* Bd. 1), S. 52; Gewährsmann Castigliones war Cicero, dessen *De oratore* als antike Parallele zu Castigliones Schrift begriffen werden kann; vgl. Erich Loos, *Baldassare Castigliones „Libro del Cortegiano". Studien zur Tugendauffassung des Cinquecento*, Frankfurt am Main 1955, S. 175-176.

kaum abgelöst, eher nur übernommen werden muß. Von den Reflexionen Nietzsches, die dieser zur Differenz von bloß innerem Wesen und bloß äußerlicher Darstellung anhand des historisch-kulturellen Musters „Vom Problem des Schauspielers" anstellt[30] und die übertragen werden können in die politische Semantik des 17. Jahrhunderts und der ihr zugehörigen politischen Emblematik, versucht Ursula Geitner auszugehen, wenn sie den *Cortegiano* Castigliones als Künstler beschreibt, der sich selbst – seine soziale „Aufführung" – als artifizielle Leistung begreift[31]: Diese Künstlerfigur, die auch Nietzsche als Ausgangs- und Zielpunkt seiner Überlegungen betrachtet, ist die Verbindung des dem Hofmann nachgebildeten *honnête homme* mit dem *galant homme* des 18. Jahrhunderts.

So ist auch der *honnête homme* dem Hofmann nachgebildet, wenngleich er die Voraussetzung der „edlen" Geburt nicht notwendig erfüllen muß – als „Welt=Mann". Steht im Hintergrund des Hofmanns vom Schlage eines *Cortegiano* ein betont (stadt)politischer Adelsbegriff, wird dieser mit dem *honnête homme* schon in der Übertragung auf französische Verhältnisse erweitert, indem die politische Komponente herausgebrochen und durch „*Salonerfolge* und *Karriereaspirationen*"[32] ersetzt wird – in der im 17. Jahrhundert stark rezipierten Abhandlung *L'Honeste Homme. Ou L'Art de plaire a la Cour* Nicolas Farets von 1630 weist der Verfasser darauf hin, daß man an einem so großen Hof wie in Frankreich auf Hilfe von Freunden angewiesen sei. Damit differenziert dieser Karriereaspekt den Hof gegen andere Häuser und Treffpunkte der „guten Gesellschaft": Diese bieten sich auch denen an, die politisch gescheitert sind – und entsprechend öffnet das Ideal des *honnête homme*, der feinen Sprache, der kultivierten Form sich für Teilnehmer

---

[30] Friedrich Nietzsche, *Die fröhliche Wissenschaft*, in: ders., *Werke*, hg. von Karl Schlechta, Frankfurt am Main und Berlin 1969, Bd. 2, S. 508-509.

[31] Geitner, *Die Sprache der Verstellung*, S. 69-70; vgl. auch Volker Kapp, *Die Lehre von der actio als Schlüssel zum Verständnis der Kultur der frühen Neuzeit*, in: ders. (Hg.), *Die Sprache der Zeichen und Bilder. Rhetorik und nonverbale Kommunikation in der frühen Neuzeit*, Marburg 1990 (Ars rhetorica Bd.1), S. 46: „Die Rhetorik dient als Katalysator eines Modells geselligen Umgangs, in dem die Lehre von der *actio* für die Gestaltung der äußeren Erscheinung nach ästhetischen Prinzipien sorgt. Was die rhetorischen Kategorien in diesem Vorgang an begrifflicher Schärfe einbüßen, das gewinnen sie an gesellschaftlicher Bedeutung".

[32] Vgl. Niklas Luhmann, *Interaktion in Oberschichten: Zur Transformation ihrer Semantik im 17. und 18. Jahrhundert*, in: ders., *Gesellschaftsstruktur und Semantik. Studien zur Wissenssoziologie der modernen Gesellschaft* Band I, Frankfurt am Main 1993, S. 102.

aus dem verarmten Adel und aufsteigenden Bürgertum mit literarischen (und gesellschaftichen) Begabungen. Die klare Diskretion von Hofmann und Bürgerlichem ist damit durchbrochen, und neu ist die Analyse des Lebens am Hofe aus der Perspektive der „guten Gesellschaft"[33].

Im Titel einer 1647 in Leipzig erschienenen Übersetzung der Abhandlung Farets wird beschrieben, wie der dem Hofmann eng verwandte *honnête homme* sich „Die von vielen Leuten gesuchte schöne Kunst / wie einer an grosser Herren Höfe durch besondere Tugenden / und geschicktes Wolverhalten gegen männiglichen sich beliebet und belobet machen könne"[34], zu eigen machen muß – er hat seine Kunst so einzurichten, daß sie als nichts anderes als schöne Kunst erscheinen kann. Zentrale Referenz ist somit für den *honnête homme* wie schon für den *Cortegiano* Castigliones die antike Rhetorik. Im Vordergrund steht die Natürlichkeit, die (als „kunstvolle Kunstlosigkeit" begriffen) die „Redener" (Faret in Bierlings Übersetzung) als „subtile Kunststücklein"[35] zu vermitteln haben. Der Welt-Mann äußert

---

[33] Ebd., S. 102-103.

[34] Nicolas Faret, *L'Honeste Homme. Ou L'Art de plaire a la Cour*, Rouen 1637; deutsch von Caspar Bierling, *L'honneste Homme, das ist: der Ehrliebende Welt=Mann / Oder Die von vielen Leuten gesuchte schöne Kunst / wie einer an grosser Herren Höfe durch besondere Tugenden / und geschicktes Wolverhalten gegen männiglichen sich beliebet und belobet machen könne. Erstlichen und zwart vor wenigen Jahren in Frantzösischer Sprache zu Paris durch einen grossen Hoff=Mann Den Herrn Faret heraus gegeben / Und stracks darauff durch einen Leipzigschen Patricium C.B. so Studierens / und selbe königliche Hoffhaltung wol zu besehen sich zu selbiger Zeit viel Jahr daselbst auffgehalten / ins Teutsche mit Fleiß übergesetzt und zierlichen verdolmetscht,* Leipzig 1647. Zum Ideal der *honnêteté* vgl. Oskar Roth, *Die Gesellschaft der Honnêtes Gens. Zur sozialethischen Grundlegung des honnêteté-Ideals bei La Rochefoucauld,* Heidelberg 1981, und Henning Scheffers, *Höfische Konvention und die Aufklärung. Wandlungen des honnête-homme-Ideals im 17. und 18. Jahrhundert,* Bonn 1980.

[35] Bierling, *L'honneste Homme,* S. 118; vgl. Geitner, *Die Sprache der Verstellung,* S. 72. Zum Stellenwert der Natur vgl. Peter Schleuning, *Das 18. Jahrhundert: Der Bürger erhebt sich,* Reinbek 1984, S. 363: „Die ‚Natur' und die Überwindung der ‚Unnatur' sind die Inhaltskerne des neuen „galanten" Geschmacks in der Musik, wie er – von Frankreich angeregt – seit dem zweiten und dritten Jahrzehnt des Jahrhunderts in Deutschland mächtig um sich greift und allbeherrschend wird. Es ist die Zeit der sog. Aufklärung: Die neuartige Einfachheit und Klarheit soll ihre Begründung nicht einfach aus den Quellen irgendeiner ‚Natur' erhalten, sondern muß in allen Einzelheiten vernunftmäßig hergeleitet und bestimmt sein. Solche Begründungen enthalten oft soziale Momente, die den neuen Stil bzw. Geschmack nicht einfach als ‚ästhetische'

sich so ästhetisch „anmuthig" und politisch klug. Für eine Einschätzung der Person Johann Matthesons ist es interessant, daß gerade der Diplomat des 17. und 18. Jahrhunderts als Inbegriff des Weltmanns bzw. des *politicus* begriffen wird, bei dem sich professionelles Wissen mit sozialer und rhetorischer Flexibilität verbindet[36] – Mattheson verdiente die längste Zeit seines Lebens seinen Lebensunterhalt in diplomatischen Diensten.

Das Ideal des *honnête homme* in seiner politisch neuartigen Bedeutung, aber auch in der sozial fortgeschrittenen Form ist unbedingtes Bindeglied zwischen dem Bild des *Cortegiano*, dem „vollkommenen Hofmann", das ganz nach dem antiken Rhetorikmodell des *vir bonus* entworfen ist (auch wenn weder Volksversammlung noch Gericht, sondern die höfische Gesellschaft den Ort seiner praktischen Bewährung definiert[37]), und dem *galant homme* des 18. Jahrhunderts: Allen dreien gemeinsam ist der hohe Stellenwert der Rhetorik; es dauert von der *Honnêterie*, dem Bindeglied zwischen höfischem und galantem Leben, aus gesehen nicht mehr lange, bis dieses Ideal ein integrierender Bestandteil auch der bürgerlichen Emanzipation wird[38].

2. *Der galant homme Matthesons*

Der erste Gebrauch des Wortes „galant" im musikalischen Kontext ist bislang nicht nachgewiesen: Bei Francesco Bendusi[39] erscheint der Begriff offensichtlich bereits 1555 in Zusammenhang mit einem Instrumentalwerk. Der Terminus *Galan* erscheint (als Substantivform

---

Neuerung erscheinen lassen, sondern eine bürgerliche, antifeudalistische Richtung als bewegende Kraft des neuen Stils erkennbar machen: Die Musik soll so werden, daß sie allen Bürgern, nicht nur Spezialisten, verständlich ist".
[36] Vgl. die Darstellung bei Georg Braungart, *Hofberedsamkeit. Studien zur Praxis höfisch-politischer Rede im deutschen Territorialabsolutismus*, Tübingen 1988, S. 137.
[37] Vgl. Gert Ueding und Bernd Steinbrink, *Grundriß der Rhetorik. Geschichte – Technik – Methode*, Stuttgart und Weimar ³1994, S. 86-89.
[38] Vgl. zu dieser Problematik Bernd Sponheuer, Art. *Kenner – Liebhaber – Dilettant*, in: MGG² Sachteil Bd. 5 (1996), Sp. 31-37.
[39] Werner Braun (*Musiktheorie im 17./18. Jahrhundert als öffentliche Angelegenheit*, in: Frieder Zaminer [Hg.], *Über Musiktheorie. Referate der Arbeitstagung 1970 in Berlin*, Köln 1970 [Veröffentlichungen des Staatlichen Instituts für Musikforschung Preußischer Kulturbesitz 5], S. 41) weist auf den Gebrauch des Begriffes „galant" bei F. Bendusi 1553 hin; vgl. Sheldon, *The Galant Style*, S. 251.

von *galant*, vielleicht spanischer Herkunft[40]) 1600 in einem *Liederbuch*. Printz verwendet den Begriff nicht, obwohl er für diesen Stil typische Charakteristika anführt: Seine Schrift *Phrynis Mitilinaeus* von 1696[41] ist – obwohl reich an theoretischen Details – in einem nahezu romanhaften Stil gestaltet und benutzt viele französische Modeausdrücke; der Begriff *galant* erscheint allerdings nicht, obwohl seine didaktischen Instruktionen zum Beginn des zweiten Teils mit der Betonung von guter Kleidung und guten Manieren durchaus das galante Ideal berühren. Werner Braun[42] weist nach, daß das Attribut „galant" in der deutschen (musikalischen) Gebrauchsliteratur seit etwa 1680 deutlich wertende Funktionen sowohl positiver als auch negativer Richtung annimmt: Einerseits dient es als Hinweis auf eine vergnügliche und der Allgemeinheit nützliche Lebensart mit vernünftigem Benehmen und feinem Geschmack, wie im Zusammenhang mit den „Galanteriestücken" in der Prägung Kuhnaus, andererseits dient es als Zeichen für verderblichen Müßiggang.

Johann Mattheson ist es schließlich, der 1713 den *galant homme* zum Adressaten seiner Arbeit nimmt – daß *Das Neu-Eröffnete Orchestre* eine Arbeit ist, die den *galant homme* im Besonderen ansprechen soll, geht schon aus der bereits zitierten Titelei hervor. Welche Eigenschaften dieser spezielle Adressat für die Lektüre als Voraussetzungen aber mitbringt, wird aus dem weiteren Zusammenhang näher ersichtlich, wenn auch der Begriff *galant* nur noch selten fällt. Zu erörtern ist, welche Zweckbestimmung die Schrift in den Augen Matthesons haben kann – und was diese mit dem *galant homme* zu tun hat.

David Sheldon geht so weit, das *Neu-Eröffnete Orchestre* als den ambitioniertesten und signifikantesten Einzelausdruck der „galanten Bewegung" zu bezeichnen[43]. Bereits die Wahl des Begriffes *Orchestre*

---

[40] So Sheldon, *The Galant Style*, S. 242; vgl. Friedrich Schramm, *Schlagworte der Alamodezeit*, in: *Zeitschrift für deutsche Wortforschung* 15 (1914), S. 51-52.
[41] Wolfgang Caspar Printz, *Phrynis (Mytilenaeus) oder Satyrischer Componist*, [...], drei Teile, Quedlinburg 1670 (Teil I), Sagan 1677 (Teil II), Dresden und Leipzig 1696 (Teil III und zweite Auflagen von I und II).
[42] *Musiktheorie als öffentliche Angelegenheit*, S. 41.
[43] Vgl. Sheldon, *The Galant Style*, S. 251; Werner Braun (*Musiktheorie als öffentliche Angelegenheit*, S. 43-44) hat darauf hingewiesen, daß die Begriffe „neu-eröffnet" bzw. „geöffnet" bei Matthesons Verleger schon früher erscheinen, und hat die Parallelen zwischen dem Titel Matthesons und einer dieser Veröffentlichungen von 1700 näher erläutert. Sheldon (*The Galant Style*, S. 252) bemerkt, daß entsprechende Parallelen auch bei Beer (1708), Mizler (1736-1754) und Maier (1741) bestehen.

im Titel als „eine noch nicht sehr gemeine und dabey *galante Expression*"[44] ist bezeichnend für das Ansinnen Matthesons: Dieser Terminus ist einerseits zwar noch umfassend genug, um Instrumentalmusik ebenso wie geistliche und weltliche Vokalmusik zu beinhalten, weist andererseits aber bereits deutlich auf das Gebiet, dem nach wie vor (auch als Komponist) Matthesons Hauptinteresse gilt: auf die Oper, die für ihn am stärksten das Feld des Neuen, das *galante* Musikideal bedeutete. Nur in diesem Sinne konnte Mattheson Reinhard Keiser als „premier homme du monde"[45] betrachten.

Noch im Rahmen seiner umfangreichen Einleitung „Vom Verfall der Music und Dessen Ursachen" kommt Mattheson zu einer deutlichen Definition seines Bildes eines *galant homme*: „Derowegen denn ein *galant homme*, der eine unpassionirte *Ideam* von der Music haben will / vor allen Dingen sich wol fürzusehen hat / daß ihn kein Schulfuchs mit seiner eingebildeten Weißheit / kein wilder Fantaste / mit seiner Federfechterey; und kein Leyrmann / mit seiner auffrichtigen Ungeschliffenheit kurtz / daß ihn / so viel müglich / keine Person *praeoccupire*, (sie sey denn mit einem durchgehends *approbirten Charactere* und einer *eminenten Autoritaet* versehen) denn sonst wird er / was er etwan höret / nach den Personen / die es gemacht / oder *executiren* / nicht aber nach dem Werth der Sachen an sich selbst beurtheilen"[46]. Mattheson versucht mit dem *Neu-Eröffneten Orchestre*, aus dem gesellschaftlichen Ideal des *galant homme* Konsequenzen

---

[44] Johann Mattheson, *Das Neu-Eröffnete Orchestre, Oder Universelle und gründliche Anleitung / Wie ein Galant Homme einen vollkommenen Begriff von der Hoheit und Würde der edlen Music erlangen / seinen Gout darnach formiren / die Terminos technicos verstehen und geschicklich von dieser vortrefflichen Wissenschafft raisonniren möge [...] Mit beigefügten Anmerckungen Herrn Capell-Meister Keisers*, Hamburg 1713 (Nachdruck Hildesheim 1993), S. 34; Peter Schleuning weist darauf hin, daß auch Johann Sebastian Bach anläßlich der Überreichung der „h-Moll-Messe" (*Bach-Dokumente II*, S. 74) „das dem neuen ‚galanten', in Dresden herrschenden Sprachgebrauch entstammende Wort ‚Orchestre' verwendet [...], um anzuzeigen, daß er in der Lage und willens sei, speziell für die Dresdner Hofkapelle [...] Instrumentalmusik zu schreiben" (*Johann Sebastian Bachs ‚Kunst der Fuge'. Ideologien, Entstehung, Analyse*, München und Kassel 1993, S. 14).
[45] Mattheson, *Das Neu-Eröffnete Orchestre*, S. 217 und entsprechend in ders., *Grundlage / einer / Ehren-Pforte, / woran der / Tüchtigsten Capellmeister, / Componisten, Musikgelehrten, / Tonkünstler &c. / Leben, Werke, Verdienste &c. / erscheinen sollen*, Hamburg 1740, Neudruck hg. von M. Schneider, Berlin 1910, S. 129.
[46] Mattheson, *Das Neu-Eröffnete Orchestre*, S. 20-21.

musikalischer Art zu ziehen: Das Bildungsideal Matthesons ist demnach ein kritischer Geist mit einer umfassenden Bildung – ein Ideal, das noch im *Vollkommenen Capellmeister* (wenn auch anders formuliert) durchscheint. Mattheson versucht, die musikalischen Voraussetzungen für die Formung einer eigenständigen Urteilskraft zu schaffen: „Er vermittelt das Wissen, das ein gebildeter Laie benötigt, der sachgerecht über Musik räsonnieren will, und er kultiviert so die Fähigkeit, über musikalische Werke frei und unbefangen zu urteilen"[47] – der *galant homme* ist der urteilsfähige Dilettant. Als ästhetische Konsequenz läßt sich erkennen, daß die „Pedanterie", die sich gelehrt gebärdete, ebenso verpönt war wie heftige Affekte, durch die man die „Contenance" verlor: „Vornehme Geringschätzung eines strengen Kontrapunkts, der als ‚reiner Satz' mit dem Anspruch auftrumpfte, die einzig wahre Musik zu sein"[48], gehört zum guten Ton.

Dabei ist das ganze *Neu-Eröffnete Orchestre* – im Vergleich zu älteren Werken etwa Werckmeisters, Bernhards oder Printz' – von einem neuartigen Sprachstil geprägt, der klar und deutlich, vor allem aber unprätentiös und „non-technical"[49] genannt werden kann und der dem *galant homme* keinerlei Schwierigkeiten gemacht haben dürfte, auch wenn dieser die Schrift als vollkommen Fachfremder lesen sollte. Diese „galanten Amateure", die aber als „*galante* Liebhaber" mit der Materie viel stärker vertraut sind als „ein Unerfahrner"[50], stellt Mattheson später den „naseweisen *Criticis Musicis*" gegenüber und formuliert auch den Sinn der Schrift für den *galant homme*: Es ist ihm daran gelegen, daß dieser „eine gewisse *Idée*" von der Musik sowie ausreichende Kenntnisse von musikalischen Termini technici hat, um mit deren Unterstützung die Möglichkeit der Teilnahme an der Konversation zu erlangen[51]. Im kausalen Vordergrund steht also die galante

---

[47] Wilhelm Seidel, Art. *Galanter Stil*, in: MGG² Sachteil Band 3 (1995), Sp. 986.

[48] Dahlhaus, *Die Musik des 18. Jahrhunderts*, S. 26.

[49] Vgl. Sheldon, *The Galant Style*, S. 252, bzw. Cannon, *Spectator*, S. 123.

[50] Mattheson, *Das Neu-Eröffnete Orchestre*, S. 153.

[51] Ebd., S. 154: „Dis alles habe nur darum berühren wollen / damit ein *galant homme* doch wenigstens einiger massen eine gewisse *Idée* und *generale* Erkänntniß der *Terminorum technicorum* haben / und bey *Discoursen* die von dergleichen handeln / nicht wie ein Stummer sitzen möge". Eine ähnliche Rechtfertigung findet sich schon am Schluß der Einleitung, wenn Mattheson erklärt, daß der dritte Teil des *Neu-Eröffneten Orchestres* mit dem Thema „Wie eines und anders in der *Music* zu beurtheilen" „einem *galant homme* zur formirung seiner in diesem Stücke zu hegende *idée*, wie auch folglich zur adroiten Unterhaltung eines *discourses* über solcher *materie* ungemein behülflich seyn kan" (ebd., S. 37).

Konversation – der sogenannte „galante Diskurs“: So ist das galante Ideal Mattheson ein Kommunikationsideal, das auch als solches in Verbindung mit der Hofmannsliteratur und der Lehre von der höfischen *conduite* steht – es geht um kommunikative Verhaltensregeln und eine spezifische Form der Gesellschaftsethik. (In der galanten Literatur der Zeit schließlich spielen kommunikative Gattungen wie der Brief eine herausragende Rolle; eng ist hier auch die Wechselbeziehung von galanter Literaturbewegung und philosophischer Aufklärung mit der Schlüsselfigur Christian Thomasius[52].)

Für die Gestaltung des *Neu-Eröffneten Orchestres* heißt diese Prämisse aber auch, daß gewisse tradierte Elemente der musikalischen Wissenschaft zurückstehen müssen – auch dies ist ein Grund der im Rahmen dieser Schrift ausgefochtenen Kontroverse von Stil und Gattung, auf die später noch zurückzukommen ist. Mattheson übernimmt die umfangreichen Stilklassifikationen seiner Vorgänger nicht – „Den grössten Unterschied macht man zwischen Kirchen= *Theatral-* und Cammer=*Musique,* und das ist einem *galant homme* genug“[53]. Ein Gegenbegriff zu *galant* ist Mattheson zufolge *reell* – wenn er im dritten Teil des *Neu-Eröffneten Orchestre* unterschiedliche Nationalstile diskutiert, bemerkt er im Rahmen eines Vergleiches des römischen (‚romanischen‘) mit dem venetianischen Stil: „Bey diesem wird man mehr *galantes*, bey jenem mehr *reelles* finden“[54].

*

Johann Heinrich Buttstett sieht in seiner Antwort auf das *Neu-Eröffnete Orchestre* die Hauptursache für den von Mattheson beschriebenen „Verfall der Music“ darin, daß Musik „nur noch für ein Spielmanns-Wesen und nicht mehr für ein Studium gehalten“[55] werde – und greift damit (und nicht allein in diesem Seitenvermerk) nicht nur den

---

[52] Zum Thema *Der Galante Diskurs. Kommunikationsideal und Epochenschwelle* fand 1999 in Dresden eine Tagung der Internationalen Andreas Gryphius-Gesellschaft in Verbindung mit dem Institut für Germanistik der TU Dresden statt; vgl. auch Volker Kapp, *Die Lehre von der actio als Schlüssel zum Verständnis der Kultur der frühen Neuzeit,* in: ders. (Hg.), *Die Sprache der Zeichen und Bilder. Rhetorik und nonverbale Kommunikation in der frühen Neuzeit,* Marburg 1990 (Ars rhetorica Bd.1), S. 40-64.

[53] Mattheson, *Das Neu-Eröffnete Orchestre,* S. 113.

[54] Ebd., S. 203-204.

[55] Johann Heinrich Buttstett, *Ut, Mi, Sol, Re, Fa, La, Tota Musica et Harmonia Æterna, Oder Neu=eröffnetes, altes, wahres, eintziges und ewiges Fundamentum Musices, entgegen gesetzt Dem neu=eröffneten Orchestre [...],* Erfurt [1716 (?)], S. 11.

22

Hamburger Antipoden, sondern auch das Ideal des *galant homme* offen an, das den konservativen Vorstellungen des Erfurter Organisten nicht entgegenkommen kann. Während Mattheson den Verfall der Musik 1713 den Musikern und ihrer als veraltet und unnötig kompliziert gerügten Wissenschaft zur Last legt, ist laut Buttstett der Umstand, daß die Musik in den Augen Mattheson nicht länger das akademische Bild wie bisher zeigen darf, mitverantwortlich dafür, daß „die Musici den Stylum Ecclesiasticum, Moteticum, den Contrapunctum duplicem so gar unter die Bank getreten haben, sich hingegen behelffend mit Galanterien, Marchen, Balletten, Menuetten &c. welche [...] nur die Schlacken von der Music sind"[56] – schon diese kurze, einleitende Passage weist auf eines der Kernelemente des Disputes zwischen Mattheson und Buttstett hin, nämlich auf die Dichotomie von Stil- und Gattungslehre (s.u.). Wenn Mattheson wiederum mit dem *Beschützten Orchestre* 1717 auf Buttstetts Streitschrift *Ut, Mi, Sol, Re, Fa, La, Tota Musica et Harmonia Æterna* antwortet, steht er nicht nur in der Pflicht, seine eigene, ältere Arbeit zu verteidigen, sondern auch – damit verbunden – das galante Ideal. Wieder nennt Mattheson bereits im Titel sein Anliegen: „Das Beschützte Orchestre, oder desselben Zweyte Eröffnung / Worin Nicht nur einem würklichen *galant-homme*, der eben kein Profeßions-Verwandter / sondern auch manchem *Musico* selbst die alleraufrichtigste und deutlichste Vorstellung musicalischer Wissenschaften / wie sich dieselbe vom Schulstaub tüchtig gesäubert / eigentlich und wahrhafftig verhalten / ertheilet; aller wiedrigen Auslegung und gedungenen Aufbürdung aber völliger und truckener Bescheid gegeben" [...] – hier spricht Mattheson offen den soziokulturellen Status des *galant homme* an, der eben kein „Profeßions-Verwandter" ist, sondern ein Liebhaber. Buttstetts Frage nach dem Verbleib des „Kenners" (dem Erfurter genügt die Beurteilung einer Komposition „nach dem Gehör absque ratione"[57] nicht) allerdings bleibt unbeantwortet.

Mehrfach fühlt sich Mattheson im *Beschützten Orchestre* gehalten, diese offensichtlich notwendige Unterscheidung zwischen dem *galant homme* und dem professionellen Musiker zu verdeutlichen. So stellt er schon im Rahmen seiner „Beschützung des ersten Theils" des *Neu-Eröffneten Ochestres* bei der Frage Buttstetts, ob „*Musica* heissen soll: *Scientia circa numerum sonorum,* oder *circa sonum numeratum?*", fest, daß ein solcher Streit „ein *galant homme*, mit dem ich damahls [also im

---

[56] Ebd., S. 10; vgl. Christian Müller, Art. *Buttstett*, in: MGG² Personenteil Bd. 3 (2000), Sp. 1439.
[57] Buttstett, *Harmonia Æterna*, S. 90.

Neu-Eröffneten Orchestre, Anm. d. Verf.] und mit keinem *Musico*, zu thun hatte / mit allen Ehren und Recht / für Alfanzereyen halten"[58] möge: „Mein *Institutum* im neu-eröffneten *Orchestre* ist ja nicht einen *Componisten* oder *Musicum*, vielweniger neue *Definitiones*, zu machen / sondern nur einem *galant homme* die *universelle* (nicht *speciale*) Nachricht von denen zur Music gehörenden Sachen auf eine gantz neue Art zu geben"[59]. Es ist Mattheson außerdem offenkundig daran gelegen, deutlich zu machen, daß der *galant homme* nur einer beschränkten Information über musikalische Sachverhalte bedarf; so stellt er in seinen Ausführungen zum zweiten Teil des *Neu-Eröffneten Orchestres* fest: „Solches ist gar mein Vorsatz nicht gewesen / mein *galant homme* hat solches weder bedurfft noch verlanget; es ist ihm genug / wenn er weiß / was ein *Quatuor* überhaupt in der Music bedeute"[60]. Das *Neu-Eröffnete Orchestre* ist kein kompositionstheoretisches Kompendium und keine vollständige Satzlehre, wie der *Vollkommene Capellmeister* von 1739 nach Umfang und Anlage durchaus beurteilt werden kann, sondern eine Informationsschrift für den Interessierten (wobei dieses Interesse gewissermaßen aus gesellschaftlichen Zwängen der Konversation, des galanten Diskurses herrührt, was Mattheson nicht unkritisch sieht): „Ich befinde hiebey wahr zu seyn / daß ein jeder / der sich vor 12. Schilling das *Orchestre* kaufft / nicht auch zugleich den Verstand desselben mit erhandelt; sondern daß sich mancher auch die einfältigsten Sachen erklähren lassen müsse"[61].

Auch in den zwischen den *Orchestre*- und *Capellmeister*-Phasen entstandenen Schriften setzt sich Mattheson immer wieder mit dem Begriff des *galant homme* auseinander – um so erstaunlicher mag

---

[58] Johann Mattheson, *Das Beschützte Orchestre, oder desselben Zweyte Eröffnung / Worin Nicht nur einem würcklichen galant-homme, der eben kein Profeßions-Verwandter / sondern auch manchem Musico selbst die alleraufrichtigste und deutlichste Vorstellung musicalischer Wissenschaften / wie sich dieselbe vom Schulstaub tüchtig gesäubert / eigentlich und wahrhafftig verhalten / ertheilet; aller wiedrigen Auslegung und gedungenen Aufbürdung aber völliger und truckener Bescheid gegeben; so dann endlich des lange verbannet gewesenen Ut Re Mi Fa Sol La Todte (nicht tota) Musica Unter ansehnlicher Begleitung der zwölf Griechischen Modorum, als ehrbarer Verwandten und Trauer-Leute / zu Grabe gebracht und mit einem Monument, zum ewigen Andencken / beehret wird*, Hamburg 1717 (Nachdruck Leipzig 1981), S. 51.
[59] Ebd., S. 54; vgl. auch S. 56, S. 106 und S. 216.
[60] Ebd., S. 196.
[61] Ebd., S. 241.

daher der Verzicht auf die Beschäftigung mit dem Terminus in den Arbeiten 1737/39 anmuten. So befassen sich mehrere der in der *Critica Musica* von 1722-25 abgedruckten dreizehn Briefe mit der Auseinandersetzung zwischen Mattheson und Buttstett und streifen auch den *galant homme* bzw. erwähnen den Begriff – so die Briefe von Johann Joseph Fux und Johann Kuhnau[62]. An anderer Stelle setzt Mattheson den Begriff *galant* gleich mit dem französischen *bon gout:* „Dieses *Sapere* ist eben dasjenige / so die Franzosen *le bon gout* nennen / und wer es nicht hat / kann unmüglich galant heissen"[63]; die Assoziation von *galant* mit dem *bon goût* scheint singulär in der Musikliteratur des 18. Jahrhunderts.

Im *Forschenden Orchestre*, das strenggenommen ja nicht zu den vorangegangenen *Orchestre*-Schriften gehört (s.u.), weist er das Adjektiv *galant* einer Anzahl Komponisten – namentlich Capelli, Bononcini, Gasparini, Marcello, Vivaldi, Caldara, Alessandro Scarlatti, Lotti, Keiser, Händel und Telemann – zu und benennt sie als „die

---

[62] Vgl. Johann Mattheson, *Critica Musica. D.i. Grundrichtige Untersuch- und Beurtheilung / Vieler / theils vorgefaßten / theils einfältigen Meinungen / Argumenten und Einwürffe / so in alten und neuen / gedruckten und ungedruckten / Musicalischen Schriften zu finden. Zur müglichsten Ausräutung aller groben Irrthümer / und zur Beförderung eines bessern Wachsthums der reinen harmonischen Wissenschaft / in verschiedene Theile abgefasset / Und Stück-weise heraus gegeben Von Mattheson [...]*, Hamburg / im May 1722. (Band II:) *CRITICAE MUSICAE Tomus Secundus. d.i. Zweyter Band der grund-richtigen Untersuch- und Beurtheilung vieler, theils guten, theils bösen, Meynungen, Argumenten, und Einwürffe, so in alten und neuen, gedruckten und ungedruckten musikalischen Schriften befindlich: zur Ausräutung grober Irrthümer, und zur Beförderung bessern Wachsthums der reinen Harmonischen Wissenschaft, in verschiedene Theile verfasset, und Stückweise herausgegeben von Mattheson [...]*, Hamburg 1725, Reprint beider Bände in einem Band Amsterdam 1964, Vol. II, S. 181-187 (Fux) und S. 229-239 (Kuhnau). Fux bemerkt: „Kan also meiner Meinung nach auch einer, der die *Musique* durch das ut, re, mi, fa, sol, la, erlernet hat, gleichwohl ein *Galant-Homme* sein" (ebd., S. 186); Kuhnau hingegen räumt ein: „Was nun die Haupt-*Controverse* anbelanget, welche ihnen der Erfurter *moviret* hat, so glaube ich nicht, daß jemand anders, als dieser, ihr *Orchestre*, das sie vor einen *galant-homme*, der kein Musicus *ex professo*, vielweniger sich mit vielen, und meistentheils alten unnützen, Grillen *amusiren* will, geschrieben, vornehmlich *in puncto Solmisationis & veterum Modorum musicorum, improbiren* werde" (ebd., S. 230). Vgl. auch Cannon, *Spectator*, S. 139-144.

[63] Mattheson, *Critica Musica* I, S. 250; David Sheldon geht davon aus, daß Matthesons Begrifflichkeit hier deutlich zu unterscheiden ist vom deutschen „der gute Geschmack".

allerberühmtesten und galantesten Componisten in Europa"[64]; in einer Fußnote erklärt Mattheson, daß er den Terminus nicht in einem offensichtlich häufiger benutzten pejorativen Sinn verstanden wissen will, „so wie man heutiges Tages manches verdächtiges Frauenzimmer, ja wohl garstige Kranckheiten / mit einem *galanten Praedicatio* zu belegen pfleget"[65]. Mattheson leitet allerdings sein Verständnis von *galant* aus dem Italienischen ab: „Die Italiäner [...] verstehen durch einen *galant huomo*, einen wackern / geschickten / tüchtigen und redlichen Kerl / *un valent'uomo* [...]. Und in solchem / als seinem rechten *genuinen* Verstande / nehmen wir das Wort auch hier"[66].

Die Schrift von 1721 ist aber nun nicht frei von Kritik an der „galanten Lebensführung": Auch wenn Mattheson immer noch versucht, sein Ideal des *galant homme* gegen Anfechtungen von konservativer Seite zu verteidigen, ist neben der bedeutsamen Unterscheidung von galanten Komponisten und ihrem (in ganz anderem Sinne) galanten Publikum in Matthesons Gebrauch des Begriffs *galant* als Adjektiv ein Zug von Herablassung dem „einfachen Galanten" gegenüber zu beobachten[67]; in einer Passage zum Thema „*ratio* und *sensus* der Klänge" setzt er den *galant homme* beispielsweise einem „Sinnlosen Liebhaber"[68] gleich. Schließlich stellt er fest: „Mein *galant-homme* will / mag und soll nicht viel *speculi*ren (es sey denn nach dem buchstäblichen Verstande / wenn er sich pudert und im Spiegel besiehet) er will was aufzuweisen und zu hören haben"[69]. Abgesehen von der Tatsache, daß Mattheson hier auch die Forderung des Gehörprimats als Bildungsideal, die seit dem *Neu-Eröffneten Orchestre* zum elementaren Programm seiner

---

[64] Johann Mattheson, *Das Forschende Orchestre, oder desselben Dritte Eröffnung. Darinn Sensus Vindiciae et Quartae Blanditiae, D.i. Der beschirmte Sinnen-Klang Und der Schmeichelnde Quarten-Klang / Allen unpartheyischen Syntechnitis zum Nutzen und Nachdenken; keinem Menschen aber zum Nachtheil / sana ratione & autoritate untersuchet / und vermuthlich in ihr rechtes Licht gestellet worden von Joanne Mattheson*, Hamburg 1721 (Nachdruck Hildesheim und New York 1976), S. 276; die Namen Keiser, Händel und Telemann erscheinen im Text fett gedruckt. Vgl. Sheldon, *The Galant Style*, S. 253-254.

[65] Mattheson, *Das Forschende Orchestre*, S. 276.

[66] Ebd.

[67] Vgl. Sheldon, *The Galant Style*, S. 253.

[68] Mattheson, *Das Forschende Orchestre*, S. 163-164.

[69] Ebd., S. 179; Sheldon (*The Galant Style*, S. 253) weist darauf hin, daß in Matthesons *Musicalischen Patrioten* 1728 „viele, theils ungalante, theils gar zu galante Leute meynen, die Music schicke sich nur in die Opern und zu weltlichen Dingen" (S. 129).

Lehrschriften gehört und als Gegenpart zur mathematisch geprägten Tradition untrennbar mit der Figur des *galant homme* auftritt, zumindest anreißt, wirkt diese Umschreibung des *galant homme* ebenso pejorativ wie die Beschreibungen etwa durch Buttstett. Auf dieses modifizierte Bild weist eventuell auch die geänderte konjunktive Orthographie hin: Bis zum *Beschützten Orchestre* benutzt Mattheson den Terminus immer nur zusammengesetzt als *galant homme*, während er – wohlgemerkt *nach* der Ableitung vom italienischen „*galant huomo*"! – im *Forschenden Orchestre* in der Art eines Eigennamens als *galant-homme* auftritt (den in dieser Art allerdings auch Kuhnau verwendet[70]).

*

Während die Verteidigung des galanten Ideals eine elementare Motivation Matthesons für die gesamte *Orchestre*-Phase darstellt, tritt dieser Aspekt in der Phase des *Vollkommenen Capellmeisters*, also in der zweiten Hälfte der dreißiger Jahre, deutlich in den Hintergrund. Der *Vollkommene Capellmeister* folgt 1739 als enzyklopädisch angelegtes Oeuvre ganz anderen Erwägungen; die „Vollkommenheit", die anzustreben ist, ist bereits im Titel erwähnt und wurde eingangs schon in ihrer sinngemäßen Modifikation dargestellt. Welche Rolle spielt für dieses Buch nun aber der *galant homme* – spielt er überhaupt noch eine, wenn das Buch sich so eindeutig an den professionellen Musiker wendet, wie es ja offenkundig der Fall ist? Der Begriff *galant* scheint von Mattheson 1739 in ähnlichen Zusammenhängen verwendet worden zu sein wie zuvor – allerdings hat sich die affirmative Wendung an den *galant homme* deutlich geändert: Nirgendwo stellt Mattheson fest, daß *Der vollkommene Capellmeister* tatsächlich den *galant homme* als eigentlichen Adressaten ansieht. Das zu erreichende Ziel allerdings – nämlich das Ideal eines „vollkommenen Capellmeisters" wird von Mattheson mit einem *galant homme* gleichgesetzt: „Verstehet einer nun Latein und Poeterey, in besagtem Verstande, so soll er sich drittens befleißigen, die Frantzösische, vornehmlich aber die Welsche Sprache auf solche Maasse zu fassen, daß er sie verdolmetschen könne. Und da es auch billig, daß ein Capellmeister ein *galant homme* sey, so ist nicht leicht abzusehen, wie diese Eigenschafft, heutiges Tages, ohne beide gedachte Sprachen behauptet werden möge"[71], heißt es in dem Kapitel „Von dem Vorsteher der Music". Demnach gehören auch angemessene Sprachkenntnisse in das Bild, das Mattheson vom *galant homme* hat;

---

[70] Vgl. Mattheson, *Critica Musica* II, S. 230.
[71] Mattheson, *Der vollkommene Capellmeister*, S. 101.

vor allem aber ist das Zielideal von 1739, der „vollkommene Capellmeister", ein *galant homme*.

Der Adressat der Schrift Matthesons bleibt demnach der *galant homme* – nur ändert sich der Status dieses *galant homme* in den Augen des Autors erheblich: Es handelt sich jetzt nicht mehr um den dilettierenden Laien, der sich allgemeine Informationen zum Konversationsthema Musik anzueignen hat, sondern um den professionellen Musiker, der mit dem *Vollkommenen Capellmeister* angesprochen und zu einem „vollkommenen Musiker" durch ein enzyklopädisch angelegtes Lehrwerk ausgebildet werden soll. So ist auch der auffällige Rückgriff Matthesons auf Aspekte der Musiktheorie, die mit der *Orchestre*-Phase längst aus dem Kanon verabschiedet zu sein schienen, zu verstehen: Mit den Arbeiten der dreißiger Jahre versucht Mattheson die Summe der Musiktheorie, auch wenn einzelne Elemente kaum mehr zeitgemäß erscheinen können. Dies gilt insbesondere für große Passagen des Dritten Theils, der eigentlichen Kompositionslehre, aber auch für die deutliche Wiederaufnahme der Stiltheorie (die schon im *Beschützten Orchestre* 1717 ihre Rückkehr ankündigte) und vor allem für die Inventionslehre, eine der entscheidenden Punkte der hier darzustellenden Melodielehre: Hatte Mattheson noch 1713 überdeutlich die *Ars inveniendi* abgelehnt[72], widmet er 1739 dieser traditionellen Disziplin ein Kapitel an zentraler Stelle des *Vollkommenen Capellmeisters*.

Ende der dreißiger Jahre verhält sich Mattheson weitaus kritischer gegenüber den von ihm als *galant* eingestuften Komponisten. Wenn es um das Verhältnis von Teilen einer Melodie untereinander geht, heißt es: „Hierwieder nun handeln die meisten galanten Componisten dergestalt, daß man offt meinen sollte, der eine Teil ihrer Melodie gehöre in Japan, der andre in Marrocco zu Hause"[73]; harmonische Querstände beschreibt Mattheson als „ein wenig gar zu galant"[74] – der durchaus pejorativ gemeinte Zusammenhang, der in der zeitgenössischen Literatur immer wieder auffällt[75], ist hier nicht fern.

---

[72] Vgl. Mattheson, *Das Neu-Eröffnete Orchestre*, S. 104-105; vgl. auch das Kapitel IV.2.2. der vorliegenden Studie.

[73] Mattheson, *Der vollkommene Capellmeister*, S. 156; vgl. Sheldon, *The Galant Style*, S. 254.

[74] Mattheson, *Der vollkommene Capellmeister*, S. 295.

[75] So rühmt Birnbaum an Bach, daß er seine Zeit nicht an „trinck- und wiegen liedergen" und „andern läppischen galanterie stückgen" verschwende (*Bach-Dokumente,* hg. von Hans-Joachim Schulze für das Bach-Archiv Leipzig (= Supplement zu NBA), Bd. *III: Dokumente zum Nachwirken Johann Sebastian*

Vorstellbar ist, daß der Terminus des Galanten in den Augen Matthesons inzwischen in erster Linie zu einem Modebegriff verkümmerte; das neue Lehrwerk von 1739 scheint zwischen den Extremen – dem Gelehrten auf der Rechten, das von Mattheson in den frühen *Orchestre*-Schriften heftig angegriffen wurde, und dem Galanten auf der Linken – vermitteln zu wollen, ablesbar etwa auch an dem erheblichen Umfang, den im *Vollkommenen Capellmeister* das Thema Kontrapunkt doch ausmacht.

Welche Vorstellungen Mattheson angesichts dieses *vollkommenen Capellmeisters* hat, der am Ende der Ausbildung stehen mag und den er ebenso gut hätte „Hof-Compositeur" hätte nennen können – ein Titel, den Mattheson allerdings bewußt vermeidet[76] –, legt er in großer Ausführlichkeit vor allem im Rahmen des Ersten Theils seines Werkes, aber auch in den einleitenden Kapiteln des Zweiten Theils dar; auf Grundzüge dieser Vorstellungen muß auch im weiteren Zusammenhang immer wieder eingegangen werden. Der von Mattheson 1739 exponierte *Capellmeister*-Begriff in Kopplung mit der Vorstellung der Perfektion ist aber nicht neu. Schon die römisch-spätantike und mittelalterliche Musiklehre, etwa Boethius, kennt drei verschiedene Klassen von Musikern[77]: Das I. Genus umfaßt diejenigen, welche die Musik ausüben (*agere*), indem sich die Musiker der entsprechenden Klangwerkzeuge bedienen; das II. Genus umschließt alle die, welche Musikstücke herstellen (*fingere, facere*); zum III. Genus gehören dann jene, die das geschaffene Musikstück beurteilen (*diiudicare*) und über die Grundlagen der Musik nachdenken. Diese Einteilung schlägt sich noch in nahezu allen Traktaten der Renaissance nieder und ist auch 1713 im Aufbau des *Neu-Eröffneten Orchestre* wiederzuerkennen, in dem auf den ersten und zweiten Teil, „Pars Prima Designatoria" und „Pars Secunda Compositoria" der „Pars Tertia Judicatoria" folgt, also eine Abhandlung, „Wie eines und anders in der *Music* zu beurtheilen" – auch wenn diese Schrift nur für den interessierten Laien verfaßt wurde, beinhaltet sie einen sehr allgemeinen Teil, der auch dem *agere* diente, einen kompositionstheoretischen und schließlich einen kritischen Teil.

Bachs 1750-1800, Kassel, Basel, Tours, London und Leipzig 1972, S. 15; vgl. Günther Wagner, *Die Bach-Rezeption im 18. Jahrhundert im Spannungsfeld zwischen strengem und freiem Stil*, in: ders. (Hg.), Jahrbuch des staatlichen Instituts für Musikforschung Preußischer Kulturbesitz 1985/86, S. 227.
[76] Vgl. ebd., S. 99: „[...] **Ob ein rechter Capellmeister** (ich will des neuen abgeschmackten Titels, **Hof-Compositeurs**, schonen) [...]."
[77] Vgl. Dammann, *Musikbegriff*, S. 76.

Der *Musicus perfectus*, das Musikerideal der Renaissance, vereinigt nun beide Zweige in sich, nämlich die theoretische und praktische Musikgattung – auch das Komponieren. Dieses Ideal ist für die deutsche Musikwirklichkeit des Barock noch immer verbindlich: Das eigentliche (regelgebundene) Komponieren hat auch die Grundgesetze der Musik zu beachten. Nur dann ist es fundamental gesichert. „Der Komponist kennt das *wahre Fundament* der Musik. Er hat Einblick in den archetypischen Kosmos der Harmonie und er soll sein Werk unter der Kontrolle des Verstandes verfertigen. Er vermag das, was er macht, was er herstellt, rational zu überprüfen."[78] Die wichtigsten Namen, mit denen diese rational bestimmte Musikanschauung des Barock in Deutschland verbunden ist, sind etwa Calvisius, Lippius, Michael Praetorius, Baryphonus, Bartolus, Kircher, Herbst, Matthaei, Printz, Steffani, Werckmeister, Kuhnau, Buttstedt, Walther, Mizler, Adlung. Fast alle diese Persönlichkeiten sind jedoch keineswegs reine Theoretiker, die sich nur der Spekulation widmen, sondern praktische Musiker, vielfach Organisten oder Kantoren; Komponieren ist für sie (vor allem termingebundener) Handwerksauftrag.

Die Person des *vollkommenen Capellmeisters*, wie sie Mattheson schon zu Beginn des gleichnamigen Werkes charakterisiert, steht damit also deutlich in einer langen Tradition: Während das *Neu-Eröffnete Orchestre* als Erstlingswerk deutlich gegen diese Traditionslinie polemisiert (und damit den Eckpunkt einer klassischen „Ausmist-Situation" beschreibt)[79], greift Mattheson sukzessiv schon in den zwanziger Jahren, vor allem aber 1739 auf ein tradiertes Bild zurück, das in der barocken Linie den klassischen professionellen Musiker beschreibt. Daß dieser nun aber Angehöriger einer Gruppe ist, die das frühe 18. Jahrhundert mit dem Begriff *galant homme* benennt, ist eine neue Qualität dieses Bildes – mit tiefen Auswirkungen inhaltlicher Art auf die Ausbildungsgrundlagen dieses *vollkommenen Capellmeisters*. Und dennoch heißt es im Schlußsatz des Postscriptums: „Indessen ist und bleibt das Bestreben, sich der Vollenkommenheit ie länger ie mehr

---

[78] Ebd.

[79] Dabei ist die Beobachtung, daß Mattheson auch in der Titelei zum *Neu-Eröffneten Orchestre* mit den Attributen wie „universell", „gründlich" oder „vollkommen" auch bereits einen über das bloße Einführen hinausgehenden Anspruch erhebt, durchaus von Relevanz (vgl. Braun, *Musiktheorie als öffentliche Angelegenheit*, S. 44). Ob daraus abzuleiten ist, daß „galante" Musiktheorie für Mattheson nur „ein einmaliges, aber äußerst fruchtbares Experiment" war (ebd., S. 45), erscheint allerdings zweifelhaft.

zu nähern, höchstlöblich und nützlich."[80] Der *galant homme* Matthesons ist somit Repräsentant einer Welt des Übergangs, die zwar äußerlich noch von Hof und höfischen Sitten geprägt ist, innerlich sich aber schon „vom Regelzwang konventioneller Denkgewohnheiten befreit"[81] hat; der Zusammenhang mit der Idee des aufkommenden Individualismus ist evident: Während das Individuum vermöge seiner Rationalität die Welt in ihrem Zusammenhang zu erkennen beginnt, wird ihm das einmalig Individuelle als Problem bewußt. Der *galant homme* erlebt sich selbst als empfindende und urteilende Instanz, deren Kriterien sich allerdings der Rationalität weitgehend entziehen; seinen Ausdruck findet er im Aspekt des Geschmacks, der die Entstehung einer eigenständigen Disziplin ankündigt: der Ästhetik[82].

3. Mattheson und der „galante Stil"

Will man sich vergegenwärtigen, welche Auswirkungen das Ideal des *galant homme* auf die Lehre Johann Matthesons gehabt haben muß, kann der in der Musikwissenschaft des 20. Jahrhunderts immer wieder postulierte Begriff des „galanten Stils" als Stil des *galant homme*[83] nicht unbeachtet bleiben. Gibt es in den Veröffentlichungen Matthesons Hinweise auf Aspekte, die mit den Prämissen des galanten Stilideals in Verbindung gebracht werden können? Und wenn ja – wie ist dieses Stilideal überhaupt zu verstehen?

Der Begriff *galanter Stil* geistert schon früh durch die Musikliteratur, taucht aber auch in literarhistorischem Zusammenhang auf; so heißt es in dem bereits erwähnten Traktat Benjamin Neukirchs: „Der galante stylus ist nichts anders, als eine vermengung des scharffsinnigen, lustigen und satyrischen styli: und gleichwol ist er von allen dreyen sehr unterschieden. [...] Summa: der galante stylus ist eine schreib-art, welche so wohl im ernste, als im schertze das maß hält, und den leser auf eine ungemeine art nicht allein ergötzet, sondern auch gleichsam bezaubert."[84] In den musiktheoretischen Texten des späten 17. oder frühen 18. Jahrhunderts findet sich an keiner Stelle eine entsprechende genaue Definition, zu sehr gehört der Habitus des *Galanten* zum *on dit* der Zeit. So herrscht über Entstehung und Wesen des sogenannten „galanten Stils" noch immer Unklarheit. Die Fachliteratur des frühen 20.

---

[80] Mattheson, *Der vollkommene Capellmeister*, S. 503.
[81] Arno Forchert, *Johann Sebastian Bach und seine Zeit*, Laaber 2000, S. 43.
[82] Vgl. ebd.
[83] Vgl. Dahlhaus, *Die Musik des 18. Jahrhunderts*, S. 2.
[84] Neukirch, *Anweisung*, S. 622-23; Nachdruck bei Wiedemann, *Der galante Stil*, S. 40.

Jahrhunderts äußert sich zu diesem Thema recht widersprüchlich: Erste Bemühungen zur Klärung des Begriffs finden sich bei Hugo Riemann[85] und Carl Mennicke[86], die aber beide die Sphäre des galanten Stils auf die Klaviermusik beschränkt wissen wollten. Umfassendere Erörterungen finden sich bei Ernst Bücken[87], der allerdings zunächst dazu neigte, nahezu die gesamte nicht-polyphone Musik des 18. Jahrhunderts als galant zu bezeichnen. Unabhängig von dessen Arbeiten griff Rudolf Schäfke[88] das Problem von ästhetischer Seite her auf unter Beschränkung auf das Lehrwerk *Versuch einer Anweisung die Flöte traversière zu spielen* von Johann Joachim Quantz: Indem er die Ergebnisse einer gründlichen Analyse des Quantzschen Traktats mit den ästhetischen Anschauungen des 18. Jahrhunderts verglich, kam er zu den weitreichendsten Schlüssen auf diesem Themengebiet. Balet und Gerhard schließlich beschreiben den galanten Stil als Dekadenzerscheinung und den Stilwandel der Musik um die Mitte des 18. Jahrhunderts als „ein Ineinanderfließen dreier wesentlich voneinander unterschiedener Stile"[89].

Nach den Arbeiten Bückens und Schäfkes wurde es um den Bereich der Untersuchungen des sogenannten „galanten Stils" ruhig; die meisten Arbeiten zum Problem des Stilwandels in der Musik des 18. Jahrhunderts weichen einer Diskussion völlig aus, worauf Lothar Hoffmann-Erbrecht in seiner Studie zum galanten Stil in der Musik des 18. Jahrhunderts hinweist. Er kommt 1962 zu folgender Definition: „Will man präzise formulieren, dann ist der Begriff des galanten Stils beschränkt auf die Musik der Zeit von etwa 1730 bis 1750 anwendbar. Diese Begrenzung steht im Einklang mit der deutschen Musiktheorie in der Mitte des 18. Jahrhunderts, die bei der Erörterung solcher Fragen unmißverständlich den Stilumschwung in jenen Jahrzehnten meint. Man wird also nur diejenige Musik als galant bezeichnen können, die aus der Opposition gegen die kontrapunktisch-polyphone Schreibweise heraus

---

[85] Hugo Riemann, Art. *Galanter Stil*, in: ders., *Musiklexikon*, Berlin [11]1929, S. 562; vgl. Hoffmann-Erbrecht, *Der „galante Stil"*, S. 252, bzw. Seidel, Art. *Galanter Stil*, Sp. 983-989.

[86] Carl Mennicke, *Hasse und die Brüder Graun als Sinfoniker*, Leipzig 1906, S. 80; vgl. Hoffmann-Erbrecht, *Der „galante Stil"*, S. 252.

[87] Ernst Bücken, *Der galante Stil*, in: ZfMw VI (1923/24), S. 418-430; ders., *Die Musik des Rokoko und der Klassik*, Potsdam 1927 (Reihe *Handbuch der Musikwissenschaft*).

[88] Rudolf Schäfke, *Quantz als Ästhetiker. Eine Einführung in die Musikästhetik des galanten Stils*, in: AfMw VI (1924), S. 213-242.

[89] Balet und Gerhard, *Verbürgerlichung*, S. 338-339.

entstanden ist und sich eines melodisch eleganten, meist homophonen Satzes bedient, dessen Ausdruckstendenzen noch nicht stark ausgeprägt sind"[90]. Ob die Musiktheorie des 18. Jahrhunderts tatsächlich „unmißverständlich" einen Stilumschwung meint, ist noch zu hinterfragen. In der Nachfolge Hoffmann-Erbrechts sind in erster Linie Arbeiten aus dem englischsprachigen Bereich zu nennen, die sich dem Problem des galanten Stils widmen. Nachdem C. L. Cudworth in den frühen fünfziger Jahren bereits erste Definitionsversuche angestellt und den galanten Stil als Untergruppe der Klassik qualifiziert hatte[91], sind die Arbeiten David A. Sheldons als die kundigsten Arbeiten zum Problem der Stilklassifizierung anzusehen[92]: Auf der Grundlage von satztechnischen Kriterien, die Sheldon aus Äußerungen von Mattheson, Quantz und vor allem Marpurg und Türk ableitet, kommt er zu der Erkenntnis, daß das als Phänomen einer stilistischen Konvention auftretende Ideal des galanten Stils als letzter Repräsentant einer essentiell barocken musikalischen Konzeption zu verstehen ist – musikalische Formen und Syntax sind eher Modifikationen eines alten Stils als die Einleitung eines neuen[93]. Sheldon vertritt die These von zwei voneinander deutlich zu trennenden Phasen: Eine erste Phase korrespondiert mit der Periode der *galanten* Dichtung und wird von ihm „*galant homme*-Phase" genannt; in ihr ist der Einfluß des französischen Rokoko am stärksten präsent. Eine zweite Phase entspricht demnach der Zeit etwa Carl Philipp Emmanuel Bachs, Grauns, Hasses und Marpurgs: Es ist die Phase des *galanten Stils* in der Vorform einer (wie auch immer gearteten) klassischen Periode. Der Begriff des Galanten wird jetzt von den zeitgenössischen Musiktheoretikern für die Formulierung eines „freien Stils" benutzt.

Die Arbeiten Sheldons und die darin enthaltene Zwei-Phasen-Theorie enthoben die Musikwissenschaft von der bislang ungeklärten Datierung einer Periode des „galanten Stils": Conrad Wiedemann nannte im Untertitel seiner Anthologie *Der galante Stil* die Eckdaten 1680-1730 und benannte damit den ungefähren literarhistorischen Rahmen der

---

[90] Hoffmann-Erbrecht, *Der „galante Stil"*, S. 260.
[91] C. L. Cudworth, *Baroque, Rococo, Galant, Classic*, in: MMR 83 (1953), S. 172-175; vgl. auch ders., *Cadence galante: The Story of a Cliché*, in: MMR 79 (1949), S. 176-178.
[92] David A. Sheldon, *The Galant Style Revisited and Re-evaluated*, in: AMI XLVII (1975), S. 240-270 und ders., *Exchange, Anticipation, and Ellipsis: Analytical Definitions of the* Galant *Style*, in: Thomas Noblitt (Hg.), *Music East and West* (FS Walter Kaufmann), New York 1981, S. 225-241.
[93] Vgl. Sheldon, *The Galant Style*, S. 269.

galanten Dichtung, während C. L. Cudworth das *„galant* half-century"[94] auf 1730 bis 1780 datierte. Beide Rahmendatierungen sind in der Periodisierung Sheldons im Grunde berücksichtigt: Während sich die Angaben Wiedemanns mit der ersten Phase Sheldons auch in inhaltlicher Hinsicht decken, können die sich anschließenden fünfzig Jahre durchaus als Epoche eines galanten Stils in der Lesart Sheldons verstanden werden. Und diese Ergebnisse decken sich auch modifiziert mit den Beobachtungen Hoffmann-Erbrechts, denen zufolge der Stilbegriff (im Einklang mit der deutschen Musiktheorie in der Mitte des 18. Jahrhunderts) beschränkt auf die Musik der Zeit von etwa 1730 bis 1750 anwendbar ist – bei Hoffmann-Erbrecht allerdings als Opposition gegen die kontrapunktisch-polyphone Schreibweise[95].

Die Diskussion um den sogenannten „galanten Stil" ist und bleibt allerdings so lange in einer gefährlichen Schieflage, so lange nicht erkannt wird, daß die Benutzung dieses Begriffes zur Differenzierung eines Epochenabschnittes im Sinne einer Art „Vorklassik" nicht taugen kann, da es sich primär nicht um eine stilistisch-kompositionstechnische, sondern um eine ästhetisch-gesellschaftliche bzw. rezeptionsästhetische Kategorie handelt – nimmt man den *galanten Stil* als den Stil des *galant homme*: „Die ästhetischen Entscheidungen, die der galant homme traf, waren so selektiv, so daß vom Ausdruck eines die Epoche insgesamt charakterisierenden Zeitgeists nicht die Rede sein kann, und wechselten [...] zwischen dem Jahrhundertanfang, wo der Begriff aufkam, und der Französischen Revolution, deren Opfer er zusammen mit anderen Requisiten des Ancien régime wurde, so oft den musikalischen Sachgehalt, daß es unmöglich erscheint, den galanten Stil durch eine kompositionstechnische Merkmalbündelung zu bestimmen. Es handelt sich nicht um eine Satztechnik, die durch eine Schilderung ihrer kompositionstechnischen Voraussetzungen und Konsequenzen

---

[94] Cudworth, *Cadence galante*, S. 176.
[95] Vgl. Hoffmann-Erbrecht, *Der „galante Stil"*, S. 260. Zu ähnlichen Ergebnissen kommen auch Studien, die sich mit Stilfragen bei Bach, insbesondere mit dem Verhältnis von Bach zum „galanten Stil" auseinandersetzen, vgl. etwa Günther Wagner, *Die Bach-Rezeption im 18. Jahrhundert im Spannungsfeld zwischen strengem und freiem Stil*, in: ders. (Hg.), Jahrbuch des staatlichen Instituts für Musikforschung Preußischer Kulturbesitz 1985/86, S. 221-238, bzw. Hans Eppstein, *Johann Sebastian Bach und der galante Stil*, in: Wolfgang Birtel und Christoph-Hellmut Mahling (Hg.), *Aufklärungen. Studien zur deutsch-französischen Musikgeschichte im 18. Jahrhundert – Einflüsse und Wirkungen*, Bd. 2, Heidelberg 1986, S. 209-218.

erklärbar ist, sondern um einen Komplex ästhetischer Kriterien, die sozialpsychologisch dechiffriert werden müßten"[96]. Carl Dahlhaus diskutiert in seinem Beitrag zum *Neuen Handbuch der Musikwissenschaft* über die Musik des 18. Jahrhunderts ausführlich das Problem der Definition des „galanten Stils", des Begriffes also, der von Ernst Bücken 1924 als Terminus für die Epoche – oder „Übergangszeit" – zwischen Barock und Klassik vorgeschlagen wurde, und kritisiert **grundsätzlich** den Versuch, sozialgeschichtliche Kategorien stilgeschichtlich zu fixieren und nach kompositionstechnischen Kriterien zu suchen, die den musikalischen Stilbegriff analytisch dingfest machen sollen: „Insofern es wahrscheinlich oder sogar selbstverständlich ist, daß sich die ästhetischen Geschmacksrichtungen und Moden eines gesellschaftlichen Idealtypus, der ein Jahrhundert lang in der Aristokratie den Ton angab und vom arrivierten Bürgertum nachgeahmt wurde, von Zeit zu Zeit änderten, ist die Chance, in der Musikgeschichte einen galanten Stil mit fest umrissenen kompositionstechnischen Merkmalen bestimmen zu können, sehr gering"[97].

Um den Begriff des *Galanten* überhaupt mit dem Stilwandel, der sich in der Musik des 18. Jahrhunderts ungefähr zwischen 1720 und 1730 vollzieht, in Verbindung bringen zu können, müssen nach Dahlhaus fünf Prämissen erfüllt sein – ein Problem, dessen Lösung noch ansteht: Zunächst ist es notwendig aufzuzeigen, wie die Verspätung der literarisch greifbaren Musikästhetik gegenüber dem galanten Gesellschaftsideal, das – als Abkömmling der höfischen Kultur und über die exponierte Brücke des *hônnete homme* – nahezu hundert Jahre älter ist, zustande kommt; außerdem ist eine Kriteriologie als historiographische Berechtigung des Verfahrens, „aus den wechselnden Moden, zu denen der galant homme im Verlauf eines Jahrhunderts neigte, eine bestimmte Stilstufe als besonders charakteristisch herauszuheben"[98], vonnöten. Verständlich zu machen ist darüber hinaus die Vernachlässigung der Kirchenmusik bei der Bestimmung einer Stilepoche, die in der Behandlung dieses Themas besonders augenfällig ist; ebenso ist das „gewissermaßen verschobene Verhältnis"[99] zwischen einem aus Italien und Frankreich stammenden

---

[96] Dahlhaus, *Die Musik des 18. Jahrhunderts*, S. 3.
[97] Ebd., S. 25.
[98] Ebd., S. 27.
[99] Ebd. vgl. Sheldon, *Exchange*, S. 225: „Although the word does have musical associations in French culture at this time, one must look to Germany for definitions of *galant* in a musical sense; for it is only in the writings of eighteenth-century German theorists that *galant* is used frequently enough to provide us

Stil und einer fast ausschließlich in Deutschland formulierten ästhetischen Theorie hinreichend zu erklären, und schließlich hinkt die Assoziation des sogenannten „freien Satzes" mit dem „galanten Stil" gewaltig: Es ist zwar durchaus angebracht, die um 1720-1730 komponierten freieren Werke der musiktheoretischen Kategorie „freier Satz" zuzuordnen; daß aus dem Widerwillen, den der *galant homme* gegenüber der Pedanterie empfand, unwillkürlich eine Affinität zum freien Satz resultierte, ist zwar historiographisch bedeutsam, darf aber nicht darüber hinwegtäuschen, daß dieser freie Satz ein schon altes Phänomen war, das als „seconda prattica" – nämlich etwa in den Formen der Monodie und des konzertanten Stils – seit dem frühen 17. Jahrhundert existierte[100].

*

Dahlhaus' Kritik am Umgang mit der Terminologie um den sogenannten „galanten Stil" wird gestützt durch den Einblick in die Schriften Johann Matthesons: In keiner der zahlreichen Schriften Matthesons wird in irgendeiner Weise ein „galanter Stil" als solcher beschrieben oder auch nur erwähnt. Mattheson schreibt zwar 1713 unbedingt für den *galant homme*, zieht aber aus dem gesellschaftlichen Ideal „nur" insofern für seine musiktheoretisch-schriftstellerische Tätigkeit Konsequenzen, als er Struktur, Sprache und inhaltliche Aspekte seiner Lehrschrift *Das Neu-*

---

with a musical definition". Zur Veröffentlichung des *Neu-Eröffneten Orchestres* Matthesons merkt Dahlhaus (*Die Musik des 18. Jahrhunderts*, S. 27) an: „Daß über ein gesellschaftlich-ästhetisches Ideal, das aus Frankreich stammte, das erste Handbuch, das musikalische Konsequenzen zu ziehen versuchte, in Deutschland publiziert wurde, mag zunächst überraschen, erweist sich jedoch bald als verständlich. Denn einmal war es eine spezifisch deutsche Tradition, Musik so ernst zu nehmen, daß man unablässig über sie schrieb; zum anderen ist es kaum notwendig, ein Prinzip in dem Lande zu propagieren, aus dem es stammt und sich, jedenfalls in gewissen Zirkeln, von selbst versteht; und schließlich gehörte Mattheson zu den ersten, die aus England das Modell der bürgerlichen Publizistik importierten, so daß er über Mittel verfügte, um der Aneignung eines französisch-aristokratischen Ideals durch die Bürger deutscher Handelsstädte eine wirksame literarische Form zu geben".
[100] Ebd., S. 26; vgl. auch S. 31-32. Wilhelm Seidel schreibt zu Recht: „Die Rede vom galanten Stil war das Produkt einer auf die klassische Musik konzentrierten, klassizistisch orientierten Geschichtsscheibung. [...] Die Bedeutung, die dem Begriff in diesem historiographischen Konzept zukam, mindert oder wandelt sich dort, wo die europäische Musik in den Blick genommen und – grob gesagt – das Selbstverständnis der Epoche mit zur Geltung gebracht wird" (Art. *Galanter Stil*, Sp. 985).

Eröffnete Orchestre auf die veränderte Situation in Hinsicht auf den Adressaten ändert. Daß einem *galant homme* auch eine „galante Musik" zustehen könnte, ist ein zweiter und von Matthesons Anliegen nahezu unabhängiger Gedanke: Ihm geht es primär um die Vermittlung des Stoffes für die galante Konversation, den galanten Disput. Und auch wenn Mattheson mit dem *Vollkommenen Capellmeister* 1739 (wie schon zwei Jahre zuvor mit dem *Kern melodischer Wissenschafft*) jetzt den professionell Musik Ausübenden anspricht, geht es ihm doch in erster Linie um die Vermittlung des *Status quo* – zu sehr ist gerade die Arbeit von 1739 der Tradition verhaftet. Die Annahme, Mattheson berühre Probleme des galanten Stils auch nur am Rande[101], ist ein Trugschluß. Von der Musik seiner Zeitgenossen erwartet Mattheson aber, daß sie „Galanterie" besitze – allerdings ohne zu klären, wie diese kompositionstechnisch beschaffen sein sollte: So merkt er gegen Ende des Kapitels „Von den *Special-Regeln* der *Dissonantien*" im zweiten Teil des *Neu-Eröffneten Orchestres* an, daß neben Melodie und Harmonie zur Verfertigung einer *Composition* unbedingt die *Galanterie* hinzuzufügen sei, „welche sich dennoch auf keine Weise erlernen noch in Reguln verfassen läßt / sondern bloß durch einen guten *gout* und gesundes *Judicium acquiri*ret wird"[102]. Zum besseren Verständnis folgt noch ein Vergleich – wobei der Rückgriff auf den Sachzusammenhang Kleidung / Stoffe für die „galante Bewegung" der Zeit archetypisch ist, machte doch schon Thomasius den *galant homme* an seiner Kleidung aus: „Wollte man eine *Comparaison* haben / und wäre der Leser erwan nicht *galant* genug / zu begreiffen / was die *Galanterie* in der *Music* bedeute / so könte ein Kleid dazu nicht undienlich seyn / als an welchem das Tuch die so nöthige *Harmonie*, die *Façon* die geziemende *Melodie*, und denn erwan die *Borderie* oder *Broderie* die *Galanterien* vorstellen möchte"[103]. Das Zitat ist noch fern der Debatte um den Primat von Melodie oder Harmonie; das Attribut *galant* erhält in diesem Vergleich nur etwa der Zuschnitt, das Ornament – und das ist für die

---

[101] Vgl. Hoffmann-Erbrecht, *Der „galante Stil"*, S. 255; auch Ernst Bücken stellt Mattheson als Protagonisten des „galanten Stils" dar, wenn er schreibt: „In gleichem Sinne [wie Marpurg, Anm. d. Verf.] hat sich auch ein anderer Theoretiker der großen Stilwandlung im 18. Jahrhundert, nämlich Joh. Mattheson ausgesprochen, der von den ‚Galanterie-Stücklein' sagt, daß sie nicht weniger ihre Meister erfordern als ‚großmächtige Konzerte und stoltze Ouvertüren'." (*Der galante Stil*, S. 418; vgl. Mattheson, *Der vollkommene Capellmeister*, S. 73).
[102] Mattheson, *Das Neu-Eröffnete Orchestre*, S. 137-138.
[103] Ebd., S. 138.

Festlegung einer gültigen Stilklassifizierung entschieden zu wenig. Zwar wird auch und insbesondere der Bereich der künstlerischen Entfaltungsmöglichkeiten gerade dem Galanten zugeordnet, doch die Fundamente bleiben unberührt – und damit ist das spezifisch Galante auch als oberflächlich und der Mode angepaßt zu verstehen.

Ohne Galanterie ist keine gute Komposition zu machen, wie auch im ersten Kapitel des dritten Teils noch einmal unterstrichen wird, „[...] daß eine jede *Composition*, die gut seyn soll / 3. *Requisita*, nemlich die *Melodie* (wozu die *Invention* den Anfang machet) die *Harmonie*, und die *Galanterie* haben müsste"[104]. In diesem „Pars Judicatoria" hätte Mattheson im Rahmen der Beschreibung unterschiedlicher Nationalstile durchaus Gelegenheit, auf das Element der *Galanterie* differenzierend hinzuweisen; tatsächlich aber erschöpfen sich seine Ausführungen in erster Linie in der Feststellung, daß die italienische Musik in den Nachbarstaaten, vor allem Frankreich und Deutschland (mit der Spitze der „galanten Bewegung" in Matthesons Augen, nämlich Reinhard Keiser), nur nachgeahmt wird. Inwiefern sie galant ist, erfährt der Leser weniger, wohl aber die These, daß der Stil der venezianischen Musik „mehr *galantes*", der „*Roman*ische *Stylus*" hingegen „mehr *reelles*"[105] aufweist. Diese Darstellung erscheint auch im *Forschenden Orchestre*, wenn Mattheson schreibt: „*melodie, harmonia, sive concentu, & in moribus*, das ist / in einer zierlichen Melodie / in nöthiger Zusammenstimmung und in einem galanten *Stylo*, der die *Affecten* rege macht: Das sind die rechten *mores*"[106]. Hier erscheint zwar der Begriffszusammenhang „galanter Stil", doch ob Mattheson die Termini wirklich konjunktiv verstanden wissen wollte, ist eher zu verneinen: Schließlich erscheint hier der Begriff „galant" nicht wie sonst auch im *Forschenden Orchestre* in Kursivdruck, der Begriff „Stylo" hingegen schon. Die letztgenannte, den „Galanterien" des *Neu-Eröffneten Orchestres* entsprechend, wird von Mattheson einige Seiten später näher erörtert als „ das rechte Wunder in der Music / daß der Klang / der süsse *concentus*, die fliessende Melodie / die einnehmende *Galanterie*, die unzehlig / unvermuthete Einfälle / Erfindungen und artige Veränderungen / alle Neigungen der Seele rege machen können"[107]. Hier handelt es sich möglicherweise um die einzige Verbindung des

---

[104] Ebd., S. 202.

[105] Ebd., S. 203-204.

[106] Mattheson, *Das Forschende Orchestre*, S. 351-352.

[107] Ebd., S. 363; David Sheldon (*The Galant Style*, S. 257) weist auf die Termini *Zierlichkeit* und *Decorum* hin, die als literarhistorische Termini assoziativ von Mattheson gemeint sein können.

Begriffes *galant* mit einem die Stilkunde berührenden Begriffszusammenhang – allerdings korrespondiert der hier auftretende Stilbegriff eher mit einer Ausdruckshaltung als mit dem modernen Verständnis eines klassifizierbaren Stils[108].

Auch aus dem Textcorpus des *Beschützten Orchestres* geht keine Definition eines „galanten Stils" hervor, selbst wenn in Matthesons Abriß „Etwas weniges *De Stylis Musicis*" „der grosse / hohe / *galante* Styl"[109] auftaucht, handelt es sich nur um die Übertragung der Stilkassifikationen in Brossards *Dictionnaire*, die ja so auch in Walthers *Lexicon* erscheint[110] – näher erörtert wird der Begriff allerdings nicht, weder bei Brossard noch bei Mattheson.

David Sheldon versucht aufzuweisen, daß der „galante Stil" durchaus mit satztechnischen Elementen der Musik insofern in Beziehung zu bringen ist, als in den meisten Lehrbüchern des späten 18. Jahrhunderts der Begriffszusammenhang immer unter dem Aspekt einer freieren Dissonanzbehandlung auftaucht; er bezieht sich etwa auf Daniel Gottlob Türks 1791 publizierte *Kurze Anweisung zum Generalbaßspielen*. Auch in dieser Auffassung des Stilideals (wenn der „galante Stil" denn überhaupt als ein solches beschrieben werden kann) wird deutlich, daß diese Terminologie – als freiere Dissonanzbehandlung verstanden – eher eine theoretische Antithese zu den Vorgaben der Tradition als einen aktuellen Stil repräsentiert[111]. Abgesehen von der Tatsache, daß der „freie Stil", der gerade mit dem Postulat einer freien Dissonanzbehandlung einhergeht, keineswegs als Charakteristikum eines neuartigen „galanten Stils" geschweige denn eines einschneidenden Stilwandels gedeutet werden kann, da er als Satzphänomen viel zu alt ist (s.o.), findet sich in den Arbeiten Matthesons kein Wort zum Zusammenhang von Satztechnik und *Galanterie*: Diese ist – assoziativ für Figur und Ornament – für ihn nur der Attributivbegriff für Gattungen und Formen, die die Eigenschaften des *Galanten* musikalisch vorstellen. Rückschlüsse auf satztechnische Aspekte finden sich nicht, und Erörterungen von freier Dissonanzbehandlung erfolgen auch in dem der Phase des „galanten

---

[108] Vgl. ebd., S. 261.

[109] Mattheson, *Das Beschützte Orchestre*, S. 116.

[110] Sébastien de Brossard, *Dictionnaire de Musique [...]*, Paris 1703, Nachdruck Amsterdam 1964, S. 115; vgl. Johann Gottfried Walther, *Musicalisches Lexicon Oder Musicalische Bibliotec [...]*, Leipzig 1732, Nachdruck Kassel und Basel 1953 (= Documenta Musicologica, 1. Reihe, Bd. III), S. 584.

[111] Vgl. Sheldon, *Exchange*, S. 239; zum Thema Dissonanzbehandlung und galanter Stil s. auch Dahlhaus, *Die Musik des 18. Jahrhunderts*, S. 31.

Stils" (nach Sheldon) näher angesiedelten *Vollkommenen Capellmeister* nicht[112].

Jürgen Habermas bezeichnet mit dem Begriff *bürgerliche Öffentlichkeit* sowohl die neue Sphäre der Kommunikation als auch die Gemeinschaft der Menschen, die daran teilnahmen; demnach fand im 18. Jahrhundert nicht nur eine quantitative, sondern auch eine qualitative Veränderung von Öffentlichkeit statt. Die neue „bürgerliche Öffentlichkeit" der Aufklärung kennzeichnete es, daß sie auf dem „Richterstuhl der Vernunft" Platz nahm, also einen kritisch raisonierenden Diskurs führte, der sich auf alle Gegenstände des Denkens und Handelns erstreckte und schließlich auch vor der Sphäre der Politik nicht haltmachte[113]. In diesen soziokulturellen Zusammenhang gehört auch der *galant homme* Matthesons: Wenn er der urteilende Dilettant ist, der von den Grundlagen der Musik allerdings weitgehend unterrichtet ist, kann das Stilideal Matthesons nur noch rezeptionsästhetisch orientiert sein[114]. Was dem gebildeten Dilettanten gefällt – was *seine Ohren* für gut befinden – , ist *galant*, es sei, wie es wolle: „Galant sind Komponisten, deren Werke dem Urteil des Galant homme standhalten"[115]. Der Terminus *galant* beschreibt so also keine Eigenschaft einer Sache bzw. eines musikalischen Werkes, sondern nur mehr das diesbezügliche Urteil des *galant homme*. Eine rezeptionsästhetische Orientierung des Begriffes *galant* erklärt das Problem, daß dieser Begriff zwar in ständigem Gebrauch der zeitgenössischen Theorie ist, aber niemals zum Gegenstand einer Definition (ob nun musiktheoretisch oder ästhetisch) wird; auch Matthesons Haltung ist in dieser Weise am ehesten zu interpretieren, da sie auch dem von ihm immer wieder postulierten Gehörprimat entspricht. In dem Moment allerdings, in dem die spätere Musikgeschichtsschreibung diesen Begriffszusammenhang unter dem Aspekt der „Überwindung des barocken Stils" diskutiert und in ihm immanent die Anfänge eines (wie auch immer gearteten)

---

[112] Eine Ausnahme bildet vielleicht die Beschreibung des Quartsextakkordes im *Neu-Eröffneten Orchestre* (S. 129): „Die Wirckung eines solchen Satzes [nämlich die Auflösung des kadenzierenden Quartsextakkordes, Anm. d. Verf.] ist so schmeichelnd / so angenehm und so *galant*, in der heutigen *Music*, daß man sich fast nimmer daran müde höret".

[113] Jürgen Habermas, *Strukturwandel der Öffentlichkeit. Untersuchungen zu einer Kategorie der bürgerlichen Gesellschaft*, Darmstadt und Neuwied 1962; vgl. auch Barbara Stollberg-Rilinger, *Europa im Jahrhundert der Aufklärung*, Stuttgart 2000, S. 116.

[114] Vgl. Seidel, Art. *Galanter Stil*, Sp. 986.

[115] Ebd.

klassischen Stils vermutet und damit „die Abkehr [...] vom strengen, handwerklich gebundenen Satz und die Hinwendung zur freien, ingeniösen, eleganten und ausdrucksvollen Melodie"[116] postuliert, kommt sie den Idealen Matthesons in zweierlei Hinsicht nahe: Einerseits schlägt sich der Stilwandel, der in den zwanziger und dreißiger Jahren erkennbar ist, auch in den Veröffentlichungen Matthesons nieder – man betrachte nur die Analysen im *Vollkommenen Capellmeister*! –, andererseits ist eben das neuartige Element in Matthesons Theorie im *Kern melodischer Wissenschafft* von 1737 wie dann im *Capellmeister* die Melodielehre als Ausprägung einer grundlegenden Neuorientierung der Fundamente eines tradierten Lehrgebäudes. Inwieweit die Melodielehre als Anzeichen eines Paradigmenwechsels in der Musiktheorie des 18. Jahrhunderts speziell in Deutschland verstanden werden kann, ist das Thema dieser Arbeit.

---

[116] Ebd., Sp. 985.

II Grundlagen der Musikanschauung Matthesons

Der *Vollkommene Capellmeister* ist nicht sukzessiv gefügt aus allgemeiner Musiklehre, Melodielehre und Satzlehre, wie das Inhaltsverzeichnis der umfangreichen Schrift implizieren mag: Mattheson trägt im Rahmen der drei Teile der Arbeit mehrere Schichten ab, die umfangreiche Reflexionen einerseits zur zeitgenössischen Musizier- und Komponierpraxis, andererseits zur Geschichte derselben bzw. zum Musikschrifttum der Vergangenheit darstellen (der Terminus „Musiktheorie" sei hier zunächst bewußt ausgespart). Dabei gehen diese Schichten nur bedingt in gegenseitiger Abhängigkeit auseinander hervor; gerade die Diversität von Stil- und Gattungslehre, die Mattheson schon räumlich erheblich voneinander getrennt ansiedelt, um ihre (wenn auch nur scheinbare) Unabhängigkeit voneinander zu unterstreichen, vermag diese Sichtweise zu verdeutlichen.

Zu eng ist der Begriff *Musiktheorie* mit der Bedeutung einer *musique théorique* verbunden, deren zeitgenössischer Hauptvertreter Rameau von Mattheson als „allzutiefsinnig", da in Matthesons Augen zu wenig praxisbezogen, abqualifiziert wird[1]. Nach Eggebrecht ist musiktheoretisches Denken auf den Begriff gerichtet, auf die Musik als Gegenstand begrifflichen Denkens[2]; dabei wird der Terminus in so vielfältigen Bedeutungen gebraucht, daß sich eine definitorische Setzung post festum verbietet[3].

Der *Vollkommene Capellmeister* kann als ein komplexer Apparat von Bedeutungsschichten gesehen werden und mag als solcher in der vorliegenden Studie beschrieben sein; um diesen Apparat herzustellen und in die Form einer ansprechenden Lehrschrift zu gießen, ohne die bereits in den ersten Jahrzehnten des 18. Jahrhunderts mit den *Orchestre*-Schriften betretenen Pfade zu verlassen, vermischt Mattheson die eigene Musikanschauung mit der Haltung des modernen *galant homme*, wenn er für die zeitgenössische Musikpraxis schreibt. Dabei stehen die Grundbedingungen seiner Musikanschauung bereits mit der *Orchestre*-Phase fest, gerade was den Aspekt der Affektenlehre

---

[1] Vgl. Mattheson, *Der vollkommene Capellmeister*, S. 333.

[2] Hans Heinrich Eggebrecht, *Musikalisches und musiktheoretisches Denken*, in: Frieder Zaminer (Hg.), *Ideen zu einer Geschichte der Musiktheorie*, Darmstadt 1985 (Geschichte der Musiktheorie Bd. 1), S. 40: „Dabei verfolgt das Erkennen seit jeher verschiedene Interessen und ist daher selbst verschiedener Art, z. B. als spekulative Musiktheorie oder als musikalische Mathematik, Akustik, Physiologie oder Psychologie".

[3] Vgl. Wolfgang Horn, *Die Kompositionslehre Christoph Bernhards in ihrer Bedeutung für einen Schüler*, in: SJb 17 (1995), S. 102-103.

betrifft: Ziel der schriftstellerischen Tätigkeit um 1713 ist die Etablierung einer affektiv geprägten Melodielehre, die detaillierte Zusammenfassung bringt dann 1739 der *Vollkommene Capellmeister*. Mattheson war zwar älter, vielleicht weiser, unbedingt kenntnisreicher geworden, aber seine tiefsitzenden Überzeugungen und Wertungen erscheinen schon in der Schrift von 1713[4]: Der erste Ausdruck einer *Musica didactica theorica*[5], die in der Phase des *Vollkommenen Capellmeisters* gültig formuliert vorliegt, findet sich hier.

Für die Musikanschauung Matthesons ist neben der Klärung der Frage, inwiefern in seinen Arbeiten das historische Umfeld inklusive seiner musiktheoretischen Vorgänger rezipiert wird, die Frage elementar, worin Mattheson überhaupt das Subjekt seiner Betrachtungen sieht – es geht um eine spezifische Ausprägung der Beziehung zwischen musikalischem Werk und Hörer. Das vollendete Werk wirkt „objektiv" auf den Menschen ein: Zwischen beiden besteht die Beziehung, daß „der Klang der eintzige Unterwurff (subjectum) der Music bleibet, so wie das Gehör derselben Gegenstand (objectum)"[6]. Fees[7] erwähnt, daß die Formel *subjectum musicae* seit Hieronymus de Moravia (*Tractatus de cantu*, ca. 1300) zunächst als „Material der Musik" belegt ist. Mattheson repräsentiert diese Auffassung nur stark relativiert, denn um die Mitte des 18. Jahrhunderts setzt sich die cartesianische Wende auch hier durch. Erblickt Werckmeister 1700 nicht einmal im *sonus* das *subjectum*, sondern im *numerus* (denn die *numeri* geben dem *sonus* die Form)[8], sieht Jacob Adlung 1758 im bis heute üblichen Sinne als *Object*

---

[4] Vgl. Beekman C. Cannon, *The legacy of Johann Mattheson: a retrospective evaluation*, in: George J. Buelow und Hans Joachim Marx (Hg.), *New Mattheson Studies*, Cambridge 1983, S. 5-6: „As early as 1713 the ultimate goal of this house cleaning is the establishment of affective melodic practice [...]. As the culmination of his many published offensives in the continuing campaign against ignorance, the *Capellmeister* was therefore designed to provide a comprehensive, detailed summary of all areas of musical knowledge, brought up to date" (ebd., S. 5).
[5] Vgl. Mattheson, *Ehrenpforte*, S. 198: „ Mattheson [...] fing nunmehro mit Macht an, *Musicam didactam & theoreticam* schrifftlich zu treiben".
[6] Mattheson, *Der vollkommene Capellmeister*, S. 9.
[7] Fees, *Incisionslehre*, S. 107.
[8] Werckmeister, *Musicalisches Send-Schreiben [...]*, Quedlinburg und Aschersleben 1700, S. 38; zit. nach Fees, *Incisionslehre*, S. 107-108; Werckmeister weiß allerdings um die Unsicherheit seines Standpunktes, wenn er 1686 bereits bemerkt: „Wie denn nichts desto weniger unterschiedliche Meinungen von dem Subjecto Musicae einlauffen / so wollen wir von diesem und dergleichen Dingen auch nicht viel Wesen machen, sondern dasselbe den

der Musik „kunstmäßig mit einander verbundene Tonklänge"[9], als *Subject* den musikalisch empfindenden, denkenden und handelnden Menschen. Zu konstatieren ist hier ein fundamentaler Wandel im Verhältnis zwischen Werk und Hörer bzw. Werk und Komponist – oder allgemeiner ausgedrückt: zwischen Mensch und Musik, die sich im *Vollkommenen Capellmeister* deutlich ankündigt: „Unsere musicalische Disposition ist von der rhetorischen Einrichtung einer blossen Rede nur allein in dem Vorwurff, Gegenstande, oder Objecto unterschieden"[10] – und der zu ergänzende Komponist (respektive Rhetor) stellt demnach das *Subjectum* dar[11]. In der Auswahl auch der vier im Folgenden knapp erörterten Komponenten der Musikanschauung Matthesons wird klar, daß diese Zentralperspektive für alle Elemente bestimmend sein wird: Der Mensch wird zum Subjekt, er ist nicht mehr bloß neutral beteiligt. Während im 17. Jahrhundert und größtenteils im 18. Jahrhundert der Mensch als ein von der Musik bewegter Gegenstand galt, kommt es hier zur Umkehrung des Verhältnisses: Die Musik wird zum Gegenstand, dem der Mensch als *Subjekt* seine Individualität anvertraut[12].

Dieses neue Verhältnis berührt das Fundament einer Affektbestimmtheit der Musik. Es geht hierbei allerdings um zwei grundverschiedene Verhaltensweisen: Auf der einen Seite wird ein Affekt objektivierend dargestellt, auf der anderen die eigene Empfindung ausgedrückt. Mattheson stellt fest, daß es beim Komponieren ungemein helfe, wenn „man sich eine Leidenschafft fest eindrückt, und sich gleichsam darin vertiefft, als wäre man in der That andächtig, verliebt, zornig, hönisch, betrübt, erfreuet"[13]: Will der Komponist eine Trauermusik verfertigen, so ist es „unumgänglich nöthig, daß er sein Gemüth und Hertz gewisser massen dem vorhabenden Affect einräume"[14]; schließlich hatte er schon betont, daß die „Gemüths-Bewegungen, wenn sie natürlich empfunden werden sollen, grössesten Theils von dem Verfasser nachdrücklich

---

tiefsinnigen Philosophis überlassen" (*Musicae mathematicae Hodegus curiosus*, Franfurt und Leipzig 1686, Merseburg ²1687, ³1689, S. 11).
[9] Jacob Adlung, *Anleitung zu der musicalischen Gelahrtheit*, Erfurt 1758, S. 29, zit. nach Siegfried Schmalzriedt, Art, *Subjectum / soggetto / sujet / Subjekt*, in: HmT, Tübingen 1978, S. 4.
[10] Mattheson, *Der vollkommene Capellmeister*, S. 235.
[11] Vgl. Fees, *Incisionslehre*, S. 108.
[12] Vgl. auch Rolf Dammann, *Zur Musiklehre des Andreas Werckmeister*, in: AfMw XI (1954), S. 225.
[13] Mattheson, *Der vollkommene Capellmeister*, S. 132.
[14] Ebd., S. 108.

empfunden werden [...] müssen"[15] – „die Musik wird zum Sprachrohr des Individuums"[16].

Was Mattheson formuliert, liegt in seiner Zeit begründet, die Art und Weise der Formulierung jedoch in der persönlichen Musikanschauung des Kritikers Mattheson. Für die nähere Untersuchung der Melodielehre Matthesons ist es notwendig, die Grundzüge seiner Musikanschauung im Kontext der kulturgeschichtlichen Implikationen des frühen 18. Jahrhunderts zu betrachten. Rolf Dammann beschreibt vier Themenkreise, die „das Gedankengefüge der deutschen Musiklehre des Barock zusammenhalten und in stets neue Spannungen bringen"[17]. Neben dem „kosmologische[n] (quadriviale[n]) Prinzip: Die *Harmonia* beruht auf *Ordnung, Proportio, numerus, quantitas*" und dem „theologische[n] Prinzip: Die *Harmonia* beruht auf der vorgängig angelegten Grundgestalt der *Trias harmonica*"[18], die signifikante Bedeutung in Hinblick auf die Trinität habe, stehen auch Rhetorik und Naturphilosophie. Dammanns Kategorien – die Erörterung des rhetorischen Prinzips (als Anleitung für die Komposition, den Text in seinem sprachlichen Bedeutungsgefüge als erschließenden Ansatz zu behandeln) und des naturphilosophischen Prinzips, das Dammann in der Definition der Affekten- und Temperamentenlehre konkretisiert – legen es nahe, den Bezug der Äußerungen Matthesons zu diesen Prinzipen zu untersuchen. Eine Darstellung der Musikanschauung Matthesons kann in diesem Rahmen allerdings immer nur ausschnittsweise erfolgen, verwiesen sei auf die Arbeiten etwa Beekman C. Cannons[19] und Werner Brauns[20]. Die hier folgende Erörterung von vier ausgesuchten Komponenten hat in erster Linie das

---

[15] Ebd., S. 17.

[16] Rolf Dammann,*Musikbegriff*, S. 503.

[17] Ebd., S. 84; bis auf das als dritten Aspekt angeführte „naturphilosophische Prinzip" übernimmt Dammann diese Vorstellung von Hermann Zenck (*Grundformen deutscher Musikanschauung*, in: *Jahrbuch der Akademie der Wissenschaften in Göttingen*, 1941/42, Nachdruck in: Ders., *Numerus und Affectus – Studien zur Musikgeschichte*, Kassel 1959, S. 37-54). Die Anfügung einer Tradition des naturphilosophischen Denkens als weitere geschichtliche Grundlinie begründet Dammann einerseits aus dem Zusammenhang mit dem „kosmologischen Traditionsstrom", andererseits mit der Tatsache, daß sich das naturphilosophische Denken als geschichtlich und erkenntnismäßig eigener und im Barock stark betonter Bereich abhebt.

[18] Dammann, *Musikbegriff*, S. 84.

[19] *Johann Mattheson – Spectator in Music* (= Yale Studies in History of Music, Vol. 1), New Haven 1947.

[20] *Johann Mattheson und die Aufklärung*, Phil. Diss. (masch.), Halle 1952.

Ziel, Voraussetzungen für die Untersuchung der Melodielehre Matthesons, die dieser im *Vollkommenen Capellmeister* gültig auszuformulieren versucht, zu schaffen. Dabei kann dieser Perspektivenrahmen nur unvollständig bleiben, zu eng ist die Verflechtung der vier ausgewählten Elemente *Affekte – Sensualismus – Natur – Rhetorik*; gerade auf das letztgenannte Element muß im Verlauf der Arbeit immer wieder eingegangen werden.

1. Affekte und „Affektenlehre"

Während im 17. Jahrhundert der scholastisch-thomistische Kanon der elf Leidenschaften als verbindlich angesehen wurde[21], drückt sich Matheson auch im enzyklopädisch angelegten *Vollkommenen Capellmeister* vorsichtig – wenn nicht sogar ungenau – aus: „Was die Leidenschafften sind, wie viel derselben gezehlet werden, auf was Weise sie in den Gang zu bringen und rege zu machen, ob man sie ausrotten oder zulassen und ihrer pflegen soll? das sind, dem Ansehen nach, solche Fragen, die einem vollkommenen Weltweisen mehr als einem eigentlichen Capellmeister zu erörtern obliegen"[22]; er stellt fest, daß „es mit den Affecten insonderheit eben die Bewandniß hat, als mit einem unergründlichen Meer, so daß, wie viel Mühe man sich auch nehmen mögte, etwas vollständiges hierüber auszufertigen, doch nur das wenigste zu Buche gebracht, unendlich viel aber ungesagt bleiben, und der eignen natürlichen Empfindung eines ieden anheimgestellt werden dürffte"[23]. Matheson fügt aber an: „so viel muß dieser [der Capellmeister] dennoch unumgänglich davon wissen, daß die Gemüths-Neigungen der Menschen die wahre Materie der Tugend, und diese nichts anderes sey, als eine wol-eingerichtete und klüglich-gemäßigte Gemüths-Neigung"[24] – die *Affecte* haben für Matheson eine übergeordnete Qualität, was schon in der Definition der Melodie, des für Matheson zentralen Elements aller Musik, als **„feiner Gesang, worin nur eintzelne Klänge so richtig und erwünscht auf einander folgen, daß empfindliche Sinnen dadurch gerührt werden"**[25], also als Affektträger, ablesbar ist. Ziel der musikschriftstellerischen Tätigkeit ist schon 1713 die *affektiv* geprägte Musikpraxis; „alles was ohne löbliche Affecten geschiehet, heißt nichts, thut nichts, gilt nichts: es sey wo, wie,

---

[21] Vgl. Fees, *Incisionslehre*, S. 108-109.
[22] Matheson, *Der vollkommene Capellmeister*, S. 15.
[23] Ebd., S. 19.
[24] Ebd., S. 15.
[25] Ebd., S. 138.

und wenn es wolle"[26]. Die Bedeutung einer (wie auch immer zu definierenden) „Affektenlehre" für die Theorie Matthesons ist aber eine erheblich andere als etwa für Burmeister, Kircher, Werckmeister oder Christoph Bernhard; George J. Buelow hat klargestellt, daß die Betrachtung Matthesons als endgültiger Hauptrepräsentant einer typisch barocken Affektenlehre vollkommen unangemessen ist[27].

Der Musiker des 17. Jahrhunderts will den Affekt, die Leidenschaften, „in der *Musica repraesentiren*"[28]; alle Affekte sind in Katalogform typisiert und scharf konturiert, sie werden musikalisch dargestellt, aber niemals als subjektive Befindlichkeit „ausgedrückt"[29]. Bei Mattheson verliert die gegenseitige Abgrenzung an Schärfe, die Grenzen der klassifizierten Leidenschaften werden durchlässiger; er spricht ohne Unterschied von *Affect, passio / Passion, Gemüths-Bewegung / - Neigung* oder *Leidenschafft*[30]. Die „Unabhängigkeit vom fühlenden Subjekt"[31] in der objektiven Darstellung durch den Komponisten bzw. Musiker wird zudem (wie schon oben im Vergleich der Affekte mit einem „unergründlichen Meer" deutlich wurde) in Frage gestellt: „Ein Verfasser verliebter Sätze muß seine eigene Erfahrung, sie sey gegenwärtig oder verflossen, allerdings hiebey zu Rathe ziehen, so wird er an sich, und an seinem Affect selber, das beste Muster antreffen, darnach er seine Ausdrücken in den Klängen einrichten könne. Hat er aber von sothaner edlen Leidenschafft keine persönliche Empfindung, oder kein rechtes lebhaftes Gefühl, so gebe er sich ja nicht damit ab"[32] – notwendig wird für Mattheson die Erfahrung, das eigene Berührtsein des Komponisten. Die „Gemüths-Bewegungen [müssen], wenn sie natürlich vorgestellet werden sollen, grössesten Theils von dem Verfasser nachdrücklich empfunden werden"[33] – mit Ausnahme der Traurigkeit, da diese „dem Zweck der menschlichen Erhaltung höchst zuwieder läuft, **indem die**

---

[26] Ebd., S. 146.
[27] George J. Buelow, *Johann Mattheson and the invention of the Affektenlehre*, in: George J. Buelow und Hans Joachim Marx (Hg.), *New Mattheson Studies*, Cambridge 1983, S. 393-407, s. vor allem S. 395.
[28] Vgl. Christoph Bernhard, *Von der Singe-Kunst oder Manier*, hg. von Joseph Müller-Blattau als *Die Kompositionslehre Heinrich Schützens in der Fassung seines Schülers Christoph Bernhard*, Leipzig 1926, Kassel ³1999 (²1963), S. 37.
[29] Vgl. die Ausführungen zu „Ausdruck" und „Darstellung" bei Dammann, *Der Musikbegriff*, S. 234-237.
[30] Vgl. Fees, *Incisionslehre*, S. 108.
[31] Vgl. ebd., S. 109.
[32] Mattheson, *Der vollkommene Capellmeister*, S. 16.
[33] Ebd., S. 17.

Traurigkeit der Welt den Tod wircket[34]. Diese Einbeziehung des Persönlichen entfernt sich ganz erheblich von dem rationalisierten Konzept der Emotionalität, das im 17. Jahrhundert mit dem Dogma der Affekte verbunden wird.

Matthesons Haltung geht konform mit kompositionsgeschichtlichen Aspekten seiner Zeit. Martin Geck[35] weist für die Arie „Ach, mein Sinn" aus der *Johannespassion* Johann Sebastian Bachs (1724 erstmals aufgeführt) den Vorrang einer „aufgeklärten Affektenlehre" vor der in humanistischer Tradition entwickelten Figurenlehre nach: Wenn Geck gegenüber der Figurenlehre aus ästhetischer Sicht Distanz anmahnt, da sie vom *Werk* ausgeht (und da sie die angemessene Ausschmückung des der Komposition zugrundeliegenden Textes mit Hilfe einzelner Figuren zur Aufgabe des Komponisten macht), stellt er ihr als aufgeklärte Alternative eine Lehre von den Affekten entgegen. Für die Figurenlehre ist es wesentlich (allerdings gegenüber der angemessenen Textausdeutung zweitrangig), daß der Hörer die „Ausschmückung" des Textes durch den Komponisten richtig zu deuten vermag; so hat etwa Burmeister die systematische Anwendung der Redefiguren auf die Musik weniger als sinnlich wirksame Mittel der Affektdarstellung begriffen, sondern als „Ornament", um Worte hervorzuheben und den Satz kunstvoll zu gestalten. Die affektdarstellende Funktion und auch die affekterregende Wirkung der Figuren zusammen mit der der Tonarten präsentiert sich eher katalogmäßig fixiert[36]. Demgegenüber geht die „aufgeklärte Affektenlehre" vom *Hörer* aus: „Dieser soll durch die Vertonung eines Textes in eine Stimmung gebracht werden, die ihn für diesen Text, der für sich selbst sprechen soll, gefühlsmäßig empfänglich macht. Die aufgeklärten Theoretiker finden es daher eher störend, wenn bestimmte Worte mit zuviel ‚Zieraten' bedacht werden [...]. Lieber soll die Musik so beschaffen sein, daß sie zur Gänze überzeugend und affektstark ist und dem Hörer niemals aus der gewählten Grundstimmung entläßt"[37]. Der Gegensatz ist historisch zu bestimmen: Während in der Figurenlehre des 16. und 17. Jahrhunderts

---

[34] Ebd.; Mattheson führt mehrere Bibelzitate an, um zu belegen, daß es erheblich schwieriger ist, sich in diese Leidenschaft hineinzufinden, wenn man „sie doch in der That eben nicht bey sich verspüret".

[35] *Figürlich, affekthaft, Bachisch: Petri Reue in der Johannes- und der Matthäuspassion*, in: *Alles findet bei Bach statt. Erforschtes und Erfahrenes*, Stuttgart und Weimar 2000, S. 7-15.

[36] Vgl. Helga de la Motte-Haber, *Musik und Natur. Naturanschauung und musikalische Poetik*, Laaber 2000, S. 126/127.

[37] Geck, *Petri Reue*, S. 9; vgl. Geck, *Bach*, S. 428.

der Akzent auf dem *docere*, also auf dem Lehren im Sinne des Hervorhebens wichtiger Wendungen, liegt, verschiebt sich das Gewicht im 18. Jahrhundert zugunsten des *movere* – es geht um das Erregen von Gemütsbewegungen.

Das richtungsweisende Hauptwerk des 17. Jahrhunderts ist in diesem Zusammenhang René Descartes' Traktat *De passionibus animae* von 1649, der in der zweiten Hälfte des 17. und dem 18. Jahrhundert äußerst intensiv rezipiert wurde und eine enorme Wirkung auf die Entwicklung von Philosophie und Musiktheorie hatte. Descartes unternimmt (etwa zeitgleich mit dem Erscheinen der *Musurgia universalis* Kirchers in Rom) den Versuch einer groß angelegten, systematisch ausgebauten Abhandlung von sechs Grundaffekten; er beschreibt als einer der ersten die physischen Fundamente der Emotionen, entwirft eine „Theorie der Leidenschaften" bzw. eine „Lehre de *Affectibus*" – oder eben „Affektenlehre", zu der Mattheson dringt. Er bezieht sich schon besonders deutlich im zweiten Teil der *Critica musica* auf Descartes' Lehre mit dem Ausdruck „Lehre de *Affectibus*" im Zusammenhang mit der Kritik an Benedetto Marcellos Psalmkompositionen[38]; von Bedeutung ist auch das *Forschende Orchestre* mit erweiterten Bemerkungen zur philosophischen Basis eines rationalen Systems von Emotionen[39]. Mattheson beruft sich schließlich selbst im *Vollkommenen Capellmeister* auf Descartes: „Die Lehre von den Temperamenten und Neigungen, von welchen letztern **Cartesius** absonderlich deswegen zu lesen ist, weil er in der Music viel gethan hatte, leisten hier sehr gute Dienste, indem man daraus lernet, die Gemüther der Zuhörer, und die klingenden Kräffte, wie sie an jenen wircken, wol zu unterscheiden"[40]. Eine Systematik in den auf eine Affektenlehre abzielenden Passagen ist aber trotz des enzyklopädischen Anspruches des *Capellmeisters* nicht erkennbar. Für Mattheson verbinden sich *Affect* und *Tugend* miteinander[41]: „Wo keine Leidenschafft, kein Affect zu finden, da ist auch keine Tugend. Sind

---

[38] Vgl. Buelow, *Affektenlehre*, S. 399.
[39] Vgl. Cannon, *Spectator*, S. 84.
[40] Mattheson, *Der vollkommene Capellmeister*, S. 15; Mattheson bezieht sich hier – laut Auskunft der Fußnote – auf *de passionibus animae*. Helga de la Motte-Haber (*Musik und Natur*, S. 143) weist darauf hin, daß Mattheson die Idee Descartes', daß ein freudiger Ausdruck mit der Erweiterung der Lebensgeister – also mit Aktivierung – einhergehe, im *Vollkommenen Capellmeister* übernimmt, um Freude von der Darstellung anderer Affekte abgrenzen zu können.
[41] Vgl. Fees, *Incisionslehre*, S. 110-111.

unsere Passiones kranck, so muß man sie heilen, nicht ermorden"[42] –
die Affekte erhalten eine kathartische Funktion. *Tugend* wird bei
Mattheson definiert als „eine wol-eingerichtete und klüglich-gemäßigte
Gemüths-Neigung"[43]; wer keine Leidenschaften in sich trage, könne
keine Tugend erwerben.

Die barocke Theorie kennt den Begriff *Affektenlehre* nicht, er wird auch
nicht von den zeitgenössischen Schreibern benutzt. Offensichtlich ist
dieser Terminus unbekannt in der Musikliteratur des 17. Jahrhunderts,
und auch im 19. Jahrhundert wird ihm keinerlei Stellenwert
beigemessen[44]; er ist offenbar eine Erfindung der deutschen
Musikwissenschaft des frühen 20. Jahrhunderts: Erstmals erscheint der
Begriff bei Arnold Schering 1907[45] und wird 1911 ausführlich von
Herrmann Kretzschmar aufgegriffen[46]. Wenn aber der Terminus für die
zeitgenössische musikalische Praxis demnach gar nicht existiert, ist
einerseits zu fragen, inwieweit diese als Kompositionsprinzip für die
schaffenden Musiker gelten konnte, andererseits aber vor allem, wie
dieser Terminus in den Schriften Matthesons zu verstehen ist.

„Affektenlehre" erscheint insgesamt dreimal in den Schriften
Matthesons, erstmals im zweiten Teil der *Critica musica* von 1725 im
Zusammenhang mit der Erörterung von zu vertonenden Texten: „Um
Vergebung! Es kommen keine wiedrige Affecten zusammen in den
Worten: Die Reichen müssen darben und hungern; aber die den HErrn
suchen, haben keinen Mangel. Es ist eine blosse Betrachtung der
Freundlichkeit Gottes, und eine Vergnügung über seiner Gerechtigkeit,
daß er die Reichen hungern, und es den Gottesfürchtigen an nichts
fehlen läßt. Diese *antitheses* geben gute Doppel-Fugen ab, weil sie, ob
gleich mit verschiedenen Ausdrückungen, doch zu einerley Ende,
concurriren. In der Affecten-Lehre muß also vorher eine viel grössere

---

[42] Mattheson, *Der vollkommene Capellmeister*, S. 15.
[43] Ebd.; vgl. die Definition der Tugend als „Geschicklichkeit, die der Mensch
über seine natürliche Fähigkeiten erlangt [...] in Ansehung des Verstandes und
Willens" bei Zedler, *Universal-Lexicon*, Leipzig und Halle 1745, Bd. 45, Sp. 1471
(s. Fees, *Incisionslehre*, S. 110; zur Diskussion um den „Tugend"-Begriff vgl.
Rudolf Schäfke, *Geschichte der Musikästhetik in Umrissen*, Berlin 1934, Tutzing
²1964, S. 303, bzw. Braun, *Johann Mattheson und die Aufklärung*, S. 80-82.).
[44] Vgl. Buelow, *Affektenlehre*, S. 397.
[45] Arnold Schering, *Die Musikästhetik der deutschen Aufklärung*, in: ZIMG 8
(1907), S. 263-271 und 316-322.
[46] Hermann Kretzschmar, *Allgemeines und Besonderes zur Affektenlehre*, in:
PJb 18 (1911), S. 63-77, und 19 (1912), S. 65-78; vgl. Buelow, *Affektenlehre*, S.
403.

Insicht [sic] erhalten werden, wenn man hievon gesund urtheilen will"[47]. Der Terminus kann zunächst hier den Sinn eines „echten" Kompositums haben – Affekten-Lehre als die Lehre von den Affekten, ganz ohne didaktische Bezüge oder (wie man bei Mattheson vermuten könnte) rhetorische Implikationen. Sachlich geht es hier um die Vertonung von Psalm 34,10 und um eine Auseinandersetzung mit Bokemeyers Schrift *Der melodische Vorhoff* – Bokemeyer hatte zu den Psalmversen bemerkt: „Dieser Punct muß noch besser untersucht werden, weil zu weilen wiedrige Affection zusammen kommen, wie hier im letzten Exempel". Das zweite Auftreten dieses Begriffs findet sich Im *Musicalischen Patrioten*[48], ist aber nur verständlich im Zusammenhang mit der dritten Erscheinung des Terminus „Affektenlehre". Am Ende des dritten Kapitels des Ersten Theils im *Vollkommenen Capellmeister*, „Vom Klange an sich selbst, und von der musicalischen Natur-Lehre" überschrieben, heißt es: „Mein weniger Rath gehet zum Beschlusse dieses Haupt-Stückes, welches die Natur-Lehre des Klanges mit der Affecten-Lehre einiger und nöthiger Maassen verknüpfet, dahin: Man suche sich eine oder andre gute, recht gute poetische Arbeit aus, in welcher die Natur lebhafft abgemahlet ist, und trachte die darin enthaltene Leidenschafften zu unterscheiden. Denn es würden manchem Setzer und Klang-Richter seine Sachen ohne Zweifel besser gerathen, wenn er nur bisweilen selbst wüste, was er eigentlich haben wollte"[49]. Mattheson setzt diesen Passus hinter eine Zusammenstellung von Erklärungen, die die „Natur-Lehre" und eben die Affekte betreffen. Offensichtlich meint er mit dem Terminus „Affecten-Lehre" ein (Lehr-)Konzept, das der *Natur-Lehre*, der Physik, entspricht[50]; die Passage

---

[47] Mattheson, *Critica musica* II, S. 324.
[48] Johann Mattheson, *Der Musicalische / Patriot, / welcher seine gründliche / Betrachtungen, / über / Geist- und Weltl. Harmonien, / samt dem, was durchgehende / davon abhänget, / In angenehmer Abwechslung / zu solchem Ende mittheilet, / dass / GOttes Ehre, das Gemeine Beste, / und eines jeden Lesers besondere Erbauung / dadurch befördert werde. / Ans licht gestellt / von / Mattheson, Hamburg 1728, S. 3:* „Den Zustand der Regierung, und was in der Policey vorfällt, muß ebenfalls niemand aus den Augen setzen, der dem Vaterlande, es sey auf welche Art es wolle, Vortheil zu schaffen gesinnet ist; und also wird in folgenden Vorträgen nothwendig ein und anderes politisches, dramatisches, theatralisches, u. vorfallen. Wer wollte auch wol von Klange, oder von der Ton-Kunst reden, und die Natur-Kunde, samt der Affecten-Lehre, dabey gantz zurück lassen? Gewiß niemand, als der sich lächerlich zu machen gedächte; da finden wir also auch was physikalisches vor uns".
[49] Mattheson, *Der vollkommene Capellmeister*, S. 72.
[50] Vgl. Buelow, *Affektenlehre*, S. 399.

aus dem *Patrioten* läßt in diesem Sinne eine komplementäre Zugehörigkeit der Affektenlehre zu ebendieser *Natur-Lehre* vermuten. In allen drei Fällen bezieht sich Mattheson auf die cartesische Theorie, menschliche Emotionen auf die Basis physischer bzw. physikalischer Gesetzmäßigkeiten zu stellen; so ist auch die Aufstellung einer Reihe von Affekten im *Vollkommenen Capellmeister* (im Rahmen des dritten Kapitels im Ersten Theil, S. 17-19, in enger Anlehnung an die Ausführungen Heinichens) zu verstehen als Descartes-Rezeption: In *De passionibus animae* werden die Affekte in den menschlichen Körpersäften (wo Descartes den Sitz der Leidenschaften vermutete) zugeordnete Klassen eingeteilt. Die Ausführungen Matthesons lesen sich dabei zum größten Teil wie eine Zusammenfassung des Traktates von Descartes – auch wenn dessen Definitionen nicht als doktrinäre Affektenlehre verstanden werden können[51]. Das Mißverständnis, Mattheson eine endgültig ausformulierte Affektenlehre auf der Basis der Arbeiten etwa Descartes' zuzuschreiben, basiert nicht zuletzt auf der 1713 im *Neu-Eröffneten Orchestre* veröffentlichten Tonartencharakteristik[52], vermutlich die am häufigsten zitierte Stellungnahme Matthesons zu den Affekten: Mattheson beschreibt charakteristische Affekte für die siebzehn gebräuchlichsten Tonarten. Auch diese systematisch anmutende Reihung wird durch die sich anschließende Äußerung Matthesons konterkariert, wenn er – trotz eventueller Ergänzungsmöglichkeiten – bemerkt, daß „wir uns hierbey auch nicht länger auffhalten / sondern einem jeden nochmahls die Freyheit gerne lassen wollen / daß er einem oder andern Tohn solche Eigenschafften beylege / die mit seiner natürlichen Zueignung am besten übereinkommen / da man denn finden wird / daß der **liebste Leib-Thon** gar offte einer Abdanckung unterworffen seyn müsse"[53]: Die Gemütsbewegung des Musikers gilt es zu vermitteln, und die Auflistung der Affekte in Hinsicht auf die siebzehn Tonarten korrespondieren *ausschließlich* mit Matthesons Temperament![54]

Die Vorstellung der Affektenlehre als ein didaktisches Modell neben der *Natur-Lehre* wird von Mattheson nicht wieder aufgegriffen; der Begriff

---

[51] Vgl. ebd. bzw. S. 402-403.

[52] Vgl. Mattheson, *Das Neu-Eröffnete Orchestre*, S. 231-253.

[53] Mattheson, *Das Neu-Eröffnete Orchestre*, S. 253.

[54] Vgl. Buelow, *Affektenlehre*, S. 402; vgl. Cannon, *Spectator*, S. 127: „Mattheson did not, at this time, however, present in its entirety his belief in the importance of an understanding of the connection between the ‚Affection' and tonality; it is only in his later works that he supported this youthful, experimental attitude by a clearly defined, inclusive, and systematic theory".

erscheint auch nicht bei den Mattheson historisch nahestehenden Theoretikern wie Scheibe, Marpurg oder C. Ph. E. Bach[55]. So ist es Matthesons Ziel, mit der Einbindung der Affekte als notwendiges Element seiner Lehre der Frage nach der Natur des musikalischen Ausdrucks nachzugehen; seine Hinweise, inwieweit der Komponist sich die Qualitäten der Affekte zunutze machen kann, sind elementare Bestandteile der späteren Inventionslehre[56]. Vor allem aber entscheidend ist Matthesons Haltung, daß ein musikalischer Gedanke sowohl syntaktisch als auch semantisch einen Affekt verkörpert – ablesbar aus der oben zitierten Bestimmung insbesondere der Melodie als Affektträger.

2. Der Sensualismus bei Mattheson

Unendlich vieles dürfe ungesagt bleiben und „der eignen natürlichen Empfindung eines ieden anheimgestellet werden"[57], heißt es bei Mattheson in Zusammenhang mit seinen Äußerungen zu den Affekten. Mit dem Stichwort „Empfindung" fällt damit zu Beginn des *Vollkommenen Capellmeisters* ein elementarer Begriff für das 18. Jahrhundert, vor allem dessen zweite Hälfte: Der enge Zusammenhang mit der Stellung der Affekte in der Anschauung Matthesons ist unübersehbar, zugleich aber vermittelt Mattheson – gewissermaßen interdisziplinär – zwischen allgemeinmusikalischen Erscheinungen seiner Zeit. Zwei Elemente sind dabei in die Betrachtung einzubeziehen: Auf der einen Seite steht das Gefühl als neuentdeckte Primärtugend in der Vorbereitung einer ganzen Stilepoche, der „Empfindsamkeit", auf der anderen der empirisch begründete Sensualismus in der Nachfolge Lockes. Der zweite Punkt ist für die Beschäftigung mit Mattheson tragend, während der erste (auch unter der Prämisse des eben angeführten Zitats) zumindest nicht übersehen werden darf.

Leo Balet[58] beschreibt eine Funktionalisierung der Empfindung als charakteristisches Merkmal des bürgerlichen Zeitalters: Während das Mittelalter lehrte, daß die Seele neben dem Verstand und dem Willen – den aristotelischen Gruppen von Seelentätigkeiten – noch eine dritte selbständige Funktion besitze, nämlich das Gefühl, kehrte das

---

[55] Vgl. Buelow, *Affektenlehre*, S. 400.

[56] Vgl. ebd., S. 404: „Mattheson [...] is rather specific about what he thought the general nature of musical expression should be. His vivid insights into how a composer *might* employ the Affections as an aspect of compositional craft suggest to us a valuable avenue of investigation".

[57] Mattheson, *Der vollkommene Capellmeister*, S. 19.

[58] Balet und Gerhard, *Verbürgerlichung*, S. 309-312.

„absolutistische Zeitalter" wieder zu der aristotelischen Auffassung zurück. Erst das bürgerliche Zeitalter setzt das akthafte Fühlen wieder in seine Position ein. In Hinblick auf Mattheson ist der Einschnitt allerdings nicht in Korrespondenz mit Balet und Rebling in der Mitte des 18. Jahrhunderts zu machen[59]: Erhellend ist in diesem Zusammenhang insbesondere die Beschäftigung mit allen drei *Orchestre*-Schriften.

Für die Rolle des *Sensualismus* bei Mattheson ist der erste Teil des *Forschenden Orchestres* wichtig, der mit der Überschrift „Sensus vindiciae, oder der vertheidigte Sinnen-Rang" deutlich auf philosophische Tendenzen der Musikanschauung seines Autors hinweist. Bedeutenden Einfluß hatte der Empirismus in der Prägung John Lockes (1630-1677)[60], vor allem dessen Hauptwerk *Essay concerning human understanding*[61]; Mattheson versteht sich sogar als geistiger Erbe Lockes: „Hiebey bemercke / daß dieser Lock bey dem Herrn Wilhelm Schwan / der vormahls Engeländischer *Minister* hier in Hamburg gewesen / Ao. 1664. in der *qualité* eines *Secretaire* gestanden / und ich also die unverdiente Ehre habe / ihm in eben solcher *function* zu folgen. Es kan ein Sporn seyn."[62]

Lockes Erkenntnistheorie im *Essay concerning Human Understanding* kann als ein Versuch verstanden werden, die empirischen Grundlagen der erfolgreichen neuen Naturwissenschaften als die Basis

---

[59] Vgl. ebd., S. 354-355: „Um die Jahrhundertmitte brachte nun die enorme Gefühlskultivierung des Bürgertums eine völlige Umwälzung mit sich: die endgültige Abkehr von der auf die äußerste Spitze getriebenen Kontrapunktik wie auch die Abwendung von der stereotypen Tanzrhythmik verhalf der Funktionalharmonik in allen ihren vielfältigen Möglichkeiten zur Alleinherrschaft. [...] Die Einheit des Affekts wird aufgegeben zugunsten der schnellen Aufeinanderfolge der Empfindungen und Gefühle. Diese treten nicht mehr streng voneinander getrennt auf, sie fließen jetzt ineinander und vermischen sich gegenseitig".

[60] Vgl. Braun, *Mattheson und die Aufklärung*, S. 7-12 bzw. Cannon, *Spectator*, S. 117-118.

[61] John Locke, *An Essay Concerning Human Understanding*, London 1689, Nachdruck bei P.H. Nidditch (Hg.), Oxford 1975; deutsch [*Versuch*] *über den menschlichen Verstand*, übersetzt von Carl Winckler, Hamburg 1911-13, Nachdruck Hamburg ⁴1981. Der Essay erschien bereits 1689 und nicht, wie das Titelblatt suggeriert, 1690; vgl. Rolf W. Puster, *John Locke: Die Idee des Empirismus*, in: Kreimendahl (Hg.), *Philosophen des 17. Jahrhunderts*, S. 91. Vgl. auch Braun, *Mattheson und die Aufklärung*, S. 16: „Die Gedanken Lockes sind ihm [...] willkommene Hilfen und Bundesgenossen. Das Hauptwerk Lockes, ‚Essay concerning human understanding' kennt er gut".

[62] Mattheson, *Das Forschende Orchestre*, S. 139.

menschlichen Verstehens und Wissens überhaupt zu erweisen. Wie die Wissenschaft als kritische Instanz der Tradition entgegentritt, so soll allgemein die Bindung an die Erfahrung der Unbestimmtheit und Leere des Redens ebenso wie falschen Ansprüchen auf Wissen ein Ende setzen[63]. Die Wirkung des *Essay* ist in ganz Europa groß – eine 1701 in London edierte anonyme lateinische Übersetzung (*de intellectu humano*) wird 1709 und 1741 in Leipzig in verbesserter Fassung nachgedruckt und sorgt mit Costes französischer Ausgabe (Amsterdam 1700), die auch von Leibniz und Thomasius benutzt wird, für die schnelle Verbreitung von Lockes Ideen- und Urteilslehre. Es ist anzunehmen, daß Mattheson über den Knotenpunkt Amsterdam zu einer Ausgabe des *Essay* in der Original- oder der übersetzten Fassung gelangt ist, wie es auch für die von ihm rezipierten französischen Schriften vermutet wird[64]. Locke gehört zu den Wegbereitern der Modernisierung Europas.

Lockes Traktat gipfelt in dem Satz „nihil est in intellectu, quod non ante fuerit in sensu": Alle Erkenntnis wird auf Erfahrung zurückgeführt, die menschliche Seele ist auf die Wahrnehmung angewiesen. Um zu einer Vorstellung zu gelangen, sind jedoch nicht nur Sinneseindrücke (sensations) notwendig, wie stark auch immer ihre Priorität ist, es treten vielmehr geistige Operationen (reflections) hinzu. Locke versuchte mit dem *Essay Concerning Human Understanding* (1690) eine Bewußtseinsanalyse, indem er diese Operationen näher zu bestimmen trachtete, wobei er auf die aristotelische Bewußtseinslehre zurückgriff. Unmittelbar gewiß ist dabei nur die innere Erfahrung: Erst die Verknüpfung der Empfindungen und das In-Beziehung-Setzen, auch Abstraktionen, machen die Wahrnehmung (und anschließend das Gedächtnis) aus[65].

Spürbar ist der Einfluß Lockes vor allem, wenn Mattheson das Zustandekommen des sinnlichen Urteils beschreibt: Das „Urtheil der

---

[63] Vgl. Lorenz Krüger, *Der Begriff des Empirismus. Erkenntnistheoretische Studien am Beispiel John Lockes*, Berlin und New York 1973 (Quellen und Studien zur Philosophie Bd. 6), S. 6.
[64] Vgl. Arno Forchert, *Französische Autoren in den Schriften Johann Matthesons*, in: FS Heinz Becker zum 60. Geburtstag, Laaber 1982, S. 383; Rainer Specht, *John Locke*, München 1989, S. 20.
[65] Vgl. de la Motte-Haber, *Musik und Natur*, S. 21-22; siehe auch Christoph Helferich, *Geschichte der Philosophie. Von den Anfängen zur Gegenwart und Östliches Denken*, München 1998, S. 188, bzw. Hans Werner Arndt, *John Locke: Die Funktion der Sprache*, in: ders., *Grundprobleme. Philosophie der Neuzeit Bd. 1*, S. 176-210.

Sinnen [heisset bey mir] nicht ein Urtheil der sinnlichen Werckzeuge [etwa der Ohren, Anm. d. Verf.[66]] / oder *nudæ perceptionis*, der blossen Vermerck- oder Verspührung; sondern ein Urtheil der Seelen selbst / welches sich einzig auf die Empfindung der ihr beywohnenden Sinnen gründet. Und das Urtheil der blossen / rechnenden Vernunfft nenne ich / wenn die Seele an und vor sich selbst / ohne sich an den Eindruck der Sinnen zu kehren / aus solchen vermeynten Gründen und *Fundamentis*, die purè *intellectualia* heissen wollen / etwas Klingendes zu beurtheilen sich anmasset"[67].

Zu der Rezeption Lockes tritt auch in diesem Zusammenhang die Bedeutung Descartes', insbesondere in Hinblick auf den Gehörprimat; ob der cartesianische Einfluß in diesem Falle allerdings ein direkter war, ist kaum zu rekonstruieren: Der Text Descartes', auf den hier kurz im Rekurs eingegangen werden soll, muß Mattheson nicht unbedingt bekannt gewesen sein (jedenfalls sind in den Schriften Matthesons diesbezüglich keinerlei Angaben zu finden). Das *Musicae Compendium*, als Jugendwerk 1618 entstanden und erst nach dem Tod des Autors 1656 gedruckt[68], beginnt mit den Sätzen „*Hujus* objectum *est* Sonus. Finis ut delectet, variosque in nobis moveat affectus" – „Der Zweck des Tones ist letztes Endes, zu erfreuen und in uns verschiedene Gemüthsbewegungen hervorzurufen"[69]: Descartes geht als erster Autor in der Geschichte des Musikschrifttums nicht von der Musik selbst aus, sondern vom Hörer. „Der Anfangssatz des „Compendium" [...] formuliert als den neuen Blickpunkt das im Gemüt vorhandene Wohlgefallen, die Ergötzung (*delectatio*)"[70]; der Blick des Autors richtet sich auf das empfindende und schließlich urteilende „Gemüt" (*animus*)[71]. Musikhören

---

[66] Mattheson beschreibt das Ohr als „Werckzeug der Künste" (vgl. Mattheson, *Das Forschende Orchestre*, S. 54).

[67] Ebd., S. 9-10.

[68] Renatus [René] Descartes, *Musicae Compendium*, Amsterdam 1656, deutsch *Leitfaden der Musik*, hg. und übersetzt von Johannes Brockt, Darmstadt 1978.

[69] Ebd., S. 3 und 4.

[70] Heinrich Besseler, *Das musikalische Hören der Neuzeit*, Berlin 1959 (Berichte über die Verhandlungen der Sächsischen Akademie der Wissenschaften zu Leipzig, Bd. 104, 6) , S. 30.

[71] Zur Terminologie Descartes' ist in diesem Zusammenhang der Vergleich mit den Erörterungen Nicolas Malebranches (in seinem Hauptwerk *De la recherche de la vérité*, Paris 1674ff., das stark unter dem Einfluß des *Traité de l'homme* von Descartes steht), von Interesse; Malebranche definiert Sinneswahrnehmungen als Modifikationen der Seele, die mit bestimmten Animalgeistbewegungen im Körper gekoppelt sind. Gott ist die wirkliche Ursache sowohl der Sinneswahrnehmungen als auch der

bedeutet für Descartes bereits eine geistige Tätigkeit: „Die Einbildungskraft (*imaginatio*) ist es, die nach seiner Anschauung beim Hören jedes neue Glied mit den vorangehenden zusammenschließt, außerdem eine Korrespondenz mit früheren Gliedern herstellt und so das Musikstück als eine Einheit vieler zusammengehörender Glieder erfaßt (*concipit*)"[72]. Ob Mattheson das *Compendium* Descartes' kannte, bleibt ungeklärt; der Einfluß Lockes auf seine Arbeiten ist hingegen nachweisbar.

Werner Braun hat in seiner Dissertation erörtert, wie sich Mattheson mit dem Gedankengut Lockes auseinandersetzt, und dabei nachzuweisen versucht, daß Mattheson eklektisch vorgeht[73]. Mattheson folgt Locke in einigen wichtigen Zügen: Wie bei Locke sind Gott, Tugend und Unsterblichkeit empirisch zu fassen, wie auch die Sinnen „als unvergängliche Seelen-Kräffte / nicht nur auf ihren eigenen unsterblichen Zustand; sondern auch auf ihres getreuen Leibes Verklährung / ewige Verherrlichung und Wohlfahrt billig bedacht sind"[74]. Auch der *Tabula rasa*-Theorie Lockes folgt Mattheson, zeigt aber deutliche Abweichungen von Locke bei der näheren Untersuchung des Sinn-Begriffs: Während Locke aus dem Begriff der Sinne das Zustandekommen von Vorstellungen erklärt und damit den Übergang

---

Animalgeistbewegungen sowie der sie veranlassenden Affektionen der Sinnesorgane. Aber weil im normalen Wachzustand auf eine bestimmte Animalgeistbewegung mit Sicherheit eine bestimmte Sinneswahrnehmung folgt, kann man die Animalgeistbewegung bzw. die sie veranlassende Affektation als occasionelle Ursache der Sinneswahrnehmung betrachten. Diese ist weder verbal definierbar noch interpersonal überprüfbar. Vgl. Rainer Specht, *Nicolas Malebranche: Empfindung und Ideenschau. Umwandlung des Cartesianismus in eine Philosophie der Alleintätigkeit Gottes*, in: Lothar Kreimendahl, *Philosophen des 17. Jahrhunderts. Eine Einführung*, Darmstadt 1999, S. 157-175. Zum Verhältnis Locke – Malebranche vgl. Udo Thiel, *John Locke*, Reinbek 1990, S. 130.

[72] Besseler, *Das musikalische Hören*, S. 40; vgl. S. 41: „Er [Descartes] wird 1641 in den „Meditationes de prima philosophia" durch methodischen Zweifel die Erkenntnis *cogito, ergo sum* als das einzig Sichere herausstellen. Wenn DESCARTES das Sichere „Subjekt" nennt, so bedeutet dieses Wort [...] zugleich das Zugrundeliegende im Sinne der Metaphysik. So wird nun philosophisch der Mensch zur Bezugsmitte alles Seienden. Hier beginnt die Neuzeit". Besseler verweist auf Martin Heidegger, *Holzwege*, Frankfurt am Main 1950, S. 80-82.

[73] *Mattheson und die Aufklärung*, S. 16-19.

[74] Mattheson, *Das Forschende Orchestre*, S. 40; vgl. Braun, *Mattheson und die Aufklärung*, S. 16.

zur Assoziationspsychologie vollzieht[75], interessiert sich Mattheson weniger für diesen Teilbereich. Für ihn liegt im Begriff bereits das Vernünftige mit eingeschlossen: „Da auch [...] gewiß ist / *reflexionem sine prævia perceptione nullam dari*, daß kein Nachdenken ohne vorhergegangene Empfindung und Verspührung seyn könne / (denn wo kein Vorsinnen ist / wie kann da Nachsinnen seyn?) so folget ja / daß *Perceptio cum Reflexione*, die mit dem Nachdenken verknüpffte Empfindung erst *Sensum integrum & absolutum*, den gantzen vollkommenen / menschlichen Sinn ausmache"[76].

Reflexion und Sinneseindruck liegen also besonders eng beieinander; die Rolle des Verstandes beschränkt sich aber auch bei Mattheson nicht nur auf die Begründung der Sinneswahrnehmungen – was dem begrifflichen Denken in Philosophie und Wissenschaftstheorie enge Grenzen setzen würde. Während Locke die Sinneswahrnehmungen als Ausgangspunkt des Denkens betrachtet[77], werden sie bei Mattheson Ausgang und Ziel zugleich: Das Ohr ist grundsätzlich oberster Richter über den Tonsatz; die passive Rolle der Sinne und Sinneseindrücke wird zu einer aktiven in der Erarbeitung und schließlich der Bewertung von Musik – sinnliche Wahrnehmung und Reflexion sind voneinander untrennbar.

3. Zahl- und Naturlehre bei Mattheson

Das Dritte Hauptstück des *Vollkommenen Capellmeisters* – überschrieben mit „Vom Klange an sich selbst, und von der

---

[75] Vgl. Karl Otto Beetz, *Geschichte der Psychologie im Abrisse*, Osterwied und Leipzig 1921 bzw. Braun, *Mattheson und die Aufklärung*, S. 16.

[76] Mattheson, *Das Forschende Orchestre*, S. 72; vgl. ebd., S. 69: „Ich hätte wohl gar Lust zu dencken / daß die wohlgeführte Sinnen und ihre Ubereinstimmung nichts anderes seyn / als *ratio*. Oder / daß ein gesunder Verstand / mit den wohl-eingerichteten / und zu einem guten Ende sämptlich abzielenden **menschlichen** Sinnen / einerley Ding sey".

[77] Vgl. Braun, *Mattheson und die Aufklärung*, S. 17, bzw.. Christensen, *Sensus, Ratio, and Phtongos*, S. 3: „I am certainly not claiming that Mattheson became an empiricist by reading Locke. His empirical convictions were undoubtedly formed while an active performer and composer in the Hamburg opera as a young musician. I suspect rather that when Mattheson first read Locke, he recognized a well-articulated sensationalist epistemology upon which he could confirm and ground his own practical/empirical intuitions of music." Christensen bezieht sich in dieser Einschätzung auf ein im Hamburger Staatsarchiv aufgefundenes Notizbuch von der Hand Matthesons, das auf 1725 zu datieren ist; gefüllt mit Zitaten aus dem Werk Lockes und geordnet nach Themen, diente es vielleicht als eine Art Zitatenlexikon.

musicalischen Natur-Lehre" – beginnt Mattheson mit folgender Einschätzung: „§. 1. In den meisten Büchern, welche von der Ton-Kunst handeln, wird ein grosses Wesen gemacht von Zahlen, Maassen und Gewichten; vom Klange aber, und von dem sehr beträchtlichen **physiologischen** Theil dieser Wissenschafft sagt man fast kein Wort, sondern fährt so geschwind darüber hin, als wenn er wenig oder nichts zu bedeuten hätte. §. 2. Da nun aber solches Verfahren ein ganz verkehrtes Wesen ist, indem der Klang der einzige Unterwurff (*subjectum*) der Music bleibet, so wie das Gehör derselben Gegenstand (*objectum*); die Zahlen hergegen und was ihnen abhängig, nur in der Harmonicalischen Meßkunst blosse Handlanger und Nothhelfer abgeben, mit deren Beistand wir die äusserliche Beschaffenheit und Grösse der Intervallen eingermassen betrachten und begreiffen können: als wird es höchst nöthig seyn, uns über des Klanges Natur ein wenig breiter zu erklären."[78] Die Bemerkung verdeutlicht die enge Verbindung, die zwischen den Bereichen Affektenlehre, Sensualismus und Naturlehre für Mattheson offensichtlich existiert; er steht damit deutlich in der Tradition des deutschen Barock, etwa in den Spuren Leibniz', in dessen Definition „Musica est exercitium arithmeticae occultum nescientis se numerare animi" (eine an Mersenne anknüpfende Erklärung)[79] sich die begrifflichen Gegensätze *arithmetica* und *nescire* vereinigen – wenn auch ohne die Verknüpfung mit dem *sensus*: „Anstatt von ‚numerus' , als von etwas Statuarischem, dem zeitlichen Verlaufsgeschehen nicht Ausgesetzten, vielmehr archetypisch Gegebenen und der Betrachtung Fähigen zu sprechen, betont Leibniz das (wenngleich unwissende) *numerare*"[80]. Auch das von Dammann explizierte „naturphilosophische Prinzip" versucht, diese Elemente miteinander zu verknüpfen: „Die *Harmonia* wird beherrscht von Kräften, welche die „Lebensgeister" (*spiritus animales*) im Menschen in Bewegung setzen und auf die Temperamente (in je verschiedener Weise) einwirken: der Erkenntniszugang erfolgt von der Naturphilosophie her, von der Affekten- und Temperamentenlehre, die wesentlich mit der Astrologie zusammenhängt."[81]

Tatsächlich ist die Konnotation zwischen der Zahl- und Naturlehre einerseits, der Temperamenten- und Affektenlehre andererseits in den Arbeiten Matthesons überaus präsent, allerdings in einer tendenziösen

---

[78] Mattheson, *Der vollkommene Capellmeister*, S. 9.

[79] Das Leibniz-Zitat stammt aus einem Brief an den Mathematiker Goldbach von 1712, vgl. Dammann, *Musikbegriff*, S. 78/79.

[80] Ebd., S. 79.

[81] Ebd., S. 84.

Richtung: Während Matthesons Hauptvorwurf gegen die Mathematik, also die wissenschaftlich verkörperte Zahlenlehre, lautet, daß diese nicht imstande ist, Substantielles über den Zustand der menschlichen Seele mitzuteilen[82], erfährt die Naturlehre schon von den frühen *Orchestre*-Schriften an erhebliche Beachtung und Wertschätzung: „**Mathesis** ist eine menschliche Kunst; Natur aber eine Göttliche Kraft. Denn GOttes unsichtbares Wesen, das ist, **seine ewige Krafft und Gottheit**, wird ersehen, so man des [sic] wahrnimmt an den Wercken, nehmlich, an der Schöpffung der Welt"[83]. Typisch barocke Züge trägt in dieser Formulierung und Begründung die Anlehnung an den göttlichen Schöpfungsakt, die Bezugnahme zur Theologie; die Dissoziation von Zahl- und Naturlehre aber hängt bei Mattheson in erster Linie und unmittelbar mit der Verschränkung von Sensualismus (in der Prägung durch Locke) und Naturlehre zusammen. Das Verhältnis zur Natur und auch zur Musik – gewissermaßen als deren Spiegelbild – ist in der Auffassung des deutschen Barock von der *ratio* bestimmt, die sich deutlich vom *sensus* abhebt: So unterscheidet noch Werckmeister die Reihe *ratio = arithmetica = mathesis = judicium exactum* von dem Paar *sensus = auditus*[84]. „Was das Gehör erfaßt, beschränkt sich auf eine nur vordergründige Außenwirkung des musikalischen Geschehens. Die Sinneswahrnehmung bezieht sich auf die hörbare Peripherie der erklingenden Vorgänge. Hingegen bleibt ihre mathematisch-proportionale Struktur, also das hintergründige Ordnungsgefüge der musikalischen Verlaufsgestalt, der Ratio, der erkennenden, durchschauenden und wissensmäßig begründeten Einsicht vorbehalten"[85]. Zu einer Einebnung der Begriffe kommt es erst mit dem 18. Jahrhundert, die Adlung 1758 beschreibt: „Es kommt bey diesem Streite auch viel an auf die Auslegung des Worts ratio. Im 5ten Capitel [der Abhandlung Adlungs, Anm. d. Verf.] kommt es vor bey musikalischen Rechnungen. Darauf sich allein zu berufen mit

---

[82] Vgl. Mattheson, *Der vollkommene Capellmeister*. *Vorrede*, S. 19/20: „Eine vollkommene Erkenntniß der menschlichen Gemüthsneigungen, die gewiß nicht mit der mathematischen Elle auszumessen sind, ist bey der Melodie und ihrer Verfertigung von viel grösserm Gewicht. [...] Ich habe viele Portraits machen, aber niemahls einen Maasstab dabey brauchen gesehen. Es giebt unzehlbare **innerliche Verhältnisse**, die sich von grossen Künstlern mahlen, aber von niemand messen lassen. [...] Da hört die Mathematik gantz auf, und da fängt die wahre Schönheit erst recht an".
[83] Ebd., S. 21; vgl. Röm. 1, 20.
[84] Vgl. Werckmeister, *Musicae mathematicae Hodegus*, Kap. III; vgl. Dammann, *Musikbegriff*, S. 78.
[85] Ebd., S. 89/90.

Ausschliessung des Gehörs, würde zu wenig gesagt seyn. Es bedeutet aber sonst bey den Weltweisen die denkende, sonderlich die schlüssende Kraft der menschlichen *Seele*, und davon läßt sich der Sinn des Gehörs nicht ausschliessen, zumal da nicht nur das ordentliche Ohr, so durch den Klang gerühret wird, hier in Betrachtung kommt, sondern so fern durch dasselbige die Seele sich die Harmonie und Melodie vorstellt"[86] – *ratio* und *sensus* wirken letztlich zusammen.

So bezeichnet Mattheson Werckmeister und dessen Nachfolger vor allem aufgrund ihrer Anhänglichkeit an die Zahlensymbolik als „Rationisten": Er versteht darunter Musiker, die einerseits noch an mittelalterlich-okkulte Dinge glauben oder die andererseits an den antiken, aus der Theorie gewonnenen Intervallberechnungen festhielten und „damit dem musikalischen Fortschritt, d.h. der Einführung der von der Praxis dringend geforderten Temperatur und der Verwendung der beliebten modernen Klänge und Intervalle hindernd im Weg standen"[87]. Mattheson zufolge muß das Hörurteil immer Priorität vor abstrakten Kalkulationen zur musikalischen Beurteilung haben. Mit der Zuweisung eines Platzes hinter der „eigentlichen" Musik und sogar noch hinter der Physik ändert Mattheson im *Vollkommenen Capellmeister* die aus dem Barock überlieferten Verhältnisse grundlegend; Braun[88] vermutet sogar, daß Mattheson mit seiner Trennung von Mathematik und Musikpraxis dazu beigetragen hat, daß sich die Akustik als selbständige Wissenschaft aus der Musik herauslösen konnte, ohne durch irgendwelche Kompromisse mit der praktischen Musik, die sich bei ihrer Gleichsetzung immer notwendigerweise ergeben mußten, beeinträchtigt oder beengt zu werden.

Bei Mattheson sind die Töne a priori wertneutral, „weder gut noch böse"[89]; eine Affektqualität erwerben sie erst durch den

---

[86] Adlung, *Anleitung*, S. 36; vgl. Dammann, *Musikbegriff*, S. 78: „Solche Aussagen erwachsen nicht etwa nur der formalistischen Absicht, die zwei Begriffe in ihrer ursprünglichen Unterschiedlichkeit definitorisch abzumildern und einander anzugleichen. Sie ergeben sich vielmehr aus einer längst gewonnenen Erkenntnis, nach der beide Begriffe in diesem Zusammenhang neu zu beleuchten sind, weil sie auf das gleiche hinweisen".
[87] Vgl. Braun, *Mattheson und die Aufklärung*, S. 8; in diesen Zusammenhang gehören auch die umfangreichen Kontroversen mit Zeitgenossen wie Euler und Mizler, vgl. die Darstellung bei Thomas Christensen, *Sensus, Ratio, and Phtongos: Mattheson's Theory of Tone Perception*, in: Raphael Atlas und Michael Cherlin (Hg.), *Musical Transformation and Musical Intuition*, Chicago 1994, S. 1-20.
[88] *Mattheson und die Aufklärung*, S. 40.
[89] Mattheson, *Der vollkommene Capellmeister*, Vorrede, S. 19.

kompositorischen Kontext. Einen bedeutenden Anteil an diesem Bedeutungsgefüge hat die Naturlehre, die die „Eigenschafften der klingenden Cörper" und die „Lehre von den Temperamenten und Neigungen"[90] mit einschließt. Die Mathematik wird ersetzt: „In der Physik oder Naturkunde liegen [...] die ersten, aufrichtigen Gründe der Musik"[91]. Dieser „Naturkunde" ist die Musik im System der „Wissenschafften" (nicht mehr als mathematisch-quadriviale Disziplin) nachgeordnet: „Im Reiche der Wissenschafften trägt die Theologie Scepter und Kron als Monarch, die Natur-Lehre ist Königin, die Musik Erbprinzeßin"[92]. Kunst entsteht durch den Menschen, welcher der Natur zu folgen habe: „Natürliche Muster verursachen die künstlichen. Die Kunst ist eine Dienerin der Natur, und zu ihrer Nachahmung bestellet."[93] Gerate dieses Verhältnis aus den Fugen, entarte sie zur „Künsteley"[94]. „Das Ziel der Musik wird der natürliche Mensch, so wie er ist."[95]
Die hohe Wertschätzung der Natur-Lehre durch Mattheson hängt eng zusammen mit dem Natürlichkeitsbegriff des 18. Jahrhunderts – Natürlichkeit als „betonte Abwendung [...] von der Nicht-Natur, von der systematischen Verkennung der Natur, von der Mißachtung des natürlichen Wesens von Menschen und Dingen, von der Verkehrung der Natur in etwas anderes, was ihrer ursprünglichen Wesenheit zuwiderläuft"[96]. Mattheson „greift zwei Vorbilder auf und interpretiert sie zu einer eigenständigen Haltung"[97], die offensichtlich von der Auffassung der Generation vor Mattheson abweicht: Auf der einen Seite steht die Rezeption und Reflexion der in der frühen Ästhetik bestimmenden Rolle Frankreichs, wo mit rationalen Grundthesen zur *imitation de la belle et simple nature* und mit der schon um 1700 einsetzenden Streitschriftenkultur die Rückführung des aktuellen Naturverständnisses auf antike Autoritäten wie Aristoteles, Platon und

---

[90] Mattheson, *Der vollkommene Capellmeister.*, S. 12 bzw. S. 15.
[91] Ebd., Vorrede S. 20.
[92] Ebd., S. 19; vgl. Fees, *Incisionslehre*, S. 106. Nach Braun (*Mattheson und die Aufklärung*, S. 127-128) blickte Mattheson eifersüchtig nach Marseille oder Oxford, wo die Musik bereits in den Hohen Schulen vertreten war. Er forderte für „tüchtige Cantores" die Einrichtung eines Professorats. Zeitweilig trug er sich mit dem Gedanken, ein solches in Leipzig oder Hamburg einrichten zu lassen, änderte aber im Juni 1753 sein Testament zugunsten der Wiederherstellung der Orgel in der ausgebrannten Michaeliskirche in Hamburg.
[93] Mattheson, *Der vollkommene Capellmeister*, S. 135.
[94] Ebd., S. 143.
[95] Fees, *Incisionslehre*, S. 106.
[96] Balet und Gerhard, *Verbürgerlichung*, S. 409.
[97] Peter Schleuning, *Die Sprache der Natur*, S. 70; vgl. ebd., S. 70-81.

die Stoiker diskutiert wird; ihren Gipfelpunkt findet die Diskussion – die „bei der Entstehung der deutschen Ästhetik Pate gestanden hat"[98] – 1746 in der Schrift *Les beaux-arts réduits à un même principe* von Charles Batteaux. Andererseits orientiert sich Mattheson an der englischen Literaturkritik, vor allem an Pope, Addison und Locke, deren Schriften er mehrfach aufgreift[99]. Elementar für die Sichtweise Matthesons wird der Versuch, den Widerspruch zwischen einem rational überprüften Standpunkt und der Emanzipation der Hörerfahrung, also der Freiheit der Sinneswahrnehmung, in Einklang zu bringen. Mattheson verquickt in seiner Anschauung die beiden wichtigsten europäischen Strömungen seiner Zeit, nämlich die Begrifflichkeit des englischen Empirismus in der Ausprägung etwa Lockes mit der Naturanschauung, wie sie die französische Geistesgeschichte des 18. Jahrhunderts hervorgebracht hat.

Der Stellenwert der Natur-Lehre ist in der musiktheoretischen Literatur Frankreichs bedeutsam, etwa bei Matthesons großem Antipoden Rameau, wobei die aus dem 16. und 17. Jahrhundert stammende Auffassung der natürlichen Schöpfung als sinnlich-eindrucksvoller Maßstab der Kunst bei Rameau eher im Rahmen einer geistigen Konstruktion zu verstehen ist. Einerseits liegen Rameaus Wurzeln viel tiefer im 17. Jahrhundert – insbesondere bei Mersenne[100] – als die Matthesons, dessen Hauptwerke ungefähr gleichzeitig erschienen (Rameau wurde nachweislich erst ab 1722 musikschriftstellerisch tätig), andererseits ist die Haltung Rameaus den Grundfragen des musikalischen Satzes gegenüber als weitaus fortschrittlicher zu werten. Für Rameau stand das Imitationsprinzip außer Frage; sein 1722 erschienener *Traité de l'harmonie reduite à ses principes naturels* geht (wie schon der Titel impliziert) von den physikalisch-akustischen Erläuterungen Mersennes aus, und ab 1726 – dem Erscheinungsjahr des *Nouveau système de musique théorique* – wird auch die Entdeckung der Obertöne, die Joseph Sauveur 1701 in seinen

---

[98] Alfred Baeumler, *Das Irrationalitätsproblem in der Ästhetik und Logik des 18. Jahrhunderts bis zur Kritik der Urteilskraft (Kants Kritik der Urteilskraft. Ihre Geschichte und Systematik,*Bd. 1), Halle 1923, S. 149; vgl. Schleuning, *Die Sprache der Natur*, S. 70.
[99] Siehe die vergleichende Darstellung bei Donald R. Boomgaarden, *Musical Thought in Britain and Germany during the early eighteenth century*, New York 1987.
[100] Vgl. Thomas Christensen, *Rameau and Musical Thought in the Enlightenment*, Cambrigde 1993 (Cambridge Studies in Music Theory and Analysis Bd. 4), S. 84-87 bzw. Birger Petersen-Mikkelsen, *Terminologie in den theoretischen Hauptwerken Jean-Philippe Rameaus und ihre Rezeption im 18. und 19. Jahrhundert*, Lübeck 1996 (masch. schr.), S. 10-13.

Principes d'acoustique et de musique dargelegt hatte, von Rameau in seine Darstellungen eingebunden: Der Ton als klingender Körper birgt in sich die Obertöne und damit ein System von zahlenmäßig geregelten Beziehungen. „Mit etwas Übertreibung kann man sagen, daß Rameau die Musik als Extrapolation dessen begriff, was der natürliche klingende Körper ohnehin in sich birgt"[101]. So wirkt der experimentell-empirische Zug in den Arbeiten Rameaus auf seine Zeitgenossen „modern" im besten Sinne des Wortes, weist dabei aber zugleich zurück in das 17. Jahrhundert, etwa auf Vincenzo Galilei, was auch in der Rezeption Rameaus etwa durch Marpurg deutlich wird. Gegenüber der Musikanschauung Matthesons nimmt sich Rameaus Auffassung des Klanges von vornherein allzu mathematisch aus: Diese ist viel stärker, als es Traditionsbezüge in den Arbeiten Matthesons vorzuspielen vermögen, einer *musique théorique* verbunden. Auf diese nennenswerte Diskrepanz wird noch im Zusammenhang mit dem Melodiebegriff Matthesons zurückzukommen sein.

Die Aufklärung definiert das Verhältnis von Kunst und Natur neu: „Mehr und mehr war es nicht mehr der Zirkel, der zur Vermessung der Kunst diente"[102]; dies gilt nicht nur für die neue Ursprungstheorie, die Jean-Jaques Rousseau in der zweiten Hälfte des 18. Jahrhunderts vorgelegt hatte, mit der Musik als eine Herzenssache bestimmt wurde und damit nicht mehr als objektive Darstellung von Affekten, sondern als sublimierte Lautäußerung von Gefühlen. Danach liegt der Ursprung der Musik nicht mehr in der Harmonie, sondern in der aus dem menschlichen Inneren strömenden Melodie[103]. Statt der Berechnung von Konsonanzen wird die einfache, gesangliche Schreibweise wichtig; auch die Legitimation der Musik wird neu formuliert: „An die Stelle der Nachahmung der Natur trat der Ausdruck des menschlichen Inneren"[104].

---

[101] de la Motte-Haber, *Musik und Natur*, S. 134; de la Motte-Habers Bemerkung allerdings, „'Corps sonore' bedeutet bei Rameau das klingende Instrument. [...] Spätere Auffassungen meinen hingegen einen Klang, der Obertöne umfaßt" (ebd.) ist arg verkürzt und verfälscht die Auffassung Rameaus, vgl. Herbert Schneider, *Jean-Philippe Rameaus letzter Musiktraktat*, Stuttgart 1986 (= Beihefte zum AfMw XXV) bzw. ders., *Rameaus musiktheoretisches Vermächtnis*, in: ZfMth 1.2, 1986, S. 153-161.

[102] de la Motte-Haber, *Musik und Natur*, S. 135.

[103] Zur Kontroverse zwischen Harmonie und Melodie vgl. in diesem Zusammenhang ausführlich Fritz Reckow, *Die ‚Schwülstigkeit' Johann Sebastian Bachs oder ‚Melodie' versus ‚Harmonie'. Ein musiktheoretischer Prinzipienstreit der europäischen Aufklärung und seine kompositions- und sozialgeschichtlichen Implikationen*, in: Helmut Neuhaus (Hg.), *Aufbruch aus dem Ancien régime. Beiträge zur Geschichte des 18. Jahrhunderts*, Köln, Weimar und Wien 1993, S. 211-243.

[104] de la Motte-Haber, *Natur und Kunst*, S. 135.

Auf dem Weg zu dieser neuen Legitimation ist die Arbeit Matthesons ein bedeutsamer Schritt in der deutschen Musiktheorie, denn erst im Zusammenhang mit einer neuen Grundlegung der Musik wird es sinnvoll, einen Vorrang der Melodie anzunehmen – deren unmittelbare Verbindung zum musikalischen Affekt ja immer bestanden hat. So heißt es schließlich in der Auseinandersetzung mit Heinrich Bokemeyer von 1722 – als „Apotheose der Melodie", die nachträglich durch Briefe von Reinhard Keiser, Johann David Heinichen und Georg Philipp Telemann untermauert wird[105]: „Nicht die künstliche; sondern die schöne / angenehme Melodie ist es / welche gesucht wird. Ein künstlich-geschminktes Gesicht weiset keine natürliche Schönheit. Ob auch gleich die Natur das Muster ist / wornach sich die Kunst richten sollte; so thut es doch dieser Affe nicht. Weil die Natur das Muster aller Kunst seyn soll: so ist keine Melodie künstlich / deren *membra* keine künstliche *Canones* sein können. Unsre Melodien dürffen eben nicht vollkommen künstlich seyn / wenn sie nur vollkommen schön sind. Haben sie diese letzte Eigenschafft / so sind sie immer künstlich genug. Nun gehören zwar zur Hervorbringung dieser Schönheit auch einige besondere *connoissances*; aber sie sind nicht von canonischer Art. Es müssen *originalia*; keine Aeffereyen seyn. Sie müssen so wirken / als ob es von ungefehr käme"[106]. Diese Auffassung bleibt „common sense" bis hin zu Gottsched, der die Natur als die Summe aller seelischen und körperlichen Kräfte definierte[107], und Scheibe, der (abgesehen von seiner These, das wahre Wesen der Musik bestehe „in einer vernünftigen Nachahmung der Natur"[108]) auch die Verknüpfung von Naturlehre und Rhetorik herstellte: „Die Nachahmung der Natur ist [...] das wahre Wesen so wohl, als der Redekunst und Dichtkunst"[109].

Die Haltung Matthesons zum Komplex Zahl- und Naturlehre ist ebenso eindeutig wie prototypisch für das aufgeklärte Musikschrifttum des 18. Jahrhunderts – nicht nur Deutschlands, sondern ebensosehr Frankreichs und Englands: Der neue, durch die Naturwissenschaften (und unter diesen die Physik) geprägte empirische Ansatz ersetzt bzw. verdrängt den bislang beherrschenden ontologisch-mathematischen Zugang, der nicht nur die Natur, sondern auch die Kunst als deren

---

[105] Vgl. Schleuning, *Die Sprache der Natur*, S. 73.
[106] Mattheson, *Critica musica* I, S. 337.
[107] Vgl. dazu Joachim Birke, *Christian Wolffs Metaphysik und die zeitgenössische Literatur- und Musiktheorie: Gottsched, Scheibe, Mizler*, Berlin 1966, S. 56-57.
[108] Scheibe, *Critischer Musicus*, S. 554.
[109] Ebd., S. 266.

Abbild zu erklären suchte. Das Ziel der Kunst und in ihr einbegriffen der Musik ist der Mensch, auf den die mathematische Theorie nicht ausreichend abgestimmt war.

4. Zur Bedeutung der Rhetorik

„Jeder folge seiner Natur, und affektiere in nichts, so wird er eine gute und angenehme action haben". Vor dem Hintergrund der *actio*-Lehre der antiken Rhetorik und deren neuzeitlichen Ableitungen ist dieser einem Rhetoriklehrbuch aus dem Jahre 1725 entstammende Satz alles andere als selbstverständlich[110]. Daß die von der *actio*-Lehre angeleitete *eloquentia corporis* – die „körperliche Beredsamkeit" – keinesfalls als ein sich naturwüchsig einstellendes (Begleit-) Geschehen zu verstehen ist, war einer der Gemeinplätze der rhetorischen Tradition. Zugleich macht das Zitat aber auch die enge Verbindung deutlich, die offensichtlich zwischen den elementaren Teilbereichen Naturlehre und Rhetorik im frühen 18. Jahrhundert bestanden haben muß. Und so gehört denn von vornherein zu den Voraussetzungen der Ausbildung des Redners neben den Regeln der rhetorischen Theorie (*ars*), dem Fleiß (*studium*), der Übung (*exercitatio*) und der Nachahmung anerkannter Vorbilder (*imitatio*) die natürliche Anlage – *natura*. Die Naturbindung der Redekunst und die Naturanlage als Voraussetzung ihrer Ausübung sind seit der Antike ein oft beschriebener Umstand[111].

Zur Leitwissenschaft wurde die Rhetorik als Projekt des Humanismus. Der Stellenwert der Rhetorik, die über die intensive Auseinandersetzung des Cinquecento mit dem Erbe der Antike und insbesondere Platons und Aristoteles' weit in das achtzehnte Jahrhundert tradiert wird, wächst besonders mit dem literarischen Barock. Dazu trägt nicht nur das im Humanismus vorherrschende rhetorische Stilideal der *elegantia* bei, der maßvolle, geistreiche und klare Stil, in dem die sprachlichen Kunstgriffe wie natürlich erscheinen und der in der höfischen Beredsamkeit etwa Castigliones[112] mündet, die das Maßhalten betont und dabei Prinzipien der klassischen Rhetorik mit höfisch-ritterlichen Leitideen vereinigt – und schließlich seinen Niederschlag im Manierismus findet: Die Praxis von Rede und Dichtung im Barock geht noch weit über den von der überlieferten Theorie gegebenen Rahmen hinaus, indem „sie alle

---

[110] Geitner, *Die Sprache der Verstellung*, S. 171.
[111] Vgl. Ueding und Steinbrink, *Grundriß*, S. 84-85.
[112] Vgl. Geitner, *Die Sprache der Verstellung*, S. 51-66.

Möglichkeiten des *movere* und / oder des *delectare* bis an die Grenzen auszuschöpfen sucht"[113].

Die Rhetoriker der frühen Aufklärung setzten sich von vornherein gegen die Verbindung mit der in Verruf geratenen „galanten Beredsamkeit" ab: Ihr Zweck wird die Verknüpfung mit der Philosophie als eine „Klugheit / alle erkannte Warheiten / so einem Wiederspruch unterworfen sind / andern durch Vorstellung derselben nach dero Gemüths-Beschaffenheit / und also durch eine Rede / zu überreden"[114], wie es Gottfried Polycarp Müller 1722 formuliert. Allerdings fühlt man sich dabei durchaus als Erbe und Fortsetzer der antiken Tradition, deren ursprüngliche Traditionen man wiederherstellen will. So bezieht sich Voltaire immer wieder auf Aristoteles (etwa im Artikel *Rhétorique* der *Encyclopédie*) – und so ist auch der häufige Rekurs Matthesons auf Quintilian zu verstehen.

In der deutschen Musiklehre des Barocks und speziell in der Kompositionslehre wird die Rhetorik zum gründenden Unterbau; elementares Gegenstandsgebiet bilden die Figuren bzw. die Figurenlehre. Ab 1600 – etwa bei Burmeister – werden die Figuren im Anschluß an die Figuren der Redekunst musikalisch erklärt[115]. Burmeister hat die systematische Anwendung der Redefiguren auf die Musik weniger als sinnlich wirksame Mittel der Affektdarstellung begriffen, sondern als „Ornament", um Worte hervorzuheben und den Satz kunstvoll zu gestalten (die affektdarstellende Funktion und auch die affekterregende Wirkung der Figuren zusammen mit der der Tonarten ist eher in den Kompendien des Wissens seiner Zeit dargelegt)[116]. Die Beziehung Musik – Rhetorik wird schon in dieser Frühphase (im Gegensatz zu zeitgleichen Vorgängen in Italien) konsequent durchdacht und radikal geregelt, wobei die gegenseitigen Verklammerungen beider Disziplinen aufgrund spezifischer und analysierter Strukturformen der Musik des 16. Jahrhunderts namentlich benannt werden: „Die deutsche Musiklehre erstrebt den Begriffszwang:

---

[113] Ueding und Steinbrink, *Grundriß*, S. 95.

[114] Gottfried Polycarp Müller, *Abriß einer gründlichen Oratorie: zum Academischen Gebrauch entworffen und mit Anmerckungen versehen*, Leipzig 1722, S. 1; zitiert nach Gert Ueding, *Moderne Rhetorik. Von der Aufklärung bis zur Gegenwart*, München 2000, S. 24.

[115] Vgl. Dammann, *Musikbegriff*, S. 93 und Arno Forchert, *Musik und Rhetorik im Barock*, in: SJb 7/8 (1985/86), S. 5-21 bzw. Siegfried Oechsle, *Musica poetica und Kontrapunkt. Zu den musiktheoretischen Funktionen der Figurenlehre bei Burmeister und Bernhard*, in: SJb 20 (1998), S. 7-24.

[116] Vgl. de la Motte-Haber, *Musik und Natur*, S. 126-127.

was nicht benannt ist, läßt sich nicht begreifen"[117]. Die kompositorisch bereits vorhandenen Figuren werden nun beschrieben und mit rhetorischen Fachbezeichnungen belegt – die musikalisch-rhetorischen Figuren erscheinen handwerklich verfügbar; sie werden schließlich ergänzt durch eine Reihe gewichtiger Dekorationen, benannt bei Christoph Bernhard. Alle Primärquellen zur Figurenlehre – wenn dieser Begriff überhaupt brauchbar ist: Die sogenannte „Figurenlehre" ist ein Konstrukt des 20. Jahrhunderts![118] – können so als Teil einer Lehre der musikalischen Rhetorik betrachtet werden[119]. Auch die der Rhetorik theoretisch nachgebildete Stillehre ist das Ergebnis dieser Auseinandersetzung zwischen Musik und Sprache: Erstmalig werden musikalische Stile erkannt und als solche bezeichnet.

Nicht übersehen werden darf der enge Zusammenhang zwischen Rhetorik und Affekteinheit – die Aneignung der Rhetorik verläuft im 18. Jahrhundert quer durch die Disziplinen unter dieser Prämisse. Das Neuartige der *musikalischen* Rhetorik des Barock wird in seiner Spätphase vollends sichtbar: Der Musiker erstrebt die Einheit des Affekts. Sie wird prinzipiell, also schon von der Invention aus hergestellt und gilt formal für in sich geschlossene Teile einer Komposition oder gar für das Werkganze als unverbrüchliches Gesetz. Alle Einzelheiten des Tonsatzes – so auch alle rhetorischen Elemente – sind dem Grundaffekt untergeordnet: Ein „Subordinationsprinzip"[120] löst den koordinierenden Kompositionsstil der Vergangenheit ab. Dabei verfährt der Komponist selektiv: Das 17. Jahrhundert eröffnet die Möglichkeit, die musikalische Werkgestalt abzustufen nach den im Textvorwurf investierten Bedeutungs- und Wichtigkeitsgraden. Aus der Koordination sprachlicher Darstellung in der Renaissance wird im

---

[117] Dammann, *Musikbegriff*, S. 100.

[118] Vgl. Oechsle, *Musica poetica*, S. 7-9.

[119] Vgl. Klassen, *Musikalisch-rhetorische Figuren*, S. 188.

[120] Vgl. ebd., S. 166; Dammann bezieht sich auf einen Textzusammenhang in der handschriftlich überlieferten Kompositionslehre von Johann Gottfried Walther von 1708: „Wenn aber eine Gemüths-Regung zu exprimiren ist, soll der Componist mehr auf dieselbe, als auf die eintzeln Worte sehen, nicht zwar, daß er dieselben insonderheit gar nicht achten dörffte, sondern, daß er nur die Worte, welche der Gemüths-Regung zu wieder sind, nicht absonderlich exprimiren solle. Denn es wäre einfältig, wenn man diesen Text: Cede dolor, cede moeror lacrymaeque flentium, wegen der Worte, dolor, moeror, lachrymaeque flentium traurig setzen wollte, da doch der gantze text eine Fröligkeit andeutet" (Johann Gottfried Walther, *Praecepta der Musicalischen Composition* [Ms. Weimar 1708], Erstdruck hg. von Peter Benary (= Jenaer Beiträge zur Musikforschung, hg. von Heinrich Besseler, Bd. 2), Leipzig 1955, S. 283, zitiert nach Dammann, *Musikbegriff*, S. 166).

Barock die Subordination; die inselhaften Bedeutungszentren der Textvorlage werden zu musikalischen Dispositionsgrundlagen[121].

Joachim Knape definiert die kurze Formel *Perorare aude!* als „rhetorischen Imperativ": „Habe Mut, dich deiner eigenen Ausdrucksfähigkeit offen zu bedienen!"[122] Auch die Rhetorik kann als Meilenstein auf dem Weg zu einer verstärkten Zentrierung des Subjektes im Weltbild des 18. Jahrhunderts betrachtet werden: Der ureigene Ansatzpunkt der Rhetorik gegenüber anderen mit Sprache und Kommunikation befaßten Disziplinen ist der als *Orator* handelnde Mensch – Rhetorik ist zu definieren als die kommunikative Möglichkeit des Menschen, einem von ihm als berechtigt angesehenen Anliegen Geltung zu verschaffen und sich selbst damit „aus sozialer Determination zu befreien"[123]. Unter dieser Perspektive erst wird der hohe Stellenwert der Rhetorik für die Kulturgeschichte des 18. Jahrhunderts im allgemeinen wie für die Musiktheorie und im besonderen für die Melodielehre Matthesons verständlich.

Mattheson hat die Beziehungen zwischen Musik und Rhetorik „mit einer vorher nicht anzutreffenden Gründlichkeit"[124] beleuchtet: Der enzyklopädische Ansatz des *Vollkommenen Capellmeisters* und der daraus erwachsene systematische Anspruch führen zu einem vor allem inhaltlich weiterentwickelten musikrhetorischen Denken. Auch Mattheson beschreibt im *Vollkommenen Capellmeister* musikalisch-rhetorische Figuren: Schon 1713 setzt er sich im *Neu-Eröffneten Orchestre* und später im sechsten Teil der *Critica Musica* von 1722 eingehend mit Figuren von Bernhard und deren Vermittlung über Beer und mit Printz auseinander; eine eigene Zusammenstellung von Figuren

---

[121] Vgl. Ueding, *Moderne Rhetorik*, S. 53: „Gemeinsam ist allen Reflexionen über Wesen und Funktion der Künste der Ausgang von der Wirkungskategorie und die Ausrichtung nach dem rhetorischen Wirkungsschema von Nutzen und Vergnügen, wobei sich freilich die Gewichte verschieben können. Die Musiktheorie betont vor allem die Affektwirkung [...]. Auch die Malerei wird derart vor allem auf die emotionale Wirkung festgelegt, die Theoretiker widmen daher der Affektdarstellung durch Mimik und Gebärden erhöhte Aufmerksamkeit".

[122] Joachim Knape, *Was ist Rhetorik?*, Stuttgart 2000, S. 33.

[123] Ebd.; „Rhetorik war von Beginn an der Ausgang des Menschen aus gesellschaftlicher Sprachlosigkeit". Zur Interaktionssemantik im 18. Jahrhundert vgl. auch Niklas Luhmann, *Interaktion in Oberschichten: Zur Transformation ihrer Semantik im 17. und 18. Jahrhundert*, in: ders., *Gesellschaftsstruktur und Semantik. Studien zur Wissenssoziologie der modernen Gesellschaft* Band I, Frankfurt am Main 1993, S. 72-161.

[124] Liebert, *Rhetorik*, S. 40.

unternimmt er dann im *Kern* und im *Capellmeister*. Gekennzeichnet ist diese einerseits durch die Einführung von Gesangsmanieren als Figuren wie bei Printz und die Gruppierung in meist italienisch bezeichnete Manieren (die übrigens auch Walther 1708 im Zusammenhang mit einer zu seiner Zeit üblichen Aufführungspraxis aufnimmt), andererseits durch die Aufnahme griechisch oder lateinisch bezeichneter Figuren wie bei Vogt (1719)[125]. Von größerem Stellenwert ist allerdings 1739 die Übernahme einzelner Produktionsstadien der Rede: Mattheson selbst ist davon überzeugt, daß er der erste ist, der die Schritte der klassischen Rede in die Kompositionslehre einführt[126], allerdings erörtert schon Kircher die ersten drei Elemente *inventio, dispositio* und *elocutio* als Teile der „Musurgia Rhetorica"[127]. Von diesen Stadien behandelt Mattheson die *inventio* (II, 4: „Von der melodischen Erfindung"), die *dispositio* und die *elaboratio* inklusive der *decoratio* (II, 14: „Von der Melodien Einrichtung, Ausarbeitung und Zierde") sowie die *executio* (III, 25: „Von der Spiel-Kunst") – allerdings kommt Mattheson am Ende des 3. Teils nicht mehr auf sein ursprüngliches Rhetorikmodell zurück.

Auch Walther hebt 1708 methodisch besonders auf *inventio* und *dispositio* ab; er thematisiert darüber hinaus noch einen dritten Arbeitsgang, der allerdings in seiner Definition der „Musica Poetica" nicht thematisiert ist[128]. In seinem 1732 erschienenen *Lexikon* hingegen ist weder der *inventio* noch der *dispositio* ein Artikel gewidmet, ohne weitere Erläuterung wird hingegen die *elaboratio* im Sinne der klassischen Rhetorik als *elocutio*, als die „Ausarbeitung einer Composition"[129] aufgeführt. Diese hatte er 1708 im Zusammenhang mit den rhetoischen Figuren erläutert. Im Kapitel „Von dem Texte" spricht er unter Berufung auf Johann Georg Ahles *Musikalische[s] Sommer-Gespräch* davon, daß „ein *Componist* in *elaborirung* eines *textes* unterschiedl[iche] *rhetorische* Figuren anwenden"[130] wird; *elaborirung* bedeutet für Walther also die Arbeit der *decoratio*, die Schmückung unter Zuhilfenahme der rhetorischen Figuren. Andreas Liebert[131] weist

---

[125] Vgl. die Darstellung bei Klassen, *Musikalisch-rhetorische Figuren*, S. 99-101.
[126] Vgl. Mattheson, *Der vollkommene Capellmeister*, S. 181.
[127] Vgl. Athanasius Kircher, *Musurgia universalis sive ars magna consoni et dissoni in X. libros digesta]...]*, 2 Bde, Rom 1650, Buch VII, Cap. VIII, § 4, S. 143 bzw. Klassen, *Musikalisch-rhetorische Figuren*, S. 189.
[128] Vgl. Liebert, *Rhetorik*, S. 34.
[129] Walther, *Lexikon*, S. 223.
[130] Walther, *Praecepta*, S. 158.
[131] *Rhetorik*, S. 35.

darauf hin, daß dieser Arbeitsgang wie auch die *dispositio* eine eigenständige Bedeutung hat: Gegen Ende des Figurenkapitels bei Walther heißt es, daß nicht nur die von ihm aufgeführten, sondern auch „sonst[ige] [...] *Figuren* aus unterschiedl[icher] *Disposition* eines *textes* entspringen können"[132]. Diese Stelle beschränkt die *decoratio* zwar einseitig auf die Vokalmusik, läßt andererseits aber auch eine historisch fundierte Erklärung für die Tatsache zu, daß die gemeinsame Erörterung der Arbeitsgänge *dispositio, elaboratio* und *decoratio* in einem Kapitel (II,14) in Matthesons *Vollkommenem Capellmeister* zusammengefaßt sind.

Inventio, dispositio und *elaboratio* sind bei Walther[133] wie bei Mattheson die drei Arbeitsgänge, die der „Musica Poetica" in ihrer Funktion als Kompositionslehre zuzuordnen sind; sie erwiesen sich terminologisch und methodisch als brauchbar genug, um den Kompositionsprozeß zu strukturieren. Ihr Hauptproblem im Umgang bleibt ihre Abstraktheit, die dem Ansatz eines eigenständigen Lehrsystems oder etwa einer durchgehend „rhetorischen Kompositionslehre" (die auch der *Vollkommene Capellmeister* trotz umfangreicher Rekurse nicht ist) im Wege steht: Die Schwierigkeiten, jeden Arbeitsgang im Rahmen des Kompositionsvorganges normativ zu definieren, wären in der praktischen Ausarbeitung erheblich – insbesondere hinsichtlich *dispositio* und *elaboratio* (die von der erstgenannten stark abhängt). Mattheson thematisiert somit die *decoratio* bezeichnenderweise als „konkreteren, der Lehre zugänglichen Teil eigenständig neben der unverbindlicher bleibenden *elaboratio*"[134].

Im vierzehnten Hauptstück weist Mattheson schließlich auch auf die Möglichkeit einer Übertragung der klassischen Redeteile „**Eingang, Bericht, Antrag,** die **Bekräfftigung, Wiederlegung** und [...] **Schluß.**

---

[132] Walther, *Praecepta*, S. 156.

[133] S. Liebert, *Rhetorik*, S. 35.

[134] Liebert, *Rhetorik*, S. 35; Liebert weist auch auf die bemerkenswerte Tatsache hin, daß Mattheson im *Neu-Eröffneten Orchestre* bei seiner Definition der Komposition die *dispositio* nicht nennt: „Es gehören sonst zu einer *Composition* dreyerley: *Inventio* (Die Erfindung) *Elaboratio*, (Die Ausarbeitung) *Executio*, (die Ausführung oder Aufführung) welches eine ziemliche nahe Verwandtschafft mit der *Oratorie* oder *Rhetorique* (Rede=Kunst) an den Tag leget" (Mattheson, *Das Neu-Eröffnete Orchestre*, S. 104). Liebert sieht in der Formulierung „ziemlich nahe" auch das Wissen Matthesons um den Arbeitsgang der *dispositio* zum Ausdruck gebracht, da der auf die Reproduktion bedachte Arbeitsgang der *executio* nur eine andere Bezeichnung für den klassisch-retorischen Arbeitsgang der *Pronuntiatio* mit *Actio* sei.

Exordium, Narratio, Propositio, Confirmatio, Confutatio & Peroratio"[135]
hin, die teilweise schon im 17. Jahrhundert in Musikschriften
gebräuchlich ist[136]. Mattheson legt die Überführung der klassischen
Redeteile in die Kompositionslehre anhand einer Arie von Benedetto
Marcello dar (s.u.). Zu verstehen ist die Einbeziehung dieser
rhetorischen Komponenten in tragende Säulen der Kompositionslehre
aufgrund folgender Vorstellung: „Alle Wissenschafften und Künste
hangen Ketten- oder Glieder-Weise in einem Kreise an einander. Wer
nur allein sein Handwerck weiß, der weiß nichts, sondern ist ein Pedant,
wäre er auch gleich ein Feldherr"[137]. Dank ihrer rhetorischen Disposition
und dem unter anderem daraus resultierenden Rede-Habitus wird die
Musik als „Klang-Rede" vernommen.
Mattheson bezieht Regeln für die Komposition, für die Produktion von
Kunst, aus Elementen der Rhetorik; sie wird zum Gerüst der
Komposition aus Gründen des affektiven Gehalts: „Denn der [...]
affectus steckt nicht eben in diesem oder jenem besondern Worte;
sondern in dem ganzen *sentiment* und Zusammenhang der Rede"[138],
heißt es bereits 1725. Was im *Vollkommenen Capellmeister* im
Einzelnen zu den Produktionsstadien der Rede ausgeführt wird, ist
allerdings sehr traditionell gehalten; als Quelle gilt Mattheson die
*Gründliche Einleitung zur Teutschen und Lateinischen Oratorie und
Poesie* von Christoph Weißenborn, eine Schulrhetorik, die bereits bei
ihrem Erscheinen 1713 als veraltet betrachtet wurde[139]. So dienen

---

[135] Mattheson, *Der vollkommene Capellmeister*, S. 235.
[136] Dies gilt etwa für Joachim Burmeister oder Johann Andreas Herbst, in deren
Schriften die Teile *exordium, medium* und *finis* auftauchen.
[137] Mattheson, *Der vollkommene Capellmeister*, S. 103.
[138] Mattheson, *Critica musica II*, S. 360.
[139] Christoph Weißenborn, *Gründliche Anleitung zur Teutschen und
Lateinischen Oratorie und Poesie. Welche nach dem Vorgange, so wohl der
Alten, als sonderlich der Neuesten Redner und Poeten, Durch deutliche Reguln
und Exempel Frag- und Antworts-weise der studirenden Jugend zum Besten
ausgeführet* [...], Dresden und Leipzig 1731 [recte 1713]; vgl. Klassen,
Musikalisch-rhetorische Figuren, S. 190-191. Mattheson weist im *Vollkommenen
Capellmeister* auf S. 123 in der Fußnote auf Weißenborn als Vorlage hin. Janina
Klassen fragt zu Recht, warum Mattheson (der in Bezug auf die
Geschmacksbildung eine fortschrittliche Schrift wie Johann Ulrich von Königs
Untersuchungen von dem Guten Geschmack In der Dicht- und Rede-Kunst, in:
Des Freyherrn von Caniz Gedichte, Leipzig und Berlin 1727, heranzieht) zum
Thema Rhetorik nicht auf aktuellere Schriften zurückgegriffen hat – wie etwa auf
Friedrich Hallbauers *Anweisung zur verbesserten Teutschen Oratorie*, Jena
1725 (vgl. Klassen, *Musikalisch-rhetorische Figuren*, S. 194).

zugleich die Hervorhebung der Zusammenhänge etwa von Musik, Rhetorik und Poetik und – damit verbunden – die Einführung rhetorischer Strukturen und Redefiguren auch dem Ziel, der eigenen Musiklehre eine seriöse, die eigene Gelehrsamkeit dokumentierende Komponente hinzuzufügen[140]. Die Übertragung dieser rhetorikbezogenen Überlegungen gehören bei Mattheson unbedingt zu den rückwärtsgewandten Teilen, auch im Vergleich mit den fortschrittlichen sensualistischen Zügen seiner Affektauffassung. Dennoch sind die Elemente der klassischen Rhetorik mit *inventio, elaboratio* und *decoratio* für sein Musikdenken konstitutiv.

Die bei Mattheson herausgestellte Bindung von Musik und Rhetorik ist als besondere Ausprägung der Verbindung von Musik und Sprache im allgemeineren Sinne zu werten. Mattheson erklärt zunächst die Sprache zur Grundlage der Musik und „die sprachlichen Fächer zu den Propädeutika der Musikerziehung"[141]: „Wer nicht sprechen kan, der kan noch vielweniger singen; und wer nicht singen kan, der kan auch nicht spielen"[142]. Mattheson versteht Musik als eine Sprache, die mit der bei ihm so benannten „Wort-Rede" die Syntax, nämlich die Fügung aus Klängen gemeinsam hat – allerdings mit dem Unterschied, daß die „Klang-Rede" für den Zuhörer in einer „Gemüths-Bewegung" gipfelt, während die „Wort-Rede" Informationen sachlicher Art vermitteln will. Im Zusammenhang seiner Erörterung des Verhältnisses von Musik und Sprache unterscheidet Hans Heinrich Eggebrecht für das 18. Jahrhundert zwei in ihrer Herkunft und Bedeutung unterschiedliche Begriffe von „Tonsprache", nämlich den die zweite Jahrhunderthälfte prägenden, vorwärtsgewandten „Begriff der Tonsprache als ‚Sprache der Empfindung'" – vor allem in der Diktion Rousseaus („le langue du cœur") – und einen zweiten Musikbegriff, der „im Anschluß an den der musikalischen Poetik (Grammatik, Rhetorik)" entstand und vielleicht erstmalig 1739 bei Mattheson in Bezugnahme auf Instrumentalmusik und Klang erscheint[143]. Eine solche prinzipielle Unterscheidung mag zwar die für eine historische „Wesensbestimmung" der Musik entscheidenden Aspekte bereitstellen (auch wenn Rousseaus Formel im 17. Jahrhundert, etwa bei Mersenne oder schließlich bei DuBos,

---

[140] Vgl. ebd., S. 193.
[141] Fees, *Incisionslehre*, S. 187.
[142] Mattheson, *Der vollkommene Capellmeister*, S. 103.
[143] Hans Heinrich Eggebrecht, *Musik als Tonsprache*, in: AfMw XVIII (1961), S. 94.

wurzelt und insofern ihre historische Einordnung verschleiert ist)[144], sie erschwert indes den Zugang zu der semantischen Verflechtung gerade bei Mattheson insofern, als sich infolge der Flexibilität und vielseitigen Applizierbarkeit häufig nur aus dem Sach- und Funktionszusammenhang erschließen läßt, wie der auf musikalische Ereignisse bezogene Terminus „Sprache" zu verstehen ist.

Die Unterscheidung der gemeinten Begriffe fällt bei Mattheson schwer: Wenn er 1725 die „Musiksprache" mit der „Wortsprache" konfrontiert und die Ebenbürtigkeit der „klingenden Sprache" herausgestellt werden soll[145], meint Mattheson („ungeachtet des musikalisch-rhetorischen Ideals der (Wort-) Sprach- und Redeähnlichkeit"[146]) mit dem Terminus „Sprache" das eigenständige Zeichensystem aus Tönen mit quasi wortsprachanaloger „Verständlichkeit". 1739 stellt er fest, „daß es viel schwerer [ist], auf Instrumenten etwas zu setzen, das rechte Art habe, und guten Beifall finde, d. i. die Gemüther der Zuhörer zu dieser oder jener Leidenschafft bewege: weil dabey keine Worte, sondern nur eine blosse Tonsprache vorhanden"[147]: Auch hier meint Mattheson mit „Tonsprache" ein Zeichensystem aus Tönen – allerdings liegt jetzt (da schließlich der Kontext ein ganz anderer ist) der Nachdruck umgekehrt auf der Begrenztheit des Wirkungsvermögens bloßer Töne, wie die Fortsetzung des Textes erkennen läßt[148]: Die Klänge werden zum bloßen Material der „Klang-Rede". Wenn Mattheson in anderem Zusammenhang betont daß „die Instrumental-Music nichts anderes ist, als eine Ton-Sprache oder Klang-Rede"[149], zielt die Terminologie wie

---

[144] Vgl. Fritz Reckow, *„Sprachähnlichkeit" der Musik als terminologisches Problem. Zur Geschichte des Topos Tonsprache*, Freiburg im Breisgau 1977 (Habil.-Schr., masch.schr.), S. 49 und A 20.

[145] „Lieber Music-Freund! kein Grammaticus, kein Redner, kan so sprechen oder schreiben, als die Klänge thun können! ihre Sprache ist wie die Augen Sprache; sie braucht keine Buchstaben" (Mattheson, *Critica musica* II, S. 331). Vgl. Reckow, *Sprachähnlichkeit*, S. 50-51.

[146] Ebd, S. 51; zum Verhältnis von Sprache und Musik s. auch Fees, *Incisionslehre*, S. 191-192.

[147] Mattheson, *Der vollkommene Capellmeister*, S. 204.

[148] Ebd.: „Denn, daß ein Geräusche und auch eine Harmonie gehöret werde, daraus kein Mensch schliessen könne, ob es Fisch oder Fleisch sey, das macht die Sache nicht aus".

[149] Ebd., S. 82. Carl Dahlhaus (*Musikästhetik*, Köln 1967 (= *Musik-Taschen-Bücher Theoretica*, Bd. 8), S. 39) interpretiert diese Stelle als „apologetisch"; Reckow (*Sprachähnlichkeit*, S. A 21) weist darauf hin, daß dieser in anderem Zusammenhang eindeutig dominierende Aspekt ausgeschlossen werden kann

der Sinn seiner These auf das kompositorische Ideal der Sprach- und Redeähnlichkeit im Sinne der rhetorischen Musikauffassung. Reckow geht sogar so weit zu vermuten, daß Mattheson den Doppelausdruck – Ton-Sprache und Klang-Rede – sogar differenzierend im Sinne der beiden sprachlichen Teilmomente verstanden wissen will, die in der modernen Linguistik mit den Termini *langue* („Ton-Sprache") und *parole* („Klang-Rede") bezeichnet werden[150].

Mit dem Ende des Barockzeitalters erlischt der Sinn der musikalischen Rhetorik. Ihr objektiv-typischer Grundzug geht verloren. Die musikalisch-rhetorischen Strukturwerte sind zahlreichen Musikern gar nicht mehr namentlich im Bewußtsein: Die namenlos gewordenen Figuren sind aus der Phantasie des schöpferischen Musikers neu produzierte Ausdrucksformen. Mattheson ist als Wortführer einer neuen Phase der Musikgeschichte bereits „mit einem Fuße jenseits der die Epochen trennenden Grenzlinie"[151]. Er demonstriert selbst die Grenzen des Vergleichs zwischen Rhetorik und Musik, wenn er in der Vorrede des *Vollkommenen Capellmeisters* schreibt: „Die Mittel und Wege der Ausführung und Anwendung sind in der Rhetorik lange so verschiedentlich und abwechselnd nicht anzutreffen, als in der Musik, wo man sie viel öfterer verändern kann, obgleich das Thema gewisser massen dasselbe zu bleiben scheinet. Eine Klangrede hat vor einer andern viele Freiheit voraus, und günstigere Umstände: daher bey einer Melodie der Eingang, die Erzehlung und der Vortrag gar gerne etwas ähnliches haben mögen, wenn sie nur durch die Tonarten, Erhöhung, Erniedrigung und andre dergleichen merckliche Abzeichen, (davon die gewöhnliche Redekunst nichts weiß), von einander unterschieden sind"[152]: Die syntaktischen Gliederungen, die „Abzeichen", werden es sein, die den Charakter der „Klangrede" ausmachen. Mattheson entwickelt „aus der Auffassung einer syntaktischen Analogie von Sprache und Musik heraus"[153] mit der Incisionslehre ein analytisches

---

und Mattheson mit dem Topos primär eine Erwartung an die Instrumentalmusik motivieren wollte.

[150] Ebd., S. 52: „Es ist ferner denkbar, daß Mattheson durch die unterschiedliche Schreibweise („Tonsprache" bzw. „Ton-Sprache") auf begriffliche Unterschiede eigens hinweisen möchte: der Terminus technicus für Zeichensystem aus Tönen würde beide Elemente in einem einzigen Wort zusammenfassen, die Metapher, durch die das Moment der Sprachähnlichkeit herausgestellt werden soll (Musik als wortsprachähnliches Medium), sie nur mit einem Bindestrich aufeinander beziehen, um die metaphorische Distanz auszudrücken".

[151] Dammann, *Musikbegriff*, S. 179.

[152] Mattheson, *Der vollkommene Capellmeister*, Vorrede, S. 26.

[153] Fees, *Incisionslehre*, S. 189.

Instrument, wenn er im zweiten Teil des *Vollkommenen Capellmeisters* ein Menuett zergliedert: „Wenn er auch auf einen traditionsreichen Vergleich zurückgreift, gehört diese Konzeption einer Interpunktion der *Klang=Rede* zu den originellsten Beiträgen seines Lebenswerks"[154]. Die Originalität der Marcello-Analyse mag nun nicht darüber hinwegtäuschen, daß sie nur das Produkt einer sehr speziellen Auseinandersetzung Matthesons mit Elementen der Rhetorik ist: Das Beschreibungssytem, das er auf die Arie Marcellos anwendet, ist nur eine einigermaßen schlichte Übertragung von Begriffen aus der Rhetorik auf den formalen Bau des Musikstück und gründet auf der Beobachtung, daß beide – Rede und Arie – in ihrer Zeitlichkeit ähnlich ablaufen; die verstreichende Zeit ist beiden gemein, und daher ist in Matthesons Beschreibung auch ihre Anlage vergleichbar. Im Vordergrund der Auseinandersetzung Matthesons mit der Rhetorik steht auch nicht die Auseinandersetzung mit einer wie auch immer gearteten „Figurenlehre", sondern vielmehr die Bezugnahme auf Elemente der Rhetorik in Zusammenhang mit Regeln für die Komposition – die Bindung von Musik und Rhetorik im Sinne einer „Musik-Sprache"[155]: Beiden gemeinsam ist die Syntax, die Fügung aus Klängen, deren richtige Folge erst die Sprache für den Hörer verständlich werden läßt.

*

Die vier Aspekte, unter denen Matthesons Musikauffassung dargestellt wurde, ergeben natürlich noch kein vollständiges Bild; sie beinhalten aber allesamt für die Melodielehre Matthesons tragende Elemente. Ihnen gemeinsam ist die Hinwendung zum menschlichen Subjekt als eigentlichem Ziel der Musik: Die Melodie wird beschrieben als übergeordnete Affektträger eines musikalischen Gedankens, „**daß empfindliche Sinnen dadurch gerührt werden**"[156] (eine Begrifflichkeit, die die wichtige Rolle der Affekte in der Anschauung Matthesons herausstellt); zugleich betont Mattheson in seiner Auseinandersetzung mit Locke die Bedeutung der Sinneswahrnehmung, die im Zusammenspiel mit der Reflexion einen musikalischen Gedanken erst

---

[154] Ebd.; vgl. Peter Benary, *Die deutsche Kompositionslehre des 18. Jahrhunderts*, Leipzig 1961 (Jenaer Beiträge zur Musikforschung, hg. von Heinrich Besseler, Bd. 3), S. 83: „Aber *von der Kunst eine gute Melodie zu machen* [...] oder *von den Einschnitten der Klang-Rede* [...] handelte zuvor keine Kompositionslehre".
[155] Vgl. Mattheson, *Der vollkommene Capellmeister*, S. 103.
[156] Ebd., S. 138.

verständlich machen kann. Das bedeutet im Umkehrschluß, daß der Komponist es von vornherein zu beabsichtigen hat, seine Musik verständlich zu machen – und die Hervorbringung von Verständlichkeit ist auf jeder Ebene eine Angelegenheit der Rhetorik, deren Verknüpfung mit der Musik ein Anliegen Matthesons schon in seinen frühen Schriften ist. Die Rhetorik wird zur Basis einer Musikanschauung, die darüber hinaus von einem Naturbegriff geprägt ist, der nichts mehr mit ontologisch-mathematischen Ansätzen des 17. Jahrhunderts gemein hat. An dieser Stelle setzt die Melodielehre ein: Sie ist idealerweise die Handwerkslehre, die die Forderung nach Verständlichkeit des musikalischen Kunstwerkes (der späteren Kategorie der „Faßlichkeit") umzusetzen vermag.

III Elementarlehre als Voraussetzung: Vorrede und erster Teil des *Vollkommenen Capellmeisters*

Abgesehen von der Tatsache, daß zwischen dem *Beschützten Orchestre* von 1717 und der Phase des *Capellmeisters* (1737-1739) eine stattliche Anzahl von Schriften Matthesons (darunter die *Critica musica* und der von der Forschung nahezu gänzlich vernachlässigte *Melotheta*) liegen, entstand der *Vollkommene Capellmeister* unter vollkommen anderen Voraussetzungen als etwa die frühen *Orchestre*-Schriften oder die periodischen *Critica musica*-Ausgaben: Mattheson versucht bis 1739 eine resümierende Zusammenfassung seiner musikalisch-praktischen und theoretischen Erfahrungen, worauf unter anderem der Hinweis in der *Critica musica* I hindeutet, er werde bis zur Fertigstellung des Buches noch etwa neun Jahre benötigen, und es werde seine letzte Arbeit sein[1] – unbeschadet späterer Schriften ist der *Vollkommene Capellmeister* seine wichtigste.

Wenn im Zentrum der Betrachtung die Melodielehre des *Vollkommenen Capellmeisters*, also der zweite Teil des Werkes, stehen soll, kann der erste – überschrieben mit „Von der wissenschafftlichen Betrachtung der zur völligen Ton-Lehre nöthigen Dinge" – als für diesen Brennpunkt notwendige Voraussetzung gelesen werden, unabhängig davon, daß dieser Präliminarien-Teil natürlich ebenso Grundlage für den dritten Teil des *Vollkommenen Capellmeisters* mit der Satzlehre, der tradierten Kompositionslehre, ist. Dieser Teil kann mit der „Vorrede" des Buches zusammen betrachtet werden; die „Elegia" Scheibes[2] mag unbeachtet bleiben, da sie keinerlei nennenswerte Ergebnisse für die Erörterung der Melodielehre Matthesons bringt.

1. Zur Struktur des ersten Teils

Der Inhalt der Vorrede Matthesons entspricht den im eigentlichen Einführungsteil zusammengestellten Grundzügen der allgemeinen Musiklehre; darüber hinaus lassen sich in der Vorrede bereits einige der sich im fortlaufenden Text befindenden, für die Melodielehre bedeutsamen Aspekte nachweisen, so etwa Bemerkungen zum

---

[1] Mattheson, *Critica musica* I, S. 240; vgl. Arno Forchert, *Polemik als Erkenntnisform: Bemerkungen zu den Schriften Matthesons*, in: George J. Buelow und Hans Joachim Marx (Hrsg.), *New Mattheson Studies*, Cambridge 1983, S. 208.
[2] Mattheson, *Der vollkommene Capellmeister*, Vorrede, S. 29-31.

Melodie-Primat (S. 28/29). Nach Matthesons eigener Aufteilung berührt die Vorrede die folgenden achtzehn (!) Punkte:

I.	[Was bedeutet „Vollkommenheit"?]
II.	Schätzbarkeit der Harmonie.
III.	Ursprung des Gesanges.
IV.	Beweis, daß ein erniedrigter Grundklang die Ton-Art hart, ein erhöheter aber dieselbe weich macht.
V.	Etwas kleines von zwo kleinen Sexten.
VI.	Von der musikalischen Mathematik.
VII.	Von der Melodie und Harmonie.
VIII.	Von den Eigenschafften der Melodie.
IX.	Von Perioden.
X.	Vom Worte *Aria*.
XI.	Von Recitativ-Regeln.
XII.	Von Einrichtung der Cantaten.
XIII.	Nativität dieses Buchs.
XIV.	Von den sechs Redetheilen.
XV.	Vom Mi und Fa in Fugen.
XVI.	Erwegung bisheriger Vorwürffe.
XVII.	Wie der Musik zu helffen.
XVIII.	Beschluß.

Bis auf den ersten (einführenden) und den letzten knapp gehaltenen Abschnitt dieser Vorrede erscheint die Zusammenstellung der einzelnen Themen recht willkürlich; auch ein Überfliegen der Kapitel wirkt eher verwirrend. Tatsächlich verfolgt Mattheson jedoch bereits mit der Vorrede die Strategie, von vornherein die Aufmerksamkeit des Lesers auf das Herzstück seiner Schrift zu lenken: Am Anfang der *Vorrede* stehen Präliminarien wie „etwas vom Gesang" oder von der „Schätzbarkeit der Harmonie", bevor die für eine Kompositionslehre üblichen und tradierten Aspekte wie Intervallehre und „musikalische Mathematik" folgen; im Zentrum steht die Melodie, und auf die Darstellung der Wertschätzung derselben folgt ein knapper Verweis auf Probleme der Gattungslehre. Auch der in der Rezeption besonders hervorgehobene Aspekt der Rhetorik in der Musik wird unter XIV. angeschnitten; schließlich folgt vor einem Ausblick ein Hinweis auf Details der Fugenlehre, die im Verlauf des Werkes eine hervorgehobene Stellung einnehmen soll. Die Aufgabe der Vorrede ist also nicht nur eine kurze Einführung in das ohnehin überaus komplexe Thema der Veröffentlichung, auf das ja auch der Titel – *Der*

Vollkommene *Capellmeister* – unübersehbar anspielt, sondern ebenso eine Reihung der entscheidenden Eckpunkte des Werkes: Melodielehre – Gattungslehre – Fugen(Kontrapunkt)-lehre.

Der sich anschließende erste Teil beinhaltet in erster Linie vorbereitende Aspekte der allgemeinen Elementarlehre als Fundament für die eigentlich zentrale Lehre Matthesons in dieser Veröffentlichung, für die Melodielehre; es erscheint eine Vielzahl der schon in der *Vorrede* angeschnittenen Aspekte, so (neben den allgemeinen Grundlagen, die dem Teil des Buches ja auch den Namen geben) ein Abschnitt „von den Ton-Arten" (Kapitel 9.) und eine ausführliche Darstellung der Stillehre, die Mattheson mit der Gattungslehre verbrämt – ein Punkt, der im Folgenden nicht unbeachtet bleiben darf. Zum Verständnis der Anlage der Melodielehre Matthesons sind darüber hinaus neben der Darstellung des Verhältnisses von Mathematik und Naturlehre die unterschiedlichen Bewertungen von Melodie und Harmonie und ein Einblick in die hier neu formulierte Tonartenlehre notwendig.

2. Mathesis und Natur-Lehre

Der Begriff der „Musikalischen Gelehrsamkeit", den Mattheson in einer der Kapitelüberschriften benutzt, ist in dieser Schrift nicht negativ besetzt; in der Vorrede schreibt Mattheson: **„Es sey kein Zweifel, der vollkommene Capellmeister werde alle meine musikalische Gelehrsamkeiten in sich fassen"**[3] – ein deutlicher Hinweis auf den grundsätzlich enzyklopädischen Ansatz und den daraus erwachsenden systematischen Anspruch. Das vierte Hauptstück des ersten Teils, überschrieben mit „Von der eigentlichen musicalischen Gelehrsamkeit, Litteratur und Geschichtskunde", ist eine philologische Übersicht über die für Mattheson zum Zeitpunkt der Niederschrift des *Vollkommenen Capellmeisters* offenkundig bedeutsamsten Musiktheoretiker, also eine zusammenhängende Darstellung der „philologisch-musicalischen Wissenschafft"[4]. Mattheson übernimmt den Begriff von Mizler, der in seiner *Dissertatio* berichtet, „daß **die Music eine eigne Wissenschaft und ein Theil der Gelehrsamkeit sey**"[5]. Die Kategorie der

---

[3] Ebd., Vorrede, S. 25.

[4] Ebd., S. 21.

[5] Ebd.; vgl. Lorenz Christoph Mizler, *Dissertatio quod musica ars sit pars eruditionis philosophicae*, Leipzig 1734 (²1736). Mattheson zitiert in der Fußnote „*Dissertatio quod musica scientia sit & pars eruditionis philosophicae etc.* Diese Schrifft kam zum andern mahl mit einer neuen Vorrede 1736. heraus." und bemerkt zudem das Auftreten dieser Terminologie in der *Neu eröffneten*

„musikalischen Gelehrsamkeit" ist von Bedeutung in Hinsicht auf die Frage, welchen Zweck der *Vollkommene Capellmeister* laut Vorrede erfüllen soll: „Gründlich-Gelehrte sind durchgehends darin einig, es sey unmöglich, daß ein einziger Mensch auch nur eine einzige, gewisse Art der Wissenschafften zur Vollkommenheit bringe; sondern, solche zu erhalten, sey unumgänglich nöthig, daß viele Gelehrte ihre Kräffte zusammen setzen, einander hülfliche Hand bieten, und gemeinschaffttlich arbeiten. Wie denn auch die Erfahrung zeiget, daß man es disfalls nicht ehe nur zu etwas gebracht habe, als bis die Sache auf solche vereinigte Weise angefangen worden. Ob es in der musikalischen Gelehrsamkeit iemals dahin kommen, und wie der Vorschlag einer zu errichtenden Gesellschafft gerathen werde, stehet dahin."[6]

Zur *musikalischen Gelehrsamkeit* gehören allerdings auch naturwissenschaftliche Aspekte: Eine der entscheidenden Tendenzen der Arbeit Matthesons – wie auch schon der *Orchestre*-Schriften – ist die Widerlegung der tradierten Anknüpfung der musikalischen Lehre an die Mathematik, die er im *Vollkommenen* Capellmeister scharf kritisiert – **„daß die Tonkunst aus dem Brunnen der Natur ihr Wasser schöpffet; und nicht aus den Pfützen der Arithmetik"**[7], ist eine der zentralen (und meistzitierten) Thesen der umfangreichen Schrift, die in aller Ausführlichkeit auch im Zusammenhang mit den im ersten Teil diskutierten Grundlagen der Melodielehre ausgeführt wird. Wie eng das Verhältnis von Kunst und Natur nach Mattheson ist[8], findet sich im zweiten Teil der vorliegenden Arbeit näher ausgeführt. So kann der folgende Teil in erster Linie als Erörterung dieser These in Zusammenhang mit den für die Melodielehre geltenden Grundsätzen gelesen werden.

Mattheson berührt in diesem Zusammenhang im ersten Teil des *Vollkommenen Capellmeisters* insgesamt drei ineinander verflochtene Aspekte: Der erste und entscheidende ist das Verhältnis von Kunst und Natur, ein zweiter kann in der Beschreibung der „musikalischen Materie" gesehen werden. Ein dritter Punkt ist die Diskussion der

---

Musikalischen Bibliothek, oder gründliche Nachricht nebst unpartheyischem Urtheil von musikalischen Schriften und Büchern (4 Bände, Leipzig 1739-1754).
[6] Mattheson, *Der vollkommene Capellmeister*, Vorrede, S. 9-10.
[7] Ebd., Vorrede, S. 20.
[8] Vgl. Schleuning, *Die Sprache der Natur*, das Kapitel „Was ist nachahmenswert, und wie ist nachzuahmen? Johann Matthesons Lebenskampf", besonders S. 77-81.

„harmonicalischen Rechne- und Meß-Kunst"[9]; darüber hinaus gehören die auch im *Vollkommenen Capellmeister* auftauchenden Überlegungen zur Instrumentalstimmung[10] zu diesem Gedankengang, sind aber für die Darstellung der Grundlagen einer ausgeführten Melodielehre in diesem Zusammenhang unerheblich.

„Einem ieden lassen wir indessen seine Meynung: wem unsere nicht anstehet, der folge immer einer andern, die er für besser hält. Ich will darüber mit niemand streiten; sondern nur dieses bewähren: daß ein Componist, ohne **sonderliche** mathematische Künste, gar wohl fortkommen kann."[11] Die von Mattheson in der Vorrede exponierte Ansicht, Zahlenlehre und eben „mathematische Künste" seien für den musikalischen Schöpfungsakt eher sekundär, ist nicht neu – schon in den *Orchestre*-Schriften taucht diese Auffassung auf[12]. Mattheson macht hier in der Vorrede 1739 nochmals deutlich, daß „die guten musikalischen Verhältnisse" nicht alles ausmachten: „es ist ein alter, eigensinniger Irrthum. Aus ihnen entspringet gar nicht alle Schönheit in allen Dingen" – trotz aller Überzeugungskraft der Mathematik bleibt diese doch nur „ein blosses Werckzeug der Königlichen Natur"[13]. In diesem Zusammenhang macht Mattheson auf den Vorrang der Physik vor der Mathematik als Wissenschaft aufmerksam: Die Physik als Wissenschaft der Natur, die „allgemeine und besondere Haupt-Kenntniß aller und ieder natürlichen Körper, ihrem Wesen, Ursachen und Eigenschafften nach" wird deutlich abgesetzt von der Mathematik, einer „Neben- und Hüllfs-Kunst, die durch vernünfftige *Demonstrationes* und **bekannte Grund-Lehren** andere unbekannte Dinge zu erforschen trachtet"[14] – eine Tatsache, die dem Zeitgeist unbedingt zu entsprechen scheint, vergleicht man diesen Passus allein mit den Grundlagen der ersten theoretischen Veröffentlichungen Jean-Philippe Rameaus, dessen zweiter Traktat, das *Nouveau Système* von 1726, ja in erster Linie (und im Gegensatz zum nur wenige Jahre älteren *Traité*)

---

[9] Mattheson, *Der vollkommene Capellmeister*, S. 43.

[10] Ebd., S. 55/56.

[11] Ebd., Vorrede, S. 20.

[12] Vgl. auch Karl-Heinz Göttert, *Rhetorik und Musiktheorie im frühen 18. Jahrhundert*, in: Poetica 18 (1986), S. 274-287, der im Zusammenhang mit einer Diskussion der rhetorischen Aspekte der *Vorrede* zu der Auffassung gelangt, daß die von Mattheson bis in den *Vollkommenen Capellmeister* hinein propagierte „Rhetorik der Natürlichkeit" ihren Wurzeln nach nur schwer innerhalb der Schriften Matthesons zu identifizieren ist: Es scheinen sogar Verbindungen zum 20 Jahre jüngeren Gottsched zu bestehen (s. ebd., S. 277).

[13] Mattheson, *Der vollkommene Capellmeister*, Vorrede, S. 20.

[14] Ebd., Vorrede, S. 21.

physikalische Aspekte berücksichtigt. Mattheson stellt klar: „In der Physik oder Naturkunde liegen demnach die ersten, aufrichtigen Gründe der Musik. [...] **Mathesis** ist eine menschliche Kunst; Natur aber eine Göttliche Krafft."[15]

Die dargestellte Anschauung Matthesons wird von ihm bis weit in das Spätwerk beibehalten; Werner Braun weist darauf hin, daß Mattheson gerade in den *Plus-ultra*-Bänden 1754-55 und auch der *Phtongologia* 1748 grundsätzlich gegen Zahlensymbolik und „Pythagoreismus"[16] eintritt. „Matthesons scharfsichtigem Blick konnten diese Widersprüche nicht entgehen: Er bezeichnet Werckmeister und dessen Gesinnungsfreunde wegen ihrer Anhänglichkeit an die Zahlensymbolik als ‚Rationisten'. Er versteht darunter die Musiker, die

1. noch einfältig an mittelalterlich-okkulte Dinge glaubten, über die ein aufgeklärter Musiker nur mitleidig lächeln konnte,

2. die starrköpfig an den antiken, aus der Theorie gewonnenen Intervallberechnungen festhielten und damit dem musikalischen Fortschritt, d.h. der Einführung der von der Praxis dringend geforderten Temperatur und der Verwendung der beliebten modernen Klänge und Intervalle hindernd im Weg standen."[17]

Die stark von Locke[18] geprägte Natürlichkeitsprägung – der Vorrang der Empirik in der philosophischen Durchdringung der Theorie Matthesons – fällt also zusammen mit den Gegebenheiten der musikalischen Realität seiner Zeit: Mattheson schreibt mit dem Natürlichkeitsprimat auch unbedingt ein Stück Kompositionsgeschichte.

Daß Mattheson die „mathematische Musiktheorie", also eine Musiklehre, deren Fundamente in der Mathematik und *nicht* in der Physik beruhen, gerade in den Schriften der vierziger und fünfziger Jahre immer wieder auch „Harmonik" nennt[19], ist nicht neuartig – neuartig ist die vollkommen veränderte Wertigkeit im Gefüge von Theorie und Musikpraxis: Während noch z.B. Buttstett nur den Theoretiker als eigentlichen Musiker gelten lassen wollte, tritt dessen Bedeutung bei Mattheson hinter dem praktisch mit Musik Befaßten

---

[15] Ebd., Vorrede, S. 20-21.

[16] Vgl. Werner Braun, *Johann Mattheson und die Aufklärung*, S. 4-5.

[17] Ebd., S. 8. Zu der Auseinandersetzung vgl. auch Thomas Christensen, *Sensus, Ratio, and Phtongos: Mattheson's Theory of Tone Perception*, in: Raphael Atlas und Michael Cherlin (Hg.), *Musical Transformation and Musical Intuition*, Chicago 1994, S. 1-20.

[18] Vgl. Braun, *Mattheson und die Aufklärung*, S. 16; wichtigste Quelle ist Braun zufolge das *Forschende Orchestre*, Mattheson gehe allerdings eklektisch mit dessen Hauptwerk, dem „Essay concerning human understanding", um. Vgl. auch Fees, *Incisionslehre*, S. 104.

[19] Vgl. Braun, *Johann Mattheson und die Aufklärung*, S. 39.

deutlich zurück. Und die gescholtene Harmonik gilt ihm allein als **„eine Wissenschafft / wie die Tone sich gegen einander in ihrer Ordnung und Grösse verhalten"**[20]. Die für die Wissenschaft der „Harmonik" – und hier die deutliche Verbindung zur Mathematik! – benötigten Zahlen zeigen nur, „wie sich die Sachen in der Natur proportionaliter verhalten. Aber da sehe ich keine Spur eines *Principii*, da ist kein Ursprung / kein Anfang / kein Fundament / keine *Causa*, keine Folge / kein Grund=Satz; sondern bloß ein Gleichnis."[21] Für die noch in diesem Zusammenhang zu betrachtende Gegenüberstellung von Harmonie und Melodie ist dieser Aspekt dann von übergreifender Bedeutung.

Das siebte Hauptstück des ersten Teils, „Vom mathematischen Verhalt aller klingenden Intervalle" überschrieben, folgert denn auch schließlich im § 11: „Kurtz: **die gantze harmonicalische Rechne- und Meß- Kunst, wenn wir auch gleich die Algebra mit einschliessen, kann allein nicht einen eintzigen tüchtigen Capellmeister hervorbringen; dahingegen unsre allerbeste Componisten schwerlich iemals, ihrer schönen Arbeit halber, einen Maaß-Stab in die Hand genommen haben werden"**[22]. Nun kann es durchaus als Widerspruch zu der in der Vorrede und im ersten Teil deutlich gemachten These des Natürlichkeitsprimats aufgefaßt werden, daß dieses siebte Hauptstück nahezu ausschließlich der mathematischen Beschreibung von Intervallen (die im übrigen der tradierten, pythagoreisch fundierten Lehre der Saitenteilung folgt) gewidmet ist. Tatsächlich zeigt ein Blick in die *Orchestre*-Schriften, daß sich Mattheson mit den unterschiedlichen *rationes* immer dann auseinandersetzt, wenn er Intervalle, die die Grundlage der Melodiebildung sind, beschreiben bzw. definieren will[23]; sogar im *Kern melodischer Wissenschafft*, der ja nur sehr knapp gefaßt Präliminarien aufzeigt, um dann deutlich die Grundzüge der *Kunst eine gute Melodie zu machen* als Vorarbeit des *Vollkommenen Capellmeisters* zu entwerfen, führt Mattheson im ersten Kapitel diese Intervalldarstellung auf[24]. Diese Darstellungsweise ist eine zutiefst

---

[20] Mattheson, *Das Forschende Orchestre*, S. 284.

[21] Ebd., S. 244.

[22] Mattheson, *Der vollkommene Capellmeister*, S. 43.

[23] Vgl. Mattheson, *Das Neu-Eröffnete Orchestre*, Caput primum „Von den *Tonis, ihrer Proportion* nach", § 7 (S. 45-52).

[24] Vgl. Johann Mattheson, *Kern melodischer Wissenschafft, bestehend in den auserlesensten Haupt- und Grund-Lehren der musicalischen Komposition, als ein Vorläuffer des Vollkommenen Capellmeisters*, Hamburg 1737 (Nachdruck Hildesheim 1990), Erstes Capitel „Vom Verhalt der klingenden Intervalle", §§ 13- 28 (S. 4-10).

traditionelle, und Mattheson übergeht den Widerspruch, der im Vergleich zu seinen Ausführungen zum Primat der Physik vor der Mathematik als Wissenschaft vom Klang deutlich wird, mit der lapidaren Bemerkung: „§ 12. Nachdem wir also das Wesen samt dem Nutzen der klangmessenden Kunst kürtzlich und aufrichtig vor Augen gelegt haben, wird derselben Anwendung und Ausübung uns erstlich zu betrachten geben, daß eine Linie oder Zahl, die mit einer andern verglichen werden soll, in Betracht derselben entweder auf **gleichem**, oder **ungleichem** Verhalt beruhen müsse"[25]. Mattheson erörtert also keine Kausalzusammenhänge (geschweige denn Prioritäten zugunsten der *Mathesis*), sondern läßt sich auf den tradierten Kontext ein.

Der deutlichen Kritik an der (pythagoreisch-platonisch geprägten) Durchdringung der allgemeinen Musiklehre mit mathematischen Gesichtspunkten steht das „Dritte Haupt-Stück. Vom Klange an sich selbst, und von der musicalischen Natur-Lehre" als Manifestation der grundsätzlich empirischen Einstellung Matthesons der Klanglehre gegenüber: „In den meisten Büchern, welche von der Ton-Kunst handeln, wird ein grosses Wesen gemacht von Zahlen, Maassen und Gewichten; vom Klange aber, und von dem sehr beträchtlichen **physiologischen** Theil dieser Wissenschafft sagt man fast kein Wort, sondern fährt so geschwind darüber hin, als wenn er wenig oder nichts zu bedeuten hätte."[26] So steht am Anfang des ersten Teils des *Vollkommenen Capellmeisters* – also weit vor der mathematischen Ableitung der Intervallverhältnisse, die eben sekundär ist – eine physikalische Definition des Tones (unter Berufung auf etwa Aristoxenos, Aristoteles, Boethius oder Ptolemäus). Neben der Tondefinition (*Definitio soni*[27]) finden sich in diesem Abschnitt auch Beschreibungen von klingenden Körpern, der Ursache ihres Klanges und ihrer Eigenschaften und – was überraschend erscheinen mag – eine Erörterung der Zusammenhänge der Affektenlehre: Wie bereits oben dargestellt, ist auch die Neubewertung der Affektenlehre durch Mattheson ein Erbe der Auseinandersetzung mit der Philosophie Descartes – und auch Lockes. Dessen Sensualismus, der prägend auf Mattheson wirkte, und das damit einhergehende Übergewicht der Empirik wirkt so direkt auf die Grundlagen des musikalischen Satzes ein, die hier im ersten Teil des *Vollkommenen Capellmeisters* beschrieben werden, und zwar eben nicht nur in Hinsicht auf die Abweisung der Mathematik zugunsten der Physik als Wissenschaft von

---

[25] Vgl. Mattheson, *Der vollkommene Capellmeister*, S. 43.
[26] Ebd., S. 9.
[27] Ebd.

den Tönen, sondern auch in Hinsicht auf die Bedeutungssphäre der Affektenlehre. Mattheson behandelt diesen Gesichtspunkt hier keineswegs so katalogartig, wie er es z.B. im *Neu-Eröffneten Orchestre* tut, wo er in tief traditionalistischer Absicht ein Florilegium der Affektenlehre, insbesondere in Hinsicht auf die Modi und deren Verwendbarkeit, ausbreitet: Im dritten Kapitel des Eingangsteils im *Vollkommenen Capellmeister* berührt er zunächst nur die Affekte Freude (§ 56), Traurigkeit (§ 57), Liebe (§ 58), Hoffnung und Verzweiflung (§ 59), später (ab § 65 und nach einem deutlichen Hinweis auf die Arbeit Heinichens) auch alle anderen Untergruppierungen.

Unter dem Siegel der Empirik stehen auch Matthesons Ausführungen zum Thema Stimmungstheorie, die sich im siebten Kapitel „Vom mathematischen Verhalt aller klingenden Intervalle" direkt an die bereits dargestellten Erörterungen zu den Intervallen und ihren Maßen anschließt: „§ 86. Die Temperatur ist demnach eine solche Abmessung der Intervalle **auf dem Clavier**, dadurch dem einen von seiner Richtigkeit was abgenommen, dem andern aber was zugeleget wird, damit sie alle zusammen in möglichster Eintracht bleiben mögen. Man nimmt also die Temperatur des **Claviers** aus Noth zur Hand, weil sich auf diesem Instrument weder mit dem Athem, noch mit den Fingern die geringste Mäßigung treffen läßt; welches hingegen die menschliche Stimme und alle andre klingende Werckzeuge, nach ihrer Art, gar wol zu lassen."[28] Mattheson beschreibt damit nicht nur die damals noch unbedingt gängige mitteltönige Stimmung, die schon gegen Ende des 17. Jahrhunderts den Anforderungen der Komponisten nur mehr ungenügend erscheinen konnte, auch die „gleichmäßige Temperatur"[29], die Werckmeister schon 1697 offenbar bekannt war, fällt unter das exponierte Kriterium. Den Primat erhält aber auf jeden Fall auch hier wieder das Ohr: „Den Ohren will die gantz genaue Abmessung der canonicalischen Richtschnur nimmermehr anstehen [...]. Da kan man nun leicht erachten, daß ein ieder Clavier- Orgel- oder Harffen-Stimmer diese Temperatur, wie es etwa seine Ohren so oder anders gewohnt sind, nach seinem Sinn einrichtet."[30] In der Entmachtung der Mathematik, in der Ablehnung der rationalen Fundamentlehre äußert

---

[28] Ebd., S. 55.
[29] Zur Diskussion der „gleichmäßigen" Stimmung vgl. Alfred Dürr, *Johann Sebastian Bach – Das Wohltemperierte Klavier*, Kassel 1998, S. 59-66, bzw. Roland Ploeger, *Formeln und Tabellen zu den historischen Instrumentalstimmungen*, Lübeck 1988.
[30] Mattheson, *Der vollkommene Capellmeister*, S. 55.

sich letztendlich am tiefgreifendsten der epochale Umbruch in der ersten Hälfte des 18. Jahrhunderts.

3. Der Primat der Melodie

Allein an der Handhabung der Terminologie Matthesons in diesem ersten Teil – wie bereits vorgestellt – ist die deutliche Tendenz einer Abwertung der Harmonie / Harmonik erkennbar: Es bleibt nicht nur bei der gefärbten Darstellung der „Harmonik" als pythagoräisch besetzter Zahlentheorie und damit verstandesgesteuerter Wahrnehmung von Musik, die den Auffassungen des erklärten Sensualisten Mattheson zuwiderläuft. „Daß die Melodie aus der Harmonie entspringen soll, ist ein falscher, verführerischer und schädlicher Satz, welcher wohl der Mühe werth war, daß er widerlegt wurde"[31]: Mattheson spielt hier unverhohlen auf seine deutlich ausgefallene Kritik unter anderem an Rameau in der *Critica musica* von 1725[32] an, „denn nicht nur einer der berühmtesten Tonlehrer in Franckreich, samt seinen jesuitischen Anbetern, [...] ist damit auf das äuserste eingenommen, und hat ihn öffentlich im Druck vertheidigen wollen"[33]. Mattheson verbindet hier in der Vorrede zum ersten Teil des Werkes (zudem in einem Abschnitt, der ausschließlich diesem Problem gewidmet ist) zwei Kritikpunkte miteinander: Auf der einen Seite steht seine deutliche Ablehnung der Traditionslinie, die er mit der „alten Moteten-Regel: *Harmonia est Domina*" charakterisiert, also die der (gänzlich ungalanten) kontrapunktisch bestimmten Arbeit am Satz; auf der anderen Seite macht Mattheson schon hier sein kritisches Verhältnis zur „Harmonik" deutlich; diese Passage steht in enger Verbindung zu der bereits dargestellten *Mathesis*-Kritik (VI.). „Es sind inzwischen wahrlich! keine kleine Geister allein dadurch widerleget worden, daß wir im Kern behaupten, die Harmonie komme aus der Melodie her. Geringe Notenklecker sind hiedurch nicht hochmüthig worden; grosse Lichter sinds, von selbsten hochmüthig genug, so gar, daß sie keines Zusatzes fähig, und bey deren Putzung auch der beste seine Zeit nicht übel anwenden kann, wenn er Gelegenheit und Kräffte dazu hat."[34]

Darunter ist die allgemeine Standortbestimmung Matthesons zu verstehen, die er in der Vorrede deutlich zu machen versucht;

---

[31] Ebd., Vorrede, S. 22.
[32] Mattheson, *Critica Musica* II, S. 9-10, vgl. den Exkurs Kap. IV.6. der vorliegenden Studie.
[33] Mattheson, *Der vollkommene Capellmeister*, Vorrede, S. 22.
[34] Ebd.

Kausalzusammenhänge finden sich nicht dargestellt, stattdessen wird hier erneut der Hang zur Polemik auch innerhalb der eigentlich von Präliminarien bestimmten Vorrede offenbar. In einem sich anschließenden Abschnitt „VIII. Von den Eigenschafften der Melodie" wird der Verfasser auch nicht deutlicher. Ein äußerst knapper Verweis auf das Begriffspaar Harmonie – Melodie findet sich am Beginn des ersten Teils, unter § 4. des „Ersten Haupt-Stückes: Von einem allgemeinen Grund-Satze der Music.": „Was demnach die Einrichtung des gantzen Wercs betrifft, so werden wir vornehmlich drey Theile darinn antreffen: deren erster die zur blossen **Wissenschafft** der Ton-Lehre erforderten Dinge enthält; die beiden andern aber zeigen, wie die **Kunst**, eine **Melodie** zu verfertigen, und sodann auch eine **Harmonie** oder Vollstimmigkeit zu machen, ausgeübet werden müsse"[35]. Auch hier zeigt Mattheson keine Details auf – der Passus soll ja auch nicht mehr als eine Darstellung des „allgemeinen Grund-Satzes der Music" sein! – , immerhin aber ist eine Folge von Einzelgliedern gegeben: Auf die Verfertigung der Melodie **folgt** „sodann" auch eine Harmonie: Der Vorrang der einen zeigt sich hier ganz elementar in der Syntax. Daß man darüber hinaus, wie Mattheson im § 11. feststellt, die Harmonie auf das gründlichste" kennen soll, gehört zu den allgemeinen Grundlagen; auf das in der Vorrede problematisierte Verhältnis von Melodie und Harmonie aber geht Mattheson im ersten Teil des *Vollkommenen Capellmeisters* nicht weiter ein.

4. Zur Tonartenlehre im ersten Teil

Das neunte Hauptstück des *Vollkommenen Capellmeisters* ist einer ausführlichen Darstellung „Von den Ton-Arten" gewidmet; wie der sich anschließende Abschnitt „Von der musicalischen Schreib-Art" ist dieses Kapitel für die Darstellung der Grundzüge einer Melodielehre bei Mattheson von Relevanz: Sowohl Tonartenlehre als auch Stillehre gehören elementar in dieses Feld – bei Mattheson im Besonderen, da beiden Punkten wie dargestellt schon in seinem frühen Schrifttum erhebliche Aufmerksamkeit zuteil wird. Auf die *Orchestre*-Schriften weist Mattheson denn auch zu Beginn des siebten Hauptstückes hin, wenn er als *Testi* „alte **Urschreiber**"[36] aufzählt und feststellt, aus welchen zeitgenössischen Veröffentlichungen der Gewillte weiterführende Informationen entnehmen kann (Mattheson nennt neben den eigenen Veröffentlichungen – *Orchestre I* und *II* sowie die *Große*

---

[35] Ebd., S. 1.
[36] Ebd., S. 61; vgl. auch § 46, S. 67.

Generalbaßschule – Brossard und Walther): „§. 4. Die Anzeige soll in diesem Stücke so ausführlich seyn, als nur ersinnlich ist, dazu kan man sich verlassen; die völlige Ausführung aber des Angezeigten kan unmöglich in diese Blätter gefasset werden: welches auch von allen übrigen und vorhergehenden zu verstehen ist"[37].

Während Mattheson in der Vorrede (IV.) nur knapp den Unterschied von „harten" und „weichen" Tonarten bzw. deren Auftreten erörtert, ist das neunte Kapitel des ersten Teils doch deutlich umfang- und inhaltsreicher. Das Ziel des Autors ist es wie schon in den Veröffentlichungen von 1713 und 1717, klarzustellen, daß die Bezeichnungen der Kirchentonarten sinnvoller- und praktischerweise zu ersetzen sind durch die (insgesamt dann vierundzwanzig) Tonarten, die mit der Reduzierung auf Dur und Moll evident werden: „§. 5. Weil im diatonischen Klang-Geschlechte die eine Ton-Art, in Ansehung der Endigungs-Note, von ihrer Nachbarin ordentlich so weit entfernet lieget, als das Intervall eines gantzen oder grossen halben Tons ausmacht: so bekommen sie alle 24 daher die Benennungen der Tone oder Ton-Arten"[38]. Die im *Vollkommenen Capellmeister* insgesamt historisch aufgebaute Argumentationsreihe Matthesons – von den griechischen Musiktheoretikern über die lateinischen (gipfelnd in Boethius) über Gaffurio, Glarean, Salinas und Zarlino bis hin zu Praetorius– ist bestimmt durch zwei maßgebliche Aspekte:

1) Das historische Argument. Zunächst bemerkt Mattheson (recht spekulativ), „daß ehmals bey den klugen Römern ihre vornehmsten Gesetze, die sie aus Griechen-Land geholet hatten, und *leges duodecim tabularum*, d. i. Gebote der zwölff Tafeln heissen, mit heller Stimme auf das zierlichste abgesungen worden"[39]. Diese Feststellung mag natürlich ebenso sehr ein Argument für das Benennen der Tonarten nach ihrer Finalis (auf die Mattheson im § 5 hinauswill) als für das seit Glareans *Dodekachordon* zwölf Modi zählende System sein[40].

---

[37] Ebd., S. 61.

[38] Ebd.

[39] Ebd.

[40] Der Hinweis auf Glarean ist besonders farbig ausgefallen und kann als für die Polemik Matthesons typisch gelten: „§. 31. **Heinrich Loritz**, der gelehrte Pickelhering von Glaris, war geschickter, auf einem Esel in den öffentlichen Lehr-Saal hineinzureiten, und andre ungesaltzene Posen zu treiben, als etwas tüchtiges in der Ton-Kunst zu schreiben: deswegen kostete ihm auch sein Dodecachordum 20 Jahr, ein Buch daran nichts so schätzbar ist, als die darauf verwendete Zeit. Was die andern *placalis* nannten, das hieß dieser gar *modus plagius*. Ey! so plage dich" (Ebd., S. 65).

Im Folgenden, nämlich im Rahmen eines Ganges durch die Geschichte der Moduslehre, stellt Mattheson fest, daß die Namen der Modi ohnehin nicht korrekt angewendet werden: „§. 19. Ubrigens zehlten jene alte Griechen ihre Klang-Stuffen allemahl von oben an, d. i. von der Höhe, so daß die feineste Saite bey ihnen die erste hieß; welches die lateinischen Nachkommen, und wir mit ihnen, gerade umgekehret haben."[41] Mattheson bemerkt darüber hinaus eine in der Musik der Zeit kaum feststellbare Indifferenz: „Die erste und allerälteste Meinung ging gewißlich dahin, daß man die drey Ton-Arten (denn damahls waren ihrer mehr nicht im Gebrauch) nehmlich die dorische, phrygische und lydische, mit nichts anders, als mit der Höhe und Tiefe des Klanges von einander zu unterscheiden verlangte"[42]. Warum Mattheson den siebten und achten Modus außer Acht läßt, indem er im Zusammenhang der „ersten und allerältesten Meinung" mixolydisch nicht erwähnt, wird aus dem Text nicht klar.

2) Das Praxis-Argument. Das kompositionsgeschichtlich eigentlich entscheidende Argument für die Zurückweisung der tradierten Moduslehre im *Neu-Eröffneten Orchestre*, aber auch in dessen Nachfolgeschrift, spielt im *Vollkommenen Capellmeister* im Vergleich zu dem historisch angelegten Argument eine eher untergeordnete Rolle. Die Erörterung der Tonarten führte 1713 zu folgender These: „Es müssen aber diese *8. Tone* wiederum nicht mit den *8. Tonis Ecclesiasticis* oder *Gregorianis confundi*ret werden / als die / obgleich dieselbe Natur / doch einen gantz andern Gebrauch haben / wovon jedoch / wegen des geringen Nutzens / uñ weitläufftig beym *Kirchero* uñ andern zu findenden Beschreibungê allhier etwas *speciales* anzuführen vor unnöthig achte"[43] – es geht Mattheson also hier expressis verbis um den geringen Nutzen der tradierten Modi, darüber hinaus aber auch um die deutliche Differenzierung. 1717, als Entgegnung auf die Kritik Buttstetts, ist zu lesen: „Dem ungeachtet muß man sie [die „8. *Toni moderni*", Anm. d. Verf.] doch keines weges mit einander *confundi*ren / denn ob sie gleich *quo ad Genera* auf einen Stamm zu *reduci*ren sind / so können sie doch / u. müssen nothwendig / *ratione Specierum & Usus*, unterschieden werden [...]. Von den *Stylis* kan auch kein Argument auf die Thone gemacht werden / denn diese dienen zu jeden *Stylo* auf der Welt auf gewisse Art."[44] Im *Vollkommenen Capellmeister* tritt dieses Argument des Usuellen hinter das historische zurück. Am

---

[41] Ebd., S. 63.
[42] Ebd., S. 61.
[43] Mattheson, *Das Neu-Eröffnete Orchestre*, S. 61.
[44] Mattheson *Das Beschützte Orchestre*, S. 74.

Ende des neunten Kapitels weist Mattheson darauf hin, daß die Lehre von den Tonarten in erster Linie Gegenstand der eigentlichen Melodielehre ist und daher im zweiten Hauptteil der Schrift nähere Beachtung und Behandlung erfährt: „Der Unterricht aber von den Schlüssen und Ruhe-Stellen im Gesange; von Verwandtschafft der Ton-Arten; von ihren Ab- und Ausweichungen; von dem Wiederschlage oder Wiederholung eines Satzes durch andre Intervalle, und endlich von der Natur und Eigenschafft einer ieden Ton-Art, ob sie nehmlich lustig, traurig, lieblich, andächtig etc. sind eigentlich Stücke der melodischen Wissenschafft und deren Ausübung, davon der zweite Theil dieses Wercks, so wie der dritte von der Vollstimmigkeit handeln wird."[45]

5. Zur Stillehre im ersten Teil

Um die im zehnten Kapitel des *Vollkommenen Capellmeisters* exponierte Stillehre in die disparate Behandlung dieses Themas durch Mattheson insgesamt einordnen zu können, ist ein Vergleich mit den frühen Äußerungen Matthesons unerläßlich; das Kapitel „Von der musicalischen Schreib-Art" im ersten Teil des *Vollkommen Capellmeisters* ist, verglichen mit den anderen Kapiteln des Abschnitts, außerordentlich lang und zugleich das abschließende des ersten Teils. Claude Palisca hat in seinem Vortrag *The genesis of Mattheson's style classification*[46] neben einer schlüssigen Herleitung der Stilbegriffe Matthesons aufzuzeigen versucht, inwieweit die „späte" Stillehre Matthesons – also die des *Kerns melodischer Wissenschafft* und des *Vollkommenen Capellmeisters* – überhaupt noch von der frühen Debatte um Stil und Gattung in den drei *Orchestren*, insbesondere der Auseinandersetzung mit Buttstett um die Gattungslehre im *Neu-Eröffneten Orchestre* und die Revision im *Beschützten Orchestre*, bestimmt wird. Palisca stellt (wie später dann Krummacher[47]) den Umgang mit diesem zugegebenermaßen problematischen Punkt in der Verbindung mit der Melodielehre Matthesons als Rückschritt dar[48]: Wie im *Beschützten Orchestre*, das auf die Vorbehalte Buttstetts mit einer Modifizierung der Gattungslehre im Sinne einer Verquickung von

---

[45] Mattheson, *Der vollkommene Capellmeister*, S.68.
[46] in: George J. Buelow und Hans-Joachim Marx (Hg.), *New Mattheson Studies*, Cambrigde 1983, S. 409-423.
[47] *Stylus versus Genus: Zum systematischen Denken Johann Matthesons*, in: Fs Arno Forchert, Kassel 1986, S. 86-95.
[48] Palisca, *genesis*, S. 421: „It is clear that Mattheson's chapter on styles is an eclectic and composite work. And this may be its chief virtue, if a source of confusion."

tradierter Stil- und Gattungslehre reagiert, setzt Mattheson auch im *Vollkommenen Capellmeister* (wie kurz zuvor im *Kern*) die Stillehre an die vordere Stelle seiner Betrachtung[49] – die im *Neu-Eröffneten Orchestre* so mutig eingeführte Gattungstheorie gerät schon im *Beschützten Orchestre* 1717 ins zweite Glied und erscheint auch 1739 in der endgültigen Fassung erst im direkten Zusammenhang mit der Melodielehre (im zweiten Teil des Buches, Kapitel 13).

Mattheson verdeutscht im zehnten Kapitel des ersten Teils im *Vollkommenen Capellmeister* die Stilkategorien Kirchers, nachdem er im *Kern* diese Termini in der lateinischen Form belassen hatte[50]. Die folgende Übersicht erweist, daß die Darstellung der Stilkategorien keineswegs so unübersichtlich ist, wie Palisca sie darstellt – tatsächlich ist die Auflistung Paliscas deutlich weniger präzise als die klare Gliederung Matthesons (wenn man gelegentliche Querverweise außer Acht läßt, die allerdings immer der Sache dienlich sind). Palisca versucht allerdings auch, eine Unterscheidung von Vokal- und Instrumentalstil herauszustellen, die im *Vollkommenen Capellmeister* vollkommen verwischt wird: „He [Mattheson] is now writing for the musician, initiating him into unfamiliar styles in which he needs to become proficient as a listener, performer, and composer. Style is now almost infinitely divisible. [...] Mattheson's complex web or network refuses to be reduced to a neat checkerboard format."[51] Zugegebenermaßen komplex ist schließlich auch die Materie, mit der sich Mattheson beschäftigt – es ist nicht mehr die etwa für Kircher noch viel übersichtlichere Stilvielfalt des 17. Jahrhunderts: Mattheson schreibt für den Musiker seiner Zeit und infolgedessen auch über Musik seiner Zeit in ihrer schier unübersehbaren Blüte und Vielfalt. Daß sich daraus komplexe Überlagerungen bei dem Versuch einer Stilkategorisierung ergeben, ist im Zuge dieser unbedingt eklektisch zu nennenden Absicht zu erwarten – vor allem, da die Stillehre unvermeidbar ständig auf Gattungen als Beispielquelle angewiesen ist[52].

---

[49] S. Mattheson, *Vollkommener Capellmeister*, S. 68: „[...] und so sehr es einem Componisten obliegen sollte, diese Sache **vor allen andern** wol zu untersuchen [...]".

[50] Einzige Ausnahme bleibt der „stylus symphoniacus" – vielleicht, um Mißverständnissen vorzubeugen, denn „symphonischer Stil" scheint problematisch und „symphoniacisch" unsinnig.

[51] Palisca, *genesis*, S. 413-414.

[52] Krummacher, *Stylus versus Genus*, S. 91; „Die Systematik der Gattungen muß [...] das Schema der Stillehre kreuzen, indem sie von Besetzungen statt Satzarten ausgeht." (ebd., S. 92). Vgl. ders., *Stylus versus Opus*, S. 35: „[Es

Der von Mattheson in §. 68. und öfter angeführte Canonische Styl gehört zwar zu allen drei Stilkategorien, wird aber von Mattheson eindeutig nur dem Kammerstil zugeordnet; gerade der canonische Stil in der Kirche erfährt erhebliche Einschränkungen: „§. 42. Daß dem Moteten-Styl aber der canonische deswegen unterworffen seyn sollte, weil auch bisweilen Canones in den Moteten vorkommen, solches folget gar nicht: in dem sowol in Kammer- als Theatralischen Sachen ebenfalls dergleichen Kunst-Stücke, ja, mehr als in Kirchen-Stücken angebracht werden, ohne daß sich sonst das geringste Motetenmäßige dabey meldet"[53]. Der Canonische Styl bezeichnet so nur bedingt gleiche Sachverhalte: In der Kirche steht er für einen der Motette gleichwertigen kunstvollen Satz, während er in der Kammer eher für unterhaltende, in erster Linie der anspruchsvollen Konversation dienende Kanons steht. In die unten stehende Übersicht – wie auch bei Palisca – ist der canonische Stil als Einzelstil des Kirchenstils nicht mehr aufgenommen[54], wohl aber der *Stylus phantasticus*, der bei Palisca fehlt („§. 91. Wir haben zwar gesagt, daß dieser fantastische Styl seinen Sitz in den Schauspielen hat; allein, mit dem Zusatze: **hauptsächlich**, indem ihn nichts hindert, auch in der Kirche und in den Zimmern sich hören zu lassen."[55]) und der folglich auch in den Kammerstil hinein gehört[56]. In diesem Zusammenhang ist festzustellen, daß es systematisch kein Widerspruch ist, wenn in der Definition des phantastischen Stils die Beispiele aus der Kammermusik (Toccaten und Phantasien Frobergers) stammen[57]!

Die Tonlehre mündet in die Stiltheorie – damit ist der entscheidende Schritt in der Vorbereitung der Melodielehre als Zentrum des

---

kam] notwendig zu ständigen Überschneidungen [...]. Die Widersprüche waren nicht sinnlos, da sie den vielfältigen Möglichkeiten der Zeit gerecht werden sollten. Sie waren andererseits erträglich, weil sie nur noch ein Stück Konvention benannten." Auch Palisca erwähnt das Phänomen: „No style should be ruled out of any of the three spheres, and, inparticular, all styles can serve church and private devotions. This for Mattheson remains music's noblest mission. Mingling styles on one level, while distinguishing function and genre on another, is a consequence of this philosophy." (*genesis*, S. 422).

[53] Ebd., S. 75.

[54] Warum allerdings dieser bei Palisca (*Genesis*, S. 414) unter *Theater* erscheint, ist nicht eindeutig.

[55] Mattheson, *Vollkommener Capellmeister*, S. 88.

[56] Vgl. zu dieser Darstellung die Gegenüberstellung der Stilkategorien von Kircher und Mattheson bei Krummacher, *Stylus versus Genus*, S. 94-95.

[57] Mattheson, *Vollkommener Capellmeister*, S. 89; vgl. Krummacher, *Stylus versus Genus*, S. 93: „Der Widerspruch verweist vielmehr darauf, daß das ästhetische Moment des Phantastischen das System der Stile wie das der Gattungen zersetzt. Und die Konsequenz zog wenig später Scheibe, der statt kompletter Systeme Monographien über Gattungen vorlegte."

Vollkommenen Capellmeisters beschrieben. Die Stillehre hat hier die gleiche Position wie in der *Musurgia Universalis* Kirchers von 1650, auf die sich ja Mattheson auch mehrfach bezieht; wenn der noch zu untersuchende zweite Teil des Werkes mit einem Abschnitt über Gattungen endet, erscheint dies als schlüssiger Rückblick[58] und keineswegs als irrational. Ob überhaupt in diesem Zusammenhang das System Matthesons als „not rational"[59] beschrieben werden kann, ist fraglich. Ein Hauptproblem bleibt allerdings die Zuweisung der drei „Orte", die Mattheson Kircher gegenüber bereits modifiziert darstellt. Eine Hauptforderung Matthesons ist in §. 19. formuliert: „Mit dem eintzigen Worte, **natürlich**, wird übrigens in der Abhandlung von Stylen fast alles gesagt, was deren Eigenschafften betrifft, und man bedarff keiner andern Haupt-Abtheilung, als in Kirchen- Theatral- und Kammer-Styl, so wie wir sie hier erkläret haben: denn diese müssen dem **natürlichen** Wesen allemahl zum Grunde untergeleget werden, weil sie wircklich, und nach dem innern Zustande der Sache selbst, allgemein d.i. general, und dabey einfach sind, wie ein ieder Grund-Satz seyn muß."[60] Geht die Stillehre von der Trennung der Stile in insgesamt 15 Erscheinungen (wie schon im *Beschützten Orchestre* 1717) aus, ist der Autor dennoch gezwungen, die Stile um ihrer Aktualisierung willen doppelt und dreifach anzusetzen, um sie damit den drei nach „Orten" definierten Bereichen zuzuweisen[61]. Diese „Orte" wiederum werden aber bei Mattheson nicht mehr bloß funktional begriffen, sondern

---

[58] Vgl. ebd., S. 87.

[59] Vgl. Palisca, *genesis*, S. 421: „Mattheson's is not a rational system. In coming to this conclusion I part with Katz [Erich Katz, *Die musikalischen Stilbegriffe des 17. Jahrhunderts*, Freiburg im Breisgau 1926 (phil. Diss.)], who found in it a rationalistic manifestation of the Enlightenment. Katz's characterization may well apply on other chapters of the *Vollkommener Capellmeister*, but the chapter on style is not systematic; it is exploratory, pragmatic, and garrulous. It occasionally strikes a scholarly tone, but as a whole it is too casual and diffuse for a scientific treatise. [...] Mattheson's understanding of style distinctions never stopped growing and maturing, but in the *Vollkommener Capellmeister* it had not crystallized into a truly integrated, rational system."

[60] Mattheson, *Der vollkommene Capellmeister* , S. 71. Im darauf folgenden Abschnitt erörtert Mattheson weiter: „§. 20. Wenn nun eine **hohe** Schreib-Art in der Ton-Kunst **natürlich** seyn soll, so muß sie prächtig klingen. Eine **mittlere** kan nicht **natürlich** seyn, falls sie nicht fliesset. Und eine **niedrige** voller künstlicher Ausarbeitungen wäre **unnatürlich**. Das hohe, mittlere und niedrige steckt also zusammen in dem **natürlichen** Wesen, und in den Sachen selbst; ist also nicht einfach. Diese aber stecken nicht in jenem."

[61] Vgl. ebd., S. 69-73 bzw. Krummacher, *Stylus versus Genus*, S. 91.

ästhetisch erörtert – „der ‚Kirchenstil' zielt weniger auf den Ort der Kirche als auf die Erbauung, der ‚Kammerstil' hat Raum auch für geistliche Musik, und für sie ist im ‚Theaterstil' ebenso Platz wie für Kammermusik"[62]. Die von Kircher hoch eingeschätzte, von Mattheson aber nur mehr erwähnte Stilhöhe ist kein hinreichendes Kriterium mehr, da sie unvermeidbar zu Kreuzungen führen muß – eine scheinbar ästhetische Kategorie wird also zurückgestellt, weil sie eine Differenzierung erschwert und verkompliziert: „Was inzwischen das so genannte **hohe**, **mittlere** und **niedrige** in allen Schreib-Arten betrifft, so ist solches in dem Verstande **allgemein**, wenn dieses Wort *Commun*, nicht wenn es *General* bedeutet: maassen dergleichen Eigenschafften einem ieden vorausgesetzten Haupt-Styl in der musicalischen Setz-Kunst, nehmlich, dem geistigen, weltlichen und häuslichen, wie Gattungen ihren Geschlechtern, allerdings angehören. Es sind nur Neben-Dinge und zufällige Ausdrücke, die das hohe, mittlere und niedrige anzeigen[...]"[63]; „§. 15. Die meisten Eigenschafften einer Melodie, daß sie nehmlich neu, lebhafft, **nachdrücklich**, den vorzustellenden Sachen oder Gemüths-Beegungen ähnlich sey etc. werden nicht nur im hohen, sondern auch in den beiden übrigen Schreib-Arten oder Unter-Stylen erfordert"[64] – „das System der Stile [ist] nicht mehr normativ zu verstehen, sondern als Regulativ für Probleme, die zur Reflexion nötigen. Es bildet kein verbindliches Gerüst der Kompositionslehre mehr, sondern einen Fundus von Begriffen, die gerade auf Differenzen zur aktuellen Musik hinweisen."[65] Dies wird um so deutlicher, wenn Mattheson im dritten Teil des *Vollkommenen Capellmeisters* Elemente der Stillehre wieder aufgreift, um – im Zusammenhang mit dem doppelten Kontrapunkt, aber auch an anderer Stelle – Kontrapunktstile zu beschreiben, und zu neuen Definitionen kommen muß[66].

---

[62] Ebd.; vgl. Mattheson, *Der vollkommene Capellmeister*, S. 71-72.
[63] Ebd., S. 69.
[64] Ebd., S. 70.
[65] Krummacher, *Stylus versus Genus*, S. 92.
[66] Vgl. die entsprechenden Studien in Siegfried Oechsle, *Johann Sebastian Bachs Arbeit am strengen Satz. Studien zum Kantatenwerk*, phil. habil. (masch. schr.) Kiel 1996, Druck i. Vorb., bzw. ders., *Johann Sebastian Bachs Rezeption des Stile antico. Zwischen Traditionalismus und Geschichtsbewußtsein*, in: Martin Geck (Hg.), *Bach und die Stile*, Bericht über das 2. Dortmunder Bach-Symposion 1998, Dortmund 1999 (Dortmunder Bach-Forschungen Bd. 2), S. 103-122.

*

„Nun aber, da alles wol erwogen worden, mögte schier eine ganz wiedrige Beisorge bey mir aufstossen, daß nehmlich von diesen Stylen und ihren Gattungen mit der Zeit vielleicht nur wenige, oder auch wol gar kein eintziger, in seiner Reinheit und mit den ihm gehörigen Ab- oder Kennzeichen übrig bleiben dürffte. Denn es ist bereits bey vielen selbstgewachsenen Componisten ein solcher Mischmasch in der Schreib-Art anzutreffen, als ob alles in einen ungestalten Klumpen verfallen wollte. Und ich glaube, daß man ihrer eine Menge fünde, die, auf Befragen, in welchem Styl sie dieses oder jenes setzten, mit der Antwort sehr verlegen sein würden."[67] Mattheson äußert zwar durchaus Zweifel an der Überlebensfähigkeit der von ihm 1739 noch einmal ausführlich erörterten Stilsystematik, die er mit dem *Neu-Eröffneten Orchestre* schon ein für alle Mal zu Grabe getragen zu haben wähnte. Für die Vorbereitung einer so ausführlichen Melodielehre aber, die er mit dem zweiten Teil des *Vollkommenen Capellmeisters* vorlegt, sind sowohl Stil- als auch Gattungslehre vonnöten – in der Verschmelzung des vorletzten Kapitels benennt Mattheson die Bedeutung dieser Aspekte, die er über die gesamte Publikation streckt (mit der Stillehre direkt vor der Melodielehre und der Gattungslehre an ihrem Ende), indem er das Kapitel mit der Gattungslehre „Von den Gattungen der Melodien" nennt. Diese Terminologie betont einerseits den Primat der Melodie als eigentliches Gattungsmerkmal und hervorgehobener musikalischer Substanz, andererseits beschreibt sie die Ergänzung der Stilsystematik, die Mattheson im ersten Teil aufführte. In der Zusammenschau sind die beiden ersten Großteile des *Vollkommenen Capellmeisters* kaum voneinander zu trennen: Der Apparat von Regeln zur (Er)Findung und Ausgestaltung einer Melodie ist nur im Kontext der formale Gestaltungsaspekte berührenden Abschnitte zu verstehen, und diese sind nicht denkbar ohne die Vorbereitungen des gesamten ersten Teils, der Elemente wie die Tonartenlehre und die Stillehre grundsätzlich erörtert und bereits Ansätze zu den Bereichen Primat der Melodie und Naturlehre (im weitesten Sinne) beinhaltet, die im Verlauf des zweiten Teils eine ausführliche Würdigung erfahren. Daß Mattheson im Eingangsteil des zweiten Teils erneut Aspekte behandelt, die ebensogut auch in den ersten Teil der Schrift hätten passen können, ist ein weiteres Zeichen für die enge Bezugnahme der beiden ersten Großteile aufeinander; zugleich trennen diese Merkmale den dritten,

---

[67] Mattheson, *Der vollkommene Capellmeister* , S. 93.

nahezu ausschließlich die traditioneller angelegte Satzlehre behandelnden Teil (sieht man von den letzten Haupt-Stücken ab) von den ersten beiden ab. Dabei fokussieren gerade die Bemerkungen zum Primat der Melodie sowie zur Ablehnung der Mathematik als Fundament der wissenschaftlich gemeinten Tonlehre im ersten Teil die Hauptthese der Melodielehre: Zum eigentlichen Zielobjekt der Musik wird der Mensch.

Die „musicalischen Schreib-Arten" Matthesons im Vollkommenen Capellmeister

Kirchen-Styl (§§. 34-69.)   *hoch – mittel – niedrig*

1.	2.	3.	4.	[5.
gebunden (§§. 35-38.) Capell-Styl (§. 37.) [melismatischer Styl, §. 99.: Choral-Gesänge]	*ungebunden* (§§. 39-50.) Moteten-Styl 4 bis 8 St. a capella antiphonale Motetten Geistliches Konzert Moderne Motette (§. 45.)	Madrigal-Styl (§§. 51-62.)	stylus symphoniacus (§§. 63-67.)	stylus phantasticus (§. 91.)]

Theatralischer Styl (§§. 70-101.)   *hoch – mittel – niedrig*

1.	2.	3.	4.	5.
Dramatischer Styl (§§. 70-72.) Recitativ Arien, Chöre etc. (§. 72.)	Instrument-Styl (§§. 73-79.)	hyporchematischer Styl (§§. 80-87.) Tänze (§. 80.)	phantastischer Styl (§§. 88-98.) [ex tempore, s. §. 88.]	melismatischer Styl (§§. 99-101.) Strophenlieder, Arietten (§. 99.) Zwischen-Spiele (§. 100.)

Kammer-Styl (§§. 102-116.)

hoch – mittel – niedrig

1. Instrument-Styl (§§. 103-106.) Sonaten	2. canonischer Styl (§§. 107-109.)	3. choraischer Styl (§§. 110-114.) Tänze	4. Madrigal-Styl (§. 115.)	5. melismatischer Styl (§§. 115-116) Kantaten

Warum Palisca den von Mattheson deutlich hervorgehobenen Stylus symphoniacus (*Vollkommener Capellmeister*, S. 82: „§. 63. Die vierte Schreib-Art, so zum Kirchen-Styl gehöret, [...]") unterschlägt bzw. unter „Madrigal" einordnet, ist nicht klar (Palisca, *genesis*, S. 414); der Stylus melismaticus wiederum wird von Mattheson (*Vollkommener Capellmeister*, S. 90) eindeutig dem gebundenen Stil zugeordnet („§. 99. Noch eine besondere Schreib-Art gehöret nicht nur gewisser massen in die Kirche, wie oben bey Erklärung des gebundenen Styls berühret worden [.], nehmlich der melismatische Styl.").

IV Von der Verfertigung einer Melodie: Der zweite Teil des *Vollkommenen Capellmeisters*

Liest man das Vorwort und den ersten Teil des *Vollkommenen Capellmeisters* als Vorbereitung auf den eigentlichen Hauptteil der zu betrachtenden Materie, nämlich der im Zentrum des Werkes stehenden Melodielehre, fällt auf, daß ein Großteil der in den vorangehenden frühen Schriften (insbesondere den beiden *Orchestre*-Schriften) gestreiften und als Wurzeln für die Satzlehre dargestellten Aspekte in diesem Einführungsteil fehlen: Zu denken ist hierbei z.B. an die in der Einführung zum *Neu-Eröffneten Orchestre* noch deutlich an früher Stelle (nämlich zu Beginn des zweiten Teils der Schrift) stehenden „General-Reguln der Con-und Dissonantien", die Mattheson von Bernhard übernommen hatte (s.u.) – sie sind unbedingt Grundlage der Satzlehre, die ja im *Neu-Eröffneten Orchestre* wie auch 1739 im *Vollkommenen Capellmeister* (in Umrissen, dem Anlaß der Veröffentlichung gemäß) am Ende der Schrift und damit der Klimax der Ausführungen Matthesons steht. Im *Vollkommenen Capellmeister* nun (wie auch in den der Arbeit direkt vorangehenden Schriften wie der *Melotheta* oder dem *Kern melodischer Wissenschafft*) ist die Anlage des Gesamtwerkes von grundsätzlich anderen Gesichtspunkten geprägt: Auf die allgemeine Tonlehre folgt jetzt zunächst die Lehre von der Einstimmigkeit, also die eigentliche Melodielehre Matthesons, und als deren „Weiterentwicklung" die Lehre vom mehrstimmigen Satz – die eigentliche Satzlehre[1]. In dieser Neuanlage innerhalb der konsequenten Ausformulierung bzw. der Vermittlung kommt es zu Verschiebungen von Einzelgliedern der Theorie Matthesons: Bestandteile der Musiktheorie, die schon im ersten Viertel des 18. Jahrhunderts in den Schriften Matthesons auftauchen und elementar sind, erhalten in der Formulierung des *Vollkommenen Capellmeisters* nicht nur einen neuen Platz im Gefüge der Lehre, sondern auch eine veränderte Bedeutung für den Gesamtzusammenhang; das gilt beispielsweise für die Gattungslehre, aber auch Elemente der Rhetorik und der Affektenlehre. Bevor im Folgenden genauer erörtert werden kann, wie sich Matthesons im zweiten Teil des *Vollkommenen Capellmeisters* exponierte Melodielehre zusammensetzt und welche Bedeutung schließlich die Aspekte *inventio* und *evolutio* (etwa in der Definition als „Erfindung" und „Ausarbeitung") für diese haben können, ist zu erörtern, wie sich dieser entscheidende

---

[1] Vgl. Krummacher, *Stylus versus Genus*, S. 87.

Bestandteil des Werkes aufbaut und inwiefern sich Unterschiede zur tradierten Satzlehre bereits in diesem zweiten Teil ankündigen.

Der Kapitelbezifferung folgend, läßt sich folgende Übersicht über den zweiten Teil des *Vollkommenen Capellmeisters* erkennen:

- [Einführung I]: Die menschliche Stimme (Kap. 1)
- [Einführung II]: Eigenschaften des Capellmeisters (Kap. 2)
- [Einführung III]: Die Manieren (Kap. 3)
- Inventionslehre (Kap. 4)
- Von der Kunst eine gute Melodie zu machen (Kap. 5)
- Rhythmik und Metrik (Kap. 6 bis 8)
- Die Incisionslehre (Kap. 9)
- Verslehre (Kap. 10 und 11)
- Die Gattungslehre (Kap. 12 und 13)
- Musik und Rhetorik (Kap. 14)

Der Aufbau dieses zentralen Abschnittes im *Vollkommenen Capellmeister* scheint einer logischen Fortschreitung zu folgen: Nach einer dreiteiligen Einführung, die einerseits Bezug nimmt auf das entscheidende Instrumentarium der Melodienkomposition, nämlich die menschliche Stimme, andererseits noch einmal klarstellt, an wen sich die Ausarbeitung wendet, und einen Blick auf die „Kunst zierlich zu singen und zu spielen"[2] wirft, folgt der zentrale Bereich mit der eigentlichen Melodielehre, bestehend aus einer Inventionslehre (Kap. 4) und ihrer Ausarbeitung (Kap. 5); Rhythmik und Metrik bereiten die Kapitel über ein Zentralstück des *Vollkommenen Capellmeisters*, Matthesons Incisionslehre, vor. Der abschließende Ausblick vereinigt Text und Musik, einerseits in praktischer Hinsicht (in Anmerkungen zur Vertonung von Texten), andererseits in theoretischer Absicht (in der Gegenüberstellung der Glieder einer Rede mit denen eines musikalischen Werkes); Ziel der Melodielehre schließlich ist die Gattungslehre, die am Ende des zweiten Teils steht und zum mehrstimmigen Satz überleitet[3].

Der entscheidende Passus, auf den dieser Abschnitt hinausläuft und der als der eigentliche Ausgangspunkt für den Rest der Schrift erkannt werden kann, steht also im Zentrum des zweiten Teils; unter der Prämisse, daß es sich bei dem *Vollkommenen Capellmeister* um ein stringent und klar strukturiertes Werk handelt, ist zu fragen, warum die

---

[2] Mattheson, *Der vollkommene Capellmeister*, S. 109.

[3] Vgl. Krummacher, *Stylus versus Genus*, S. 87: „Erfaßt man den systematischen Kontext, so wirken die Schlußkapitel der drei Teile kaum zufällig. Sie sind vielmehr sachlich und systematisch aufeinander bezogen."

einführenden Texte (Kapitel 1 bis 2) nicht im ohnehin vorbereitenden Abschnitt des Buches stehen, und warum Mattheson auf die „Manieren", denen er das eigene Kapitel 3 widmet, noch einmal zu sprechen kommt bzw. warum er die Erörterung dieses Zusammenhanges nicht *vollständig* an das Ende des zweiten Teils verlegt. Der zweite Teil dieses Buchabschnittes enthält (neben einer Einführung in die Aspekte Rhythmik und Metrik) die ersten Konsequenzen der Melodielehre Matthesons; im Vordergrund auch der Rezeption stehen die Aspekte Formenlehre – Gattungslehre – Rhetorik. Diese Aspekte befinden sich innerhalb der Architektur des *Vollkommenen Capellmeisters* notwendigerweise im zweiten Teil, auch wenn dies (angesichts der Abschnittsüberschrift „Darin die wirckliche Verfertigung einer Melodie, oder des einstimmigen Gesanges, samt dessen Umständen und Eigenschafften, gelehret werden") systematisch nicht unbedingt verständlich erscheint: Die Aufnahme dieser für eine Melodielehre nur von peripherer Bedeutung erscheinenden Gesichtspunkte in den Rahmen der Lehre von der Einstimmigkeit unterstreicht die Aufteilung der gesamten Schrift in die drei Schichten Allgemeine Tonlehre – Melodielehre – Satzlehre.

1. Die einführenden Kapitel der Melodielehre

Der zweite Teil des *Vollkommenen Capellmeisters* beginnt – für den Anlaß einer ausführlichen Melodielehre, deren Ziel sich Mattheson spätestens mit der Ausarbeitung einer erneuten Gattungslehre setzt, durchaus verständlich – mit der Erörterung des „natürlichen" Instrumentariums: der menschlichen Stimme; allerdings ist diese Einführung zweiteilig: Auf die „Untersuchung und Pflege menschlicher Stimme" (Kap. 1 bzw. „Erstes Haupt-Stück") folgt ein zweiter Teil einführenden Charakters, „Von den Eigenschafften eines Music-Vorstehers und Componisten, die er ausser seiner eigentlichen Kunst besitzen muß" (Zweites Hauptstück). Die Fragen an dieses Kapitelpaar müssen lauten: Was beinhalten diese ersten zwei Kapitel der Schrift, und welchen Zweck erfüllen sie im Rahmen des, wie aufgezeigt, insgesamt von drei großen Themen bestimmten Aufbaus (s.o.) des *Vollkommenen Capellmeisters*?

In Hinsicht auf das erste Kapitel wird die erste Frage von Mattheson sogleich beantwortet: „§. 1. Wir haben im vorhergehenden Theil mit solchen Anfangs-Gründen zu thun gehabt, welche mehr auf die innerliche Betrachtung, als auf die äusserliche Bewerckstelligung der Ton-Kunst gegangen sind; ob sie wol auch zur eigentlichen Ausübung die Bahne nicht wenig gebrochen haben."[4] Im Gegensatz dazu geht es jetzt um die „Phonascia", eine „Wissenschafft, die da lehret, die menschliche Stimme und ihre Werckzeuge wol zu kennen"[5]: Das Objekt der Untersuchung fügt sich kaum in die allgemeine Tonlehre, die Mattheson im ersten Teil des Werkes exponiert hat, sondern wird von ihm in enge Beziehung gesetzt zur praktischen Anwendung der *Phonascia* – diese taugt als Zwittergestalt zwischen Theorie und Praxis der Komposition zur Einleitung in den zweiten Teil.

Eine besondere Rolle spielt in diesem Abschnitt erneut der Naturbegriff Matthesons: Einerseits sei wahrzunehmen, daß diese „Phonascie zur Natur-Lehre mit gehöret"[6], ähnlich wie die Grundlagen der Tonlehre, die Mattheson im ersten Teil der Schrift in der Physik findet. Andererseits ist die Natur nach Ansicht Matthesons als Schöpferin gut sitzender Stimmen nicht zu übertreffen, wie aus der Diskussion um die Falsettisten zu entnehmen ist[7]. Mattheson berührt in diesem Kapitel zwei Aspekte: Nach einer knappen Stellungnahme zur zeitgenössischen Situation (Mutation, Kastratenwesen und Sängeranekdoten) geht es um den Ort der menschlichen Stimme, ihre „Werkzeuge" und die (physiologische) Erzeugung des Tones, kurz um Stimmphysiologie (§§. 12-16); anschließend gibt der Autor Ratschläge zur Stimmpflege (§§. 17-31), unter anderem auch Ernährungshinweise und Ratschläge zur Körperhaltung.

Der Platz des folgenden Kapitels „Von den Eigenschafften eines Music-Vorstehers und Componisten, die er ausser seiner eigentlichen Kunst besitzen muß" scheint im Gegensatz zu dem des eben vorgestellten ersten Einleitungskapitels des zweiten Teils zu verwirren, geht es doch – wie der Titel schon verrät – um die Eigenschaften der Zielgruppe dieser Schrift, wobei Mattheson bemerkt: „§.1. Zu der eigentlichen Kunst rechnen wir auch die Wissenschafft der Temperatur, und der mathematischen Hüllfs-Mittel in der Harmonic"[8]. Wesentliche Elemente der Grundlagen, die der Autor schon im ersten Teil des *Vollkommenen Capellmeisters* abgehandelt hatte, gehören ohnehin zum Handwerkszeug des „Music-Vorstehers und Componisten". Zwei für die Gesellschaft des frühen 18. Jahrhunderts gesellschaftlich

---

[4] Mattheson, *Der vollkommene Capellmeister*, S. 94.
[5] Ebd.
[6] Ebd.
[7] Vgl. ebd.: „Daher gibt es keine beständigere Sopran-Stimmen, als im weiblichen Geschlechte, welches diesen Falls wunderbahrlich Stand hält, ob man es gleich sonst Wanckelmuths beschuldigen will".
[8] Ebd., S. 99.

entscheidende Aspekte kommen in diesem Abschnitt zum Tragen: Zum einen besteht Mattheson auf einer ausreichenden Sprachkenntnis des Komponisten; einerseits geht es ihm um eine quasi poetologische Bildung („[...] so muß dennoch ein Componist in der eigentlichen Dicht-Kunst und ihren Grund-Sätzen, so viel immer möglich, **bewandert** seyn"[9]), andererseits ganz schlicht um Fremdsprachenkenntnisse: „Verstehet einer nun Latein und Poeterey, in besagtem Verstande, so soll er sich drittens befleißigen, die Frantzösische, vornehmlich aber die Welsche Sprache auf solche Maasse zu fassen, daß er sie verdolmetschen könne. Und da es auch billig, daß ein Capellmeister ein *galant homme* sey, so ist nicht leicht abzusehen, wie diese Eigenschafft, heutigen Tages, ohne beide gedachte Sprachen behauptet werden möge."[10] Mattheson legt hier noch einmal Wert auf die Feststellung, daß für den Beruf des Musikers Gelehrsamkeit vonnöten (und umgekehrt für den *galant homme* auch als *vollkommener Capellmeister* musikalische Bildung wichtig) ist: „Die Music ist ein ansehnlicher Theil der Gelehrsamkeit, und eine der Theologie am nähesten tretende Wissenschafft, wie Luther behauptet; sie kan daher der Schule keines Weges müßig gehen"[11].

Mattheson empfiehlt seinem galanten Idealbild drei Dinge: „Also sind diese drey letzt-erwehnte Stücke, nehmlich: das **Naturell**, die **Lust**, und der **Fleiß** einem Componisten und Vorgesetzten auf unzertrennliche Art höchst-nöthig und erforderlich"[12] – drei Elemente, von denen am ehesten die beiden erstgenannten zur Perzeption und Konzeption von Musik bzw. einer Melodie, um die es ja vordergründig geht, unerläßlich sind. Die von Mattheson darüber hinaus geforderten Eigenschaften eines „Music-Vorstehers" (womit nichts anderes als der „Capellmeister" des Titels gemeint sein kann) erstrecken sich über die tradierten Ausbildungsbereiche: Er fordert, daß ein Komponist singen[13] und

---

[9] Ebd., S. 101.
[10] Ebd.
[11] Ebd., S. 103.
[12] Ebd., S. 108.
[13] Ebd., S. 104-105: „Es gibt viele Componisten, die entweder aus Nachläßigkeit ihrer Anführer, oder aus Abgang der Stimme, nicht zum **Singen** gehalten worden sind; wie sehr sie aber dabey zu kurtz kommen, und wie sauer ihnen ihre Geburten werden müssen, das kan man leicht ermessen". In diesem Zusammenhang findet sich ein erneuter Hinweis auf eine Begründung des Melodieprimats bei Mattheson: „§.41. Alle Stimmen und Parteyen, sowol oben und unten, als in der Mitte einer Harmonie, müssen, **nach ihrer gebührenden Art**, ein gewisses *Cantabile* aufweisen, und so beschaffen seyn, daß sie sich füglich, ohne Zwang und Wiederwärtigkeit, obwol nicht alle in gleicher

Instrumente spielen können muß – bevorzugt ein Tasteninstrument, aber „dem ungeachtet soll man sich auch mit allen andern gebräuchlichen Instrumenten überhaupt wol bekannt machen"[14]. Hervorgehoben wird außerdem die Kenntnis des Generalbasses. Der Aufbau dieses zweiten Einführungskapitels gestaltet sich in der Übersicht wie folgt:

Zusätzliche notwendige Eigenschaften des Music-Vorstehers und Componisten

1. Lateinkenntnisse, Kenntnisse des Französischen und besonders des Italienischen (§§. 6-7, 12-18.)
2. Kenntnisse der Dichtkunst (§§. 8-11.)
3. Kenntnis des Generalbaßspiels (§§. 33-35.)
4. Die Fähigkeit zu singen (§§. 38.-44.)
5. Die Fertigkeit, mehrere Instrumente, insbesondere aber das Clavier zu spielen (§§. 45.-48.)
6. Ein gutes Naturell (§§. 49.-54.)
7. Ein munteres, aufgeräumtes, unverdrossenes, arbeitsames und thätiges Wesen (§§. 55.-60.)
8. Fleiß (§§. 61.-63.)
9. Kenntnisse der Affektenlehre (§§. 64.-68.)

Der Inhalt dieses zweiten einführenden Hauptstücks ist so eindeutig wie verwirrend: Mattheson stellt mit diesem Kapitel den *Vollkommenen Capellmeister* in eine Traditionslinie mit den *Orchestre*-Schriften aus dem ersten Jahrzehnt des 18. Jahrhunderts, deren Publikum der *galant homme* ist; *Das Neu-Eröffnete Orchestre* ist – wie aufgezeigt – eine neuartige Lehrschrift für ein sich neuerdings entwickelndes, bürgerliches Publikum. Der *Vollkommene Capellmeister* erweist sich nach der Lektüre des Kapitels „Von den Eigenschafften eines Music-Vorstehers und Componisten, die er ausser seiner eigentlichen Kunst besitzen muß" eindeutig als Nachfolgeschrift in Hinsicht auf das zu erreichende Publikum. Problematisch erscheint allerdings die Stellung dieser Bestimmung im Werk selbst: Ein Platz im Einleitungsteil der Schrift wie in der Arbeit von 1713 wäre systematisch überzeugender. Da der erste Teil des *Vollkommenen Capellmeisters* aber in erster Linie und nahezu ausschließlich Grundlagen des Tonsystems behandelt, ist der von Mattheson tatsächlich gewählte Platz zu Beginn des zweiten Teils aus

---

Schönheit, singen lassen: und wenn die Sätze auch nur blossen Instrumenten gewidmet wären" (Ebd., S. 105).
[14] Ebd., S. 106.

zwei Gründen zu vertreten: Erstens fügt sich das Kapitel inhaltlich sinnvoller in die Struktur des zweiten Teils der Schrift (auch wenn es systematisch kühn erscheint, die Zuweisung an ein bestimmtes Publikum erst in der Mitte einer Schrift so expressis verbis festzustellen wie hier); zweitens legt Mattheson dem *Capellmeister* die Melodielehre als eigentliches Zentrum schon rein räumlich besonders nahe. Dieser zweite Grund mag auch für die Plazierung des ersten Einführungskapitels „Von der Untersuchung und Pflege menschlicher Stimme" gelten.

Das dritte Kapitel des zweiten Teils, „Von der Kunst zierlich zu singen und zu spielen" überschrieben, wirft in Hinsicht auf seine Stellung im Werk ähnliche Fragen auf wie die vorangehenden. Mattheson geht es um die *„Modulatoria"*[15], also um die „zierliche Handhabung" von Stimme und Instrument (*„Modulatoria(m) vocal[is] & instrumental[is]"*[16]): „Wir wenden uns also vorzüglich zu der eigentlichen und rechten Wissenschafft eines geschickten Sängers, welche lehret, **wie man seine Stimme zierlich und auf das angenehmste führen soll**"[17] – um die Lehre von den Manieren. Die Definition dieses Terminus findet sich nach einer kurzen Einleitung in einer Fußnote zu §. 7.: „Die sogenannten Manieren in der Ton-Kunst hiessen vormahls mit ihrem Kunst-Nahmen Coloraturen oder Figuren, wurden auch nicht gar unrecht in einfache, zusammengesetzte und vermischte getheilet, welches, wenn man ein eigenes Werck davon schreiben wollte, ebenfalls zu beobachten stünde"[18]. Dies ist allerdings nicht Matthesons Bestreben: Das Gebiet der Verzierungen ist ständigem Wandel unterzogen, wie Mattheson selbst bemerkt[19]; er äußert sich im Rahmen

---

[15] Ebd., S. 109; vgl. Wolfgang Caspar Printz, *Compendium musicae signatoriae & modulatoriae vocalis, das ist: Kurtzer Begriff aller derjeniger Sachen, so einem, der die Vocal-Music lernen will, zu wissen von nöthen seyn [...]*, Dresden 1698, Dresden und Leipzig 1714, Nachdruck Hildesheim und New York 1974, S. 34.

[16] Mattheson, *Der vollkommene Capellmeister*, S. 109.

[17] Ebd., S. 110.

[18] Ebd.

[19] Vgl. Mattheson, *Kern*, S. 143: „Allein, da sich die Sachen fast jährlich ändern, und die alten *tremoli, groppi, circoli, tirate* &c. nicht mehr Stich halten wollen, eine andre Gestalt gewinnen, oder auch neuern Moden Platz machen müssen: so siehet man solche Vorschrifften fast mitleidend an [...]" bzw. Johann Mattheson, *Melotheta, das ist Der grundrichtige, nach jetziger neuesten Manier angeführte Componist Wie derselbige in einem Collegio vorgetragen wurde*, Hamburg 1721, Ms. Staatsbibliothek zu Berlin, Mus. ms. autogr. theor. J. Mattheson, S. 165, und *Der vollkommene Capellmeister*, S. 244.

des *Vollkommenen Capellmeisters* allerdings noch ein weiteres Mal zu diesem Thema, nämlich im vierzehnten Kapitel des zweiten Teils, überschrieben „Von der Melodien Einrichtung, Ausarbeitung und Zierde"[20] – allerdings unter dem Aspekt der *executio*.

Das dritte Kapitel des zweiten Hauptstücks ist in zwei Teile gegliedert: Bevor Mattheson sich ausführlich zu Einzelaspekten der Verzierungslehre äußert, geht es ihm um Unvollkommenheiten im Gesang, die primär ausgeräumt werden müssen, bevor sekundär ausgeziert werden kann – „ehe wir nun den Schmuck, der sowol eine grosse Fertigkeit als Bescheidenheit des Sängers erfordert, vor uns nehmen, wollen wir vorher die Fehler in der *Modulatoria* ein wenig besehen, als die [...] doch aber auch nothwendig aus dem Wege geräumt werden müssen, ehe und bevor etwas zierliches zu Marckte gebracht werden kan"[21]. Mattheson führt insgesamt sieben „Mängel und Gebrechen" (§§. 10-16.) ins Feld, darunter falsches Atmen, Verschlucken des Textes, Näseln usw. Der zweite Teil (ab §. 18.) beinhaltet die eigentliche Verzierungslehre. Mattheson ist fern davon, ein Kompendium der in den dreißiger Jahren des 18. Jahrhunderts gebräuchlichsten Manieren abzuliefern – aufgrund der ständigen, modebedingten Veränderungen der Materie und ihrer Elemente erschient dies ohnehin unmöglich; er bezieht sich auf Finck[22] und Heinichen[23], wenn er schreibt: „§. 18. Von den eigentlichen Manieren im Singen und Spielen läßt sich eben nicht sehr viel gewisses sagen. [...] §. 19. **Heinichen** schreibt hievon folgendes: ‚Die Manieren oder musicalische Zierrathen sind unzehlich, und verändern sich nach dem Geschmack (**eines iedweden**) und (**eigner**) Erfahrung.'"[24] Mattheson beschränkt sich darauf, im Hauptteil des Kapitels nur die wichtigsten Manieren anzuführen[25]. Die vokale Verzierungskunst betrachtet

---

[20] Vgl. auch Hans Turnow, *Die Verzierungskunst aus Matthesons Sicht*, in: George J. Buelow und Hans Joachim Marx (Hg.), *New Mattheson Studies*, Cambridge 1983, S. 269.

[21] Mattheson, *Der vollkommene Capellmeister*, S. 110.

[22] Hermann Finck, *Practica musica [...]*, Wittenberg 1556, Nachdruck Bologna 1969; vgl. Mattheson, *Der vollkommene Capellmeister*, S. 111.

[23] Johann David Heinichen, *Der General-Baß in der Composition [...]*, Dresden 1728, Nachdruck Hildesheim und New York 1969; vgl. Mattheson, *Der vollkommene Capellmeister*, S. 112.

[24] Ebd.; vgl. Heinichen, *General-Baß*, S. 522.

[25] „§. 20. Damit wir aber dennoch gewisse besondre Zierrathen, die noch so ziemlich Stand halten, und eben nicht auf eines **jedweden eigene** Erfahrung und Geschmack lediglich ankommen, allhier anführen [...]." (Mattheson, *Der vollkommene Capellmeister*, S. 112; vgl. auch die zusammenfassenden

Matttheson bis zu einem gewissen Grad auch für die *Modulatoria instrumentalis* als verbindlich, er fügt aber hinzu: „[...] es läßt sich aber hergegen auch vieles gar füglich spielen, das im Singen nicht die geringste gute Art haben würde. Daraus erhellet sodann die Nothwendigkeit und der Nutz dieses Unterschiedes"[26]. Die Verzierung des Notentextes macht Mattheson in erster Linie vom technischen Können und dem Urteilsvermögen des Ausführenden abhängig[27] – daher auch die lange Einleitung dieses Kapitels.

Modelle für Manieren können immer nur unangemessen bleiben – Interpretation ist nach Mattheson eben in erster Linie eine Sache des Geschmacks und daher ständigem Wechsel unterworfen. So fällt das Kapitel über Ornamentierung im Rahmen dieses zweiten Teils des *Vollkommenen Capellmeisters* unter das ästhetische Postulat Matthesons, daß Regeln für diesen Teil der Aufführungspraxis nicht gegeben und folgerichtig auch nicht beachtet werden können[28]. Auch im Hinblick auf die in diesen Zusammenhang gehörende Figurenlehre ist eine gewisse Unvollständigkeit nicht zu übersehen – im Gegensatz zu der Arbeit Christoph Bernhards liegt das Interesse Matthesons auch offensichtlich nicht im Dissonanzgebrauch, sondern hier lediglich bei der Verzierung von Einzelnoten: Alle angeführten Beispiele sind einstimmig und dadurch unabhängig von jeglichem harmonischen

---

Darstellungen zur Verzierungskunst aus Matthesons Sicht bei Frederick Neumann, *Mattheson on performance practice*, in: George J. Buelow und Hans Joachim Marx (Hg.), *New Mattheson Studies*, Cambridge 1983, S. 257-268 (besonders S. 264-268), und Hans Turnow, *Die Verzierungskunst aus Matthesons Sicht*, in: George J. Buelow und Hans Joachim Marx (Hg.), *New Mattheson Studies*, Cambridge 1983, S. 269-289). Turnow, der die Manieren Matthesons systematisch ordnet, fügt die „Ribattutta" hinter seine Ausführungen zum „Trillo" (*Verzierungskunst*, S. 280/281); Matthesons Stellung für diese Auszierung in seiner Darstellung erscheint aber durchaus angebracht, denn er geht von ihrem praktischen Gebrauch, also in Hinsicht auf die Paarung mit der „Tenuta" aus: „Die **Tenuta**, deren wir oben erwehnet, wird gar füglich mit einer **Ribattutta** angefangen [...]" (Mattheson, *Der vollkommene Capellmeister*, S. 118); vorzuwerfen ist ihm auch nicht die scheinbar unsystematische Einfügung von Groppo, Circolo mezzo und Tirata, die er vom Trillo abgehoben sehen möchte (vgl. ebd., S. 115).

[26] Ebd., S. 109; vgl. Turnow, *Verzierungskunst*, S. 270.

[27] Vgl. ebd.

[28] Frederick Neumann bemerkt dazu folgerichtig: „Much stiffness and outright unmusicality in today's performances of early music is due to a far too literal interpretation of rules found in old treatises" (*performance practice*, S. 267).

Zusammenhang[29]. Abschließend zu fragen ist aber, inwiefern die Stellung dieses Kapitels im *Vollkommenen Capellmeister* zwischen Einführungskapitel und eigentlicher Melodielehre systematisch zu rechtfertigen ist. Das Kapitel schließt sich grundsätzlich logisch an das erste Hauptstück, „Von der Untersuchung und Pflege menschlicher Stimme", an: Das erste Kapitel endet mit Ratschlägen zur Stimmpflege, wobei es kaum Divergenzen inhaltlicher Art zwischen dem Ende des ersten und dem ersten Teil des dritten Kapitels gibt. Die letzten Paragraphen des ersten Hauptstücks beinhalten eine „kurtze Vorstellung einiger wichtigen, zur Phonascie oder Stimm-Pflege gehörigen Dinge"[30] wie die Empfehlungen, beim Singen nicht „gar zu gemächlich zurückgelehnet" zu sitzen (§. 28.) oder das Gesicht nicht allzu weit abzuwenden (§. 29.), da darunter das Verständnis leide. Die ersten Paragraphen des dritten Kapitels nach der internen Einführung nun – namentlich die §§. 10 bis 17. – schließen an diese Fehlerbekämpfung insofern an, als sie erneut auf die Stimmpflege eingehen, allerdings hier eher in ästhetischer, weniger in physiologischer Hinsicht. Möglicherweise wurde das zweite Kapitel „Von den Eigenschafften eines Music-Vorstehers und Componisten" zwischen zwei Kapitel, die sich erstens mit der Pflege der menschlichen Stimme und zweitens mit der „manierlichen" Interpretation beschäftigen, eingeschoben; festzuhalten bleibt aber, daß sich diese drei Kapitel (sowohl die beiden „aufführungspraktischen" als auch das Kapitel mit der Zuweisung an eine bürgerliche Leserschicht – den *galant homme*) einführend zur eigentlichen und nun direkt anschließend abgehandelten Melodielehre verhalten und darüber hinaus thematisch kaum dem ersten Buch „Von der wissenschaftlichen Betrachtung der zur völligen Ton-Lehre nöthigen Dinge" zugeschlagen werden könnten.

2. Melodielehre und Topik

Nach drei einführenden Kapiteln beginnt mit dem vierten Hauptstück, „Von der melodischen Erfindung" überschrieben, der zentrale Teil des *Vollkommenen Capellmeisters*, der einerseits die Melodielehre thematisiert, andererseits aber auch die für die Musiktheorie Matthesons insgesamt gültigen Aspekte zusammenfassend formuliert; betroffen sind in den folgenden Abschnitten neben der Melodielehre vor allem die Rhetorik, aber auch die Incisionslehre und die Gattungslehre. Man kann

---

[29] Vgl. Dietrich Bartel, *Handbuch der musikalischen Figurenlehre*, Laaber 1985, S. 51.
[30] Mattheson, *Der vollkommene Capellmeister*, S. 99.

(mit Andreas Liebert[31]) feststellen, daß die ersten drei tradierten Arbeitsgänge *inventio – elaboratio – decoratio* zu einem überwiegenden Teil den Aufbau dieses zweiten Teils strukturieren, denn es ist kaum übertrieben, wenn man behauptet, daß die Kapitel 4 bis 13 **insgesamt** der *inventio* zuzuordnen sind, der sich im 14. Kapitel („Von der Melodien Einrichtung, Ausarbeitung und Zierde") *dispositio* und *elocutio* (*elaboratio* und *decoratio*) anschließen[32] – allerdings darf man zu den *inventio*-Kapiteln streng genommen **am wenigsten** dasjenige zur melodischen Erfindung rechnen, mit dem die eigentliche Erörterung beginnt! Die drei am Ende des dritten Teils stehenden Kapitel zur Instrumentenkunde („Vier und zwantzgistes Haupt-Stück. Von Verfertigung und Beschaffenheit der Instrumente, absonderlich der Orgeln") und Interpretation („Fünf und zwanzigstes Hauptstück. Von der Spiel-Kunst" bzw. „Sechs und zwanzigstes Hauptstück. Von der Regierung, An- Auf- und Ausführung einer Musik") können schließlich als Elemente der *executio* (bzw. *actio* oder *pronuntiatio*) gedeutet werden.

2.1. Der Aufbau der Topik

Das vierte Haupt-Stück beinhaltet die Abhandlung des für die Melodielehre Matthesons zentralen Begriffs der *inventio*, der Erfindungslehre. Die traditionelle Trias dieses Aspektes mit der *elaboratio* und schließlich der anschließenden Aufführung, der Interpretation bzw. *executio*, auf die Mattheson schon im *Neu-Eröffneten Orchestre* hinweist[33], wird insofern im *Vollkommenen Capellmeister* (und den direkten Vorgängerwerken) modifiziert, als die *elaboratio* im *Capellmeister* auf knappem Raum behandelt ist – neben der traditionellen Ausarbeitung, im Rahmen der im dritten Teil behandelten Satzlehre, steht als neue Errungenschaft und nahezu gleichgestellt jetzt die Melodielehre; zugespitzt läßt sich die

---

[31] *Rhetorik*, S. 40/41.

[32] Vgl. ebd., S. 40: „Der Arbeitsgang der ‚Execution' wird dann am Schluß des Buches, im Kapitel ‚Von der Regierung, An= Auf= und Ausführung einer Musik' thematisiert".

[33] Hier findet sich auch der Hinweis auf die Verwandtschaft dieser Dreiteilung mit der Rhetorik: „Es gehören sonst zu einer *Composition* deryerley: *Inventio*, (Die Erfindung) *Elaboratio*, (Die Ausarbeitung) *Executio*, (die Ausführung oder Aufführung) welches eine ziemlich nahe Verwandschafft mit der *Oratorie* oder *Rhetorique* (Rede=Kunst) an den Tag leget; Die beyden letzten Stücke können erlernet werden; zum letzten hat sich noch kein tüchtiger *Maitre* [...] finden wollen" (Mattheson, *Das Neu-Eröffnete Orchestre*, S. 104).

Melodielehre (der Logik im Aufbau der Schrift Matthesons folgend) als eigentliche Voraussetzung der Satzlehre verstehen. Auf diese Sukzession kommt Mattheson zu sprechen, wenn es um die Einteilung der Inventionslehre geht: „§. 13. Wenn nun hier eine fernere lehrreiche Betrachtung von der Erfindungs-Kunst angestellet werden soll, so wird zuvörderst nöthig seyn darzuthun, daß dieselbe Kunst drey unzertrennliche Gefährten haben müsse, ohne welche auch die allerschönsten Einfälle von schlechter Würde sind. Diese drey heissen: *Dispositio, Elaboratio & Decoratio*, d.i. die geschickte **Einrichtung**, fleißige **Ausarbeitung** und gescheute **Schmückung** des melodischen Wercks: wovon im vierzehnten Capitel dieses zweiten Theils, von der *Execution* aber, d.i. von der wircklichen Auf- und Ausführung im allerletzten Haupt-Stücke des dritten Theils gehandelt werden soll."[34] Dem Zeitstil gemäß tritt hier zu *inventio* und *elaboratio* die *decoratio* hinzu – ein anschauliches Beispiel für den deutlichen Fortschritt in der zeitgemäßen Durchsetzung einer theoretischen Schrift und der immer stärkeren Emanzipation von der Tradition seit der frühen *Orchestre*-Phase[35]. Die Begriffe der Rhetorik sind also für das Musikdenken konstitutiv: Matthesons konsequente Übertragung dieser klassischen Arbeitsgänge in das Gebiet der Musik bezeichnet über die begriffliche Analogie hinaus auch konkrete Inhalte.

Gleich zu Beginn des Kapitels „Von der melodischen Erfindung" räumt Mattheson ein: „Die Erfindung läßt sich leichter beschreiben, als lehren und lernen. [...] Das meiste kommt auf eine angebohrne Gemüths-Beschaffenheit und glückliche Einrichtung der Fächer im Gehirne an. Es liegt auch nicht wenig an der Zeit, und an der guten Laune, wenn einer etwas rechtes erfinden soll."[36] Die einführenden Paragraphen (§§. 1-13.) befassen sich deshalb mit der Frage, inwiefern die *inventio* lehrbar ist. Mattheson weist zunächst auf die drei elementaren Aspekte der

---

[34] Mattheson, *Der vollkommene Capellmeister*, S. 122.
[35] Wulf Arlt (*Zur Handhabung der „inventio" in der deutschen Musiklehre des frühen achtzehnten Jahrhunderts*, in: George J. Buelow und Hans Joachim Marx (Hg.), *New Mattheson Studies*, Cambridge 1983, S. 377) weist darauf hin, daß von den verschiedenen Schemata, die aus der Rhetorik in die Musiklehre mit unterschiedlichen Umformulierungen übernommen worden sind, vor allem die Reihung *inventio – dispositio – elocutio* als *inventio – elaboratio – executio* bekannt war; nach Liebert (*Rhetorik*, S. 35) ist hier der Reihung *inventio – dispositio – elaboratio* (den *Praecepta* Johann Gottfried Walthers entsprechend) zu folgen. Das umfassendste Schema dieser Art ist fünf- bis sechsstufig (vgl. Hartmut Krones, Art. *Musik und Rhetorik*, in: MGG² Sachteil Bd. 6 [1997], Sp. 823).
[36] Mattheson, *Der vollkommene Capellmeister*, S. 121.

Inventionslehre Thema, Modus und Takt hin[37] (und auf die Möglichkeit, sich eine kleine „Sammlung" feiner „Gänge und Modulirungen"[38] anzulegen), bevor er sich (ab §. 19.) den überlieferten *loci topici* zuwendet – „bisweilen **ziemlich artige** Hülffs-Mittel zum Erfinden, eben sowol in der melodischen Setz-Kunst, als im Dichten und Reden"[39]. Eine Sonderrolle im Zusammenhang spielt allerdings der §. 5: „Hingegen kömt bisweilen, ohne grosses Nachsinnen, gantz unschuldiger und natürlicher Weise ein Einfall, der unvergleichlich ist. Solchen Augenblick muß man alsdenn nicht vergeblich vorbey streichen lassen, sondern sich denselben wol zu Nutz machen"[40]. Die von Mattheson hier erwähnte Möglichkeit, einen plötzlichen Gedanken – im 19. Jahrhundert die „Idee", hier der „Einfall" – als Grundlage einer Komposition bzw. einer Melodie zu nutzen, widerspricht der weniger kreativ als vor allem katalogisierend-verarbeitend gehaltenen Topik und bringt eine vollkommen neue Nuance in den von Mattheson erarbeiteten Katalog.

Im antiken Lehrgebäude der Rhetorik bildete die Topik eine Art „Vorratsmagazin", in welchem man Gedanken allgemeiner sowie speziellerer Art „finden" konnte: „Dieses ‚Finden' ging durch Aufsuchen bzw. Abfragen der einzelnen ‚Örter' (*loci*) des Raumes vor sich, woher die Bezeichnung *inventio* (wörtl. Findung) stammt"[41]. Mattheson übernimmt die *loci* in erster Linie aus Christoph Weißenborns *Einleitung zur Teutschen und Lateinischen Oratorie*[42], deren Reihenfolge in der

---

[37] „Das erste, was bey einer musicalischen Erfindung in Betracht gezogen wird, bestehet hiernächst in diesen dreien Dingen: *Thema, Modus, Tactus*; d.i. Haupt-Satz, Ton-Art, Zeitmasse, die müssen vornehmlich wol erwehlet und festgesetzet werden, ehe man an etwas weiters gedencken darff; es mag auch die Absicht sonst gehen, worauf sie will" (ebd.).

[38] Ebd., S. 123.

[39] Ebd.; zu Matthesons Behandlung der *loci topici* vgl. Wulf Arlt, *Zur Handhabung der „inventio" in der deutschen Musiklehre des frühen achtzehnten Jahrhunderts*, in: George J. Buelow und Hans Joachim Marx (Hg.), *New Mattheson Studies*, Cambridge 1983, S. 371-391.

[40] Mattheson, *Der vollkommene Capellmeister*, S. 121.

[41] Krones, Art. *Musik und Rhetorik*, Sp. 823.

[42] Christoph Weißenborn, *Gründliche Anleitung zur Teutschen und Lateinischen Oratorie und Poesie. Welche nach dem Vorgange, so wohl der Alten, als sonderlich der Neuesten Redner und Poeten, Durch deutliche Reguln und Exempel Frag- und Antworts-weise der studirenden Jugend zum Besten ausgeführet* [...], Dresden und Leipzig 1731 [recte 1713, vgl. Klassen, *Musikalisch-rhetorische Figuren*, S. 190]; vgl. Mattheson, *Der vollkommene Capellmeister*, S. 124, Fußnote: „S. M. Christoph **Weissenborns** gründliche Einleitung zur Teutschen und Lateinischen Oratorie etc., p. 233". Göttert

Behandlung der *loci* Mattheson auch aufgreift[43]. Überhaupt korrespondiert Matthesons Thematisierung der einzelnen *loci* genau mit dem Kanon der rhetorischen Semantik, wie er im 18. Jahrhundert noch allenthalben anzutreffen ist[44]; Mattheson bezieht sich denn auch auf Heinichens *Neu erfundene und gründliche Anweisung*[45]. Mattheson räumt ein, daß die *loci* „[...] einem übelgebohrnen Componisten keine wesentliche Erfindungen geben können"[46]. Als reichste Quelle steht am Beginn seiner Ausführungen der *locus notationis* (§§. 25-42.): „Gestalt und Stelle der Noten, als Klang-Buchstaben, [führen uns] zu schier unzehligen Veränderungen"[47], unter denen vier zu unterscheiden sind. Die erste Art der Veränderungen, die „Geltung der Noten" („ein weites Feld"[48]), betrifft die rhythmische Gestaltung eines Themas (unter Zuhilfenahme der *ars combinatoria*), die zweite die Umkehrung (nach Mattheson auch *evolutio* oder *eversio*) der diastematischen Folge; als dritten Weg erwähnt er die Wiederholungen im allgemeinen (auch *clausulae synonymae* oder „Wiederschlag", nämlich die Wiederholung auf anderer Tonhöhe – eine Umschreibung der sequenzierenden Melodiegestaltung). Die vierte Art „[...] ist aus der canonischen Schreib-Art hergenommen, und von ungemeiner Würde"[49] – es handelt sich hier nicht primär um die Beschreibung der Erfindung einer Einzelstimme im Sinne einer Melodie, sondern schon um die Ausgestaltung eines

---

(*Rhetorik*, S. 281) weist darauf hin, daß Weißenborn die Topik in nur sechs Zeilen abhandelt; er kann kaum als bedeutende Quelle für die Ausführungen Matthesons gelten.

[43] Arlt (*inventio*, S. 379, Fußnote 13) weist darauf hin, daß Weissenborns Aufzählung – mit zum Teil anderen Bezeichnungen – auch dem *Politischen Redner* Christian Weises von 1677 entspricht.

[44] Vgl. Liebert, *Rhetorik*, S. 146, bzw. Rainer Klassen, *Logik und Rhetorik der frühen deutschen Aufklärung*, München 1973 (phil. Diss.).

[45] Johann David Heinichen, *Neu erfundene und gründliche Anweisung, wie ein Music-Liebender auff gewisse vortheilhafftige Arth könne zu vollkommener Erlernung des General-Basses [...] gelangen [...]*, Hamburg 1711 (Nachdruck Kassel 2000), insbesondere S. 30-88 (vgl. Mattheson, *Der vollkommene Capellmeister*, S, 123). Zum Unterschied zwischen den Positionen Heinichens (*Der General-Baß*), Kuhnaus (*Texte zur Leipziger Kirchen-Music*, 1709) und Niedts (*Musicalische Handleitung*) einerseits und Matthesons andererseits vgl. Arlt, *inventio*, S. 377-379 und S. 382-391; s. auch George J. Buelow, *The Loci Topici*, in: MR 27 (1966), S. 161-176.

[46] Mattheson, *Der vollkommene Capellmeister*, S. 123; Mattheson schlägt die in seinen Augen angemessenere Bezeichnung „dialectisch" statt „topisch" vor.

[47] Ebd., S. 124.

[48] Ebd.

[49] Ebd., S. 125.

offensichtlich mehrstimmigen Satzes, allerdings nicht im strengen Kanon, sondern im Rahmen einer Imitation, wie das zugehörige Notenbeispiel ausweist[50].

„Die blosse Notation [kann] einen Haupt-Satz nicht nur an die Hand geben, sondern ihn ziemlich weit ausführen"[51] – das ist die Quintessenz der Behandlung des *locus notationis* bei Mattheson, der den weitesten Raum im Rahmen dieses Kapitels beansprucht. Der zweite von Mattheson erwähnte *Locus*, der *locus descriptionis*, wird von ihm als besonders hervorhebenswert betrachtet: Dieser „gibt uns zu bemercken, daß er zwar, nächst dem ersten, die reicheste Qvelle, ja gar, meines wenigen Erachtens, die sicherste und wesentlichste Handleitung zur Invention darlege, indem hieher das unergründlich-genannte Meer von den menschlichen Gemüths-Neigungen gehöret, wenn diese in Noten **beschrieben** oder abgemahlet werden sollen; allein, eben wegen der Menge und Beschaffenheit solcher vielfältigen und vermischten Leidenschafften lassen sich von diesem Beschreibungs-Orte lange nicht so viele deutliche und besondere Regeln geben, als von dem vorigen"[52]. Tatsächlich behandelt Mattheson den *locus descriptionis* auf weitaus knapperem Raum (§§. 43-47.) als den vorangegangenen *locus notationis*; von großer Bedeutung ist aber in diesem Zusammenhang die Nennung der Affekte, die für die Invention scheinbar eine nicht zu übertreffende Bedeutung besitzen. Hier zitiert Mattheson Johann Georg Neidhart[53]: „**der Music Endzweck ist, alle Affecten, durch die blossen Tone und deren *rhythmum* trotz dem besten Redner, rege zu machen.** Und das gehört zum Beschreibungs-Orte der Erfindung."[54]

> Der *locus descriptionis* mag als Fallbeispiel hier kurz dargestellt sein, da Mattheson auf diesen Topos besonders viel Wert legt – auch wenn der diesem *locus* eingeräumte Platz verhältnismäßig klein ausfällt; der

---

[50] Vgl. ebd.: „Hier, bey der Erfindungs-Lehre, haben wir eben nicht mit einem förmlichen Canon zu thun; sondern nur mit einer gewissen canonischen Nachahmung, da eine Stimme der andern, in dem was sowol die Geltung der Noten, als die Intervalle betrifft, zwar richtig, doch mit solcher Freiheit auf dem Fusse folget, daß sie sich eben allemahl an den Thon nicht bindet."

[51] Ebd.

[52] Ebd., S. 127.

[53] Vermutlich seine *Gäntzlich erschöpfte, mathematische Abtheilungen des diatonisch-chromatischen, temrperirten Canonis Monochordi*, Königsberg 1732; vgl. Mark Lindley, *Stimmung und Temperatur*, in: Frieder Zaminer (Hg.), *Hören, Messen, Rechnen in der frühen Neuzeit*, Darmstadt 1987 (Geschichte der Musiktheorie Bd. 6), S. 265-267.

[54] Mattheson, *Der vollkommene Capellmeister*, S. 127.

Umgang Matthesons mit dem Terminus und seiner Bedeutung für ihn ist für die Topik Matthesons jedoch typisch zu nennen. Die *loci communes* sind schon seit Cicero unerläßlicher Bestandteil der Rhetorik, der Zusammenhang der Topik mit der *descriptio* ist ebenfalls alt: So greift etwa Matthias von Vendôme im 13. Jahrhundert in einem von der *descriptio* als Beschreibung von Personen und Orten handelnden Teil seiner *Ars versificatoria* auf die rhetorische Lehre von den *loci* zurück[55]. Das „unergründlich-genannte Meer von den menschlichen Gemüths-Neigungen", die in der Musik geschildert werden, bildet in Matthesons eigener Darstellung die Grundlage für diesen Topos; Regeln seien allerdings kaum anzugeben, da die Vielzahl der Leidenschaften übermäßig weite Rahmenbedingungen setze. Mattheson weist zugleich darauf hin, daß zu diesen „Beschreibungen der **Affecten**" nicht nur der Text in der Vokalmusik wohl zu beachten ist, sondern gleichermaßen auch die Melodie Anteil am Affektausdruck des Zusammenhangs hat, „so daß die Instrumente, mittelst des Klanges, gleichsam einen redenden und verständlichen Vortrag machen"[56]. Diesem ersten Verweis auf den wichtigen Aspekt der Deutlichkeit, die im nächsten Kapitel noch näher ausgeführt wird, folgt allerdings auch das Zugeständnis, daß unter diesem Blickwinkel eine Komposition für Singstimmen leichter zu setzen ist als für Instrumente.

Die sich anschließende Erörterung der verbliebenen *loci topici* fällt auffallend kurz aus: „§. 48. Die noch übrigen *loci*, als da sind *generis & speciei, totius & partium* u. s. w. haben zwar auch ihren Nutzen bey der musicalischen Erfindung, wie wir bald sehen werden; doch ist derselbe so gar groß nicht, als ihn die beeden vorhergehenden Qvellen bringen"[57]. Zu den erstgenannten bemerkt der Autor denn auch nur, daß z.B. der Kontrapunkt (als Kunst des Tonsatzes) ein *genus*, eine Fuge hingegen eine *species* sei (§. 50.) – ein deutlicher Hinweis darauf, daß für Mattheson die Fuge nicht mehr nur eine Satztechnik, sondern auch und vor allem eine Form ist! Ein Musikstück als ganzes wiederum besteht aus Einzelstimmen (*partium*) (§§. 51-52). Der im allgemeinen in vier Teile zerfallende *locus causarum (causae efficientis* [bzw. *efficiens*], *materialis, formalis und finalis*) (§§. 53-69.)[58] wird von Mattheson nicht näher erklärt, sondern nur kurz angeführt, wobei der *causa materialis* die größte Kraft zur Verwirklichung einer *inventio* zugestanden wird: „§. 63. Derowegen ist die Materie *circa quam* iederzeit für eines der stärckesten Hüllfs-Mittel zur Erfindung anzusehen, indem es einen

---

[55] Vgl. Ueding und Steinbrink, *Grundriß*, S. 67.
[56] Mattheson, *Der vollkommene Capellmeister*, S. 127.
[57] Ebd.
[58] Vgl. ebd., S. 123 bzw. Fußnote.

Setzer ungemein aufmuntert und anlocket, wenn er bey seiner Arbeit weiß, daß sie durch diese oder jene grosse Virtuosen, durch trefflich-geschickte Leute herausgebracht und bewerckstelliget werden soll, nach denen er sich zu richten für die grösseste Lust und Freude hält"[59]. In Zusammenhang mit der *causa finalis* (auf die Überlegung zielend, vor welchem Zuhörerkreis und an welchem Ort eine Musik dargeboten werden soll) erwähnt Mattheson noch einmal die hohe Wertschätzung, die dem „Geschmack" in der Beurteilung einer Komposition zukommt: „Der **Endzweck** unserer musicalischen Arbeit ist, nächst GOttes Ehre, das Vergnügen und die Bewegung der Zuhörer. Habe ich nun etwa bey einem Fürstlichen Hofe zu thun, so gibt mir der Zustand desselben schon gute Gelegenheit, auf etwas zu sinnen, das mit dem daselbst herrschenden Geschmacke übereinkomme, dessen reife Erwegung viele Erfindungen herbey locken kan. [....] Wer aber fürs Theater arbeiten will, der bedarff, mehr als andre, die gesunde Vernunfft zu Rathe zu ziehen, und sich an keinen Leithammel zu kehren: denn daselbst muß billig nichts anders herrschen, als der **gute** Geschmack, und allen Vorurtheilen gute Nacht gesagt werden"[60]. In diesem Rahmen behandelt Mattheson auch den *locus effectorum* (§. 70.).

Mehr Raum erfährt der *locus adjunctorum* (§§. 71-76.), zu dem Mattheson auch „Literaturhinweise" liefert – er führt als Gewährsleute Froberger, Buxtehude und Weckmann an. Müssen beim *locus adjunctorum* Umstände „des Gemüths, des Leibes und des Glückes"[61] miteinbezogen werden, so treten beim *locus circumstantiarum* (§§. 77. und 78.) noch die **Umstände** der **Zeit**, des **Ortes**, der **vorhergegangenen, begleitenden, folgenden** und andrer Sachen dabei in Erwegung"[62]; Heinichens Betrachtung legt auf diesen *locus* ihren Schwerpunkt. Auch die folgenden *loci* werden von Mattheson mit nur einem, höchstens zwei Paragraphen bedacht: *locus comparationis* (§. 79.), *locus oppositorum* (§. 80.) („daraus [entspringen] fast unzehlige Erfindungen"[63]), *locus exemplorum* (§§. 81. und 82.) und *locus testimoniorum* (§. 83.). Zum letztgenannten bemerkt Mattheson: „Aus dem letzten *loco testimoniorum* ist in der Music der beste Nutz zu machen, wenn man ein von andern verfertigtes Lied, das sonst fast iedermann bekannt ist, so wie zu Exempel die Kirchen-Gesänge etc. auf

---

[59] Ebd., S. 129.
[60] Ebd., S. 129-130.
[61] Ebd., S. 130 (Fußnote): *„Adjuncta animi, corporis & fortunae."*
[62] Ebd., S. 131.
[63] Ebd.

gewisse Weise an- und einführet, daß es der vorhabenden Materie zum Zeugnisse oder zur Bekräftigung [...] diene"[64].

Zuletzt (im §. 85.) führt Mattheson die *inventio ex abrupto* (*„inopinato, quasi ex enthusiasmo musico"*) an, zu der ein Komponist gelangen könne, wenn er aufmerksam „eines vortrefflichen Componisten Arbeit" studiert und sich in eine Leidenschaft besonders vertieft; als dritten Aspekt in dieser Reihe führt Mattheson an: „3) Kan man auch in einer eintzigen Melodie verschiedene Erfindungen anbringen, und so zu reden fast augenblicklich, auf unerwartete Art, mit denselben abwechseln: welches die Zuhörer vergnüglich überraschet; wenn nur sonst dem Zusammenhange oder der Haupt-Absicht dadurch nicht zu nahe geschiehet."[65] Der Widerspruch in der Tatsache, daß auf kompositorisch-handwerkliche Ratschläge hier etwas völlig anderes folgt, ist symptomatisch für die Gestaltung des Kapitels „Von der Erfindung" – Wulf Arlt[66] weist darauf hin, daß dieser letzte Paragraph zu lesen ist als der Schluß über die *inventio* in der *Allerneuesten Art*: Der letzte *locus* ist aus einem völlig anderen Zusammenhang genommen – die Empfehlung, sich selbst in die jeweils darzustellende Leidenschaft zu vertiefen, wurde im frühen 18. Jahrhundert geradezu die Alternative zur Topik[67]; mit dem Betonen einer *inventio ex abrupto* fällt bereits der Naturgabe des *ingenium*, die sich für die Poetik des späteren 18. Jahrhunderts so bedeutend erweisen wird, ein wichtiges Augenmerk zu[68]. Die *inventio ex abrupto* läßt sich besonders in Beziehung setzen zum Naturbegriff Matthesons: Wenn das Ziel der Kunst und in ihr einbegriffen der Musik der Mensch ist, auf den die mathematische Theorie nicht ausreichend abgestimmt war und für den die Physik als „Leitwissenschaft" übergeordnete Gültigkeit erhalten wird, ist im Umkehrschluß der aus dem Augenblick gegriffene Einfall natürliche Komponente einer Komposition – vom Menschen als ein von außerhalb seiner selbst stehenden Regularien unabhängiger Komponist erdacht und damit als Grundlage des Kunstwerks legitimert. Das Beziehungsgeflecht im von Mattheson berührten Komplex läßt sich zudem weiter verfolgen im Zusammenhang der Stillehre: Der *Stylus phantasticus*, den Mattheson im zehnten Kapitel des ersten Teils als ein „Singen und Spielen, das aus freiem Geiste, oder, wie man sagt, *ex*

---

[64] Ebd., S. 132.
[65] Ebd.
[66] Vgl. Arlt, *inventio*, S. 384–385.
[67] Vgl. Göttert, *Rhetorik*, S. 282.
[68] Vgl. Krones, Art. *Musik und Rhetorik*, Sp. 823.

tempore, geschiehet"[69], weist schon in seiner Definition enge Konnotationen zur *inventio ex abrupto* auf.

Mattheson versucht, in seiner Konzeption des *stylus phantasticus* die Tradition der Gattung „Phantasie" mit einem neuen Begriff von Komposition zu verbinden. Die Tradition der Gattung, wie sie etwa bei Praetorius beschrieben ist[70], steht parallel zu etwa Kirchers Definition des *stylus phantasticus* als „kompositorische Freiheit": „Phantasticus stylus aptus instrumentis, est liberrima & solutissima componendi methodus, nullis, nec verbis, nec subiecto harmonico adstrictus ad ostentandum ingenium, & abditam harmoniae rationem, ingeniosque harmonicarum clausularum, fugarumque contextum docendum institutus"[71]. Kirchers Formulierung zielt dabei nicht auf einen einzigen musikalischen Stil: Kircher versucht vielmehr, Instrumentalmusik verschiedener Gattungen mit einem Sammelbegriff zu umfassen[72]. Mattheson schließt in seiner oben formulierten Definition des *Stylus phantasticus* zwar eng an Kircher an, ordnet aber zugleich – im Sinne seiner „Schreib-Arten" – den „phantastischen Stil" verschiedenen *Classen* zu. Seine Beschreibung bedeutet nicht „ein dialektisches Verhältnis konträrer Prinzipen", bei dem der kontrapunktische Satz und der Akzentstufentakt als „Hintergrund für die Entfaltung des Phantastischen" notwendig ist und eine „Folie der phantastischen Freiheit" bildet[73]: Die gleichrangige Nennung von Fantasia und Toccata im Zusammenhang des „phantastischen Stils" zeigt, „daß sich für ihn der Begriff ‚Fantasia' bereits von der strengen kontrapunktischen Form gelöst hat und zur Bezeichnung anderer Kompositionsformen freigeworden ist"[74]. In diesem Kontext ist die *inventio ex abrupto* als kreatives Bindeglied zu sehen, als kompositionshandwerkliches Hilfsmittel etwa für den *Stylus phantasticus*, aber auch für jede andere Art von Komposition.

---

[69] Mattheson, *Der vollkommene Capellmeister*, S. 87.

[70] Vgl. Dagmar Teepe, *Die Entwicklung der Fantasie für Tasteninstrumente im 16. und 17. Jahrhundert. Eine gattungsgeschichtliche Studie*, Kassel 1991 (Kieler Schriften zur Musikwissenschaft Bd. XXXVI), S. 20.

[71] Kircher, *Musurgia*, S. 585.

[72] Vgl. Matthias Schneider, *Buxtehudes Choralphantasien – Textdeutung oder „phantastischer Stil"?*, Kassel 1997, S. 37.

[73] Friedhelm Krummacher, *Stylus phantasticus und phantastische Musik. Kompositorische Verfahren in Toccaten von Frescobaldi und Buxtehude*, in: SJb 2 (1980), S. 22; vgl. Schneider, *Buxtehudes Choralphantasien*, S. 38.

[74] Ebd; vgl. Peter Schleuning, *Die Fantasie,* Bd. 1 (= Das Musikwerk, Bd. 42), Köln 1971, S.14.

2.2. Die Stellung der Topik im System Matthesons

Die „Lehre von den musikalisch-rhetorischen Figuren", wie das Phänomen erstmals bei Walther[75] beim Namen genannt wird, tritt heute mit einem außerordentlichen, universellen Geltungsanspruch auf – als Gründung des 20. Jahrhunderts, die einen genuin hermeneutischen Anspruch mit der Wiederentdeckung der „Figurenlehre" als Teil einer umgreifenderen „musikalischen Rhetorik" einbezieht[76]. Eben diese Auffassung des Apparats „Figurenlehre" hat enge Verbindungen zu der von Mattheson im *Vollkommenen Capellmeister* in einem eigenen Kapitel dargestellten Inventionslehre, die als *ars inveniendi* in der Rhetorik ihren festen Platz hat. Wie dargestellt, geht es in der Inventionslehre um die Möglichkeiten, einen Einfall mit bestimmten Techniken zur Vollendung zu bringen bzw. ihm schlicht etwas nachzuhelfen: Ausführlich stellt Mattheson die *loci topici* vor, die „mit stereotypen Verfahren beim Namen der Sache einsetzen, um die es geht, bei deren Definition, bei den Gründen, warum etwas geschieht, bei den ‚Umständen', bei der ‚Wirkung' und so fort"[77]. Die hohe Wertschätzung, die gerade diesem Element der „musikalischen Rhetorik" im *Vollkommenen Capellmeister* widerfährt, steht allerdings in krassem Gegensatz zu der Behandlung dieses Themas in der fünfundzwanzig Jahre früher veröffentlichten Schrift, dem *Neu-Eröffneten Orchestre*; Arlt erwähnt in seiner Studie die Frage, inwieweit es überhaupt möglich und sinnvoll sei, für das siebzehnte und frühe achtzehnte Jahrhundert von einer eigentlichen „musikalischen Inventionslehre" zu sprechen, und weist damit auf das übergeordnete Problem der Rekonstruktion eines umgreifenden Lehrgebäudes der „musikalischen Rhetorik" bzw. „musikalischen Oratorie" aus dem Rückgriff der Musiklehre auf die Fragen und Verfahren der Rhetorik hin[78]. Tatsächlich hängen – wie Arlt schließlich nachweist – diese Aspekte zusammen; zu klären ist aber vor allem, inwiefern die so grundlegende Veränderung von Matthesons Einstellung dem Objekt der Betrachtung gegenüber mit der Bestimmung der Adressatengruppe von *Neu-Eröffnetem Orchestre* einerseits und *Vollkommenem Capellmeister*

---

[75] Walther, *Lexicon*, Art. *Anaphora*, , S. 34; vgl. Oechsle, *Musica poetica*, S. 7.

[76] Vgl. Arlt, *inventio*, S. 371; zu Literaturhinweisen vgl. Oechsle, *Musica poetica*, S. 7. Liebert (*Rhetorik*, S. 21), stellt klar, daß es „die" musikalische Rhetorik nicht einmal ansatzweise als eigene Disziplin gegeben hat; auch wenn der Begriff „musicalische *Rhetoric*" allerdings bei Mattheson (im *Neu-Eröffneten Orchestre*, S. 106) erscheint.

[77] Arlt, *inventio*, S. 372.

[78] Ebd.

andererseits kongruiert und welche Auswirkungen dies auf die Melodielehre in ästhetischer Absicht hat.

Im ganzen 18. Jahrhundert ist der Terminus *Invention* ein zentraler Begriff der Kompositionslehre[79]: Der Lehrstoff der *ars inveniendi* kennzeichnet ein Verhältnis, das der Komponist zum Entstehungsvorgang seiner Musik einnimmt, und damit den rationalen Grundzug dieses Verhältnisses. Die der Erfindungsgabe zugrundeliegende Phantasie ist allerdings noch gebunden (und weist noch keine Konnotationen zum Geniebegriff des 19. Jahrhunderts auf): „Der Komponist bringt keine subjektiven Empfindungen zum Ausdruck. Er projiziert kein wie auch immer beschaffenes Erlebnis der individuellen Innerlichkeit in die Dimension der Musik"[80].

Die Frage nach der Erfindung in der Kunst ist eine Grundfrage in der Theorie der Kreativität – die Frage nämlich „nach dem Zusammenhang zwischen dem bereits Bekannten als der gleichsam vorgegebenen Wirklichkeit und dem durch Erfindung zu gewinnenden Neuen"[81]. Der Arbeitsschritt der *inventio* hat also eine übergeordnete Bedeutung in der Disposition, wobei in der Praxis allerdings die Schritte, das Fortschreiten von einem Arbeitsstadium zum anderen, nicht immer klar zu trennen sind[82]. Schon Platon differenziert eindeutig[83]; später (in der lateinischen Rhetorik) bezeichnet der Terminus *inventio* als Lehnübersetzung das Auffinden der Gedanken als produktiv-ausschöpfender Vorgang. Der Terminus *inventio* wird zuerst von Cicero in seinem Jugendwerk *De inventione* verwendet und wie folgt definiert: „Inventio est excogitatio rerum verarum aut veri similium quae causam probabilem reddant"[84]. Der Ausdruck *ars inveniendi* jedoch bleibt bis in die Neuzeit einer bestimmten inventiven Methode, nämlich der sogenannten Topik oder Dialektik vorbehalten, Methoden, die in der griechischen Mathematik der Antike entwickelt wurden: Angegeben werden die „Orte", die *loci topici*, die für bestimmte Zwecke und Teilaufgaben etwas Passendes bereithalten. Erstmals ausgeführt wurde die Topik bei Aristoteles. Die Gesamtmenge der Suchformeln wird nach Quintilian eingeteilt in die aus der Person und die aus der

---

[79] Vgl. Dammann, *Musikbegriff*, S. 116-120.

[80] Ebd., S. 116.

[81] Wolfgang Horn, Art. *Invention*, in: MGG² Sachteil Bd. 4 (1996), Sp. 1139.

[82] Vgl. Ueding und Steinbrink, *Grundlagen*, S. 195.

[83] Im *Phaidros* 236a; vgl. Anton Hügli, Art. *Invention, Erfindung, Entdeckung*, in: *Historisches Wörterbuch der Philosophie* Bd. 4, Darmstadt und Basel 1976, Sp. 548. Zur Entfaltung des Produktionsstadien-Systems im Lehrbuch vgl. den Beitrag zur *Rhetorik an Herennius* (um 84 v. Chr.) in: Joachim Knape, *Allgemeine Rhetorik. Stationen der Theoriegeschichte*, Stuttgart 2000, S. 61-90.

[84] Vgl. Manfred Kienpointner, Art. *Inventio*, in: Gert Ueding (Hg.), *Historisches Wörterbuch der Rhetorik* Bd. 4, Tübingen 1998, Sp. 563.

Sache sich ergebenden Fundstätten, die *loci a persona* und die *loci a re*, denn „es gibt keine Untersuchung, die nicht entweder mit einer Sache zu tun hat, oder mit einer Person"[85]. Unter der Topik nun kann sowohl die formale Methode der Auffindung von Sachen und Argumenten als auch eine quasi enzyklopädische Sammlung in Form der *loci communes* verstanden werden: Aus den Topoi, die bei Cicero die Orte, die „Wohnstätten möglicher Argumente" bezeichnen (*sedes et quasi domicilia omnium argumentorum*)[86], erwachsen im humanistischen Schul- und Literaturbetrieb die insbesondere im 17. Jahrhundert gebräuchlichen *Loci-communes*-Hefte, zumeist nach systematischen oder alphabetischen Ordnungsgesichtspunkten geführte Register, die der *inventio* zur Verfügung stehen. Die anschaulichste Anwendung einer „toposgeleiteten Situationsanalyse"[87], die an konkreten Beispielen durchgeführt ist, findet sich in der Einleitung zu Heinichens *General-Baß in der Composition* von 1728, eine Schrift, die ja auch Mattheson rezipiert hat (s.o.[88]). Mit der Darlegung der Topik als Hilfsmittel für die *inventio* im *Vollkommenen Capellmeister* betont Mattheson dann 1739 noch stärker als Heinichen den Fragmentcharakter der klassischen Inventionslehre; noch Sulzer verweist aber auf die detaillierte Untersuchung der *loci topici* bei Mattheson als Pioniertat[89].

Zwischen der Kontrapunkt-Definition und den „General-Reguln der Composition" des *Neu-Eröffneten Orchestres* distanziert sich Mattheson spöttisch von den Inventionslehren seiner Zeit: „Was die bekannten *loci Topici*, it. Die mächtige *Ars combinatoria* dazu helffen / und vor Wunder=Wercke bey der *Invention* verrichten / solches mag einer wissen / der seine armseelige Zuflucht zu dem barmhertzigen Vers

---

[85] Quintilian, *Ausbildung des Redners* 5,8,4; vgl. Ueding, *Klassische Rhetorik*, S. 57 (zur Aufteilung der *loci* bei Quintilian S. 57-65) bzw. Ueding und Steinbrink, *Grundlagen*, S. 238-253.

[86] Vgl. Geitner, *Die Sprache der Verstellung*, S. 173; siehe auch Joachim Dyck, *Ticht-Kunst. Deutsche Barockpoetik und rhetorische Tradition*, Bad Homburg, Berlin und Zürich ²1969, S. 43, 60-61 und 63-64.

[87] Horn, Art. *Invention*, Sp. 1143.

[88] Zur Konzentration auf die Darstellung des *locus circumstantiarum* vgl. Mattheson, *Der vollkommene Capellmeister*, S. 123 und 131.

[89] Johann Georg Sulzer, *Allgemeine Theorie der schönen Künste in einzeln, nach alphabetischer Ordnung der Kunstwörter auf einander folgenden, Artikeln. Neue vermehrte zweyte Auflage*, Band 2 (1792), S. 90; vgl. Horn, Art, *Invention*, Sp. 1143. Janina Klassen (*Musikalisch-rhetorische Figuren*, S. 189) weist darauf hin, daß der Begriff *inventio* schon in Dresslers *Praecepta musicae poeticae* von 1563/64 und in Burmeisters Schriften auftritt, ohne auf die Rhetorik bezogen zu sein.

nehmen muß: *Quis, quid, ubi, quibus auxiliis, cur, quomodo, quando*"[90]. Wie dargestellt, folgt der Zusammenhang dieses Abschnittes zum größten Teil nahezu wörtlich dem *Tractatus* Christoph Bernhards, dessen systematische Verbindung der Figurenlehre mit der Kontrapunktlehre (bzw. der Dissonanzbehandlung) für die Frage nach einem fachlichen Lehrzusammenhang in der Erklärung musikalischer Sachverhalte aus dem Ansatz der Rhetorik schulbildend gewesen ist[91]; die Schulung in der Erfindungslehre lehnt Mattheson rundheraus mit einer offenkundigen Anspielung auf die rhetorisch untermauerte Predigtlehre ab, wenn er ergänzt, „daß also einer / der eine *Invention* zu suchen / eine Kunst nennet / eben so sehr irret / als der einen *habilen Pastorem* vor einen kunstreichen Prediger schelten wollte"[92]. Diese deutliche Ablehnung der Lehrbarkeit der „Findekunst" ist umso bemerkenswerter, als sie mit dem Hinweis auf die generelle Verwandtschaft von Komposition und Rhetorik einhergeht und zudem in eine zentrale Stelle der Rezeption Bernhards und der Darstellung der Grundlagen von dessen (und Matthesons früher) Kompositionslehre eingefügt ist.

Die im *Vollkommenen Capellmeister* umfangreich exponierte Lehre „Von der melodischen Erfindung" bietet die eingehendste und umfangreichste Behandlung der *inventio* im Bereich der Musiklehre überhaupt[93]. Wie im *Neu-Eröffneten Orchestre* findet sich auch hier der Hinweis auf die zur Erfindung notwendigen naturgegebenen Eigenschaften des Lernenden[94]; den Löwenanteil des Kapitels aber füllen die zuvor zurückgewiesenen *loci topici*, die in über drei Vierteln dieses Kapitels (65 von insgesamt 85 Paragrahen) ausführlich erläutert werden. Im Gegensatz zur Erörterung dieses Themengebietes etwa bei Kircher oder Herbst[95] bietet dieses vierte Hauptstück „den ersten systematischen Versuch, die Fragestellungen und Verfahren der „inventio" nicht nur zum Verständnis eines zu vertonenden Textes und

---

[90] Mattheson, *Das Neu-Eröffnete Orchestre*, S. 105.

[91] Vgl. Arlt, *inventio*, S. 373.

[92] Mattheson, *Das Neu-Eröffnete Orchestre*, S. 104/105.

[93] Vgl. Arlt, *inventio*, S. 375.

[94] In den Paragraphen 1-8, so z.B. „[...] aber ich füchte, wer keine natürliche Eigenschafften mit sich bringet, dürffte wenig Trost aus diesem Unterrichte schöpffen" (Mattheson, *Der vollkommene Capellmeister*, S. 121); vgl. Mattheson, *Das Neu-Eröffnete Orchestre*, S. 104: „Daß sich aber kein *Maitre* findet / einem die *Invention* beyzubringen / solches kommet daher / weil sie *qualitatem innatam non verò acquisitam* (keine zu erlangende / sondern eine angebohrne gute Eigenschafft) erfordert".

[95] Vgl. die Hinweise bei Arlt, *inventio*, S. 375-376.

im Sinne einer Anregung für die musikalische Gestaltung heranzuziehen, sondern unmittelbar in die „musicalische Setz-Kunst" zu übertragen und damit auf die Gegebenheiten der Musik hin umzudeuten"[96]. Die enge Verzahnung von Musik und Rhetorik – noch weit über den schlichten Vergleich der Teile einer Rede mit denen eines Musikstücks, der mit Matthesons Rhetorik-Auffassung gängig in Verbindung gebracht wird, hinaus – ist hier evident, dem Leitsatz der „Klangrede" gemäß[97]; dem enzyklopädischen Ansatz des *Vollkommenen Capellmeisters* folgend darf dieser Aspekt keinesfalls fehlen und läßt sich mühelos einordnen in die von Mattheson selbst vorgenommene Gliederung *inventio – dispositio – elaboratio – decoratio – executio* als weiträumige Gestaltung der Elemente einer Satzlehre: Die *inventio* wird verankert in ein durch die Komposition von der Planung bis hin zur Aufführung führendes Schema, das auch die Abgrenzung zwischen Naturgabe und Kunstlehre mit einschließt.

Der Abstand der deutlichen Ablehnung der Inventionslehre im Rahmen des *Neu-Eröffneten Orchestres* von 1713 von der ausführlichen Erörterung der *loci topici* in einem eigenen Kapitel „Von der Erfindung" im *Vollkommenen Capellmeister* von 1739 ist offensichtlich; zu vermuten ist[98], daß die Haltung der frühen Schrift mit der programmatischen Wendung an den *galant homme* und der entschiedenen Berufung auf das Geschmacksurteil eine wesentliche Voraussetzung für die Abgrenzung gegenüber der traditionellen Musiklehre einschließlich der Inventionslehre etwa Kirchers oder Herbsts ist: „Derotwegen denn ein *galant homme*, der eine un*passionierte Ideam* von der *Music* haben will / vor allen Dingen sich wol fürzusehen hat / daß ihn kein Schulfuchs mit seiner eingebildeten Weißheit / kein wilder Fantaste / mit seiner Federfechterey; und kein Lehrmann / mit seiner auffrichtigen Ungeschliffenheit; kurtz / daß ihn / so viel müglich / keine Person *praeoccupire*"[99]. Daß die Ablehnung der *inventio* im frühen Werk allerdings mit der Ablehnung alles „Schulfüchsigen" einhergeht, ist in Frage zu stellen: Schließlich ist diese Ablehnung der *mathesis* schlechthin – und nichts anderes ist in diesem Zusammenhang hier gemeint – auch (wie aufgezeigt) im *Vollkommenen*

---

[96] Ebd., S. 375; vgl. dazu auch die Überlegungen von Fritz Reckow, *„Sprachähnlichkeit" der Musik als terminologisches Problem. Zur Geschichte des Topos Tonsprache*, Freiburg im Breisgau 1977 (phil. habil., masch.schr.).

[97] Vgl. die Darstellung von Wilfried Barner, *Barockrhetorik. Untersuchungen zu ihren geschichtlichen Grundlagen*, Tübingen 1970.

[98] mit Beekman C. Cannon (*Spectator*, S. 115) bzw. Arlt (*inventio*, S. 384).

[99] Mattheson, *Das Neu-Eröffnete Orchestre*, S. 20-21.

Capellmeister ständig gegenwärtig. Eher erklärbar ist dieses Phänomen mit der grundsätzlich enzyklopädischen Haltung der Schrift von 1739[100]. Die Kritik Matthesons im *Neu-Eröffneten Orchestre* an der Topik als Erfindungslehre steht in Zusammenhang mit der zeitgenössischen Literaturtheorie: Der zu Beginn des 18. Jahrhunderts in hohem Kurs stehenden Natürlichkeit der *actio* entspricht eine dezidierte Negation jener Regeln und Vorschriften, die besonders auf der Ebene der *inventio* und der *dispositio* – also der Stoffauffindung und -organisation – bislang Gültigkeit beanspruchen konnten. In seiner *Anweisung Zur Verbesserten Teutschen Oratorie* von 1725 attackiert Friedrich Andreas Hallbauer in seinem Bemühen um Modernität insbesondere die Sammler der *loci communes*: „Was sie schon wissen / bringen sie zu diesen locis, und lassen ihre Rede auf denselben herab lauffen. Aber eben darum reden sie nicht natürlich: eben darum siehet man in ihren Reden so viel Zwang / und so viel unnützes Zeug."[101] Einer modernen Methodik wird das Wort geredet, und der traditionellen, bloß reproduzierenden Topik soll mit einem Programm abgeholfen werden, das sich auf natürliche Gesichtspunkte und natürliche Institutionen berufen will. An die Stelle der nach Hallbauer nichts als Kollektaneen, vorgefertigte Versatzstücke, längst bekannte Exempla und deren Kombinationen liefernden Topik setzt er die neue „Meditation", deren Elemente Denken, Selbsttätigkeit und Originalität den Bereich der *zu erfindenden* Realien aus dem bloß reproduktiven topischen System lösen sollen: Hallbauers neues System zielt auf Innovation[102].

Der Wandel in der Einstellung Matthesons durch fünfundzwanzig Jahre hindurch ist an wenigstens zwei Stellen in den Schriften zwischen 1713 und 1739 nachzuweisen[103]. Im *Beschützten Orchestre* von 1717, in der

---

[100] Dietrich Bartel (*Handbuch*, S. 52) faßt die Ausgangsposition Matthesons folgendermaßen zusammen: „Da Musik und Rhetorik in ihren Zielen übereinstimmen, muß dasselbe auch für die ‚Werkzeuge' beider Künste gelten. Der Musik ist jedoch nicht an der Nachahmung der Rhetorik gelegen, sondern sie bedient sich aufgrund des gemeinsamen Anliegens notwendigerweise auch der gleichen kompositorischen Mittel wie jene. Diese sind zum Teil in den Arbeitsgängen, zum Teil in der Einteilung der Rede zu finden."

[101] Friedrich Andreas Hallbauer, *Anweisung Zur Verbesserten Teutschen Oratorie Nebst einer Vorrde von Den Mängeln Der Schul=Oratorie*, Jena 1725, Nachdruck Kronberg/Ts. 1974, Vorrede (unpag.); zitiert nach Geitner, *Die Sprache der Verstellung*, S. 173.

[102] Vgl. ebd., S. 173-174; zur Topik-Kritik und zum Meditationsprinzip in der frühaufklärerischen philosophischen Oratorie vgl. Gunter E. Grimm, *Literatur und Gelehrtentum in Deutschland. Untersuchungen zum Wandel ihres Verhältnisses von Humanismus bis zur Frühaufklärung*, Tübingen 1983, S. 580-602.

[103] Vgl. Arlt, *inventio*, S. 384-385.

„Beschützung des andern Theils im *Orchestre, Compositoria* genannt", wird den Techniken der Inventionslehre die „Nachahmung" als legitime Hilfsfunktion gegenübergestellt: „Daß man der *Invention* nicht zu Hülffe kommen könne / streitet niemand; daß die *Invention* aber erlernet werden möge / allerdings. Wenn man ihr zu Hülffe kommt *per artem combinatoriam*, so ist es armselig und gezwungen Werck; geschieht es durch natürliche Dinge / so ist es eine Nachahmung / und das ist der beste Weg"[104]. Die „Nachahmung" ist allerdings in diesem Zusammenhang schlicht als eine Anregung durch bereits bestehende Kompositionen gemeint und steht nicht in einem den *loci topici* vergleichbaren Kontext. Weiter geht Mattheson 1722 in der *Critica musica*, wenn er in der polemisch gefärbten Auseinandersetzung mit Murschhausers *Academia musico-poetica* erstmals eine Berücksichtigung des Aspektes der Rhetorik fordert und fragt: „Wo ist der Inventions-Kasten / und wie ist derselbe zu eröffnen?"[105] *Diese* Forderung kann mit dem Kapitel „Von der Erfindung" im *Vollkommenen Capellmeister* als eingelöst betrachtet werden. Die Erfindung selbst bleibt jedoch kaum lehrbar oder erlernbar – schließlich ist die Nennung der *inventio ex abrupto* zwar Schlußpunkt des Kapitels und das eigentliche Novum der Topik Matthesons, bleibt aber auch eine Randerscheinung. Die schöpferische Phantasie muß das Erfinden und Hervorbringen von Musik leisten, wobei das Erfinden im Zeitalter des Barock grundverschieden ist vom „Einfall" oder der „Inspiration" der Romantik.

Mattheson stellt mit diesem Kapitel klar, daß die Elemente der tradierten Inventionslehre unmittelbar ins Musikalische übertragbar sind; unberührt bleibt allerdings die Frage, was letztlich mit dieser Übertragung geleistet ist. Wulf Arlt bemerkt ganz richtig: „Dieses Kapitel [bietet] in der Sammlung unterschiedlichster Beobachtungen, die sich mit den Fragestellungen und Begriffen der Lehre von der „inventio" verbinden lassen, die Einlösung eines Stücks rhetorischer Theorie im Bereich der Musik, bei der dann für die einzelnen Hinweise die Frage nach deren Stellenwert, nach deren Funktion im musikalischen Kontext wie im Kontext der musikalischen Lehre unberücksichtigt bleibt"[106]. Nachzuweisen ist dieses Urteil ohne weiteres anhand der Behandlung des *locus notationis* im Vergleich zu den Erörterungen Niedts in dessen *Handleitung*, mit der Mattheson als Herausgeber allerdings

---

[104] Mattheson, *Das Beschützte Orchestre*, S. 104-105.
[105] Mattheson, *Critica musica* I, S. 75.
[106] Arlt, *inventio*, S. 379.

außerordentlich gut vertraut gewesen sein muß[107]: Während bei Niedt weitestgehend eine in sich schlüssige „Findelehre" im Rahmen einer weder in der Anlage noch in der Darstellung von der Rhetorik abhängigen musikalischen Lehrtradition und an einem sinnstiftenden Ort im Kontext der musikalischen Handwerkslehre vorliegt, in der der Begriff *inventio* nicht als Terminus der Rhetorik, sondern in der ganz allgemeinen Bedeutung im Sinne von „Erfindung" verwendet ist, lassen sich bei Mattheson unter der vagen Bestimmung eines übergeordneten, von der Rhetorik vorgegebenen Stichwortes unzählige Möglichkeiten der Reihung von Tönen, ja schlechterdings von Noten sammeln und aufzählen. Was Mattheson im vierten Hauptstück des zweiten Teils abhandelt, ist nur die Topik, also die Erfindung mit Hilfe der *loci*, die neben der Figurenlehre das Zentrum der barocken *Musica poetica* ausgemacht hatte – die eigentliche Inventionslehre beginnt erst im Anschluß an den Aspekt des Einfalls mit dem Kern der Melodielehre im fünften Kapitel der Schrift[108]; mehr noch als die Figurenlehre gehört die Topik zum antiquierten Teil der Rhetorik. Als tragende Säule einer handwerklich gemeinten Melodielehre Matthesons dient die Inventionslehre demnach also nur oberflächlich; sie wird von Mattheson zwar als solche betrachtet, verliert aber bei einer näheren Analyse ihres Wertes im Gesamtzusammenhang und im Zusammenhang mit der *Elaboratio* erheblich an Konsistenz.

3. Der Kern der Melodielehre

Das mit Abstand (wenn man vom fast ebenso langen dreizehnten Hauptstück „Von den Gattungen der Melodien und ihren besondern Abzeichen" absieht) umfangreichste Kapitel des zweiten Teils und überhaupt des ganzen *Vollkommenen Capellmeisters* ist das „Fünffte

---

[107] Vgl. Friedrich Erhard Niedt, *Musicalische Handleitung / oder Gründlicher Unterricht. Vermittelst welchen ein Liebhaber der Edlen Music in kurtzer Zeit sich so weit perfectioniren kan / daß Er nicht allein den General-Baß nach denen gesetzten deutlichen und wenigen Regeln fertig spielen / sondern auch folglich allerley Sachen selbst componiren / und ein rechtschaffener Organiste und Musicus heissen könne. Anderer Theil / Von der Variation des General-Basses, Samt einer Anweisung / Wie man aus einem schlechten General-Baß allerley Sachen / als Præludia, Ciaconen, Allemanden, &c. erfinden könne,* Hamburg ²1721 (Nachdruck Buren 1976), besonders Kapitel 11 „Von Praeludiis und Ciaconen".

[108] Auf dieser Quintessenz beruht auch der Beitrag von Karl-Heinz Göttert, *Rhetorik und Musiktheorie im frühen 18. Jahrhundert,* in: Poetica 18 (1986), S. 274-287, vor allem S. 281-285.

Haupt-Stück": „Von der Kunst eine gute Melodie zu machen". Mit diesem Kapitel folgt konsequent die praktische Umsetzung auf die bisher offensichtlich nur theoretisch erarbeitete „Findelehre" des vierten Kapitels. Dabei kann dieses Haupt-Stück auch für sich allein gelesen werden, denn es beinhaltet den eigentlichen Kern des *Vollkommenen Capellmeisters*: In diesem Kapitel finden sich die meisten Querverbindungen zum *Kern melodischer Wissenschafft* von 1737, der als Vorstudie vor allem zu diesem zentralen Abschnitt der Schrift von 1739 gelesen werden kann, und an diesem Stadium der Melodielehre messen sich alle nachfolgenden Versuche im 18. (und darüber hinaus im 19. und 20.) Jahrhundert, eine Melodielehre zu gestalten.

Mattheson eröffnet diesen zentralen Ort des *Vollkommenen Capellmeisters* mit einem von ihm (entscheidend!) erweiterten Zitat von Aristides Quintilianus, des Musiktheoretikers der griechischen Antike, den Mattheson am häufigsten zitiert: „§. 1. **Die Melopoïe ist eine wirckende Geschicklichkeit in Erfindung und Verfertigung solcher singbaren Sätze, daraus dem Gehör ein Vergnügen entstehet**"[109]. Das Zitat berührt drei für den weiteren Verlauf der Schrift entscheidende Aspekte. Das erste Attribut der Melopoïe, die „wirckende Geschicklichkeit", hebt die Fähigkeit des tatsächlichen Hervorbringens, des Produktiven hervor; zweitens stellt Mattheson mit den Worten Aristides' klar, welches die Elemente einer geschickt gehandhabten „Melopoïe" sind: Erfindung und Verfertigung, an anderer Stelle (siehe oben) *inventio* und *elaboratio* (und außerdem – in diesem speziellen Fall – die *decoratio*) genannt: Beide machen die entscheidenden Schritte in der Kunst der Melodie aus, und sie bestimmen den Kern der Melodielehre, der mit diesem Kapitel vorliegt. Die „Erfindung" wurde mittels der Topik bereits im vierten Hauptstück eingeführt, praktisch ausgeführt liegt sie mit dem fünften Hauptstück vor; um die „Verfertigung" wird sich der Fortgang der Schrift bemühen. Zuletzt nennt Mattheson den Zweck der bei genügend Geschicklichkeit entstehenden „singbaren Sätze": Daraus entsteht „dem Gehör ein Vergnügen" – das Gehör und damit verbunden das Geschmacksurteil ist die letzte Instanz der melodischen Erfindung.

---

[109] Matteson, *Der vollkommene Capellmeister*, S. 133; vgl. die Fußnote: „*Melopoeia est facultas, vel habitus effectivus conficiendi cantum. L. I de Mus. p. 28, 29*". Matteson zitiert offensichtlich nach der von Meibom herausgegebenen Ausgabe (Arist(e)ides Quintilianus, *De musica libri III*, in: Marcus Meibom (Hg.), *Antiquae auctores septem. Graece et latine*, Band 2, Amsterdam 1652, Nachdruck New York 1977); vgl. auch Thomas J. Matthiesen, Art. *Aristides Quintilianus*, in: MGG² Personenteil Bd. 1 (1999), Sp. 917-922.

Der Aufbau des fünften Hauptstücks des *Vollkommenen Capellmeisters* ist äußerst strikt und systematisch noch strenger als manch anderes. Nach einer umfangreichen Einleitung (§§. 1-28.) und einer knappen Definition, was denn eine Melodie sei (§. 29), geht es Mattheson in vier großen Abschnitten um die entscheidenden Eigenschaften einer Melodie: um Leichtigkeit (§§. 48/49.; 55-71.), Deutlichkeit (§§. 50; 72-109.), das „fliessende Wesen" (§§. 51.; 110-121.) und Lieblichkeit (§§. 52.; 122-163.). Zu jeder Eigenschaft setzt Mattheson sieben bis zehn (insgesamt 33) Regeln, die im Verlauf des Kapitels nähere Erörterung erfahren. Damit bilden diese Regeln für die Melodielehre des *Vollkommenen Capellmeisters* die Basis und sind entsprechend hinreichend zu betrachten – sie bilden das eigentliche Zentrum der Melodielehre, auch wenn Mattheson einräumt: „Die Menge der Regeln machen eine Wissenschaft schwer; wenige und gute machen sie leicht und angenehm. Gar keine Regeln dräuen den Untergang. Und weil es gleichwol auch damit noch lange nicht ausgemacht ist, wenn man die blossen kurtzgefaßten Regeln weiß, sondern zu deren Ausübung höchsterforderlich seyn will, eine Erläuterung darüber mitzutheilen; so will ich sie nach der Reihe durchgehen, und so kurtz, als möglich, aus einander legen."[110] Diese „kurtze Auseinanderlegung" umfaßt immerhin insgesamt gute achtzehn von etwa fünfhundert Seiten – und in diesem umfangreichsten Kapitel der Schrift annähernd 132 von 164 einzelnen Paragraphen.

Das Kapitel beginnt mit einer ausführlichen Kritik an Jean-Philippe Rameau, an der Mattheson seine Argumentation zugunsten der Melodie als Ursprung der Harmonie aufhängt; seine Argumentation besteht aus den folgenden Grundsätzen: Erstens, **„daß das Einfache eher gewesen, als das Zusammengesetzte, folglich dessen Ursprung oder Wurtzel sey**"[111], und zweitens: **„Natürliche Muster verursachen die künstlichen**"[112]. Diese Grundsätze macht Mattheson an einer Stelle des *Traité de l'Harmonie* Rameaus fest, in der es heißt: „La Melodie n'a pas moins de force dans les expressions que l'Harmonie; mais il est presque impossible de pouvoir en donner des Regles certaines, en ce que le bon goût y a plus de part que le reste"[113]. Mattheson verurteilt auf

---

[110] Mattheson, *Der vollkommene Capellmeister*, S. 142.

[111] Ebd., S. 134.

[112] Ebd., S. 135.

[113] Jean-Philippe Rameau, *Traité de l'harmonie réduite à ses principes naturels*, Paris 1722. Nachdruck in: *Complete Theoretical Writings*, Bd. 1, Rom 1967; separat hg. von Martha Cook, Madrid 1983 (1984), S. 142; vgl. Mattheson, *Der vollkommene Capellmeister*, S. 133, Fußnote: „Als *Monsieur Rameau* und die

das Schärfste die Behauptung, **„es sey fast unmöglich, gewisse Regeln davon zu geben**, unter dem Vorwande, weil das meiste auf den guten Geschmack ankäme"[114]: Er legt die Melodie der gesamten Satzlehre zugrunde[115] und stellt vermittelnd fest: „Die Melodie aber ist in der That nichts anders, als die ursprüngliche wahre und **einfache Harmonie** selbst, darin alle Intervalle **nach, auf** und **hinter einander** folgen"[116]. Mattheson verschmilzt in seinem ersten, oben angeführten Grundsatz Elemente des Naturprimats mit der Vorstellung von der Melodie als Ursprung der Harmonie: Er stellt seine These mit zwei Notenbeispielen (einer „blossen diatonischen Klang-Leiter" – allerdings als vierstimmiger Kanon! – und einen „Scotländischen Tantz") unter Beweis, mit denen er aufzeigen will, „daß in der melodischen Leiter alle und iede Vollstimmigkeit stecke"[117] und daß sich ein Baß immer nach der Melodie richten müsse. Auch der zweite Grundsatz Matthesons führt in die gleiche Richtung: Mit einem das Problem verdeckter Parallelen im zweistimmigen Satz demonstrierenden Notenbeispiel erweist sich eine wichtige Regel der Satzlehre von der Melodie abgeleitet – „Da haben wir denn auch eine Probe von harmonischen Regeln, die aus der Melodie fliessen; und dergleichen gibt es vielmehr"[118]. Mit diesen für den Ansatz Matthesons grundlegenden Thesen folgert er, **„daß der rechte Anfang zum componiren nothwendig mit der lautern**

---

seines Gelichters sind. Ich habe neulich etwas von dessen Noten-Arbeit fürs Clavier gesehen, das mir weit besser gefallen hat, als seine unbegreiffliche Beschaulichkeiten. Aus jenen mercket man, daß er ein guter Organist, aus diesen, daß er ein gezwungener Componist seyn müsse; wiewol die Jesuiten itzo Wunder von ihm machen. *Traité de l'Harm. p. 142.*"

[114] Mattheson, *Der vollkommene Capellmeister*, S. 133.

[115] Ebd.: „§. 5. Wir legen hergegen die Melodie zum Grunde der gantzen Setz-Kunst, und können gar nicht begreifen, warum man den deutlichen Unterschied zwischen der ein- und mehrfachen Harmonie [...] niemahls in gehörige Betrachtung ziehet, wenn z. E. wieder alle Vernunfft behauptet werden will: **daß die Melodie aus der Harmonie entspringe, und alle Regeln der ersten von der andern hergenommen werden müssen.**" Mattheson bezieht sich auf Rameau, *Traité*, vor allem S. 138/139: „C'est donc l'Harmonie qui nous guide, & non pas la Melodie. [...] l'Harmonie est donc engendrée la premiere: Ainsi, c'est d'elle qu'il faut absolument tirer les Regles de la Melodie [...]" und bemerkt in der Fußnote: „Das artigste ist, man schreibt, die Harmonie werde **gezeuget.** Ich gebe es zu; denn was gezeuget wird, muß Eltern haben" (Mattheson, *Der vollkommene Capellmeister*, S. 133).

[116] Ebd.

[117] Ebd., S. 134.

[118] Ebd., S. 136.

Melodie gemacht werden müsse[119]. Der Einleitungsteil des Kapitels schließt denn auch mit Bemerkungen zu Matthesons französischem Antipoden; Mattheson benutzt Doni und Lippius als Gewährsleute, wenn er auch den Gehörprimat (§. 26.) in seine Betrachtungen mit einbezieht: **„Die blosse Melodie beweget mit ihrer edlen Einfalt, Klarheit und Deutlichkeit die Hertzen solcher Gestalt, daß sie offt alle harmonische Künste übertrifft"**[120]. Neben der deutlichen Kritik an Rameau, dessen Intentionen im *Traité* Mattheson unbedingt entgegenstehen (wobei der *Traité* von Mattheson grundsätzlich bevorzugt angegriffen wird[121]), findet sich in diesem Einführungsteil zum fünften Hauptstück des *Vollkommenen Capellmeisters* auch ein Florilegium an für die Musiktheorie Matthesons (und speziell für die Melodielehre) allgemeingültigen Elementen.

Aus den in der Auseinandersetzung mit Rameau entsprungenen Ergebnissen leitet Mattheson eine Definition der Melodie ab: **„Ein feiner Gesang, worin nur eintzelne Klänge so richtig und erwünscht auf einander folgen, daß empfindliche Sinnen dadurch gerühret werden"**[122]. Erkennbar ist auch an dieser Definition – wie an den Einleitungssätzen des Kapitels – die Verquickung mit der Affektenlehre; die Verbindung Melodielehre – Affektenlehre befindet sich in diesem Kapitel systematisch immer an entscheidenden Stellen des Kontextes. Mattheson macht zu dieser Definition noch drei Bemerkungen: Erstens bilden der Definition nach Einzelklänge die Basis einer Melodie (§. 30.); zweitens besteht die Folge der Klänge nicht nur in Schritten, sondern auch in Sprüngen (§. 31.); drittens muß eine Melodie, wenn sie „empfindliche Sinnen rühren soll", leicht, deutlich, fließend und lieblich sein (§. 32). Die vier letztgenannten Adjektiv-Attribute sind allerdings keineswegs als schlichte Ergänzungen zur Melodiedefinition Matthesons zu verstehen: An sie knüpft Mattheson alle weiteren Ausführungen dieses Kapitels.

Vor die eingehende Erörterung der vier Eigenschaften werden weitere Bemerkungen zum Zusammenhang der Melodielehre mit der Affektenlehre gesetzt. Nach §. 33. zu urteilen ist der Hauptzweck der Melodie die Rührung „empfindlicher Sinnen", Melodielehre also für den Affekt zweckbestimmt: „Alte und neue Geschichte, tägliche Erfahrung, Natur und Vernunfft bezeugen, daß die blosse Melodie gantz allein gewisse Gemüths-Neigungen treflich wol erwecken, ausdrücken und

---

[119] Ebd.
[120] Ebd., S. 138; vgl. Schleuning, *Die Sprache der Natur*, S. 78.
[121] Vgl. Arno Forchert, *Französische Autoren in den Schriften Johann Matthesons*, in: FS Heinz Becker zum 60. Geburtstag, Laaber 1982, S. 382-391.
[122] Mattheson, *Der vollkommene Capellmeister*, S. 138.

aufmercksame Zuhörer rühren könne"[123]. Der Ausschluß der Harmonie aus der Gruppe der notwendigen Hilfsmittel ist überdeutlich – und damit ist in dieser umfangreichen Kapiteleinleitung der Bogen zu der Rameau-Kritik zu Beginn dieses Abschnittes geschlagen. Mattheson stellt fest: „Da auch endlich die Music aus Melodie und Harmonie bestehet; jene aber bey weitem das vornehmste Stück, und diese nur eine künstliche Versammlung oder Verbindung vieler melodischer Klänge ist: so kan dem einfachen Gesange wenigstens sein beträchtlicher Antheil an der nachdrücklichen Bewegung empfindlicher Gemüther, auch nach den Vorschrifften guter Vernunfft, wol nimmermehr mit Recht abgesprochen werden"[124].

Fundament der weiteren Ausführungen Matthesons ist die Beschreibung der vier Eigenschaften einer Melodie: Leichtigkeit, Deutlichkeit, Lieblichkeit und das „fliessende Wesen"; ihnen widmet der Autor den Löwenanteil am fünften Hauptstück. Kompendienhaft gibt Mattheson zunächst insgesamt 33 Regeln (§§. 48-52.) und begründet bzw. interpretiert diese im Anschluß[125]. Der Inhalt der Regeln und ihre Systematik seien im Folgenden dargestellt.

Zu fragen ist zuvor noch nach der Art der Regeln. Franchinus Gaffurius etwa unterscheidet 1496 zwischen „regulae legales" oder „necessariae" einerseits und „regulae arbitrariae" andererseits: Während eine „regula legalis" absolut bindend ist und keine Ausnahme gestattet – wie etwa die Parallelführung perfekter Konsonanzen[126] –, handelt es sich bei der

---

[123] Ebd.

[124] Ebd., S. 139.

[125] Dahlhaus (in: Lars Ulrich Abraham und Carl Dahlhaus, *Melodielehre*, Laaber 1982, S. 22) bemerkt zwar: „Mattheson, halb Bahnbrecher und halb Kompilator, war eher Publizist als Systematiker, und eine umfassende Analyse seiner Melodielehre wäre eine überflüssige Pedanterie, also ein Verstoß gegen das Stilideal, dem er anhing; es mag genügen, einige Regeln zu kommentieren"; Fees (*Incisionslehre*, S. 66) folgt ihm, wenn er meint, „eine vollständige Analyse verlöre sich im Detail". Die Verkürzung auf sieben „Kernregeln", die George J. Buelow in seinen Arbeiten zu Matthesons Oper „Cleopatra" vertritt, erscheint allerdings viel zu beliebig (George J. Buelow, *An Evaluation of Johann Mattheson's Opera,* Cleopatra *(Hamburg, 1704)*, in: H. C. Robbins Landon (Hg.), *Studies in Eighteenth-Century Music* (= FS Karl Geiringer), London 1970, S. 95, bzw. ders., Vorwort zu EdM Abt. 9 Bd. 69, Mainz 1975: *Johann Mattheson: Cleopatra*, S. II-III): Ein umfassender Blick in die Erörterung der 33 Regeln erscheint für eine systematische Darstellung unerläßlich.

[126] Franchinus Gafurius, *Practica Musice*, Mailand 1496 (Nachdruck Bologna 1972 und New York 1979), fol. dd i[r/v]: „Haec enim regula non arbitraria est: est legalis: omnem penitus exceptionem reiciens"; vgl. Horn, *Die Kompositionslehre Christoph Bernhards*, S. 104, bzw. Frieder Rempp, *Elementar- und Satzlehre von Tinctoris bis Zarlino*, in: Frieder Zaminer (Hg.), *Italienische Musiktheorie im*

„regula arbitraria" um eine Empfehlung, von der auch abgewichen werden kann. Den keine Ausnahme zulassenden „regulae legales" als eindeutige Verbote oder zwingende Gebote stehen also entscheidungsoffene Regeln als konkrete oder (etwas weiter gefaßt) auslegbare Empfehlungen[127] gegenüber. Während die Kompositionslehren etwa Gaffurios oder Bernhards deutliche Grenzen zwischen diesen Regelkonvoluten ziehen, besteht das Regelwerk Matthesons in der hier darzustellenden Melodielehre in erster Linie aus „regulae arbitrariae" – alle angeführten Regeln sind eher als Empfehlungen zu werten, was auch immer wieder deren undeutlichen Charakter mit einschließt; anders verfährt Mattheson dann im dritten Teil des *Vollkommenen Capellmeisters*, der auch eindeutig formulierte „regulae legales" führt.

3.1. Leichtigkeit

Die von Mattheson in §. 48. vorgestellten sieben „aus der **Leichtigkeit** fliessenden Regeln" werden in den §§. 55. bis 71. näher erörtert. Der Begriff „Leichtigkeit" ist als „Simplizität" als Gegenbegriff zu „Kompliziertheit" und im Sinne schlichter (Satz-) Gestaltung, andererseits aber auch im Sinne von „Einfachheit" zu verstehen; als Synonym erscheint „Faßlichkeit" angemessen – auch wenn Faßlichkeit als *Kategorie* den *Inhalten* entgegenstehen mag. Die ersten Regeln sind eher allgemein gehalten, während die Regeln drei bis fünf deutlich Elemente der Musikauffassung des 18. Jahrhunderts aufnehmen: Schon in der Formulierung in §. 48. erscheinen der Naturprimat und die deutliche Bevorzugung der französischen vor der italienischen Melodik. Die beiden letzten Regeln gehen weiter ins Detail – sie betreffen Tonumfang und Länge bzw. „Kürtze" der Melodie. Mattheson geht es offenbar um die Feststellung, daß in der Melodie (oder verallgemeinernd: in der Komposition) zwei Elemente zusammentreffen und stimmig zusammengehören müssen: Die syntaktische Seite der Musik muß zusammenpassen mit der semantischen, der inhaltlichen Seite der Musik. Aus der Übereinstimmung ergibt sich die Faßlichkeit oder (da der Begriff bei Mattheson so nicht erscheint) *Verständlichkeit*. Unter der Prämisse, daß der Mensch im Zentrum der Musik, als Ziel und Hauptzweck, steht, ist Verständlichkeit oberstes Gebot.

Die *Simplicitas* ist schon in der Rhetorik der Antike als bedeutsames Mittel des *color*, des beschönigenden Darstellens eines eigentlich

---

16. und 17. Jahrhundert. Antikenrezeption und Satzlehre, Darmstadt 1989 (Geschichte der Musiktheorie Bd. 7), S. 138-151.

[127] Zur Unterscheidung vgl. Horn, *Die Kompositionslehre Christoph Bernhards*, S. 105.

wenig oder schwierig vertretbaren Falls im Rahmen der Gerichtsrede zu entdecken[128]. Der Begriff ist also tief in der Rhetorik verankert – Parallelstellen ergeben sich etwa bei Cicero und später bei Bacon[129]; daß ihn Mattheson auch in dieser Perspektive angewandt wissen wollte, ist nicht auszuschließen.

In der Erörterung der ersten Regel – **„Daß in einer guten Melodie ein etwas seyn müsse, ein ich weiß nicht was, welches, so zu reden, die gantze Welt kennet"**[130] – erscheint als Begründung der These ein Aspekt des schon vorher formulierten Gehörprimats; die zweite Regel („Alles gezwungene, weitgeholte schwere Wesen muß vermieden werden"[131]) wird von Mattheson mit der hohen Bedeutung des guten Geschmacks begründet. Diese Elemente gehören demnach von Anfang an in der Erörterung der 33 Regeln dieser Melodielehre zum Grundbestand des Urteilsvermögens: Sie begegnen im Rahmen des *Vollkommenen Capellmeisters* damit an entscheidender Stelle. Wenn Mattheson schließlich anmerkt, „die dritte Regel, **daß man der Natur am meisten, dem Gebrauch aber nur in etwas folgen soll,** fliesset ebenfalls aus den vorhergelegten Gründen, und hängt richtig mit ihnen zusammen"[132], unterstreicht dies den besonderen Stellenwert dieser nicht nur rezeptiv bedeutsamen Aspekte. Ein weiterer erscheint mit der Formulierung des Naturprimats im Rahmen der dritten Regel; das Verwerfen der „Künstleley" mit der vierten wendet sich gegen die Komplexität der mehrstimmigen Setzweise – und kann so zu einem Argument für die oberstimmengeführte Satztechnik werden.

Mit der Bevorzugung der französischen Melodik vor der „welschen" zitiert Mattheson den ungenannten Verfasser der *Histoire de la Musique*, der auf Lully und seine Epigonen verweist, wenn er den Verfall der französischen Melodik durch Aufnahme genuin italienischer Elemente anprangert: Die französische Musik verliere so ihre Leichtigkeit. „Allzu grosse und gezwungene Kunst [...] ist eine eckelhaffte Künsteley, und benimmt der Natur ihre edle Einfalt"[133] – Mattheson stellt mit dieser Bemerkung die enge Beziehung der fünften Regel zur dritten und vierten klar. Die beiden letzten Regeln berühren am ehesten technische Aspekte der Melodiegestaltung: Regel sechs

---

[128] So bei Quintilian, vgl. Karsten Mackensen, *Simplizität. Genese und Wandel einer musikästhetischen Kategorie des 18. Jahrhunderts,* Kassel 2000 (Reihe *Musiksoziologie,* hg. von Christian Kaden, Bd. 8), S. 182.
[129] Vgl. ebd., S. 183.
[130] Mattheson, *Der vollkommene Capellmeister,* S. 142.
[131] Ebd., S. 140.
[132] Ebd., S. 142.
[133] Ebd., S. 143.

benennt die Notwendigkeit der Eingrenzung eines Ambitus für eine Melodie, und Regel sieben besagt, daß **„die Kürtze der Länge"** vorzuziehen ist. Mattheson bemerkt schließlich zusammenfassend: „Das **leichte** gehet hier nur den Zuhörer an; nicht dem Setzer: wiewol jenem selten ein Ding leicht **düncken** wird, das diesem, in gewissem arbeitsamen oder mühseligen Verstande, recht schwer geworden ist"[134]. Näher erläutert werden Matthesons Ausführungen in einem anonym verfaßten Artikel in Hillers *Wöchentlichen Nachrichten* von 1768. Der Verfasser erklärt „Leichtigkeit einer Melodie läßt sich daraus beurtheilen, wenn man sie mit geringer Mühe geschwinde, und doch deutlich und rein ausüben kann."[135] Die anonyme Beurteilung stellt dabei die Parallele zu der Auffassung Johann Georg Sulzers dar, der das handwerkliche Fundament, den arbeitsreichen Weg betont[136] – der Anonymus vertritt dezidiert (und in der Nachfolge der Ausführungen Matthesons) die Populärästhetik eines sozialen Typus, der sich mit dem galant-kommunikativen Ideal „trefflich verbindet"[137].

3.2. Deutlichkeit

Die zweite von Mattheson benannte Eigenschaft einer gelungenen Melodie erfordert nach §. 50. mehr Regeln, nämlich zehn, die in §§. 72. bis 109. näher erörtert werden; Mattheson bemerkt allerdings, daß diese zehn „nur zur Probe angeführt" seien – sie sind demnach nur ein Auszug aus dem Konvolut. Daraus ist vermutlich auch die Anordnung der Regeln abzuleiten, die nicht so systematisch wirkt wie die der Regeln zur Leichtigkeit: Vier der Regeln beziehen sich auf Grundelemente der später angeführten Incisionslehre (zumindest aber stehen sie in Zusammenhang mit den in den folgenden Hauptstücken näher erörterten Elementen der Metrik), nämlich die Regeln eins, drei, vier und fünf, während die Regeln zwei und acht auf die Affektenlehre replizieren. Die Regeln sechs und sieben beziehen sich auf das von Mattheson offenbar hoch geschätzte Wort-Ton-Verhältnis: Der „Wort-Accent" ist in Acht zu nehmen, und die „Verbrämung" ist mit großer Behutsamkeit zu meiden. In diesen Zusammenhang gehört auch die

---

[134] Ebd., S. 144.

[135] Anonymus [T. S.], Art. *Leichtigkeit einer Melodie* aus: *Beytrag zu einem musikalischen Wörterbuche*, in: Johann Adam Hiller (Hg.), *Wöchentliche Nachrichten und Anmerkungen*, Bd. III, Leipzig 1769, S. 328-329; vgl. Mackensen, *Simplizität*, S. 292.

[136] So etwa in seinem Artikel *Leicht, Leichtigkeit*, in: ders., *Allgemeine Theorie der schönen Künste in einzeln, nach alphabetischer Ordnung der Kunstwörter auf einander folgenden, Artikeln*, Dritter Theil, Leipzig 1793, S. 222.

[137] Mackensen, *Simplizität*, S. 293.

letzte der zehn Regeln. Schließlich rät Mattheson zu Stileinheitlichkeit (Regel 9).

An der Prämisse der Deutlichkeit ist der enge Zusammenhang des Regelwerkes Matthesons mit Elementen der Rhetorik erkennbar: Die Tugend der Deutlichkeit (lat. *perspicuitas*), die Verständlichkeit der Rede und des Redners sind in allen Produktionsstadien der Rede zu beachten. Während in der klassischen *inventio* und der *dispositio* es richtig ist, klare Gedanken zu fassen und sie ökonomisch anzuordnen, damit die Rede verstanden und im Gedächtnis behalten werden kann, ist bei der Einkleidung der Gedanken in Worte (*elocutio*) zu beachten, daß alle Gedanken „treffend, sachgemäß und deutlich"[138] formuliert werden, damit die Aussageabsicht verwirklicht und die gewünschte Wirkung erreicht werden kann. „Das Ideal liegt in einer Ausdrucksweise, die ,so prägnant und konzentriert [ist], daß man nicht recht weiß, ob der Inhalt durch den Ausdruck oder die Formulierung durch den Gedanken deutlich wird'."[139] Im Vortrag (*pronuntiatio* und *actio*) schließlich ist die Deutlichkeit durch klare, akzentuierte Aussprache und durch angemesene Gestik und Mimik zu unterstützen. Auch bei Gottsched erscheint als erster Aspekt die Deutlichkeit in der Kodifizierung einer guten Rede[140]. Daß dieser rhetorische Akzent im Kern der Melodielehre steckt, ist angesichts der Vorgaben Matthesons verständlich – nur wenn die Musik sich als „Klang-Rede" an den Zuhörer wendet, mcht sie Sinn, denn der Mensch steht im Mittelpunkt des musikalischen Ereignisses, er ist Ziel der musikalischen Aussage – und diese wird nur verständlich unter der Berücksichtigung der Forderung nach Deutlichkeit.

Mit den beiden ersten Regeln gibt Mattheson die für die Eigenschaft der Deutlichkeit offensichtlich wichtigsten Regeln wieder: Auf der einen Seite steht der technische Ratschlag, **„daß man die Einschnitte der Rede genau bemercke"** – ein erster Vermerk auf den großen Komplex der Incisionslehre –, auf der anderen Seite ein deutlicher Hinweis auf eine Tatsache, die gemeinhin mit barocker Affektenlehre in Verbindung gebracht wird: „Zu solcher Deutlichkeit gelanget man auch nimmermehr recht, wenn nicht die folgende Richtschur beobachtet wird, mittelst

---

[138] Ueding und Steinbrink, *Grundbegriffe*, S. 224.

[139] Ebd.; vgl. Cicero, *de oratore*, 2, 56. Neben der Kürze (*brevitas*) ist nach Cicero die Deutlichkeit eine Hauptvorschrift für die Erzählung.

[140] Johann Christoph Gottsched, *Ausführliche Redekunst: nach Anleitung der alten Griechen und Römer wie auch der neuern Ausländer; Geistlichen und weltlichen Rednern zu gut, in zweenen Theilen verfasset und mit Exempeln erläutert*, Leipzig 1736, Nachdruck Hildesheim und New York 1973, S. 326: Die gute Schreibart „muß 1) deutlich, 2) artig, 3) ungezwungen, 4) vernünftig, 5) natürlich, 6) edel, 7) wohlgefaßt, 8) ausführlich, 9) wohlverknüpft und 10) wohlabgetheilet seyn".

welcher wir uns **bey einer ieden Melodie eine Gemüths-Bewegung** (wo nicht mehr als eine) **zum Haupt-Zweck setzen müssen**"[141]. Von der typisch barocken Affekteinheit ist durch die schlichte Parenthese Matthesons und trotz Regel drei (s.u.) nicht mehr unabdingbar die Rede! Der Autor setzt zudem noch besonderen Nachdruck auf diese These durch einen ausführlichen Vergleich mit anderen Künsten, etwa der Malerei (§. 75.), sowie durch eine ausführliche Erörterung der von ihm aufgestellten Regel; dabei stellt Mattheson immer wieder die Verbindung zwischen dem Affektgehalt der Musik und menschlicher Leidenschaft her: „Der grösseste Nachdruck, starcke Gedancken, und die genaueste Beobachtung der Worte, d.i. des in den Worten steckenden Verstandes rühren ja ursprünglich von den Gemüths-Bewegungen und Leidenschafften her, und können eben so wenig ohne dieselbe bestehen, als ein Wagen ohne Räder"[142]. Auch die dritte Regel – der Hinweis, daß jede Veränderung der Taktart einen guten Grund haben muß – ist mit dem Zusammenhang mit dem Text erklärt; eine Veränderung ist (sogar *ex abrupto*) möglich, muß aber durch das „Reim-Gebäude" erforderlich sein. Die Regel verlangt (von der erwähnten Ausnahme abgesehen) die *Einheit* des Affekts: Rezitative, bei denen (wie in der französischen Musik der Zeit Matthesons üblich) oft die Taktart gewechselt wird, stellen keine Melodien im Sinne Matthesons dar![143] Mit dem Takt befaßt sich in der Folge auch die vierte Regel, und wieder lautet das entscheidende Kausalwort in der Darstellung Matthesons „Verhalt"[144]: Es geht Mattheson um die „Anzahl der Abmessungen im Tact" und um ihre „beqveme und begreiffliche Einrichtung"[145], und seine Erörterungen gipfeln in einem erneuten Vorgeschmack seiner Incisionslehre, wenn er empfiehlt, eine gerade Taktanzahl einer ungeraden vorzuziehen; Einzeltakte, Formteile oder ganze Sätze sollen sich zu proportionierten Taktgruppen formieren. Den Komplex Metrik/Rhythmik berührt auch die folgende Regel: Es geht um die Hebung und Senkung des Taktes und um die Notwendigkeit, die „Natur der Zeitmaasse" zu befolgen. Als problematisch beschreibt Mattheson die Vermischung der Charakteristika des Viervierteltaktes mit denen des Zweihalbetaktes: „Jener hat augenscheinlich vier verschiedene Glieder, dieser aber nur zwey, welche in beiden Arten

---

[141] Mattheson, *Der vollkommene Capellmeister*, S. 145.

[142] Ebd., S. 146.

[143] Vgl. Fees, *Incisionslehre*, S. 116.

[144] Vgl. Mattheson, *Der vollkommene Capellmeister*, S. 141: „4. soll der Täcte Anzahl einen Verhalt haben".

[145] Ebd., S. 146.

mehr nicht, als zween Teile austragen, einfolglich auch eben so viel Schlüsse oder Absätze in der Melodie zulassen"[146]. Mattheson beruft sich in dieser Passage auf den ersten Band der *Critica musica*[147]; hierbei handelt es sich jedoch keineswegs um eine Propagierung des Akzentstufentaktes, sondern um die Darstellung von Schlußwendungen auf metrisch richtigen Orten. Als Ausnahme führt er „in einigen choraischen und melismatischen Dingen" mögliche Schlußwendungen auf schwachen Taktzeiten an.

Erscheint systematisch die Reihenfolge der Regeln noch locker gefügt, wird in der inhaltlichen Betrachtung deutlich mehr Zusammenhang erkennbar. So läßt sich die folgende Regel sechs („Soll der Wort-Accent wol in Acht genommen werden") als Erweiterung der vorangegangenen verstehen: „§. 94. Gleichwie der **Accent** in Aussprechung der Wörter eine Rede deutlich und undeutlich machen kan, nachdem er am rechten oder unrechten Orte angebracht wird; also kan auch der Klang, nachdem er wol oder übel accentuiret wird, das Melos deutlich oder undeutlich machen: und daraus entstehet die sechste Regel der Deutlichkeit."[148] Unter diese Regel fällt in Matthesons Ausführungen auch der „Nachdruck" (die „Emphasin"), dem das achte Kapitel des zweiten Teils gewidmet sein wird; Als „Emphasis" bezeichnet er die musikalische Hervorhebung eines sinnentscheidenden Wortes. Über drei Paragraphen gibt Mattheson Beispiele, um den Zusammenhang zwischen grammatikalischer Satzgestalt und musikalischer Gestaltung zu verdeutlichen.

Siebte und achte Regel gehören eng zusammen: Auf die Empfehlung, sich vor übermäßigem Zierrat (den „verderblichen Uippigkeiten, davon **Qvinctilianus** schon zu seiner ein Liedlein zu singen wuste"[149]) zu hüten, folgt konsequent die Anweisung, „sich einer edlen Einfalt im Ausdrucke" zu befleißigen, was als „etwas edles, ungeschmücktes und recht sonderbares"[150] zu verstehen ist – Mattheson macht mit dieser Regel zugleich den Spagat zu dem Konvolut der Regeln für die erste Eigenschaft, der Leichtigkeit; auch hier erscheint wieder die Parallele zur bildenden Kunst (§. 106.). Nur knapp erläutert Mattheson hiernach die neunte Regel, die unterschiedlichen Schreibarten zu unterscheiden: „Das will kürtzlich so viel sagen, man soll die Sing- und Spiel-Arten in der Kirche, auf der Schaubühne und in der Kammer nicht mit einander

---

[146] Ebd., S. 147.
[147] Vgl. Mattheson, *Critica musica* I, S. 32-36.
[148] Mattheson, *Der vollkommene Capellmeister*, S. 148.
[149] Ebd., S. 149.
[150] Ebd.

vermischen": Matthesons Regel ist eigentlich auch eine der Instrumentation – Man soll „der Stimme nicht Dinge zumuthen, Dinge zu machen, die sich für Geigen schicken"[151]. Die zehnte von Mattheson angeführte Regel ist zwar die letzte der Liste, zugleich aber nach Bekundung des Autors die wichtigste: Demnach ist die Haupt-Absicht des Tonsetzers nicht auf Wörter, sondern auf den Wort*sinn* zu richten. Deutlich ist die Verknüpfung auch dieser Regel mit den Maßgaben der Affektenlehre, die Mattheson selbst anführt: „so gehöret hiezu keine geringe Einsicht des Affects, der in solchen Worten steckt"[152]. Mattheson geht es also um Kontinuität, denn nur der Zusammenhang eines musikalischen Werkes kann seine Verständlichkeit garantieren.

3.3. Das *fliessende Wesen*

Als dritte Eigenschaft einer guten Melodie führt Mattheson in §. 51. in acht Regeln an, daß sie fließend sein muß. Die Regeln haben zunächst das Problem im Blick, das Mattheson in seiner generellen Erklärung des „fliessenden Wesens" in §. 51. beschreibt: Es geht in erster Linie um das Beachten von Einschnitten, jetzt aber nicht mehr unter dem Aspekt der oben angeführten Deutlichkeit, die im Kapitel über die Incisionslehre näherer Betrachtung unterworfen wird, sondern vor allem mit dem Hinweis auf die Unterbrechung des „melodischen Flusses" als Gefahr für eine gute Melodie. In seinem Vorsatz §. 51. führt Mattheson darüber hinaus noch den Begriff des „Sprengels" an: „Die Erkenntniß des Sprengels einer ieden Ton-Art ist dem **fliessenden Wesen** unentbehrlich"[153]. Mit „Sprengel" meint er den Ambitus der Stimme bzw. des betreffenden Instruments; zur Erläuterung verweist er auf die Definition des Begriffes *etendue* im *Neu-Eröffneten Orchestre* bzw. unter der Benennung des Ambitus[154]. Diese Bemerkung gehört zwar eher zum Bereich der „Leichtigkeit", wo die Ambitus-Regel ja auch angeführt wird, ist aber auch für den Zusammenhang mit dem „fliessenden Wesen" dienlich. Das weite Feld „Cadentzen, Ruhe-Stellen und Absätze" berühren in diesem Regelkomplex immerhin fünf von acht Regeln; die sechste und siebte Regel sind als detailliertere Regeln zur

---

[151] Ebd.

[152] Ebd., S. 150.

[153] Ebd., S. 141.

[154] Vgl. Mattheson, *Das Neu-Eröffnete Orchestre*, S. 106: „(4.) **Daß man die** Etendue͏̈ (natürliche Höhe und Tieffe) **einer jeden Stimme und eines jeden** *Instruments* **nicht überschreite**"; außerdem ebd., S. 147-148: „Der *Ambitus* aber bestehet in eines jeden zum *Fundament* gesetzten Tohnes natürliche Ausweichungen / und aus der eigentlichen *Harmonie* fliessenden *Cadenzen*".

Gestaltung von Melodien zu lesen, die Rhythmik (Regel 6) und Diatonik / Chromatik (Regel 7). Die letzte Regel betrifft den Zusammenhang verschiedener Melodien.

Die Erläuterungen Mathesons zu diesen acht Regeln in den Paragraphen 110. bis 121. sind verhältnismäßig kurz. Zu der ersten Regel, die die Brücke bildet zu der vorangehend erörterten Eigenschaft, der Deutlichkeit, die vor allem unter dem Aspekt Rhythmik und Metrik betrachtet wurde, fügt Mattheson eine Erneuerung der *varietas*-Forderung der Renaissance-Theorie an und schreibt: „Aber in der Melodie müssen diejenigen *rhythmi*, so an einem Orte vorgewesen, am andern und rechten wiederum erscheinen, daß sie gleichsam einander antworten, und die Melodie fliessend machen"[155]. „Korrespondenzrhythmik" ist die von Mattheson entworfene Idee; die zweite Regel, von Mattheson „2. Auch den geometrischen Verhalt gewisser ähnlicher Sätze, nehmlich den *numerum musicum*, d. i. die melodische Zahl-Maase genau beibehalten"[156] formuliert, zielt in dieselbe Richtung. Der Melodie sollen ausgewählte und dafür um so prägnantere „Klang-Füsse" zugrunde liegen: „Die numerische bzw. prosodische Proportion der *Klang-Füsse* zueinander innerhalb eines Taktes nennt Mattheson den *arithmetischen Verhalt*, die Organisation jener Takte zu einer möglichst intern symmetrisch korrespondierenden Viertaktgruppe den *geometrischen Verhalt*"[157].

Die Regeln drei und vier betreffen den Einsatz von Kadenzen – und empfehlen den sparsamen Gebrauch derselben. Als problematisches Beispiel (als Reihung von Kadenzwendungen bzw. Klauseln) führt Mattheson „Choral-Lieder" hier ganz unabhängig vom stilkritischen Kontext an und bemerkt die „Armseligkeit, die sich darin bloß gibt, wenn man in andern Sachen nichts, als Cadentzen, vorzubringen weiß"[158]. Mattheson rät darüber hinaus in Hinblick auf die vierte Regel, möglichst schon zu Beginn der Komposition durch einfache melodische Klauseln eine Tonart klarzustellen; zu gleichem Zwecke kann eine Dreiklangsbrechung „auf eine geschickte Art" dienen.

Warum Mattheson die Erklärungen der Regeln fünf und sechs miteinander vertauscht, ist nicht offensichtlich: §. 117. ist der Regel sechs gewidmet, §. 118. der Regel fünf; verwirrend ist die Entscheidung für eine Inversion vor allem aus systematischen Gründen, da die Regeln

---

[155] Mattheson, *Der vollkommene Capellmeister*, S. 150.
[156] Ebd., S. 141.
[157] Fees, *Incisionslehre*, S. 119; Fees weist auf die Verwandtschaft dieser Passage mit der Theorie der *Melodia Ligata* von Printz hin.
[158] Mattheson, *Der vollkommene Capellmeister*, S. 150.

sechs und sieben (als detailliert zu verstehende Hinweise auf a. Rhythmik und b. Melodik (im Sinne von Chromatik/Diatonik) enger zusammengehörend erscheinen und Regel fünf beide trennt. Diese fünfte Regel ist wiederum dem Themenbereich der Rhythmik zuzuordnen: Es geht Mattheson um die geschickte Verbindung von Passagen, unabhängig und abhängig von Kadenzumgebungen. Das „gar zu sehr punctirte Wesen", vor dem Mattheson in der sechsten Regel warnt und das in §. 117. näher erörtert wird, kann „absonderlich in Sing-Sachen, wenig oder nichts **fliessendes** mit sich führen"[159]; von dem Verzicht auf dasselbe ist nur „im präludiren und fantasiren", also in der aus der Improvisation erwachsenen Musik für Tasteninstrumente, abzusehen. In ähnlicher Art ist Mattheson kein grundsätzlicher Gegner von chromatischen Wendungen in der Melodie, allerdings ist von „krummen, chromatischen Wegen" abzusehen, wenn etwas „fliessendes" gesetzt werden soll.

Die letzte Regel zum „fliessenden Wesen" lautet: „Kein Thema muß die Melodie in ihrem natürlichen Fortgange hindern oder unterbrechen"[160]. In diesem Fall geht es Mattheson um den Satzzusammenhang – und unter diesem Gesichtspunkt ist diese Regel durchaus eine Ausnahmeerscheinung innerhalb der 33 Regeln dieses Kapitels: Der „natürliche Lauff" eines Themas soll nicht durch die Überbetonung einer Gegenstimme unterbrochen werden. „Thema" versteht Mattheson hier nicht z.B. als „Haupt-Satz" einer Fuge, sondern tatsächlich als kontrapunktisches Element; als Vergleich führt Mattheson eine Arie mit obligater Violine an. Diese letzte Regel weist weit über den Standard der anderen Anweisungen hinaus in die eigentliche Satzlehre – allerdings noch immer unter dem Aspekt des „fliessenden Wesens". Zusammenhang und Kontinuität bleiben aber oberstes Gebot des Komponisten, was Mattheson auch mit dem Regelkonvolut zum „fliessenden Wesen" verdeutlicht wissen will.

3.4. Lieblichkeit

Unter der Lieblichkeit einer Melodie versteht Mattheson insbesondere ihre Sangbarkeit. Diesem Komplex widmet er acht Regeln (in §. 52.), benötigt aber zur Erörterung derselben weitaus mehr Raum als für das „fliessende Wesen"; er bemerkt selbst: „Die Classe der **Lieblichkeit** ist beträchtlicher, als die drey vorhergehenden; so wie diese hergegen

---

[159] Ebd., S. 151.
[160] Ebd., S. 141.

notwendiger sind"[161]. Diese Tatsache ist um so erstaunlicher, als auf diese dritte Eigenschaft einer guten Melodie im Fortgang des zweiten Teils weitaus häufiger zurückgegriffen werden wird als auf die Kategorie der Lieblichkeit. Dennoch scheint es notwendig zu sein, auch diese Eigenschaft zu einer erweiterten Betrachtung heranzuziehen, wie gelegentliche Bemerkungen im weiteren Verlauf des *Vollkommenen Capellmeisters* verdeutlichen. Die acht Regeln in §. 52. erscheinen im Vergleich mit den drei anderen Zusammenstellungen besonders willkürlich gefügt: Unter dieser Kategorie ergänzt Mattheson die vorangehend erörterten Regeln vielmehr durch konkrete Hinweise. Die Regeln eins und zwei geben Anweisungen zur diastematischen Gestaltung einer Melodie, die beiden nächsten Regeln aber beinhalten eher allgemeine Ratschläge, die auch im Zusammenhang mit allen drei anderen Eigenschaften ihren Platz hätten finden können, die fünfte und die sechste Regel wiederum betreffen die großräumige Gestaltung einer Komposition, den „Verhalt aller Theile, Glieder und Gliedmassen"[162]. Die siebte und achte Regel gehören eigentlich – als konkrete Anweisungen für die Diastematik – zu den ersten beiden Regeln; eine Systematik ist aus der Anordnung der acht Regeln noch nicht zu erkennen.

Die erste Regel Matthesons zur Lieblichkeit empfiehlt, eher schrittweise fortzuschreiten als im Sprung und überhaupt eher kleine als große Intervalle zu verwenden, und wird mit zahlreichen (auch Gegen-)Beispielen ausgestattet; Mattheson verzichtet allerdings auch in diesem Zusammenhang nicht darauf, mit der zweiten Regel auf die *varietas*-Forderung explizit hinzuweisen (§. 124.)[163]. Die Empfehlungen werden auf folgende Faustregeln zugespitzt: „Von halben Tonen z. E. werden schon drey oder vier hinter einander, wenn sonst keine eigene Absicht darunter verborgen ist, zu viel seyn, absonderlich von kleinen. Fünff bis sechs Grade sind auch etwas eckelhafft, zumahl diatonische; es wäre denn, daß die Worte oder Umstände, oder wie gesagt, ein besonders Vorhaben, ein Thema, ein Lauff u. d. gl. ausdrücklich mehr erforderten." In Bezug auf die Lieblichkeit geht es hier aber ausdrücklich nicht um „sonderbare Fälle". „Von Tertzen kan man zwo bis drey, und nicht mehr

---

[161] Ebd., S. 152.
[162] Ebd., S. 141-142.
[163] Auf die *varietas* sollte Mattheson später wieder zurückkommen, wenn er Telemann lobt: „Man siehet hier, wie artig die Grade und Sprünge mit einander abwechseln, wie das Fallen, Steigen und Gehen so klüglich vermischet ist" (Ebd., S. 156).

einerley Art, ohne Abbruch der **Lieblichkeit**, auf einander folgen lassen: Von Qvarten aber selten mehr, als zwo, wenn sie accentuiret sind"[164].

In der Konkordanz mit den Beispielen zu den ersten beiden Regeln wird ersichtlich, warum Mattheson diesen ersten die eher allgemein gehaltenen Regen drei und vier folgen läßt: Auf ein „nicht lieblich klingendes Beispiel" mit drei aufeinander folgenden Quarten (§. 126.) folgt die Empfehlung, daß man „sich **unmelodische oder unsingbare Fälle mit Fleiß aufsuchen**"[165] und entsprechend untersuchen soll; desgleichen sollen wohlklingende Beispiele als Muster „fleißig aufgesucht werden" (Regel vier). Die beiden folgenden Regeln gehen also aus der zweiten Regel konkretisierend hervor – ein für Matthesons Vorgehensweise in diesem Kapitel symptomatischer Umstand. Einen längeren Passus (§§. 129.-136.) widmet Mattheson dann der eingehenden Betrachtung von Problemfällen wie einem schlechten Transitus oder einem *varietas*-Verstoß. In den §§. 134 und 136. gibt er darüber hinaus fünf Regeln, in denen er (1.) die Folge steigender Halbton – steigende große Terz, (2.) zwei oder mehr Akzentquarten, (3.) die Folge Terz – Sekunde in unterschiedlicher Anordnung sowie (4.) zwei Sekunden „mit einem leeren Zwischenraum" (hier die Folge fallende Sekunde – fallende Terz – fallende Sekunde) und (5.) die Folge fallende Quarte – steigende große Terz als schlechte Gänge für eine liebliche Melodie bezeichnet. Im Zusammenhang mit „wolklingenden Mustern", die die vierte Regel empfiehlt, hebt Mattheson vor allem Buononcini und Telemann als Vorbilder hervor; die Erörterung einiger kleiner Beispiele finden sich in den §§. 138. bis 143., aus denen er wiederum zwei Regel ableitet: (1.) „**Ein Dactylus in der kleinen Tertz herunter; eine Quint hinauf und wieder herab springend**"[166] und (2.) Tonleiterausschnitte nach drei und mehr Quintensprüngen dienen der lieblichen Führung der Melodie. Die kleinen, von Mattheson im Zusammenhang mit den Regeln drei und vier, die so sehr allgemein gehalten wirkten, genannten Regeln beziehen sich allerdings ausschließlich auf spezielle Fallbeispiele und haben wenig allgemeingültigen Wert: Sie dienen als Anschauungsmaterial.

Beschäftigen sich die ersten Regeln zur Lieblichkeit (wie aufgezeigt) mit dem Verhältnis der Töne untereinander – also mit Intervallbeziehungen –, geht es in der fünften Regel um das Verhältnis der Teile einer Melodie: Nicht nur die Großform einer Komposition soll überlegt gestaltet sein, sondern auch die Einzelteile derselben sollen ein

---

[164] Ebd., S. 153.
[165] Ebd.
[166] Ebd., S. 155.

rationales Verhältnis untereinander aufweisen; beispielhaft steht eine kurze melodische Sequenz am Ende der Erörterung. Mattheson führt selbst an, daß diese Regel eher in den Bereich der Deutlichkeit gehört (§. 146.); gleiches gilt für die folgende Regel, „gute Wiederholungen, doch nicht zu offt, an[zu]bringen"[167]. Beispiele von Buononcini werden in den §§. 148. bis 151. näher untersucht, vor allem der Aspekt des „Wiederschlages".

Die siebte Regel, die systematisch eher an den Beginn des Abschnitts über die Lieblichkeit gehört, empfiehlt, "**daß aller Anfang einer guten Melodie mit solchen Klängen gemacht werde, welche entweder die Tonart selbst vorstellen, oder ihr doch nah verwandt sind**"[168]. Mattheson verweist erneut auf ein Beispiel Buononcinis, bemerkt aber, daß diese Lizenz (denn nicht mehr kann diese Empfehlung sein) nur schwer zu befolgen sei – „das schäumende, tändelnde und üppige Wesen hat heutiges Tages in der melodischen Setz-Kunst mehrenteils den grössesten Beifall, und auch den meinigen, in so weit, daß ich niemand leicht rathen wollte, wieder den Strom zu schwimmen"[169]. In dieser knappen Äußerung zur „musikalischen Mode" liegt vermutlich der Grund für die merkwürdige Stellung dieser Regel im Konvolut – und für die Verknüpfung mit der letzten, die besagt, daß man „zur Beförderung der Lieblichkeit" nur selten Melismen oder Läufe verwenden sollte (was erneut mit Beispielen Buononcinis verdeutlicht wird). Zu seinen Regeln (und vielleicht unbemerkt die Auswahl seiner Beispiele, die nahezu alle der Vokalmusik entstammen, erklärend) bemerkt der Autor abschließend: „Inzwischen soll hiemit das Eis ein wenig gebrochen seyn, indem wir unsern bisherigen Regeln von der Melodie einige Erläuterungen angehänget haben, die zum Theil der Instrumental-Music dienen können; am meisten aber für die Singe-Stimmen gehören, als worin der Ursprung und die Wurtzel alles melodischen Wesens zu suchen ist"[170].

---

[167] Ebd., S. 142.

[168] Ebd., S. 158.

[169] Ebd.

[170] Ebd., S. 160; vgl. Fees, *Incisionslehre*, S. 122: „Matthesons Begriff der *Klang=Rede* wurzelt wie die Melodielehre nicht in einem unbestimmten Kantablen, sondern unmittelbar im Gesang selbst; jegliches Komponieren habe von jenem seinen Ausgang zu nehmen", bzw. Johann Mattheson, *Kleine General=Bass=Schule*, Hamburg 1735, S. 51: „Es muß gesungen seyn, und sollte es nur auch in Gedancken geschehen". Zum Begriff der Sangbarkeit vgl. Heinrich W. Schwab, *Sangbarkeit, Popularität und Kunstlied. Studien zu Lied und Liedästhetik der mittleren Goethezeit 1770-1814*, Regensburg 1965

*

Mattheson beläßt es nicht bei der rhetorikgeprägten *inventio*-Erörterung – es folgt mit dem 5. Kapitel die Fortsetzung aus der neuartigen Sicht des Geschmacksbegriffes: Nach der „Erledigung" der Topik geht Mattheson auf die stilistische Durcharbeitung über. Die Orientierungspunkte für das fünfte Kapitel, aber ebenso auch für den weiteren Gang dieses zweiten Teils sind bezeichnenderweise stilistische Kategorien, die in dem Hauptstück „Von der Kunst eine gute Melodie zu machen" einer (mehr oder weniger) genauen Erörterung unterzogen werden: Leichtigkeit, Deutlichkeit, das „fliessende Wesen" und die Lieblichkeit – die *virtutes elocutionis*. Karl-Heinz Göttert weist darauf hin, daß die schon in der antiken Rhetorik – vor allem in Ciceros *Orator* – beschriebenen Begriffe gerade im 18. Jahrhundert eine besondere Bedeutung gewannen, insofern sie wie nichts anderes geeignet erschienen, die Natürlichkeitsforderung zu präzisieren; so kommt *L'Art de Parler* von Bernard Lamy[171] der Matthesonschen Auswahl mit den Begriffen *douceur, force, agréable* und *facilité* wohl am nächsten, aber auch bei den Galanten wie Talander (Anmut und Leichtigkeit), dem Hamburger Menantes (Deutlichkeit und „das Wohlfließende") oder bei Neukirch (Deutlichkeit, Übersichtlichkeit, Leichtigkeit und Natürlichkeit) stehen ähnlich oder gleich formulierte Begriffe im Zentrum stilistischer Tugenden, wenn es darum geht, „das Herz zu rühren": „Das Konzept der ,Als-ob-Natürlichkeit', der kunstvollen im Gegensatz zur späteren spontanen Natürlichkeit, ist gerade von den Galanten mit Hilfe der virtutes elocutionis formuliert worden"[172]. Die Nähe zu den Grundlagen der Inventionslehre ist offensichtlich.

Die in der ersten Hälfte des 18. Jahrhunderts zu einer stattlichen Anzahl angewachsenen vielfältigen *virtutes* begrenzt Mattheson auf vier; auffälligerweise begegnen sie anders formuliert schon vor der präziseren Erörterung im fünften Kapitel unter §. 26: **„Die blosse Melodie beweget mit ihrer edlen Einfalt, Klarheit und Deutlichkeit die Hertzen solcher Gestalt, daß sie offt alle harmonische Künste übertrifft"**[173] – deutlich erscheinen hier bereits die späteren Kategorien

---

(Studien zur Musikgeschichte des 19. Jahrhunderts Bd. 3), besonders das Kapitel „Die ,Lied'-Definitionen und die Theorie der ,Sangbarkeit'" S. 20-34.

[171] Paris 1675, Neudruck hg. von E. Ruhe, München 1980; vgl. Göttert, *Rhetorik*, S. 278.

[172] Vgl. Göttert, *Rhetorik*, S. 283.

[173] Mattheson, *Der vollkommene Capellmeister*, S. 138.

„Leichtigkeit" und „Deutlichkeit". Er unterstellt sie außerdem einem einzigen Leitprinzip – jegliches Vergnügen beruht auf Teilnahme: „**Wir können keine Vergnügung haben an einem Dinge, daran wir gar keinen Theil nehmen**"[174], lautet die Vorschrift zu den Regeln der Leichtigkeit (§. 48.); die *virtutes* stellen nichts anderes dar als „die eigentlichen Träger des Verstehensprozesses"[175]. Nicht zufällig spielt die Affektenlehre in den 33 Regeln immer wieder eine tragende Rolle, und die Aufforderung, dem Ohr Bekanntes zu bieten, die sich als erste Anweisung findet, spricht in Abgrenzung zur barocken *ratio* den *sensus* an. In diesem Zusammenhang steht auch die Empfehlung, die sich als Regel zur Deutlichkeit findet – die Beschränkung auf die Darstellung einer Leidenschaft fördert den Verstehensprozeß, und mit dem Ratschlag, „die Absicht nicht auf Wörter, sondern auf deren Sinn und Verstand"[176] zu richten, wendet sich Mattheson vom barocken Prinzip der Einzelwortabbildung ab.

Die eben dargestellten Aspekte führen wie die Erläuterung des „fliessenden Wesens" mit den Aufforderungen zu Gleichförmigkeit bei Takt und Rhythmus zu der Feststellung, daß die Darstellung Matthesons in erster Linie auf Überblickbarkeit, Faßlichkeit einer Komposition angelegt ist: Angelpunkt ist der zu Beginn eingeführte Verstehensprozeß, der auf keinen Fall durch Ungeschicklichkeit des *Melopoeten* blockiert werden darf. Beide Typen von Regeln, die in diesem fünften Hauptstück präsent sind – die allgemein gefaßten wie die konkret auf Melodieeigenschaften wie Diastematik, Rhythmik und Metrik eingehenden –, unterstützen diese Idee der Faßlichkeit[177].

Zu fragen ist allerdings in diesem Zusammenhang, inwiefern diese Tendenz Ergebnis der Auseinandersetzung mit der Rhetorik ist. Schon in der „Zuschrifft" des *Vollkommenen Capellmeisters* bemerkt Mattheson, es gehe ihm um die „Darlegung und Erläuterung derjenigen wahren Grundsätze melodischer Dinge, welche auch manchem berühmten Künstler unbekannt, oder doch bisher von niemand

---

[174] Ebd., S. 140.

[175] Vgl. Göttert, *Rhetorik*, S. 284.

[176] Mattheson, *Der vollkommene Capellmeister* S. 141; vgl. auch den Disput mit Bokemeyer in der *Critica musica* II, S. 295, bzw. Göttert, *Rhetorik*, S. 285.

[177] Vgl. Carl Dahlhaus, *Die Musiktheorie im 18. und 19. Jahrhundert. Erster Teil: Grundzüge einer Systematik*, Darmstadt 1984 (Geschichte der Musiktheorie Bd. 10), S. 15: „[...] eine ‚Leichtigkeit', die demnach als Faßlichkeit im Sinne eines pädagogisch-philantrophisch gesonnenen Zeitalters aufzufassen ist".

wissenschafftlich und systematisch untersucht worden sind"[178]: Diese Aussage ist so deutlich wie mehrdeutig – mit den „Grundsätzen melodischer Dinge" können sowohl musikimmanente Aspekte der Melodielehre als auch außermusikalische Faktoren zur Erarbeitung einer Melodie gemeint sein, etwa die der (barock)rhetorischen Inventionslehre zugehörige Topik. Für die Gestaltung der ganzen Schrift ist diese Aussage in der Widmung an den Landgrafen zu Hessen nahezu symptomatisch zu nennen. Überblickt man die 33 von Mattheson in der Beschäftigung mit den vier *virtutes* genannten Regeln, wird der enge Zusammenhang der hier exponierten Melodielehre mit der Affektenlehre augenfällig: Die Grundzüge dieser Melodielehre werden aus den Gesetzmäßigkeiten der Sprache abgeleitet. Mit dem Hintergrund der *ars inveniendi*, insbesondere der *loci topici*, ist die Erfindung von Melodien in der *eigentlichen* Inventionslehre Matthesons, nämlich im fünften Kapitel des zweiten Teils, untrennbar an die Affektenlehre gebunden: **„Bey einer ieden Melodie** [müssen wir] **eine Gemüthsbewegung** (wo nicht mehr als eine) **zum Haupt-Zweck setzen"**[179]. Im weiteren Gang des zweiten Teils wird die nächste Bedeutungsschicht in diesem Gefüge sichtbar: Die genaue Kenntnis der Grammatik als Incisionslehre muß für die richtige Gestaltung der Melodie vorausgesetzt werden. In diesen Zusammenhang gehört auch das Festhalten an der spätbarocken Tradition des „Einheitsablaufs", dargestellt in dem Regelkomplex des „fliessenden Wesens" – der durch seine Kürze und Vorsichtigkeit besonders ins Auge fällt: Die von Mattheson erhobenen Forderungen, daß etwa „ein rechtfließendes Melos nur wenig förmliche Cadentzen haben müsse"[180], ist mit der Empfehlung nach deutlicher, durch Kadenzstufen strukturierter Gliederung kaum vereinbar[181] – nur eben unter der Prämisse der

---

[178] Mattheson, *Der vollkommene Capellmeister*, Vorrede, S. 7. Auf diesen Passus bezieht sich wohl auch die folgende Bemerkung Johann Adolph Scheibes im Anhang, den „Gültigen Zeugnissen", zum *Kern melodischer Wissenschafft* (S. 6): „So fangen sie nun auch an, auf eine systematische Art zu beweisen, wie der Zusammenhang der Music ist, und auf was Weise ein Musicant seine Wissenschafft verstehen, abtheilen und erforschen soll".
[179] Mattheson, *Der vollkommene Capellmeister*, S. 145.
[180] Ebd., S. 150.
[181] Vgl. Carl Dahlhaus, *Musiktheorie im 18. und 19. Jahrhundert*, S. 16: „Der Widerspruch ist keinesfalls ein Zufall aus Nachlässigkeit, der nichts besagt, sondern erscheint als Zeichen und Ausdruck einer kompositionsgeschichtlichen Situation, in der es schwerfiel, sich zwischen dem älteren Stilideal bruchloser Kontinuität und dem neueren einer durchgängigen – von den Zählzeiten bis zu den Perioden in sämtlichen Größenordnungen realisierten –

Verständlichkeit, für die eben sowohl syntaktisch-formale Voraussetzungen zu erfüllen sind wie auch Anforderungen der Affekteinheit.

Zum Aspekt der Verständlichkeit gehört aber neben der Tradition des Einheitsablaufes der Gesichtspunkt einer Kontinuität, die als eine der Haupttendenzen den Text Matthesons durchzieht: Durch das exponierte Prinzip von Wiederholung und Symmetriebildung bzw. symmetrischer Gruppierung (scheinbar im Widerspruch zur barocken Tradition des Einheitsablaufes) wird es möglich, den Melodieverlauf – auch aus stark verschiedenen Elementen – kontinuierlich und einheitlich zu gestalten. Guido Kähler bemerkt dazu: „Auch die Textvertonung ist diesen Grundsätzen untergeordnet. Sie ermöglichen weder einen frei ergriffenen, spontanen Gedanken (die „inventio ex abrupto" wurde durch Wiederholung und symmetrische Einordnung zur Schablone) noch die wahrheitsgetreue Ausdeutung der Textworte."[182] Allein an der in der Topik dazugewonnenen *inventio ex abrupto* und ihrer Negierung mittels der tragenden Grundlagen der Mathesonschen Melodielehre wird der Konsistenzverlust der Topik überhaupt deutlich: Gerade die *inventio ex abrupto* erfüllt am ehesten die für die Theorie der Wiener Klassik relevante Kategorie des „Einfalls" und steht im Kontext der von Mattheson postulierten Individualität. Darüber hinaus wird klar, daß die Erörterungen im fünften Kapitel des zweiten Teils auch aus musikimmanenten Überlegungen abgeleitet werden können[183].

Zu Beginn des dritten Teils faßt Mattheson gewissermaßen als Anweisung für den Fortgang in der Komposition selbst noch einmal zusammen: „Mein Rath wäre, man machte den Anfang mit einer kleinen singend Melodie, fürs erste ohne Baß, wobey sowol, als bey den übrigen Gattungen, immer **Achterley** zu bemercken sind: der Affect, die Ton-Art, die **Begleitung**, der Tact, die Einschnitte, der Theile Verhältniß, die Auszierung und endlich der Wörter Eigenschafft. Man

---

Korrespondenzmelodik eindeutig zu entscheiden, und zwar insofern schwerfiel, als das ältere Prinzip bereits halb zerfallen und das neuere erst halb entwickelt war".

[182] Guido Kähler, *Studien zur Entstehung der Formenlehre in der Musiktheorie des 18. und 19. Jahrhunderts*, phil. Diss. (masch. schr.), Heidelberg 1958, S. 25.

[183] Vgl. ebd., S. 25-26: „Abgesehen von der Forderung der zeitgenössischen Ästhetik, in der Melodie die Rede nachzuahmen, erfolgt die Melodiebildung, wie auch bei Printz, nach rein innermusikalischen Gesetzen. Denn mit ihren mechanischen Mitteln, wie z.B. der Wiederholung, der Umkehrung Gegenbewegung, Verwechslungskunst, des Takt- und Tonartenwechsels oder der Symmetrie, verkörpert sie die eigentliche musikalische Logik."

schreite von den kleinesten zu den grössesten Sing-Sachen, und halte es hernach mit den Instrumental-Stücken auf gleiche Weise. Der dritte Punct von obigen Achten bleibt so lange zurück, bis der Baß zum wenigsten mit ins Spiel kömmt."[184] Alle in der Folge des 5. Hauptstückes erscheinenden, elementarsten Aspekte werden hier genannt: Nach dem Affekt und der Tonart, die beide einer näheren Untersuchung im ersten Teil des *Vollkommenen Capellmeisters* unterzogen werden, und der Begleitung, um die es – im Zusammenhang mit der Satzlehre – im dritten Teil geht, werden Metrik (7. Kapitel), Incisionslehre (9. Kapitel), Auszierung (14. Kapitel) und Wort-Ton-Verhältnis (bzw. besser Musik-Sprache) im weitesten Sinne (10. Kapitel) behandelt. Eine Sonderrolle bleibt dabei der Incisionslehre vorbehalten: Zur Verständlichkeit der *Klang-Rede* unerläßlich ist eine sinnvolle Gliederung und Interpunktion; die Lehre von den Incisionen, den Ein- und Abschnitten im neunten Kapitel, erfüllt diese Funktion der musikalischen Orthographie als Teilgebiet der Melodielehre neben Rhythmik, Metrik und *Emphatic*. Sie birgt ein Gerüst von Kategorien, mit deren Hilfe syntaktische Beziehungen benannt werden können. Dabei bestimmt die Kontinuitätsvorstellung auch die gesamte Incisionslehre: „Ebenso wie die ‚fließende Melodie‘ zu den Grundsätzen der Melodieerfindung gehörte, ist es die Aufgabe der ‚Einschnitte‘, die Melodie in ihrem Fortgang nicht zu unterbrechen, sondern nur zu gliedern"[185].

4. Die Kapitel über Rhythmik und Metrik

Nach dem ausführlichen Kapitel über die vier Eigenschaften einer guten Melodie reflektiert Mattheson in den folgenden Kapiteln des zweiten Teils Einzelaspekte aus den von exponierten 33 Regeln; dabei beziehen sich seine Ausführungen vor allem auf den Bereich Rhythmik und Metrik, gipfelnd in der groß ausgeführten Incisionslehre im neunten Haupt-Stück des zweiten Teils. Da diese Kapitel – von Kapitel sechs bis elf – unbedingt in den direkten Zusammenhang mit den Anweisungen von Mattheson, die sich explizit auf die Melodielehre beziehen, gehören, seien Struktur und Inhalt dieser Abschnitte im Folgenden umrissen.

Das sechste Hauptstück, überschrieben mit „Von der Länge und Kürtze des Klanges, oder von Verfertigung der Klang-Füsse", beinhaltet ausschließlich das Thema Versfüße. Mattheson bezieht sich mit diesem Kapitel vor allem auf die erste Regel zum „fliessenden Wesen", aber auch auf den Komplex „Deutlichkeit": Zur Verdeutlichung des Problems

---

[184] Mattheson, *Der vollkommene Capellmeister*, S. 245.
[185] Kähler, *Studien*, S. 22.

ändert Mattheson den rhythmischen Duktus von sieben Choralmelodien und verändert sie in Tanzsätze, versucht also, „die ungemeine Krafft der Rhythmopöie darzulegen"[186]. Der Hauptteil des Kapitels (von §. 6. an) ist der Vorstellung mehrerer Versfüße gewidmet; schließlich berechnet Mattheson in §. 51. die Kombinationsmöglichkeiten dieser Versfüße untereinander.

Das siebte Kapitel trägt den Titel „Von der Zeit-Maasse". Während Mattheson im vorangegangenen Kapitel das Element „Rhythmus" behandelt hat, wendet er sich jetzt zunächst dem Metrum zu, verwendet aber etwas irreführend den Begriff „Rhyhmic": „Itzund erfordert die Ordnung, daß wir auch lernen, wie aus solchen Gliedern gewisse Theile des Cörpers zusammen gefüget werden können: damit die Zeit und Bewegung der Klang-Füsse ihre rechte Maasse und Grösse bekommen. Denn darin besteht eigentlich die **Rhythmic**, welche wir alhier vornehmen, und ihr Unterschied von der Rhythmopöie."[187] *Rhythmopöie* also ist die Lehre von den Versfüßen im sechsten, *Rhythmic* die Lehre von der Mensur (und darüber hinaus vom Tempo) im siebten Kapitel im zweiten Teil des *Vollkommenen Capellmeisters*. Bezugspunkte im Regelkompendium des fünften Haupt-Stücks sind wieder Regeln der Deutlichkeit, nämlich die Regeln drei und vier, die sich direkt auf den Bereich der Metrik beziehen.

Das kurze Kapitel weist nach einer knappen Definition des Terminus *Rhythmic* als „Abmessung und ordentliche Einrichtung der Zeit und Bewegung"[188] auf die Kritik zurück, die sich (im Rahmen der Gattungslehre) schon im *Neu-Eröffneten Orchestre* findet[189]: Die Gesänge der Kirche sind nur insofern zur Musik zu rechnen, als sie schlicht und einfach „klingen" – weder *Rhythmopöie* noch *Rhythmic* haben hier aber Einflußmöglichkeiten: „Die Harmonie erstreckt sich nicht nur auf den Klang, sondern auch auf dessen Seele, den Tact"[190]. Mattheson teilt den von ihm zu erörternden Bereich in zwei Teile, der romanischen Tradition gemäß nämlich in *Mesure* bzw. *Battuta*, die „gewöhnlichen mathematischen Eintheilungen" und *Mouvement*, „gewisse ungewöhnliche Regeln", die „das Gehör, nach Erfordern der Gemüths-Bewegungen" vorschreibt und „die nicht allemahl mit der mathematischen Richtigkeit übereinkommen, sondern mehr auf den

---

[186] Mattheson, *Der vollkommene Capellmeister*, S. 161.
[187] Ebd., S. 171.
[188] Ebd.
[189] Vgl. Mattheson, *Das Neu-Eröffnete Orchestre*, S. 139.
[190] Mattheson, *Der vollkommene Capellmeister*, S. 172.

guten Geschmack sehen"[191]. Der erste Teilbereich wird zuerst in den Paragraphen 9. bis 17. erörtert: Mattheson führt hier nochmals die Termini *Thesis* und *Arsis* als Basis an, aus denen dann die grundlegende Einteilung in gerade und ungerade Takte erwächst. Genauere Informationen zu den im ganzen „funfzehn gewöhnliche Tact-Arten"[192] können dem *Neu-Eröffneten Orchestre* oder der *Kleinen General-Baß-Schule* entnommen werden. Der zweite Teil des Kapitels widmet sich dem Problem des „Zeitmaßes", des Tempos: Mattheson gibt (unter Bezugnahme auf Jean Rousseau[193], dessen *Méthode* im Rahmen dieses Kapitels besonders empfohlen wird) zu, daß es ungleich schwieriger sei, für diesen Teilbereich Gebote und Verbote zu formulieren, „weil es auf die Empfindung und Regung eines ieden Setzers [...] oder den zärtlichen Ausdruck der Sänger hier ankömmt"[194]. Die Frage nach dem Unterschied zwischen Takt und Tempo beantwortet Mattheson „salomonisch" mit dem Gleichnis, „die Mensur ist ein Weg; dessen Ende aber die Bewegung. [...] Und wie die Stimme oder der Gesang sich von der Mensur muß leiten lassen, also wird hinwiederum der Tact von der Bewegung geführet und belebet."[195]

Das achte Kapitel unterbricht zwar den systematischen Fortschritt von Rhythmik und Metrik hin zur Incisionslehre im neunten Kapitel, behauptet sich aber inmitten der Kapitelfolge, weil sein Thema noch einmal Bezug nimmt auf die 33 Regeln des fünften Haupt-Stücks: „Vom Nachdruck in der Melodie" bezieht sich direkt auf die sechste Regel zur Deutlichkeit, in dessen Formulierung der Begriff der *Emphasis* bereits aufscheint – der „Ton und Nachdruck der Wörter", vom *Accent* zu unterscheiden als Hervorhebung einer Gemütsbewegung (im Gegensatz zur Betonung im Rahmen der Aussprache). Unter *Emphatic* versteht Mattheson unter Bezugnahme auf die klassische Rhetorik den „Nachdruck der Gedancken, Klänge und Wörter"[196]; mit der Zuweisung an einen genuin rhetorischen Zusammenhang hat dieses achte Haupt-Stück seinen Platz zwischen den Ausführungen zu Rhythmik und Metrik und der Incisionslehre, die die gleichen Wurzeln aufweist.

---

[191] Ebd., S. 171.
[192] Ebd., S. 172.
[193] Vgl. Jean Rousseau, *Méthode claire, certaine et facile, pour apprendre à chanter la musique*, Paris 1683 (Amsterdam 1691, 1700, 1710), Nachdruck der Ausgabe von 1710: Genf 1976, S. 86.
[194] Mattheson, *Der vollkommene Capellmeister*, S. 172.
[195] Ebd., S. 173; vgl. auch die Bemerkungen zum Akzentstufentakt bei Descartes in Besseler, *Das musikalische Hören*, S. 29-32 und 37-38.
[196] Mattheson, *Der vollkommene Capellmeister*, S. 174.

Die Erörterung der *Emphatic* in diesem Rahmen zerfällt in vier Aspekte, die nacheinander – nach der Differenzierung *Emphatic / Accent* – eine eingehende Betrachtung erfahren. Erstens geht es Mattheson um den Ton und Nachdruck der Wörter „schlechthin" (§§. 11-16.): Anhand eines kurzen Beispiels aus einer pastoralen Arietta werden drei *Emphases* vorgestellt; zweitens behandelt er die Kürze oder Länge von hervorzuhebenden Silben im Zusammenhang mit dem *Accent* (§§. 17-32.), dessen Behandlung demnach auch unter die *Emphatic* fällt. In diesem längeren Passus stellt Mattheson die Interpretationsmöglichkeiten von Wortsinn mit Hilfe von Verlängerung bzw. Verkürzung von Notenwerten dar; dabei gibt er mehrere praktische Regeln für den Gebrauch des *Accents*: „Die allgemeine Regel, so man bey dem Accent zu beobachten hat, ist diese: **daß die dazu gehörige Note lang oder anschlagend seyn müsse**"[197]; „bey zwosylbigen Wörtern stünde noch zu merken, daß, wenn beide Sylben sonst lang sind, nur die erste, nicht die zwote den Sing-Accent haben müsse [...], **daß fast alle Schluß-Noten im Gesange anschlagend, oder mit dem Accent versehen seyn müssen, obgleich die dazu gehörige letzte Wort-Sylbe an ihr selbst kurtz wäre**"[198]. Hervorgehoben wird zudem die Notwendigkeit der Korrespondenz zwischen Sprachakzent und Singakzent. Ein Singakzent ist auch da möglich, wo in der Sprache kein Akzent ersichtlich ist; eine Umkehrung ist nicht möglich: „Das ist eines von den melodischen Vorrechten"[199]. Der dritte von Mattheson erörterte Aspekt ist der der *Passaggien* (§§. 33-35.) mit dem Rat an den angehenden Tonsetzer, keine ungeschickten Verzierungen zum Anlaß zu nehmen, mit dem Nachdruck die Musik „zur Unterdrückung" zu bringen. Der letzte angeführte Punkt ist die Wiederholung (§§. 36-43.): Den Rat „*repetitio habet emphasin*" läßt Mattheson zwar gelten, doch übermäßige Wiederholung sieht er eher als schädlich an – im Sinne der *varietas*, gerade wenn es um unbedeutende Elemente des Satzes (sowohl textlich wie musikalisch) geht; Matthesons „Faustregel" lautet: „Es mögen demnach Worte von Erheblichkeit sehr wol drey bis viermahl, wenn sonst die Umstände solches leiden wollen, mit guter Art wiederholet werden, um dem Vortrage einen desto stärckern Nachdruck zu geben: denn das muß iederzeit die vornehmste Ursache seyn"[200]. Zum Beschluß des Kapitels verweist Mattheson auf die Notwendigkeit der melodischen Analyse; seine eigene Quelle ist der zweite Band der *Critica musica*, auf den in diesem Zusammenhang immer wieder verwiesen wird.

---

[197] Ebd., S. 176.
[198] Ebd., S. 178.
[199] Ebd.
[200] Ebd., S. 179.

Das neunte Kapitel des zweiten Teils birgt die Incisionslehre Matthesons, „Von den Ab- und Einschnitten der Klang-Rede": „Diese Lehre von den Incisionen, welche man auch *distinctiones, interpunctationes, posituras* u. s. w. nennet, ist die allernothwendigste in der gantzen melodischen Setz-Kunst"[201], die Erörterung dieses Themas erhält im Rahmen des Melodielehre-Abschnitts des *Vollkommenen Capellmeisters* erheblichen Umfang. Mattheson erwähnt das Thema 1739 nicht zum ersten Mal. Schon im *Neu-Eröffneten Orchestre* von 1713 bemerkt er: „**Daß sich in der** *Vocal-Music* **Text und** *Noten* **vor allen Dingen wol zusammen reimen / und die in den Worten steckende** *Emphasis*, **nebst den** *Distinctio*nen **/ als** *Comma, Colon &c* **wol inacht genommen / und geschickt** *exprimi*ret **werden**. Als worinn mit Recht die musicalische *Rhetoric* stecket"[202]. Mattheson greift mit dieser Terminologie auf einen allgemeinen Sprachgebrauch zurück[203]; so heißt etwa schon die Pause in der mittelalterlichen Choraltheorie *distinctio*. Der Begriff der *incisiones*, der dann auch in der *Critica Musica* überwiegt, findet sich schließlich im *Melotheta*[204]. In seiner Studie *Die Incisionslehre bis zu Johann Mattheson. Zur Tradition eines didaktischen Modells*, die eine umfangreiche Erörterung dieses neunten Kapitels des *Vollkommenen Capellmeisters* und der darin enthaltenen Incisionslehre einschließt, stellt Konrad Fees klar, daß das lat. *incisio* so viel wie „der Einschnitt in den Leib" bedeutet; noch genauer muß es *incisium* heißen. Der Begriff bedeutet bei Cicero das *comma: Incisio* als Oberbegriff für die ganze, von Mattheson in diesem Kapitel exponierte Lehre fällt also aus dem Rahmen; er selbst hebt nicht die Bedeutung *comma*, sondern die allgemeine von *Ein-/Abschnitt* hervor. Ob Mattheson selbst den Unterschied dieser deutschen Übersetzung vom originalen antiken Sprachgebrauch hervorheben wollte, bleibt allerdings angesichts der fehlenden Konsequenz in der Verwendung dieser Terminologie fraglich[205]. Eng ist jedoch auch hier der Zusammenhang mit der Rhetorik – Gottsched etwa weist auf die Notwendigkeit hin, daß

---

[201] Ebd., S. 180; unterstützend heißt es auf S. 200: „Gleichwie die Lehre von den Leidenschafften oder Gemüths-Neigungen die **vornehmste** in der melodischen Wissenschafft; die von den Einschnitten der Klang-Rede aber die **nothwendigste** ist. [...]."

[202] Mattheson, *Das Neu-Eröffnete Orchestre*, S. 105-106.

[203] Vgl. Fees, *Incisionslehre*, S. 143.

[204] Vgl. Mattheson, *Melotheta*, S. 53.

[205] Vgl. Fees, *Incisionslehre*, S. 144; zur Begriffsgeschichte vgl. ebd., S. 143-145.

eine Rede „wohlabgetheilet"[206] sein muß. Der Bezug zur Rhetorik ergibt sich wiederum aus der übergeordneten Voraussetzung: Das Musikstück wendet sich schließlich direkt an den Hörer.

1754 in *Plus ultra* urteilt Mattheson in einer Rückschau stolz: „Die große Incisionslehre war unbekannt; die rührende Emphasis lag unter der Bank &c. ehe der Kern melodischer Wissenschaft ans Licht trat"[207]. So stellt er denn im *Vollkommenen Capellmeister* auch fest, daß es schlecht stehe um die Kenntnis der Ein- und Abschnitte: „Um nun diesem Mangel, wie vielen andern, auch einiger maassen abzuhelffen, müssen wir uns die Mühe geben, die liebe Grammatic sowol, als die schätzbare Rhetoric und werthe Poesie auf gewisse Weise zur Hand zu nehmen"[208] – Poesie und Grammatik erhalten hier den Rang einer Hilfsdisziplin neben der überragenden Bedeutung der Rhetorik für das Gesamtkonstrukt des *Vollkommenen Capellmeisters*[209]. Der Aufbau des Kapitels ist stringent: Neben der erwähnten Klärung der Terminologie diskutiert Mattheson für jede *Incision* zuerst den sprachlichen und dann den musikalischen Geltungsbereich. Die von Mattheson gewählte Ordnung folgt den drei Klassen der Zeichen, die in entsprechender Form in Hieronymus Freyers *Anweisung zur Teutschen Orthographie* auftauchen[210]: Er erörtert erstens Zäsur setzende Zeichen, nämlich *Periodus* (*Punctus*) und *Comma*, zweitens in Relation setzende Zeichen (*Semicolon / Colon*) und drittens Affekt-Zeichen (*Frage= und Ausrufungs-Zeichen*). Die *Parenthesis* erscheint nur der Vollständigkeit halber und bleibt ohne Bedeutung für den Aussagegehalt der Arbeit. Fees weist im übrigen darauf hin, daß die Untersuchung der *Incisionen* dadurch erschwert wird, daß „der Verfasser des *Capellmeisters* kaum systematisch verfährt sowie in konkreten Fällen gar seinen Definitionen entgegen argumentiert"[211]. Da die Ausführungen Fees' sehr ausführlich auf die Darstellungen Matthesons eingehen, mag im Folgenden ein kurzer, zusammenfassender Überblick (unter ausdrücklicher

---

[206] Gottsched, *Ausführliche Redekunst*, S. 326.

[207] Johann Mattheson, *PLUS ULTRA, / ein / Stückwert / von neuer und mancherleyArt* Bd. 2, Hamburg 1755, S. 323; vgl. Benary, *Deutsche Kompositionslehre*, S. 83: „Aber *von der Kunst eine gute Melodie zu machen* [...] oder *von den Einschnitten der Klang-Rede* [...] handelte zuvor keine Kompositionslehre".

[208] Mattheson, *Der vollkommene Capellmeister*, S. 181.

[209] Vgl. Fees, *Incisionslehre*, S. 145.

[210] Hieronymus Freyer, *Anweisung zur Teutschen Orthographie*, Halle 1721, ³1735; vgl. Fees, *Incisionslehre*, S. 146-147.

[211] Ebd., S. 147.

Bezugnahme auf die Forschungsergebnisse von Konrad Fees) über die besprochenen *Incisionen* genügen.

Unter einer **Periode** (§§. 5-19.) versteht Mattheson eine semantisch wie syntaktisch und intonatorisch geschlossene Spracheinheit: „Ein Periodus [...] ist ein **kurtzgefaßter Spruch, der eine völlige Meinung oder einen gantzen Wort-Verstand in sich begreifft**. Was nun dieses nicht thut, sondern weniger hält, das ist kein Periodus, kein Satz."[212] In seiner Erörterung nimmt er bewußt nicht Bezug auf die Kategorien der spätbarocken Periodenlehre: Er meint in erster Linie den *zu singenden* Satz. Zusätzliche Anforderungen – dem Textverständnis entgegenkommend – sind die Forderungen nach Sprachschönheit und überschaubarer Größe: Kurze Sätze befördern die Deutlichkeit, wie schon aus dem dazugehörigen Regelkonvolut zu entnehmen war. Als musikalische Periode bestimmt Mattheson den Abschnitt zwischen zwei förmlichen Schlüssen; weitergehende Kriterien gibt er nicht, aber als bedeutsam hebt er den Sinn hervor: „Da der *vollkommene Verstand* in gleicher Weise unausgesprochen dem Melodieabschnitt innewohnt, hat jener ebenso als geschlossene Sinneinheit zu gelten. Dessen Gehalt als einem ‚Stück' *Klang=Rede* macht der Affekt aus."[213] Deutlich wird hier erneut die Forderung Matthesons nach der Einheit von Syntax und Semantik der Musik.

Das **Comma** (§§. 20-38.) existiert – wie alle übrigen *Incisionen* – doppelt als „Gelenck" wie als „Stücklein des Satzes"[214]; Prinzipiell handelt es sich in Matthesons Definition um ein semantisch und intonatorisch unteilbares Redeglied: „Das *Comma* ist ein Stücklein des Satzes, dadurch die Rede einen kleinen Einschnitt bekömmt; ob gleich noch in den Worten kein rhetorischer, sondern nur ein grammatischer und unvollkommener Verstand ist: denn es erfordert sehr offt ein eintzelnes Wort sein eignes Comma"[215]. Zu unterscheiden ist das *comma pendulum*, ein aus dem syntaktischen Verbund losgelöstes Stück wie etwa ein Vokativ als grammatisch unselbständiger Affektträger, vom *comma perfectum*, ein syntaktisch geschlossener Verbund, ebenfalls Affektträger; diese Einteilung trägt allerdings für die Musik kaum Bedeutung in sich. Matthesons Empfehlung lautet, ein kurzes *Comma* nur unter theoretischen Gesichtspunkten zu betrachten – zugunsten des *fliessenden Wesens* – und beim Sprechen oder Singen zu übergehen. Als musikalisches *Comma* bestimmt er ein Motiv, eine

---

[212] Mattheson, *Der vollkommene Capellmeister*, S. 182.
[213] Fees, *Incisionslehre*, S. 151-152.
[214] Vgl. Mattheson, *Der vollkommene Capellmeister*, S. 185.
[215] Ebd., S. 184.

Motivgruppe oder auch eine Phrasierungseinheit. Das *Comma* gilt somit sprachlich wie musikalisch als kürzeste Affekt- und Sinneinheit.

Bei den **Semicola** (§§. 39-47. und 54-60.) handelt es sich in der Regel um Teilsätze aus mehrgliedrigen Perioden, die in enger, korrespondierender Beziehung zueinander stehen. Dies korreliert wiederum mit der motivischen Affinität der Melodiezeilen; Mattheson stellt mehrere Möglichkeiten vor: Variation der Motivik, die keiner Systematik folgt bzw. harmonische Parallelität, Umkehrung und Sequenz. Eine förmliche Kadenz (die ohnehin ausschließlich dem Periodenschluß zugewiesen wird) sollte in diesem Zusammenhang vermieden werden. Mit den *Semicola* gemeinsam haben die **Cola** die Korrespondenz: Die Glieder der *Cola* stehen stets paarig (oder in höherzahligen Beziehungen), allerdings jetzt in einer quasi eindimensionalen Beziehung. Insgesamt bleibt die Definition des *Colons* bei Matteson vage, wenn er als solchen einen Melodieabschnitt mit einem gewissen Geschlossenheitsgrad nennt, der einen entsprechenden nachfolgenden verlangt.

Frage und **Ausruf** (§§. 61-68.) stellen als Abschnittskategorien einen „Satz" dar (bzw. im Falle einer Interjektion ein *Comma*); aus einem gewöhnlichen Satz kann darüber hinaus durch syntaktische Operationen eine Frage oder ein Ausruf werden. Dies mit dem Anspruch auf Allgemeingültigkeit wie bisher auf musikalische Tatsachenbestände übertragen zu wollen, sprengt den Rahmen des bisher Beschriebenen – der Sprach-/Musikvergleich „entstand aus der Annahme heraus einer grundsätzlichen syntaktischen Analogie von Sprache und Musik: beide Systeme konstituieren sich aus Elementen (Zeichen) zunehmender Quantität wie Qualität"[216]. An dieser Stelle wird diese Ebene, auf der ein direkter Vergleich möglich ist, verlassen. Mattheson verwickelt sich in diesem Zusammenhang in Widersprüche bzw. begibt sich in Allgemeinplätze. Seine diesbezüglichen Überlegungen sind eher als später Beitrag zur Figurenlehre zu werten denn als eigentlicher Teil der Incisionslehre – er weist darauf hin, daß die Frage-Figur eben nicht als *Figur* zu berücksichtigen sei, wobei die Zugehörigkeit derselben zur Figurenlehre unstrittig sein muß; ebenso stellt die *Exclamatio* stets eine Figur dar.

Den letzten Einschnitt, die **Parenthesis** (§§. 69-76.), erwähnt Mattheson nur der Vollständigkeit halber; er hat musikalisch keine nennenswerte Funktion, und die diesbezüglichen Hinweise verbleiben im Allgemeinen: „Das Ding ist eben nicht sehr musicalisch, und mögte meinentwegen

---

[216] Fees, *Incisionslehre*, S. 176.

gerne aus der melodischen Wissenschafft Urlaub haben"[217]. Gemeint ist mit der *Parenthesis* syntaktisch die Einschaltung eines neuen Satzes oder einer Ellipse in einem bestehenden Satzrahmen.

Eine anschauliche Zusammenfassung des Kapitels bildet eine Analyse des eigens für diesen Zusammenhang verfaßten Rezitativs „Unsäglich ist mein Schmertz" (§§. 48-50.), in der Mattheson die vorgestellten Incisiones aufzeigt und erörtert; dabei befolgt er seine eigenen Vorgaben nur zum Teil[218] und komponiert nicht nach präexistenten Interpunktionsformeln, sondern vor allem entlang der rhetorischen Struktur des Textes mit deutlicher Tendenz zur Korrespondenz. Festzustellen ist außerdem der kontinuierlich fließende Duktus der Melodie, erreicht durch motivische Einheit und rhythmisch-melodische Gleichförmigkeit. Ein zusätzliches Beispiel (für die Komposition wie für die Analyse im Licht der Incisionslehre) gibt später im Rahmen der Gattungslehre das Menuett (s.u.) ab. Das Kapitel schließt mit dem Ratschlag, am Ende eines Satzes – „an dem Ort, wo der Punct befindlich ist"[219] – eine förmliche Kadenz („letztlich einen gäntzlichen **Endigungs-Schluß**") anzubringen.

Die zwischen Incisionslehre und Gattungslehre eingefügten Haupt-Stücke zehn und elf sind genuin keine Kapitel, die zum Bereich der *musikalischen* Rhythmik / Metrik oder Incisionslehre gehören, seien an dieser Stelle aus zwei Gründen aber doch abschließend betrachtet: Erstens geht es Mattheson in den der eigentlichen Melodielehre im Haupt-Stück fünf nachfolgenden Kapiteln grundsätzlich um die Beziehung bzw. Korrespondenz zwischen Text (oder allgemein Sprache) und Musik auf einer primär rhetorisch geprägten Basis; zweitens drehen sich die zwei fraglichen Kapitel auch um Metrik (Kapitel zehn) und daran anknüpfend um den „Lautwert" (Kapitel elf) – allerdings auf der Seite des zu vertonenden Textes.

Das zehnte Hauptstück, überschrieben mit „Von den zur Melodie beqvemen Reim-Gebäuden", ist eine Abhandlung der Metrik der Sprache, vor allem der gebundenen. Mattheson erklärt: „Im sechsten Haupt-Stücke dieses Theils haben wir von der Mutter, nehmlich von der **Rhythmic** geredet, in diesem zehnten soll nun auch der Tochter, d.i. der **Metric** mit wenigen gedacht werden. [...] Ein Metrum oder Reim-Gebäude ist die **ordentliche Verknüpffung verschiedener, auch wol einerley Sylben-Füsse, mittelst welcher sie in gewisse Schrancken**

---

[217] Mattheson, *Der vollkommene Capellmeister*, S. 194.

[218] Vgl. Fees, *Incisionslehre*, S. 177-182 bzw. die Analyse bei Kähler, *Studien*, S. 23.

[219] Mattheson, *Der vollkommene Capellmeister*, S. 195.

eingeschlossen und abgemessen werden."[220] Mattheson gesteht allerdings, daß dieses Thema in erster Linie in die Poesie gehört, aber die Kenntnisnahme der Dichtkunst ist ebenso notwendig für einen Tonsetzer wie die Fähigkeit, „selber einen guten Vers setzen" zu können; Basis ist die enge Geschwisterschaft der beiden Künste Musik und Poesie. Ein vollständiges Kompendium aller metrischen Gattungen nun würde zu großen Umfang erfordern, daher wendet das Kapitel (mit einem Verweis auf bereits existierende Kompendien und auf ein französisches Ballett [!]) den Hauptaugenmerk auf in der deutschen Lyrik gebräuchlichsten Metren: Jambus (§§.21-28.), Trochäus (§. 29.), Daktylus (§§.30-32.) und Anapäst. In der knappen Erörterung werden unter Berufung auf die literaturwissenschaftliche Handhabung – nämlich aufgrund der „Vorsylbe" – Jambus und Trochäus als *ein* Geschlecht mit insgesamt siebzehn Gattungen und Daktylus und Anapäst als ein zweites behandelt. Die wichtigste Anweisung im Rahmen der knappen Exposition in §. 25: Veränderungen der Metrik beleben und bereichern die Melodie ungemein.

Das elfte Hauptstück ist „Von dem Laut der Wörter" überschrieben und ist das kürzeste Kapitel des zweiten Teils; es informiert den Lesenden über „den **geringsten** Punct"[221], verglichen mit der Affektenlehre und dem Kapitel über die Incisionen: Es handelt von den Eigenschaften und dem Klang von Wörtern. Anlaß des Kapitels ist offensichtlich die Erfahrung des Autors, daß Komponisten sich „an solcher Eigenschafft der Wörter, und an dem blossen Laut derselben gerne vergaffen; sich dabey zur Ungebühr aufhalten; gezwungene, unzeitige Nachahmungen darüber anstellen, und Dinge einführen, davon der Verstand nichts weiß, keinen Theil daran hat, ja, die demselben offt schnur gerade zuwieder lauffen"[222]. Mattheson gibt in diesem Rahmen dem Lesenden keinerlei Regeln an die Hand, sondern zeigt anhand von Beispielen, wie mit der Materie a) nicht verfahren werden sollte und b) vernünftig umgegangen wird: An zwei knappen Beispielen – den Textstellen „Zwölf Jünger folgten JEsu nach" und „Das zitternde Gläntzen der sprudlenden Wellen" – mißbilligt er zu gezwungene bzw. zu offensichtliche Textausdeutung (§§. 4-6.), gesteht dann aber andere Wortspiele und Text-Musik-Korrespondenzen zu (§§. 7-9.). In §. 10. schließlich gibt Mattheson Beispiele von mit Vorsicht zu behandelnden Ausdrücken und beschließt das Kapitel mit einigen Negativbeispielen.

---

[220] Ebd., S. 195-196.
[221] Ebd., S. 200.
[222] Ebd.

5. *Die Gattungslehre im* Vollkommenen Capellmeister

Während im ersten Teil der Schrift die Stillehre ihren Ort am Beschluß der „allgemeinen Musiklehre" findet und sich am Ende des dritten Teils drei ausführliche aufführungspraktische Kapitel zu den Themenbereichen Instrumentenkunde und Interpretation befinden, steht gegen Ende des zweiten Teils die Gattungslehre – als Ziel der Melodielehre, wie die Stiltheorie der „Abschluß der wissenschaftlich begründeten Tonlehre"[223] ist; in diesem Zusammenhang zitiert Mattheson wie sonst nirgendwo sich selbst in nicht unerheblichem Ausmaß, insbesondere seine Arbeit von 1713, die musikhistorisch diesbezüglich besonders viel Sprengstoff beinhaltet und deren Gattungslehre für die Ausbildung von Matthesons Melodielehre von 1737/39 von entscheidender Bedeutung ist (s.u.). Erschien in der frühen Arbeit die Stillehre allerdings gar nicht mehr, wird sie – nach der Kontroverse mit Buttstett, ausgetragen im *Beschützten Orchestre* – zum gängigen Bestandteil der Theorie Matthesons bis hin zur völligen Systematisierung im *Vollkommenen Capellmeister*. Die Gattungslehre hingegen behält ihren Platz (wenn auch modifiziert) und ist als Novum seit 1713 in den Kanon mit aufgenommen, obgleich die Interessenlage beider Schriften, der frühen *Orchestre*-Schrift und des späten *Capellmeisters*, voneinander gerade im Kanon des zu Lernenden stark voneinander abweichen.

„Die Wege der Natur führen von der Unvollkommenheit zur Vollkommenheit"[224] – auf der Basis dieser Begründung entfaltet der Autor in den beiden Kapiteln des zweiten Teils seine endgültige Fassung der Gattungstheorie, die insofern den entsprechenden Passus des *Neu-Eröffneten Orchestres* weiterentwickelt, als daß diesmal die Gattungslehre, die schon rein räumlich von der Stillehre getrennt ist, für sich und ohne die Notwendigkeit einer Verteidigung ihrer Existenz steht. Darüber hinaus geht sie noch stringenter als die frühe Fassung von Einzelsätzen aus und führt sukzessiv zu zusammengesetzten Zyklen; die Einteilung der Gattungen in vokale und instrumentale, die im *Neu-Eröffneten Orchestre* noch der Stillehre (I. geistlich, II. weltlich in Theater und Kammer) entsprach, ist eindeutiger und von der Stillehre losgelöst. Matthesons Weg führt im *Vollkommenen Capellmeister* von der Basistheorie hin zu einer untergeordneten Theorie der Gattungen, wobei der Satz*verband* jetzt deutlich im Vordergrund des Blickwinkels steht.

---

[223] Krummacher, *Stylus versus Genus*, S. 87.
[224] Mattheson, *Der vollkommene Capellmeister*, S. 211.

Die Trennung in vokale und instrumentale Gattungen ist der Anlaß für das einführende Kapitel zwölf, überschrieben mit „Vom Unterschiede zwischen den Sing- und Spiel-Melodien": Es geht Mattheson ausschließlich um die Frage, ob und wie Instrumental- und Vokalmelodien voneinander möglichst deutlich unterschieden werden können. Da diese Entscheidung von bestimmender Bedeutung für die Gattungszuordnung ist, ist dieses Kapitel sachgemäß Teil der Melodielehre. Mattheson findet insgesamt siebzehn Unterschiede zwischen Vokal- und Instrumentalmelodien. Die siebzehn angeführten Aspekte sind nur bedingt systematisch geordnet: Eine erste Gruppe von Unterscheidungsmerkmalen (die Unterschiede eins und zwei, §§. 4-11.) macht er an der historischen Sukzessivität von Vokal- und Instrumentalmusik fest, woraus sich der Vorzug der Vokalmusik in der Satzlehre ergibt; eine zweite Gruppe (die Unterschiede vier bis zehn, §§. 13-27) haben eine musikpraktische Basis. Darunter fallen Bedingungen wie niedrigerer Ambitus von Sing-Melodien, Einbeziehung des menschlichen Atems (die allerdings auch Blasinstrumente betrifft) oder die Benutzung unterschiedlicher Tonarten: „Ob ich einem Sänger sein Stück aus dem *cis* oder aus dem *c* setze, das gilt ihm gleichviel: der eine Ton ist ihm eben so leicht, als der andre. Bey Instrumenten aber mit nichten: welches nicht nur ihre Eigenschafft, sondern auch gar offt der Spielenden Unerfahrenheit wahr macht."[225] Außerdem lassen Instrumente eine größere Freiheit in der Ornamentik zu. Der siebte Aspekt (**„daß die Vocal-Melodie kein solch reiffendes, punctirtes Wesen zulasse, als die Instrumente**"[226]) ist in erster Linie zu verstehen als Kritik an der französischen Vokalmusik, wie aus der nachfolgenden Erklärung hervorgeht. Eine dritte Gruppe betrifft das Verhältnis Wort und Musik, das in der Instrumentalmusik weitgehend irrelevant bleibt (Unterschiede zwölf, dreizehn und fünfzehn, §§. 30-40. und 43-44.); der Zusammenhang mit der Affektenlehre wird von Mattheson besonders hervorgehoben, „weil inzwischen das rechte Ziel aller Melodie nichts anders seyn kan, **als eine solche Vergnügung des Gehörs dadurch die Leidenschafften der Seele rege werden**"[227]. Auch die Instrumentalmusik kann nicht der Gemütsbewegung entbehren; diese These wird umfänglich ausgeführt. Zwei Aspekte haben ausschließlich eine quasi rezeptionsästhetische Veranlassung: Als dritten Unterschied (§. 12) führt Mattheson an, daß eine Instrumentalmelodie **„durchgehends mehr Feuer und Freiheit habe,**

---

[225] Ebd., S. 206.
[226] Ebd.
[227] Ebd., S. 207.

als die Vocal"[228] – allerdings ohne die wohl hinreichende Begründung mit der Bindung an einen Text; in einem ähnlichen (quasi rezeptionspsychologischen) Kontext steht der elfte Unterschied (§§. 28-29.), der besagt, daß Instrumentalmelodien bei „gemischten Besetzungen" – also Vokalmusik mit Begleitung von Instrumenten – nicht hervortreten sollen. Die beiden letzten Bemerkungen zu diesem Thema betreffen direkt den Rahmen der Gattungslehre, die im nächsten Kapitel folgt: Sechzehntens besteht zwischen vokalen und instrumentalen Stilen grundsätzlich ein Unterschied (§. 45.), wie Mattheson bereits in der Stillehre im ersten Teil des *Vollkommenen Capellmeisters* dargelegt hat, und letztens (§. 46.) erfordern Instrumental- und Vokalmelodien unterschiedliche Gattungen.

Das dreizehnte Hauptstück, „Von den Gattungen der Melodien und ihren besondern Abzeichen" überschrieben, ist eines der längsten Kapitel des gesamten Buches und beinhaltet die letztgültige Gattungslehre Matthesons, die in ihrem Aufbau nur geringfügig abweicht von den Erörterungen im *Neu-Eröffneten Orchestre* (s.o.). Insgesamt nennt Mattheson dreißig Melodiegattungen, sechzehn vokale und zweiundzwanzig instrumentale:

---

[228] Ebd., S. 205.

Vokale Gattungen:

I.	Choral (§§. 3-7.)	[Soli]	Einzelsätze
II.	Aria, Arioso, Ariette (§§. 8-16.)		
III.	Cavata (§§. 17-20.)		
IV.	Recitativo (§§. 21-24.)		
V.	Cantata (§§. 25-31.)		
VI.	Duetto (§§. 31-34.)		
VII.	Terzetto (§§. 35-36.)		
VIII.	Chor, Quatuor (§§. 37-39.)		
IX.	Serenata (§§. 40-42.)		Zyklen
X.	Balletto (§§. 43-48.)		
XI.	Pastorale (§§. 49-54.)		
XII.	Opera (§§. 55-57.)		
XIII.	Dialogo (§§. 58-61.)		
XIV.	Oratorium (§§. 62-65.)		
XV.	Concerto da Chiesa (§§. 66-70.)		
XVI.	Motette (§§. 71-78.)		

Instrumentale Gattungen:

I.	Menuett (§§. 80-86.)	Einzelsätze
II.	Gavotte (§§. 87-89.)	
III.	Bourrée (§§. 90-92.)	
IV.	Rigaudon (§§. 93-94.)	
V.	Marche (§§. 95-97.)	
VI.	Entrée (§§. 98-101.)	
VII.	Gigue (§§. 102-104.)	
VIII.	Polonoise (§§. 105-108.)	
IX.	Angloise (§§. 109-112.)	
X.	Passepied (§§. 113-115.)	
XI.	Rondeau (§§. 116-117.)	
XII.	Sarabanda (§§. 118-120.)	
XIII.	Courante (§§. 121-127.)	
XIV.	Allemanda (§§. 128-129.)	
XV.	Aria, Partita (§§. 130-131.)	
XVI.	Fantasie, Capricchio, Toccata (§. 132.)	
XVII.	Ciacona, Passacaglia (§§. 133-135.)	
XVIII.	Intrada (§. 136.)	

XIX.	Sonata (§§. 137-138.)	Zyklen
XX.	Concerto grosso (§. 139.)	
XXI.	Symphonie (§. 140.)	
XXII.	Ouverture (§. 141.)	

Während die Aufstellung der vokalen Gattungen den Ausführungen Matthesons im *Neu-Eröffneten Orchestre* noch weitgehend entspricht (wenn man davon absieht, daß 1713 noch die Einteilung in geistliche und weltliche Gattungen die systematische Übersicht überlagert), geht der Autor bei den instrumentalen Gattungen quasi umgekehrt vor: Zum Hauptordnungsprinzip wird die Größe der Gattung, bestimmend ist das Fortschreiten von den Einzelsätzen hin zu zusammengesetzten Zyklen. Dieses Gliederungsprinzip ist noch offenkundiger in der Instrumentalmusik mit der Nennung von Tanz- und Suitensätzen (teilweise auch von mehreren Unterarten unter einem Oberbegriff, vgl. die Erörterung der *Angloise*) im ersten Teil, der Fantasie und der Ciacona bzw. Passacaglia als nicht einfache Tanzsätze zur Vermittlung und schließlich nur vier Gattungen unter den zusammengesetzten Genera; auffällig ist im übrigen der geringe Raum, der der Bewertung der zyklischen Gattungen zugestanden wird – was sowohl der didaktische Hintergrund (kleine Gattungen sind einfacher zu erörtern als große Komplexe) als auch systematische Gründe zu erklären vermögen. Während 1713 eine Gattungslehre beschrieben wird, in die Elemente von Stillehre und Satztechnik mit einfließen (wobei gerade das erstgenannte Element nominell vermieden wird), erfahren diese Projektionsflächen im systematisch angelegten *Vollkommenen Capellmeister* eine nicht unerhebliche auch räumliche Trennung: „Die Gattungstheorie läßt auch nicht nur die unzureichende Stillehre hinter sich, sondern sie stößt an die Grenzen ihrer eigenen Systematik gerade dort, wo sie ihr Ziel erreichen will. Die Komplexität der instrumentalen Zyklen sprengt eher ein System, das von einzelnen Sätzen ausging, um der Trennung von Schreibarten als Gebot der Stillehre zu entsprechen."[229] Daß dabei die Ouverture am Ende des Kapitels steht, hängt allerdings mit Matthesons hoher Wertschätzung der Opernmusik seiner Zeit zusammen; die Beurteilung der Sinfonia als „mäßigere Gattung" steht im Kontext unterschiedlicher Terminologie.

Diese Gliederung, die dem eben beschriebenen Prinzip folgt, ist bei der Abhandlung der Vokalgattungen nicht ebenso konsequent durchgeführt: Mattheson setzt zwar die solistischen (sowohl weltlich als auch geistlich textierbaren) Gattungen, zu denen er den Choral, die

---

[229] Krummacher, *Stylus versus Genus*, S. 93.

Aria, die Cavata und der Rezitativ zählt, an den Beginn; eine systematische Einordnung der Kantate ist allerdings ebenso problematisch wie die Anordnung der Zyklen – die Klassifizierung von 1739 erscheint ambivalent. Unter den ersten vier Punkten werden weltliche Gattungen (Serenata, Balletto, Pastorale und Oper) genannt; die noch verbleibenden vier Zyklen – Dialogo, Oratorium, Concerto da Chiesa und Motette – bleiben die sukzessive Folge von kleinerer Gattung (*Dialogo*) zur größten zusammengesetzten (*Oratorium*) aber schuldig: Nachdem Mattheson beim *Concerto da Chiesa* einen musikhistorischen Abriß über die Gattungsentwicklung und – ausprägung, vor allem bei Viadana, vorlegt hat, stellt er die Motette an das Ende der Beschreibung von vokalen Gattungen mit der Bemerkung: „Aus angeführten Umständen [eine Kritik an ersten cäcilianischen Bestrebungen, den Epigonen Palestrinas, Anm. d. Verf.] ist demnach leicht zu schlüssen, daß zwar die eigentliche Moteten-Art nicht gantz zu verwerffen; Doch aber höchstnöthig sey, dieselbe allenfals mit der Concerten-Art durchzuflechten, und dem Wort-Verstande oder der Vernunfft in keinem Stücke zu nahe zu treten, wenns auch die beste Fuge von der Welt kosten sollte"[230]. Mattheson beschreibt abschließend die Erweiterung (bzw. „Verbesserung") der Motetten zur Messe: Am Ende der Vokalgattungen stehen also musikhistorische Überlegungen zu Randerscheinungen des zeitgenössischen Komponierens, dessen Schwerpunkte mit dem vierzehnten Punkt, dem Oratorium, bereits genannt sind; daß die spät genannten zyklischen Vokalgattungen nur durch ihre engere Affinität zur Oper einen höheren Platz in der Sukzession von der Unvollkommenheit zur Vollkommenheit erhalten haben, ist ein ästhetisch motiviertes Sekundärmerkmal[231].

Während das Rezitativ unter den vokalen Gattungen ein besonderes Augenmerk erfährt – Mattheson verweist schon in der Vorrede auf diesen Passus (besonders auf die entsprechende Vorarbeit im *Kern melodischer Wissenschafft*)[232] und beschreibt in §. 24. ausführlich seine Eigenschaften –, steht das Menuett nicht zufällig am Beginn der Erörterung von Einzelsätzen in der Liste der instrumentalen Gattungen: Schon in der frühen Gattungslehre von 1713 stand das Menuett herausgehoben am Ende. Im *Vollkommenen Capellmeister* behauptet es seinen ersten Platz in der langen Reihe der Erörterung von Tanzsätzen vor allem mit einem Beispiel: Anhand eines kurzen Menuetts in h-Moll erklärt Mattheson die „Zergliederung" des Menuetts

---

[230] Mattheson, *Der vollkommene Capellmeister*, S. 223.
[231] Vgl. Krummacher, *Stylus versus Genus*, S. 93.
[232] Vgl. Mattheson, *Der vollkommene Capellmeister*, Vorrede, S. 23-24.

sowie seine „Klang-Füsse" und eine dreifache Emphasis[233]. Mit diesem Beispiel – einer ersten „echten" Formanalyse – wendet Mattheson seine Incisionslehre auf ein praktisches Exempel, nämlich komponierte Musik, an und überführt damit (noch mehr, als es in der Analyse des Rezitativs „Unsäglich ist mein Schmertz" im neunten Kapitel der Fall ist) seine Theorie in die Handwerkslehre für den *Capellmeister*, allein dieses Element unterstreicht die hohe Bedeutung der Incisionslehre für die Melodielehre, aber auch die Notwendigkeit der Gattungslehre in diesem Rahmen trotz aller Widersprüche, die sich aus der expliziten Trennung von Stillehre und Gattungslehre ergeben[234]. Schon im *Neu-Eröffneten Orchestre* hatte Mattheson auf die Bedeutung von Periodizität hingewiesen: „[...] daß die Anzahl ihrer [der Menuette] Tacte 4. oder 8. in der ersten / und eben so viel in der andern *Reprise* seyn / oder doch wenigstens / bey gemachter *Exception*, (da sie anders zum Tantzen nicht unbrauchbar seyn sollen) keinen ungeraden *Numerum* der Täcte haben / auch bey nicht weniger als 4. zehlen müssen / welches *Progressio Geometrica* heisset / wie *habilen* Tantzmeistern bekandt"[235]. Dieses Votum fällt zusammen mit der Formulierung des Popularitätsprinzips, durch das der Melodiebegriff des 18. und 19. Jahrhunderts verengt wurde und die Mattheson mit einer der ersten Regeln des *Vollkommenen Capellmeisters* wagt: „Daß in allen Melodien etwas seyn muß, so fast iedermann bekannt ist"[236]. Das „Bekannte", in dessen Grenzen sich eine Melodie halten muß, um als Melodie rezipiert zu werden, ist das rhythmisch-harmonische Periodenschema, die „Quadratur der Tonsatzkonstruktion"[237]. An diese, durch die das von Mattheson analysierte Beispiel geprägt ist, ist die von ihm gebrauchte Terminologie jedoch nicht gebunden, wie ein Blick in die Erörterung erweist:

---

[233] Vgl. die Darstellungen bei Kähler, *Studien*, S. 24-25, und bei Fees, *Incisionslehre*, S. 182-186.

[234] Vgl. Krummacher, *Stylus versus Genus*, S. 89-91.

[235] Mattheson, *Das Neu-Eröffnete Orchestre*, S. 193.

[236] Mattheson, *Der vollkommene Capellmeister*, S. 140.

[237] Vgl. Abraham und Dahlhaus, *Melodielehre*, S. 22-23; der Begriff stammt von Richard Wagner.

Abb. 1: Mattheson, *Der vollkommene Capellmeister*, S. 224.

Mattheson bemerkt: „Da ist nun ein gantzer melodischer *Zusammensatz* (Paragraphus) von 16 Täcten, aus welchen 48 werden, wenn man sie vollend zu Ende bringt. Dieser Zusammensatz bestehet aus zweien einfachen Sätzen, oder Periodis [...]. Es befindet sich in diesem Paragrapho nicht nur ein *Colon* oder Glied; sondern auch ein *Semicolon*, oder halbes Glied: Die man bey ihren gewöhnlichen, unter die Noten gesetzten Zeichen erkennen kan. Man trifft ferner drey *Commata* an, daraus neun werden, und die mit dem bekannten Beistrichlein versehen sind. [...] Der *geometrische Verhalt* ist hier, wie durchgehends bey allen guten Tantz-Melodien, 4, und hat so viele Kreutzein zum Abzeichen."[238] Die grammatische Terminologie Matthesons bezieht sich primär nicht auf die metrische Ordnung, sondern auf die Sinngliederung – daher die „Unteilbarkeit" der Takte 13 bis 16 (Mattheson unterscheidet schließlich nur drei „Commata"): Die Symmetrie ist für Mattheson weitaus entscheidender als der spätere Periodenbegriff.

Die praktische Anwendung der Incisionslehre im Menuett repräsentiert die Melodielehre, der Mattheson sich zuvor sukzessive genähert hat[239] – als analytisches Instrument entwickelt aus der Auffassung einer syntaktischen Analogie von Sprache und Musik. Das Menuett als *Ausgangspunkt* einer Lehre von der Melodiebildung zu einer Zeit, in der vom Menuett als dem Inbegriff instrumentalen Komponierens noch längst nicht die Rede sein kann, zu bezeichnen[240], erscheint zwar

---

[238] Mattheson, *Der vollkommene Capellmeister*, S. 224.

[239] Vgl. Fees, *Incisionslehre*, S. 188-189.

[240] Vgl. Wolfram Steinbeck, *Das Menuett in der Instrumentalmusik Joseph Haydns*, München 1973 (Freiburger Schriften zur Musikwissenschaft Bd. 4), S. 8.

übertrieben; die Anwendung der Incisionslehre auf ein konkretes kompositorisches Beispiel neben dem schon aufgrund seiner Textanbindung Probleme aufwerfenden Rezitativ erlaubt Mattheson aber zugleich eine Darstellung der Stichhaltigkeit seiner Lehre von den Einschnitten, die für die Melodielehre als besonders notwendig betrachtet wird. Die Feststellung, daß Mattheson mit der Analyse eines Menuetts im Rahmen der Gattungslehre seines *Vollkommenen Capellmeisters* als der Begründer der Formanalyse gewertet werden kann, trifft eher den Sachverhalt – „Wie nun in der gantzen Natur und allem erschaffenen Wesen kein eintziger Leib ohne Zergliederung recht erkannt werden mag; so will ich immer der erste seyn, der eine Melodie zerleget und untersuchet"[241]: Mit seiner Darstellung demonstriert Mattheson als erster Musikschriftsteller des 18. Jahrhunderts die Analyse der achttaktigen Periode[242]. Dabei bezieht sich seine grammatische Terminologie primär nicht auf die „metrische" Ordnung (wie die Gruppierung von 1+1, 2+2 und 4+4 Takte), sondern auf die Sinngliederung: Kriterium ist die relative Geschlossenheit oder Unselbständigkeit der musikalischen Gedanken; die „metrische Ordnung" wird, prinzipiell unabhängig von der Sinngliederung, als „geometrischer Verhalt" für sich betrachtet. Mattheson analysiert in diesem Zusammenhang ein Stück Musik, dem das musikalische Versprinzip – die „Quadratur" – zugrunde liegt, mit Hilfe einer Terminologie, die von rhetorischer Prosa abstrahiert ist[243]. Das Gegenstück dieses neuartigen Analyseansatzes ist schließlich die Analyse der Arie Marcellos unter dem Aspekt der *dispositio* – die Übertragung von Begriffen der Rhetorik und ihrer Elemente auf ein Musikstück in der Art einer Folie. Dieser Teil, den Mattheson unverändert aus dem *Kern melodischer Wissenschafft* übernimmt, macht deutlich, daß die vorgeführte textlose Arie von Marcello mit dem Strukturmodell der Rede eher überfrachtet ist[244] – Marcello habe „wol schwerlich an die 6 Theile einer Rede gedacht", und es [würde] gewißlich eine große Pedanterey seyn [...], wenn einer die angeführten Theile alle, und in eben der Ordnung, bey ieder Melodie ängstlich suchen und anbringen wolte"[245]. Die „Klang-Rede" wird somit zur Konsequenz der Melodielehre.

---

[241] Mattheson, *Der vollkommene Capellmeister*, S. 224; vgl. Kähler, *Studien*, S. 24.

[242] Vgl. Fees, *Incisionslehre*, S. 184.

[243] Vgl. Dahlhaus, *Musiktheorie im 18. und 19. Jahrhundert*, S. 174-175.

[244] Klassen, *Musikalisch-rhetorische Figuren*, S. 191.

[245] Mattheson, *Der vollkommene Capellmeister*, Vorrede, S. 25.

*

Während die vorangehende Abhandlung über Topik und Inventionslehre im Rahmen der Melodielehre und ihre Ausläufer bis hin zur Incisionslehre und Gattungslehre als *inventio*-Element eines vom rhetorischen Duktus geleiteten Lehrgebäudes verstanden werden können, steht das vierzehnte Kapitel des zweiten Teils singulär da: Es vereinigt – auch nach Mathesons eigenem Bekenntnis – die noch fehlenden Elemente *dispositio, elaboratio* und *decoratio*. Matheson stellt zwar fest, daß mit der „Erfindung" der Anfang gemacht werden muß und daß diese „sicherlich fast die Helffte der Sache begreifft"[246] und widmet dann auch dieser Inventionslehre weitaus mehr Raum als dem Rest der Materie. Das mit dem Titel „Von der Melodien Einrichtung, Ausarbeitung und Zierde" überschriebene Kapitel nimmt im Vergleich zu dem Vorangegangenen nur geringen Raum ein, was nicht zuletzt die hohe Meinung Mathesons von der „Erfindung" unterstreicht: „Wenn ich nun von beiden eines wehlen sollte, entweder eine glückliche Erfindung, oder eine gescheute Einrichtung etc. nähme ich vieleicht das erste; beide zusammen aber würden sie mir doch lieber sein"[247]. Weder *dispositio* noch *elaboratio* und *decoratio* werden von Matheson im *Neu-Eröffneten Orchestre* beim Namen genannt.

Das erste von Matheson behandelte Element ist die *dispositio*, die „Einrichtung", also Gliederung musikalischer Werke, hier in Analogie zur Rhetorik definiert als „eine **nette Anordnung aller Theile und Umstände in der Melodie**, oder in einem gantzen melodischen Wercke"[248] und verglichen mit architektonischen Grundrissen; in dem die *dispositio* betreffenden Absatz (§§. 4-31.) legt er ausführlich den berühmt gewordenen Vergleich zwischen einem Musikstück und den sechs Teilen einer Rede vor und überhöht damit noch einmal die von ihm hervorgehobene Kongruenz zwischen Musik und Sprache – Musik als „Klang-Rede". Als Beweis für die Existenz von *Exordium, Narratio, Propositio, Confirmatio, Confutatio* und *Peroratio* analysiert er abschließend eine Arie von Benedetto Marcello, ein wohl eingerichtetes und (im Vorgriff auf den zweiten von Matheson behandelten Aspekt) „auf das fleißigste" ausgearbeitetes Werk, das er in gleicher Weise

---

[246] Ebd., S. 235.
[247] Ebd.
[248] Ebd.

bereits im *Kern melodischer Wissenschafft* behandelt hatte[249].
Mattheson koppelt in der Erörterung zwei verschiedene
Anordnungsprinzipien der lateinischen Rhetorik, nämlich einerseits die
aus Ciceros *De oratore* (mit der Lehre der politischen, öffentlichen Rede
vor dem Volk), andererseits die aus Quintilians *Institutionis oratoriae libri
XII* (mit einer Erörterung der Gerichtsrede)[250]. Der Hinweis „Der Redner
Kunst-Stück ist, **daß sie die stärckesten Gründe zuerst; hernach in
der Mitte die schwächern; und zuletzt wiederum bündige Schlüsse
anbringen**"[251] ist eine allgemeinste Formulierung für die formale
Gestaltung eines dreiteiligen Stückes wie die analysierte Arie.
Mattheson empfiehlt die Anfertigung von Skizzen, um den Prozeß der
Einrichtung zu rationalisieren; er selbst gibt an, bei der Komposition
eines Oratoriums mit dem Ende anzufangen.

Das zweite Element der in diesem vierzehnten Kapitel erörterten Trias
ist die *elaboratio*, die (als „Ausarbeitung") nur kurz Erwähnung findet
(§§. 31-39.): Da Erfindung und Einrichtung der Ausarbeitung eines
Musikstückes bereits den Weg geebnet haben, benötigt diese nur noch
wenig Unterricht; nichtsdestoweniger ist sie aber unerläßlich. „Die
Erfindung will Feuer und Geist haben; die Einrichtung Ordnung und
Maasse; die **Ausarbeitung** kalt Blut und Bedachtsamkeit"[252]. Mattheson
weist hier besonders auf das enge Ineinandergreifen von *dispositio* und
elaboratio hin: „wer wol disponirt, hat halb elaborirt"[253]. Zuletzt geht es
Mattheson um die *decoratio*, die „Ausschmückung" (§§. 40-52.), deren
Erörterung den zweiten Teil des *Vollkommenen Capellmeisters*
beendet. Das erneute Aufgreifen des Themas mag verwundern, hatte
sich Mattheson doch schon im dritten Kapitel, überschrieben „Von der
Kunst zierlich zu singen und zu spielen", mit den Manieren und
Elementen der Figurenlehre auseinandergesetzt: Tatsächlich existiert
der Schlußteil des vierzehnten Kapitels nur, um die Systematik der
Aufeinanderfolge von *inventio – dispositio – elaboratio – decoratio* zu

---

[249] Vgl. Mattheson, *Kern*, S. 131-134; Mattheson weist selbst auf diese Analyse
in der Vorrede zum *Vollkommenen Capellmeister*, Vorrede, S. 25-26, hin.
[250] Vgl. Krones, *Musik und Rhetorik*, Sp. 825; die „streitbare" *refutatio* Quintilians
wird wohl nach dem Vorbild Weißenborns bei Mattheson zur *confutatio*
abgeschwächt (vgl. auch Hartmut Krones, *„denn jedes Tonstück ist ein
Gedicht". „Rhetorische Musikanalyse" von Joh. Mattheson bis Fr. A. Kanne*, in:
Gernot Gruber (Hg.), *Zur Geschichte der musikalischen Analyse*, Laaber 1996,
S. 45-61).
[251] Mattheson, *Der vollkommene Capellmeister*, S. 239.
[252] Ebd., S. 241.
[253] Ebd., S. 242.

schließen, denn neue Erkenntnisse oder Hinweise für den Gebrauch der Auszierungen oder für die Figurenlehre liefert das Schlußkapitel nicht. Mattheson bemerkt, daß es bei der Frage der Verzierungen vor allem auf die Geschicklichkeit und das Geschmacksurteil des Interpreten und weniger auf Vorschriften des Komponisten ankommt – auch wenn Gelegenheit zur Verzierung gegeben sein muß. Wohlangebrachte Verzierungen schätzt er hoch, warnt aber vor übermäßigem Gebrauch derselben. Eigentlich zählt zur *decoratio* jede Ausschmückung im allgemeinen Sinne, Mattheson geht aber sofort zur Beschreibung der Figurenlehre über. Der Platz und seine Absicht vereiteln jedoch eine eingehende Untersuchung der „12 Wörter-Figuren, samt den 17 Spruch-Figuren", also einen ausführlichen Ausflug in die Figurenlehre. Nur *Subjunctio* und *relatio* werden mit kurzen Beispielen angeführt – allerdings bemerkt Mattheson, daß alle rhetorischen Figuren ihren Platz in der Musik haben. Außerdem nennt Mattheson aus den angeführten 12 „Wörter-Figuren", 17 „Sprach-Figuren" und „Erweiterungs-Figuren, deren etliche dreißig seyn werden, und die mehr zur Verlängerung, Amplification, zum Schmuck, Zierrath oder Gepränge, als zur gründlichen Uiberzeugung der Gemüther dienen"[254], nur einige ausgewählte; ob diese Tatsache auf die „allgemeine Vertrautheit mit der Materie"[255] schließen läßt, ist zu hinterfragen – wahrscheinlicher ist vielmehr die absichtliche Selektion dieser wenigen Figuren (ähnlich wie im „Manieren"-Kapitel in der Einführung zu diesem Teil) als allgemein und überzeitlich gültiger Figuren im Vergleich zu „Modeerscheinungen". Am Ende steht nämlich der nachdrückliche Verweis auf die diesbezüglichen Lehrbücher Herbsts und Printz'. Seine Zurückhaltung in der Erörterung der *decoratio* begründet Mattheson schließlich wie folgt: „Allein, da sich die Sachen fast jährlich ändern, und die alten Manieren nicht mehr Stand halten wollen, eine andre Gestalt gewinnen, oder auch neuern Moden Platz machen; so siehet man solche Vorschrifften zum Theil mitleidend an, und würde sich, wenn man schon dergleichen nach heutiger Weise entwerffen wollte, in ein Paar Jahren vieleicht eben so bloß stellen müssen"[256]. Der Schlußparagraph gilt schließlich der Überleitung zum dritten Teil, indem Mattheson ausdrücklich die Fugenlehre aus dem Bereich der „grossen Erweiterungs-Figuren" herausnimmt und für sich stellt.

---

[254] Ebd., S. 244.
[255] Vgl. Krones, *Musik und Rhetorik*, Sp. 827.
[256] Mattheson, *Der vollkommene Capellmeister*, S. 244.

6. Der Melodiebegriff Matthesons

Der Darstellung einer Melodielehre, die Mattheson mit dem zweiten Teil des *Vollkommenen Capellmeisters* versucht, muß notwendig ein bestimmter Melodiebegriff zugrunde liegen; die Grundzüge dieses Melodiebegriffes werden bereits in der Vorrede des *Vollkommenen Capellmeisters* angedeutet. Daß in der Vorrede im knappen Überblick über die im Verlauf der gesamten Schrift erörterten Elemente nur Auszüge bzw. Teile der bestimmenden Elemente der Lehre Matthesons exponiert werden, begegnet bei fast allen genannten Aspekten, bei der Incisionslehre wie bei der Gattungslehre. Im VII. Abschnitt der Vorrede, „Von den Eigenschafften der Melodie" überschrieben, erwähnt Mattheson allerdings alle vier im fünften Hauptstück des zweiten Teils erörterten Kategorien – und hierarchisiert diese, auch wenn er sie eigentlich nur voneinander unterscheiden will: Erstens ist die Eigenschaft der Deutlichkeit mühsamer zu bewerkstelligen als die der Leichtigkeit und dadurch von größerer Bedeutung für die Melodielehre (was sich unter anderem darin niederschlägt, daß Mattheson zur Deutlichkeit die meisten Regeln anführt); zweitens ist das „fliessende Wesen" unabhängig von Leichtigkeit und Deutlichkeit zu bemerken, was dieser Eigenschaft eine Sonderstellung zukommen läßt, und drittens gilt gleiches für die Lieblichkeit, den letzten von Mattheson erörterten Aspekt. Mattheson beschließt den kurzen, in die Problematik einführenden Absatz mit der Frage: „Was ist **leichter**, als in die Octav zu fallen, und darin, auch wol gar in der Quint, mit der Gemeinde fortzusingen? Was ist **deutlicher**, als Stuffenweise zu verfahren? Was ist **fliessender**, als die Wiederholung? Doch dennoch ist jener Fall nicht lieblich, auch ausser dem Choral nicht, ob er gleich, den Umständen nach, ein Ding deutlich ausdrucken kann. Die Grade, ohne Abwechselung, werden unangenehm, und die öfftere Wiederholung bringt Eckel. Alles dieses ist nicht lieblich, ob gleich leicht, deutlich und fliessend"[257] – demnach sind die vier Aspekte, die Mattheson in seinem Entwurf einer Melodielehre vertritt, voneinander nicht trennbar, auch wenn (wie oben angeführt) etwa die Deutlichkeit im Vergleich zum „fliessenden Wesen" eine herausgehobene Rolle spielt, gemessen an der Konsistenz der dazugehörigen Regeln. Leichtigkeit, Deutlichkeit, das „fliessende Wesen" und Lieblichkeit sind gleichrangig zu behandeln, für das Ergebnis entscheidend ist ihr Verhältnis zueinander.

Aus den Äußerungen in der Vorrede werden mehrere Elemente des Matthesonschen Melodieverständnisses deutlich: Neben der

---

[257] Ebd., Vorrede, S. 23.

Herausstellung von Leichtigkeit, Deutlichkeit, „fliessendem Wesen" und Lieblichkeit, ohne die eine gelungene Melodie nicht auskommt, ist die Ablehnung des Chorals als unzeitgemäße, musikgeschichtliche Erscheinung offensichtlich; darüber hinaus fällt der Begriff „Abwechselung", die Variante des alten *varietas*-Begriffes, und die Ablehnung der „öffteren" Wiederholung ins Auge, zwei Aspekte, die offenkundig zusammengehören.

Ebenfalls in der Vorrede wertet Mattheson die Komposition als das „vornehmste Stück der Ton-Lehre"; sie „heisset aber mit ihrem Griechischen Kunst-Nahmen *Melopoeia*, *Melothesia*, oder [...] *Melodica*"[258]. Konrad Fees[259] weist darauf hin, daß im Musikschrifttum des 17. und 18. Jahrhunderts *Melopoeia* als „Tonsetzkunst" aufgefaßt wird; bei Mattheson steht aber tatsächlich die Melodie im Mittelpunkt: „Wir legen hergegen die Melodie zum Grunde der gantzen Setz-Kunst"[260], heißt es zu Beginn des Kapitels „Von der Kunst eine gute Melodie zu machen". Die Melodie definiert Mattheson wie folgt unter deutlicher Bezugnahme auf die Affektenlehre: **„Ein feiner Gesang, worin nur eintzelne Klänge so richtig und erwünscht auf einander folgen, daß empfindliche Sinnen dadurch gerühret werden**"[261]. Unter „erwüschter Folge" ist damit also etwa die Einhaltung der im weiteren Verlauf dieses zentralen Kapitels gegebenen Richtlinien einer kontinuierlich geführten Melodie zu verstehen.

Wie ist nun die Qualität einer solchen Melodie zu beschreiben? Während die vom Stilbegriff der Monodie durchdrungene Klangstruktur des Barocks „exzentrisch" und in ihre „Extreme" polarisiert ist[262], strebt Mattheson nach einer grundsätzlich neuen Melodik: In einigen Generalbaß- und Kompositionslehren bis in die zweite Jahrhunderthälfte hinein erscheint die Melodik als Diskant-Linie, als Außenstimme und somit als Kontrapunkt zum Baß[263], während Mattheson eine Melodik fordert, die nicht auf Fortspinnung und Sequenzierung beruht, sondern auf Einfachheit, motivischer Einheitlichkeit, Korrespondenz und

---

[258] Ebd., Vorrede, S. 6.
[259] Fees, *Incisionslehre*, S. 111.
[260] Mattheson, *Der vollkommene Capellmeister*, S. 133.
[261] Ebd., S. 138.
[262] Vgl. Dammann, *Musikbegriff*, S. 195.
[263] So etwa bei Walther, *Praecepta*, S. 127: „Indem der Discant und Bass, als die beyden Extremae Voces, vor andern gehöret werden, so muß auch nothwendig eine von diesen beyden zuerst gesetzet werden"; vgl. Peter Benary, *Die Stellung der Melodielehre in der Musiktheorie des 18. Jahrhunderts in Deutschland*, Kgr.-Ber. Kassel 1962, S. 363.

periodischer Gliederung. Indem er den Affekt als menschliche Äußerung und die Melodie zum Träger des Affektes erklärt, „öffnet er gleichsam ästhetisch die Tür"[264] – Mattheson vollzieht einen wichtigen Schritt in Richtung Subjekt: Nicht mehr das musikalische Material steht im Mittelpunkt der Betrachtung, sondern das menschliche Individuum. Dies ist der eigentlich verbindende Gedanke der vier Kategorien, die Mattheson im fünften Kapitel des zweiten Teils im *Vollkommenen Capellmeister* entfaltet: Das sich äußernde Subjekt ist der Ausgangspunkt aller Musik; Matthesons Schriften richten sich in erster Linie an den **hörenden** Menschen. „Alte und neue Geschichte, tägliche Erfahrung, Natur und Vernunfft bezeugen, daß die blosse Melodie gantz allein gewisse Gemüths-Neigungen treflich wol erwecken, ausrücken und aufmercksame Zuhörer rühren könne"[265] – die Postulate der Melodielehre Matthesons greifen tatsächlich der kompositorischen Wirklichkeit voraus: Sie vermitteln zwischen zwei Epochen mit der Darstellung einer Melodielehre als zentralem Anliegen des *Vollkommenen Capellmeisters.*

Dabei tritt offenkundig der Fall ein, daß die ästhetische Diskussion der kompositorischen Praxis zuvorkommt[266] – durchaus eine Parallele etwa zur romantischen Musikästhetik. Mit seiner Analyse des Menuetts im Rahmen der Gattungslehre und als Anwendung der Incisionslehre, das sich geradzahlig fortschreitend gruppiert, umreißt Mattheson jene Korrespondenzmelodik, welche in der Wiener Klassik ihre kompositorische Entfaltung erfahren wird[267]: Er versteht den schlichten, doch ungemein zukunftsträchtigen Formtypus als ein Produkt kunstvoller rhetorischer Satzgestaltung, „welcher sich durch die Korrespondenz motivisch einheitlicher, in sich geschlossener sowie gegliederter Teile auszeichnet – die (achttaktige) Periode im modernen Sinne"[268]. Das Menuett wie die ihm zugrunde liegenden vier Kategorien mit ihren Regeln basieren auf dem Ideal der Einfachheit und Natürlichkeit, das im 18. Jahrhundert untrennbar mit dem „bewegenden und rührenden Wesen" verbunden war, das die Zeit der sogenannten Empfindsamkeit von einer wahrhaft melodischen Musik erwartete; das Regelkonvolut, die greifbaren Melodieregeln Matthesons können mit

---

[264] Vgl. Fees, *Incisionslere*, S. 112.

[265] Mattheson, *Der vollkommene Capellmeister*, S. 138.

[266] Vgl. Benary, *Kompositionslehre*, S. 81.

[267] Vgl. Dahlhaus, *Melodielehre*, S. 22-24 bzw. Fees, *Incisionslehre*, S. 188.

[268] Vgl. ebd., S. 119, bzw. Carl Dahlhaus, *Zur Theorie der musikalischen Syntax*, in: Mt 2 (1978), S. 16-26.

Dahlhaus als „festes Arsenal einer Populärästhetik"[269] des späteren 18. Jahrhunderts betrachtet werden: Dazu gehört die Auffassung, die Leichtigkeit einer Melodie werde durch engen Ambitus und geringe Länge bestimmt, die Forderung nach der Entsprechung von Gruppen gleicher Taktanzahl, nach der Bevorzugung „quadratischer" Phrasen, aber auch die Gliederungsprioritäten im Rahmen der Incisionslehre. Das Melodieideal Matthesons läßt sich weniger im ersten Drittel des 18. Jahrhunderts, vielmehr später in der zweiten Jahrhunderthälfte mit dem Aufblühen des Menuetts als klassische Kompositionsformel entdecken[270] – und eben im Lied: Matthesons Melodiebegriff ist trotz aller Bezüge zur immer wieder als *Testo* herangezogenen Musikgeschichte ein prospektiver Melodiebegriff, noch viel stärker als in der *Orchestre*-Phase.

Exkurs: Mattheson versus Rameau – ein Mißverständnis?

Eine Arbeit, die Matthesons Melodielehre in der Perspektive eines Paradigmenwechsels im Blick hat, kann an einer zweiten bedeutenden und wirkungsträchtigen Institution aus dem zweiten Viertel des 18. Jahrhunderts nicht vorbeigehen: Der Melodielehre Matthesons entgegengesetzt erscheint die Harmonielehre vom Zuschnitt Jean-Philippe Rameaus. In einem Exkurs mögen die Verbindungen, die zwischen beiden Disziplinen, aber ebenso zwischen den Protagonisten Rameau und Mattheson bestehen, unter dem Gesichtspunkt der Kontroverse um den Primat von Melodie oder Harmonie betrachtet werden; die Debatte wirft nicht nur ein bezeichnendes Licht auf die Theoretikerpersönlichkeit Johann Mattheson, sondern auch auf seinen Melodiebegriff.

1722 schreibt Jean-Philippe Rameau in seinem ersten und nicht nur rezeptionshistorisch bedeutsamsten theoretischen Werk *Traité de l'harmonie* im neunzehnten Kapitel des zweiten Buches: „Il semble d'abord que l'Harmonie provienne de la Melodie, en ce que la Melodie que chaque voix produit, devient Harmonie par leur union; mais il a fallu déterminer auparavant une route à chacune de ces voix, pour qu'elles pussent s'accorder ensemble. Or quelqu'ordre de Melodie que l'on observe dans chaque Partie en particulier, elles formeront difficilement

---

[269] Dahlhaus, *Musiktheorie im 18. und 19. Jahrhundert*, S. 15; vgl. Schwab, *Sangbarkeit*, S. 20-34.
[270] Vgl. Dahlhaus, *Musiktheorie im 18. und 19. Jahrhundert*, S. 15: Das melodische Ideal Matthesons ist tatsächlich unverkennbar neben dem analysierten Menuett das „Lied im Volkston". Dahlhaus meint vermutlich die musikalischen Äußerungen etwa der „Berliner Liederschule" um 1750.

ensemble une bonne Harmonie, pour ne pas dire que cela est impossible, si cet ordre ne leur est dicté par les Regles de l'Harmonie. Cependant pour rendre ce tout Harmonique plus intelligible, on commence par enseigner la maniere de faire un Chant; & supposé que l'on y fasse quelques progrès, les idées qu'on peut en avoir s'évanoüissent, dès qu'il s'agit d'y joindre une autre partie, on n'est plus le maître du Chant; [...]. C'est donc l'Harmonie qui nous guide, & non pas la Melodie. Il est vrai, qu'un sçavant Musicien peut se proposer un beau Chant convenable à l'Harmonie; mais d'où luy vient cette heureuse faculté? La nature ne peut-elle pas y avoir contribué? Sans doute; & si au contraire elle luy a refusé ce don, comment peut-il y reüssir?"[271] Die Harmonie ist die Quelle der Melodie – sie geht ihr voraus und ist die eigentliche Basis des musikalischen Geschehens: „La Melodie provient de l'*Harmonie*"[272], heißt es im dem Traktat vorangehenden Sachregister, der *table des termes*. Untrennbar verbunden ist diese These mit dem gesamten musiktheoretischen Konstrukt Rameaus, das er in seiner umfangreichen Arbeit darlegt; die Herleitung seiner These ist komplex, die Bestimmung des Primats der Harmonie durch *règles* im Verlauf des *Traitè* wortreich und umfänglich.

Basiert Rameaus revolutionär zu nennende Theorie des Tonsystems wie der Akkordbeziehungen im *Traité* auf der Mathematik und der proportionalen Saitenteilung, so stützt sie sich ab 1726 – dem Erscheinungsdatum des *Nouveau système de musique théorique* – auf Prinzipien der Physik: Grundlage wird die gegen 1700 von Joseph Sauveur eingehend beschriebene Obertonreihe. Rameau sah in Sauveurs Entdeckung ein seiner Theorie dienliches Prinzip, das in der Natur bzw. der unbelebten, meßbaren Materie begründet war und aus dem er die der Musik verfügbare Auswahl an Tonstufen, Zusammenklängen und deren Verbindungen ohne das Risiko menschlicher Unwägbarkeit ableiten konnte. Folgerichtig hatte in dieser Theorie der Akkord als physikalisches Urphänomen Priorität, also die Harmonie. Die Melodie kann in dieser Theorie nur als sekundäres Element gelten; definiert ist sie bei Rameau als eine Folge von Tonstufen, die in jeder Abfolge von Akkorden, in Form der einzelnen Stimmen, notwendigerweise enthalten ist[273]. *Abstrakte* harmonische Funktionen allerdings kennt Rameau noch nicht – Musik denkt er implizit immer als mehrstimmigen Kontrapunkt: Harmonie heißt für Rameau im Vordergrund der Zusammenklang mehrerer linearer

---

[271] Rameau, *Traité*, S. 138-139.
[272] Ebd., S. XIV (table des termes).
[273] Vgl. Reckow, *Die ‚Schwülstigkeit'*, S. 227-228.

Stimmen, deren Führung allerdings von Momenten der Vertikale abhängt (*harmonischer Kontrapunkt* im besten Sinne des Wortes). Wenn Rameau aber von *mélodie* spricht, meint er oft eigentlich die Diatonik, erzeugt aus den über der *Basse Fondamentale* von den *Sons fondamentaux* abgeleiteten terzgeschichteten Grundakkorden: Diese mißverständliche Formulierungsgewohnheit hat unbedingt zur Debatte über den Vorrang von Melodie und Harmonie beigetragen – selbst für Rameau läßt sich die künstlerische Gestalt der Melodie im musikalischen Kunstwerk theoretisch nicht ableiten, obgleich ihr Material immanent von der ihr zugrunde liegenden Harmonie abhängig ist.

Schon im *Traité* führt Rameau auch die verschiedenen Dimensionen des musikalischen Ausdrucks primär auf die Verschiedenheit von Akkorden bzw. Akkordverbindungen zurück: „Il y a des Accords tristes, languissans, tendres, agréables, gais, et surprenans; Il y a encore une certaine suite d'Accords pour exprimer les mêmes passions"[274]. Das Fazit dieser „physikalistischen Theorie aus rationalistischem Geiste"[275] heißt: Alle entscheidenden Aspekte der Musik beruhen nicht primär auf dem spontanen Gesang des affekt- bzw. gefühlsbewegten Menschen, der *mélodie*, sondern auf der *harmonie*.

Diese These, die Harmonie sei nicht nur eigentliche Bedeutungsträgerin der Musik, sondern auch Quelle und notwendige Instanz *vor* der Melodie, ist im theoretischen Werk Rameaus niemals apriorisch anzutreffen: Wechseln auch die Betrachtungsebenen erheblich, namentlich vom *Traité* über das *Nouveau système* 1726 zur *Génération harmonique* von 1737 und zu den Spätwerken der fünfziger und sechziger Jahre, so ergeben sie für Rameau immer das gleiche Bild. Die von dieser bestimmenden These abgeleiteten Regeln – stellvertretend genannt seien nur die Quintprogression des Basses, die Ableitung der Dissonanz, aber auch die Formulierung der Akkordumkehrung auf der Basis der *Basse Fondamentale* und aus ihr hervorgehend das Problem des *double emploi* – werden immer wieder als entscheidendes Problem der Rezeption Rameaus insbesondere in Deutschland gedeutet: Sie erscheinen „willkürlich ersonnen", „starr, intellektuell und mechanistisch"[276].

*

---

[274] Rameau, *Traité*, S. 141.

[275] Vgl. Reckow, *Die ‚Schwülstigkeit'*, S. 227.

[276] Vgl. Hans Pischner, *Die Harmonielehre Jean-Philippe Rameaus. Ein Beitrag zur Geschichte des musikalischen Denkens*, Leipzig 1967, S. 190.

Ein Blick auf die entsprechenden Anmerkungen in den Schriften Johann Matthesons scheint diese Auffassung zu bestätigen. Mattheson war, wie Arno Forchert 1982 aufgezeigt hat[277], in Hamburg – durch die günstige Position als bedeutendste Hafenstadt Norddeutschlands – ja durchaus in der Lage, recht früh musiktheoretische Veröffentlichungen aus Frankreich kennenzulernen; die Verbindung Hamburgs mit der französischen Literatur funktionierte vor allem über die Vermittlung Amsterdams[278]. Die Schriften, die Mattheson heranzieht, waren ihm primär in Amsterdamer Nachdrucken zugänglich, vorab das *Dictionaire de Musique* Brossards, das die wichtigste Quelle für alle terminologisch und stilistisch orientierten Partien des *Neu=Eröffneten Orchestres* von 1713 darstellt und Mattheson in der 1708 bei Estienne Roger erschienenen dritten Auflage vorgelegen haben dürfte[279]. Dennoch sind die Bezüge zu französischer zeitgenössischer Literatur in Matthesons Werk grundsätzlich verhältnismäßig rar und verschwinden zusehends nach dem Erscheinen der *Critica musica*, also nach 1725 – bei einer erneuten Konzentration im *Vollkommenen Capellmeister*. Im Vergleich dazu erscheint der Name Rameaus recht häufig, erstmals namentlich im zweiten Teil der *Critica musica*: „Mr. Rameau, Organist an der Dom=Kirche zu Clermont in Auvergne / vernünfftelt über dieser Materie / in seinem Traité d'Harmonie c.19. p. 138, also: *Il semble d'abord, que l'harmonie provienne de la melodie, en ce que la melodie que chaque voix produit, devient harmonie par leur union mais il a fallu determiner auparavant une* route *à chacune de ces voix, pour qu'elles pussent s'accorder ensemble.* Diese *route* nun / oder dieser Weg / meynet er / werde aus den Regeln der Harmonie gesucht / das ist zu sagen: er werde so eingerichtet / daß eine Harmonie oder Uebereinstimmung

---

[277] Arno Forchert, *Französische Autoren in den Schriften Johann Matthesons*, in: FS Heinz Becker zum 60. Geburtstag, Laaber 1982, S. 382-391.

[278] Vgl. ebd., S. 383: „Als bedeutendste Hafenstadt des Kontinents mit der Seestadt Hamburg in engstem Kontakt stehend, war Amsterdam [...], vor allem seit der Aufhebung des Edikts von Nantes durch Ludwig XIV. im Jahre 1685, zu einem Sammelpunkt der hugenottischen Réfugés und und gleichzeitig zu einem Zentrum französischer Kultur außerhalb von Frankreichs Landesgrenzen geworden." Vgl. auch Hans Wilhelm Eckardt, *Hamburg zur Zeit Johann Matthesons: Politik, Wirtschaft und Kultur*, in: George J. Buelow und Hans Joachim Marx (Hg.), *New Mattheson Studies*, Cambridge 1983, S. 15-44.

[279] Zur Frage der Quellenbeschaffung Matthesons vgl. auch Herbert Schneider, *Mattheson und die französische Musik*, in: George J. Buelow und Hans Joachim Marx (Hg.), *New Mattheson Studies*, Cambridge 1983, S. 425-442, besonders S. 426.

daraus erfolge."[280] Abgesehen von der Tatsache, daß Rameau von Mattheson nicht immer so wörtlich, sondern meistens eher sinngemäß zitiert wird – was zudem die berechtigte Frage aufwirft, wie gut Mattheson wirklich den Originaltext Rameaus (und in weiterer Hinsicht überhaupt dessen musiktheoretische Schriften) kannte –, liegt mit dieser ersten Erwähnung der Theorie Rameaus[281], die insgesamt mehrere Seiten (S. 6-11) füllt, die erste (und nahezu einzige) wirklich sachliche Auseinandersetzung Matthesons mit der Arbeit des Franzosen vor. Mattheson setzt den von Rameau in dem von ihm rezensierten Kapitel des *Traité* aufgestellten Thesen kategorisch entgegen: „Die Melodie leitet uns. Ach! wenn uns die bloße Harmonie anführt / so gerathen wir wahrlich auf lauter Irrwege. [...] Mit mehrerm Recht läßt sich beweisen: daß die Harmonie alle ihre Regeln aus der Melodie ziehet: denn eine gute Melodie fasset allemal die Harmonie schon consecutive in sich / wie aus Millionen von Exempeln zu sehen und zu hören ist. Und also ist die Harmonie aus der Melodie genommen. Natur / Alterthum und tägliche Erfahrung bekräfftigen es; wenn auch alle Componisten vom unrechten Ende anfangen / und die Pferde hinter den Wagen spannen sollten."[282] Die Begründung für seine Antithese findet sich schon im 12. Stück der *Critica musica* I, erschienen 1723: „Eine blosse / bewegliche / von einer schönen Stimme gesungene / Melodie / wozu nur etwan ein ganz simples accompagnement kömt / hat mehr Kraft über die Herzen / als alle gekünstelte Harmonien"[283] – Fritz Reckow denkt bei dieser Beschreibung „sofort an das ‚galante‘ Ideal liedhafter Schlichtheit in einem Satz mit deutlicher ‚Hauptstimme‘"[284], eine durchaus fragwürdige Umschreibung.

---

[280] Mattheson, *Critica Musica* II, S. 7.
[281] Wo Herbert Schneider auf S. 7 ff. im ersten Teil der *Critica musica* einen Hinweis auf Rameau sieht, ist nicht klar, vor allem, da von Rameau vor dem Erscheinen des *Traité* 1722 keine musiktheoretischen Schriften bekannt waren – und 1722 ist auch das Erscheinungsjahr des ersten Teils der *Critica musica* (vgl. Herbert Schneider, *Die deutsch-französischen Musikbeziehungen im Zeitalter Rameaus und die Aufführung seines* Castor und Pollux *in Kassel (1771)*, in: Friedhelm Brusniak und Annemarie Clostermann (Hg.), *Französische Einflüsse auf Deutsche Musiker im 18. Jahrhundert* (Arolser Beiträge zur Musikforschung Bd. 4), Köln 1996, S. 41, Fußnote 8: „Vgl. *Critica musica*, Hamburg 1722, I, S. 7ff., II, S. 6f. und in zahlreichen späteren Schriften. Hier polemisiert Mattheson gegen Rameaus These der Priorität der Harmonik gegenüber der Melodik.").
[282] Mattheson, *Critica musica* II, S. 9-10.
[283] Mattheson, *Critica musica* I, S. 345.
[284] Reckow, *Die ‚Schwülstigkeit‘*, S. 229.

Auch in den späteren Schriften erscheinen gegen die Tendenz Matthesons, sich weiterhin mit zeitgenössischer französischer Theorie zu beschäftigen, Hinweise auf die Person Rameaus, doch sind diese in erster Linie von Polemik gesättigt, die ihren Gipfel in der 1735 erschienenen *Kleinen General-Baß-Schule* erreicht: „Man findet überhaupt in dieses Clermontischen Organistens Wercken wol tausend Centner unverdrossener Arbeit und vorsetzlicher Klauberey; fünff hundert Stein mühseeliger Grillen und Sonderlings-Fratzen; etwa drey Pfund eigner Erfahrung, Hörsagen ungerechnet; zwo Untzen gesunder Urtheils-Krafft; und kaum ein Quintlein guten Geschmacks"[285].

*

Mittelpunkt der Theorie Johann Matthesons ist – ganz im Gegensatz zu der Rameaus – die Melodielehre: Schon in der frühen Debatte mit Buttstett, im *Neu-Eröffneten Orchestre* von 1713 und gewissermaßen auch im *Beschützten Orchestre* von 1717, stehen Ansätze einer Melodielehre mit der *Pars Secunda Compositoria* „Von der Musicalischen Composition und dem Contrapunct an sichselbst" (1713) bzw. mit dem 3. Kapitel im ersten Stück „Beschützung des andern Theils im Orch. *Pars compositoria* genannt; und zwar so viel dessen erstes Hauptstück betrifft" (1717) im Vordergrund; im *Vollkommenen Capellmeister*, dem unbeschadet späterer Schriften[286] abschließenden Hauptwerk, deuten schon die Überschriften der drei Teile des Buches an, daß die Kompositionslehre als einer der entscheidenden Stränge des Werkes auf den Primat der Melodie und erst als deren Derivat auf die Harmonie zielt: Teil I handelt „von der wissenschaftlichen Betrachtung der zur völligen Ton-Lehre nöthigen Dinge", Teil II „von der wirklichen Verfertigung einer Melodie, oder des einstimmigen Gesanges samt dessen Umständen und Eigenschafften" und erst der dritte Teil

---

[285] Johann Mattheson, Ders., *Johann Matthesons / Hoch-Fürstl Schleswig-Hollsteinischen Capellmeisters, und Königl. Gross. Britan- / nischen Gesandten-Secretars im Nieder-Sächsischen Kreise / Kleine / General-Baß-Schule. / Worin / Nicht nur Lernende, sondern vornehmlich Lehrende. / Aus / Den allerersten Anfangs-Gründen des Clavier-Spielens, / überhaupt und besonders, / Durch / Verschiedene Glassen u. Ordnungen der Accords / Stuffen-weise, / Mittelst / Gewisser Lectionen oder stundlicher Aufgaben, / Zu / Mehrer Vollkommenheit in dieser Wissenschafft, / Rightig, getreulich, und auf die deutlichste Lehr-Art, / kurtzlich angeführet werden. / Utilis, non subtilia,* Hamburg 1735 (Nachdruck Laaber 1980), S. 221.
[286] Vgl. Krummacher, *Stylus versus Genus*, S. 86.

„von der Zusammensetzung verschiedener Melodien, oder von der vollstimmigen Setz-Kunst, so man eigentlich Harmonie heißt". Diese Handwerkslehre, die Lehre vom Komponieren, kreuzt sich mit dem Programm einer „wissenschaftlichen Betrachtung", die über das Handwerk allerdings weit hinausgeht[287]. Schon 1737 hatte Mattheson die Relevanz der Melodielehre für sein theoretisches Programm mit der Herausgabe vom *Kern melodischer Wissenschaft* „als ein Vorläuffer des *Vollkommenen Capellmeisters*" betont.

Die Frage nach dem Primat von Melodie oder Harmonie beschäftigt Mattheson schon früh, und offenbar auch ohne jede Kenntnis der Schriften Rameaus: Im ersten Kapitel „Von den General-Reguln der Con- und Dissonantien" des zweiten Teils des *Neu-Eröffneten Orchestres* heißt es im §5: „Was demnach die General = Reguln der *Composition*, die einem *galant homme* zu wissen nöthig sind / betrifft / (1.) So ist die erste und vornehmste: **Daß man** *Cantable* **setze.** h.e. daß sich alles / was man machet / es sey *vocal-* oder *Instrumental-Music* wohl singen lasse"[288], im dritten Kapitel „Von den Special-Reguln der Dissonantien" im §19: „Zum Beschluß dieses Kapitels möchte noch überhaupt angemerkt werden / daß / da man sonst zu einer bereits verfertigten *Composition* nur die zwey Stücke / nemlich: *Melodiam & Harmoniam* erfordert / man bey jetzigen Zeiten sehr schlecht bestehen würde / wofern man nicht das dritte Stück / nemlich die *Galanterie* hinzufügte"[289]. Anhand des sich anschließenden Vergleiches der Harmonie mit dem *Tuch* und der Melodie mit der *Façon* eines Kleides, der zur Definition der *Galanterie* dient (s.o.), wird deutlich: Das Feld ist hier noch ausgeglichen, Harmonie und Melodie können ohne einander nicht auskommen. Recht bald sollte sich Mattheson für den Primat der Melodie entscheiden – im Vorwort zum Libretto des 1721 erschienenen Oratoriums „Der Blut-rünstige Kelter-Treter" begründet Mattheson den Vorrang des Melodischen mit dem Hinweis, daß „eine simple, aber doch dabey noble Melodie, ohne sonderlich gekünstelte Figuren und viele krumme Sprünge [...] in ordentlichen Gemüthern" einen größeren Eindruck mache als alle „gezwungenen decorationes"[290]. In der

---

[287] Vgl. ebd., S. 87.
[288] Mattheson, *Das Neu-Eröffnete Orchestre*, S. 105.
[289] Ebd., S. 137.
[290] Vgl. Hans-Joachim Marx (Hg.), *Johann Mattheson (1681-1764). Lebensbeschreibung des Hamburger Musikers, Schriftstellers und Diplomaten*, Hamburg 1982, S. 21; das Textbuch des Oratoriums liegt in Den Haag, Gemeentemuseum; der vollständige Titel lautet „Der Blut-rünstige Kelter-Treter und von der Erden erhöhete Menschen-Sohn".

Canonischen Anatomie, dem letzten Teil des ersten Bandes der ein Jahr später herausgegebenen *Critica musica*[291], ist die Entscheidung – auch ohne die Erwähnung Rameaus – sehr deutlich: „Nun kommen wir zu dem Haupt-Satze / welcher deswegen falsch und unerweißlich ist / weil nicht das so aus der Melodie fliesset; sondern die Melodie selbst / *primariò*, die rechte / reine Quelle [...] das Fundament / der eigentliche Grund aller musicalischen und harmonischen Kunst seyn muß. Ich nehme hier Quelle und Fundament *pro synonymis*"[292], „weil denn / in GOttes Nahmen / alle harmonische Kunst nichts anders ist / als theils eine geschickte Begleitung / eine ansehnliche Gesellschafft / ein artiger Comitat der Melodie / theils eine Vermehrung / Verdoppelung und Verstärkung derselben / so folget einmahl für allemahl / ohne fernere Wieder=Rede / daß nicht die *Canones*; sondern eben die *Scientia melodica* das wahre Fundament aller musicalisch-harmonischen Künste sey und bleibe"[293]. Ebenso konkret – wenn auch in anderem Zusammenhang – dargelegt wird diese These in dem bereits teilweise zitierten Abschnitt der *Critica musica* II von 1725, mit dem die eigentliche Rameau-Rezeption Matthesons einsetzt.

*

„La Melodie provient de l'*Harmonie*" und „Also ist die Harmonie aus der Melodie genommen" – hier steht Aussage gegen Aussage. Mehr noch: Die Basis der theoretischen Konzeption des bedeutendsten französischen Musiktheoretikers des 18. Jahrhunderts steht gegen das Zentrum der musikalischen Weltanschauung des bedeutenden deutschen Musiktheoretikers des 18. Jahrhunderts und vielleicht des „ersten musikalischen Aufklärers der deutschen Musikgeschichte"[294]. Wie ist diese Konfrontation zu verstehen? Liegt mit dem Dualismus „Melodie versus Harmonie" ein grundsätzlicher Unterschied zwischen den musiktheoretischen Grundlagen zweier bedeutender Theoretiker vor, der mit dem historischen Fundament dieser Denker erklärt werden kann? In einer Diskussionsrunde versteigt sich Gerhard Blum zu der Behauptung: „Eine Ergänzung noch zum Widerstand gegen Rameau

---

[291] Mattheson, *Critica musica* I, S. 235-354.

[292] Ebd., S. 293.

[293] Ebd., S. 349.

[294] Siehe Pischner, *Rameau*, S. 189; Friedhelm Krummacher führt an: „Das Denken Johann Matthesons ist [...] vielfach als bedeutender Beitrag zum Durchbruch der Aufklärung in der deutschen Musiktheorie gewürdigt worden." (Krummacher, *Stylus versus Genus*, S. 86).

speziell in Deutschland: er richtete sich nämlich vor allem gegen Rameau als Theoretiker. [...] Überhaupt trägt die Kritik an den Franzosen oft polemische Züge, motiviert durch das Gefühl, hier von einer sehr vergeistigten und bis ins letzte durchgestalteten Kultur ‚überwunden‘ zu werden. Ich glaube, hier treten schon Nationalismen zutage, die dann im letzten Jahrhundert diese Völker gegeneinander in den Krieg getrieben haben"[295]. Abgesehen von dem befremdend engsichtigen Geschichtsbild Blums – nicht nur an der Heranziehung der Werke Brossards schon in den frühen Schriften, auch an der Hochschätzung der französischen Musik etwa Lullys oder der Claviermusik Rameaus ist die differenzierte Sicht Matthesons erkennbar, auch wenn zugegebenermaßen die Prägung der Schriften Matthesons durch die ihm eigene Polemik deutlich ist[296] – erscheint die Frage nach einer aufkeimenden Musiktheorie nationaler Prägung durchaus von Relevanz. Können aber nicht ebensogut die Polemiken Matthesons gegenüber dem theoretischen Werk Rameaus (die sich ja nicht mit der Kritik Matthesons z.B. an Rameaus Claviermusik deckt, für die er mehrfach lobende Worte findet) Folge eines grundsätzlichen Mißverständnisses sein, das die logische Konsequenz der unterschiedlichen Voraussetzungen für die theoretischen Konzeptionen Rameaus einerseits und Matthesons andererseits ist?

Von Interesse ist in diesem Zusammenhang Rameaus Sicht der *Basse fondamentale*, eine der konstitutiven Elemente seiner Theorie. Dem Neuansatz von Markus Waldura zufolge[297] handelt es sich bei ihr nicht einfach nur um eine isolierte Stimme, die die Grundtöne der Harmonien aus dem Tonsatz herausanalysiert und zugleich die mathematische Gesetzmäßigkeit der harmonischen Progression sichtbar macht, sondern um einen Teil einer vierstimmigen kontrapunktischen Struktur, die Rameau mathematisch abzuleiten glaubt. Diese Struktur hat im *Traité* die Gestalt einer über einer fallenden Quintschrittfolge errichteten

---

[295] Nachzulesen in der Diskussionsmitschrift nach Schneider, *deutsch-französische Musikbeziehungen,* S. 61-62; Blum antwortet einem reichlich indiskutablen Diskussionsbeitrag von Maertens („Im übrigen scheint es mir sehr merkwürdig, daß Mattheson und C. Ph. E. Bach Gegner von Rameaus Theorien gewesen sein sollen", ebd., S. 60).

[296] Vgl. den Beitrag von Arno Forchert, *Polemik als Erkenntnisform: Bemerkungen zu den Schriften Matthesons,* in: George J. Buelow und Hans Joachim Marx (Hg.), *New Mattheson Studies,* Cambridge 1983, S. 199-212.

[297] Markus Waldura, *Von Rameau und Riepel zu Koch. Zum Zusammenhang zwischen theoretischem Ansatz, Kadenzlehre und musikalischem Periodenbegriff in der Musiktheorie des 18. Jahrhunderts,* Saarbrücken 1999 (phil. habil., masch. schr.; Druck i.V.).

Septakkordkette; die Akkorde sind – ohne daß es zu einer Akkordumkehrung mit Verlagerung des *Son fondamental* in den Oberstimmen kommt – in sich so gestaltet, daß sich zwischen den oberen Stimmen diatonische Fortschreitungen ergeben. Dieses „Satzmodell" enthält keimhaft die meisten der in einem korrekten Tonsatz vorkommenden Strukturen, sowohl die Dissonanz (als Septime) und ihre korrekte Vorbereitung und Auflösung als auch Ganz- und Halbtonschritt und damit die Bausteine der Melodie. Rameau betrachtet alle diese Strukturen als im obersten Prinzip des *Son fondamental* begründet und theoretisch abgeleitet, da sie in diesem elementaren, ausschließlich auf Terzen und Quinten basierenden Modell enthalten sind. Da das Modell auch alle sieben Töne des diatonischen Systems enthält, sieht Rameau seinen elementaren Kontrapunkt zugleich als die eigentlich theoretisch legitimierte Darstellung des diatonischen Systems. In seinen Augen ist das Satzmodell der Skala in dieser Eigenschaft vor allem auch deswegen überlegen, weil es nicht nur die Töne des Systems enthält, sondern auch Regeln der „musique pratique", vor allem der Dissonanzbehandlung, zu begründen vermag. Daraus erhellt, wie Rameaus Behauptung vom Vorrang der Harmonie von der Melodie aufzufassen ist. Die Intervalle der Harmonie, Terz und Quint, werden aus dem *Son fondamental* in einem früheren Ableitungsschritt gewonnen als die Intervalle der Melodie, also Ganz- und Halbton. Der elementare vierstimmige Satz entsteht also vor der Skala, die Rameau übrigens durch seine harmonischen Analysen in der *Génération harmonique* als tonartlich heterogenes Gebilde erweisen möchte. Daneben weist Rameau der Harmonie auch bei der Affekterzeugung eine hervorragende Bedeutung zu. Primär ist aber seine Aussage über den Vorrang der Harmonie auf den theoretischen Vorgang der Ableitung des Satzmodells, also auf die „musique théorique", zu beziehen.

Diesen Zusammenhang haben die deutschen Rezipienten im Allgemeinen überhaupt nicht verstanden – auch Mattheson nicht: Er diskutiert die Frage (wenn nicht ohnehin nur polemisch) wie Marpurg in Bezug auf den praktischen Vorgang des Komponierens und nicht im Rahmen einer *musique théorique*. Rameaus Idee des theoretisch ableitbaren Satzmodells hat Mattheson nicht erfaßt, weil ihm das Ansinnen, eine ganze (auch elementare) musikalische Struktur ausschließlich theoretisch abzuleiten, absurd erschienen wäre; so ist auch die Charakterisierung Rameaus als „allzutiefsinnig" zu verstehen[298].

Mattheson definiert den Begriff der Harmonie immer im Zusammenhang mit der Melodie – und beide Begriffe nehmen bei ihm Bezug aufeinander: „Die Harmonie ist einmahl nichts anders, oder sollte von Rechtswegen nichts anders seyn, als eine Zusammenfügung verschiedner Melodien; ob diese gleich nicht alle im höchsten Grad vollkommen schön seyn können"[299]. Die Harmonie ist als Zusammengesetztes genuin nach der Melodie anzusiedeln, und Mattheson stellt fest, **„daß das Einfache eher gewesen, als das Zusammengesetzte, folglich dessen Ursprung oder Wurtzel sey"**[300]. Im Gegensatz zu Rameau kennt er die Abgrenzung der Harmonie als eigenständige Größe innerhalb der Lehre von den Klangbeziehungen nicht – und sieht sich daher auch gar nicht genötigt, eigenständige Regeln aufzustellen, da „eine so genannte Harmonie [...] ohne Melodie nur ein leerer Schall und gar kein Gesang"[301] sei. Beim dritten Teil des *Vollkommenen Capellmeisters* handelt es sich so auch um die Lehre „von der Zusammensetzung verschiedener Melodien, oder von der vollstimmigen Setz-Kunst, so man eigentlich Harmonie heißt": „Harmonie" ist für Mattheson nur ein anderer Begriff für den mehrstimmigen Satz, die **„kunstmässige Zusammenfügung verschiedener mit einander zugleich erklingender Melodien, woraus ein vielfacher Wollaut auf einmahl entstehet"**[302]. Dabei geht es allerdings in diesem dritten Teil nicht ausschließlich um die Wiedergabe einer tradierten Kontrapunktlehre etwa in der Art Bernhards, auch wenn die Lehre von der Dissonanzauflösung ein Hauptelement bleibt – ähnlich aufgeabeitet wie im *Neu-Eröffneten Orchestre* und ohnehin mit der Lehre vom Kontrapunkt eng verbunden: „Die eigentliche Materie, womit die Harmonie zu thun hat, bestehet in

---

[298] Vgl. Mattheson, *Der vollkommene Capellmeister*, S. 333: **„Die Nachahmung,** sagt ein für mich allzutiefsinniger Frantzmann, [...]"; Mattheson bezieht sich nach Auskunft der Fußnote auf den *Traité*, S. 153.
[299] Mattheson, *Der vollkommene Capellmeister*, S. 138.
[300] Ebd., S. 134.
[301] Ebd.; vgl. ebd., S. 138: **„Die blosse Melodie beweget mit ihrer edlen Einfalt, Klarheit und Deutlichkeit die Hertzen solcher Gestalt, daß sie offt alle harmonische Künste übertrifft"**.
[302] Ebd., S. 245.

wol- oder hart klingenden, zugleich anschlagenden Enden der Intervalle, die man Consonantzien und Dissonantzien nennet"[303].

Rameau wiederum stellt sich Harmonien auch noch nicht abstrakt als Funktionen vor, die durch ihren Bezug auf die Tonika definiert sind, sondern denkt sich alle Tonsätze auf das gedachte vierstimmige Modell bezogen, das als Fundus an durchaus linear-kontrapunktischen Stimmführungen hinter jedem Tonsatz steht: Jeder Tonsatz wählt aus diesem „Stimmführungsbaukasten" gewissermaßen Fortschreitungselemente aus und realisiert so einen Teil des Modells. Für Rameau ist Harmonie also nach wie vor „Kontrapunkt": Es besteht für ihn kein Gegensatz zwischen Harmonielehre und Kontrapunkt wie für die Theoretiker des 19. Jahrhunderts, vielmehr bilden beide eine Einheit – er kennt beide Kategorien noch gar nicht, sondern nur seinen vierstimmigen Kontrapunkt, den er als Gegenentwurf zum von Zarlino initiierten, vom Bicinium ausgehenden Lehrkonzept betrachtet. Die These Rameaus, nach der die Harmonie gegenüber der Melodie vorrangig sei, bedeutet in erster Linie eine Veränderung im Hinblick auf das zugrunde liegende kontrapunktische Regelsystem; „dies bleibt zwar erhalten – alle Lehrbücher des 18. Jahrhunderts zur ‚musikalischen Setzkunst' bestehen zum größten Teil aus bekannten Fortschreitungsregeln, und noch jede Harmonielehre des 20. Jahrhunderts erwähnt das Parallelenverbot –, der Kontrapunkt wird jedoch, zumindest tendenziell, durch die Bewegung zwischen zwei Akkorden von einem primären zu einem abgeleiteten Moment"[304].

In diesem Zusammenhang stellt sich im Vorgriff auf das abschließende Kapitel der vorliegenden Arbeit durchaus die Frage, inwieweit die Ideenwelt Jean-Philippe Rameaus in dem Festhalten an der Harmonie als entscheidender Richtschnur in Genese und Beurteilung von Musik tatsächlich der Frühaufklärung zugehörig ist, und ob Rameau tatsächlich – wie Christensen ihn zu charakterisieren versucht[305] – als

---

[303] Ebd., S. 252-253; vgl. S. 296: „Die Dissonantzien sind gleichsam das Salz, Gewürtz oder *Condimentum* der Harmonie, so wie die Consonantzien als Fleisch und Fisch angesehen werden können".

[304] Helmut Well, *Kompositorische Grundlagen im Wandel. Studien zur Veränderung des Tonalitätsbegriffs im 17. Jahrhundert am Beispiel der Musik für Tasteninstrumente*, Kiel 1999 (phil. habil., masch. schr.; Druck i. Vorb.), S. 312.

[305] Vgl. Christensen, *Rameau*, S. 7-15. „Was Newton als Weltweiser war, war Sebastian Bach als Tonkünstler." (Christian Friedrich Daniel Schubart, *Bachs Bedeutung als Klavier- und Orgelspieler und als Komponist*, Hohenasperg 1784/85; vgl. *Bach-Dokumente Bd. III*, S. 409). Der Vergleich ist auch deshalb erwähnenswert, weil z. B. Schubart 1784 Johann Sebastian Bach mit Newton in

„Descartes" oder „Newton der Musik" gelten kann. Sicherlich unbestreitbar ist Rameaus nahezu federführende Rolle zum Beginn des Buffonistenstreits, ein im Rahmen der musikalischen Aufklärung in Frankreich kaum überzubewertender Punkt[306]. Rameaus Zeitgenossen erkannten durchaus das hohe Potential an *Invention*; Verwiesen sei auf den „Epître à Rameau" von Jean-François Marmontel mit dem Text-Incipit „*Newton* des Sons, astre de l'Harmonie"[307]:

> *Rameau* paroit, & la nuit se dissipe,
> Dans ses accords il surprend leur principe;
> Et des rayons qu'il en fait rejaillir,
> L'Art éclairé ne craint plus de faillir.

Erkennbar ist schon bei knapper Einsicht in die Zusammenhänge der tiefe Widerspruch in der Theorie Rameaus, die einerseits äußerst progressiv bislang unformulierte Zusammenhänge darlegt, sich andererseits aber kaum einer bestimmenden und zukunftsweisenden allgemeinen Geisteshaltung, der Aufklärung nämlich, zuweisen läßt.

Trotz gewisser Überschneidungen in Hinsicht auf ihren Harmoniebegriff sind Rameau und Mattheson somit deutlich in zwei unterschiedlichen Schichten des musikalischen Denkens anzusiedeln: Wo Rameau noch tief verwurzelt in der Musikanschauung des 17. Jahrhunderts ein Lehrwerk der *musique théorique* konzipiert, bereitet Mattheson mit einem prospektiven Melodiebegriff die Musik der sogenannten „Empfindsamkeit" und der Wiener Klassik vor. Zu den systematisch bedingten Unterschieden tritt das kulturelle Umfeld, in dem und für das die Protagonisten ihre Arbeiten veröffentlichten. Wo Rameaus Schriften, die Mattheson offensichtlich nicht allzu gut kannte, deutlich einer *musique théorique* für einen Fachleserkreis – den sie in Frankreich, gerade in der *Académie*, auch fanden – zugehörig sind, bleiben die Arbeiten Matthesons auch in ihrer enzyklopädischen Haltung von 1739

Zusammenhang bringt – in einer Zeit der Newton-Euphorie allerdings nicht verwunderlich; vgl. Carl Dahlhaus, *Zur Entstehung der romantischen Bach-Deutung*, in: Bach-Jb. 64 (1978) [Nachdruck in ders., *Klassische und romantische Musikästhetik*, Laaber 1988], S. 198.

[306] Vgl. Cynthia Verba, *Music and the French Enlightenment. Reconstruction of a Dialogue 1750-1764*, Oxford 1993.

[307] Jean-François Marmontel, *Epître à Rameau*, in: Pierre-Louis d'Aquin de Châteaulion, *Siècle littéraire de Louis XV*, Amsterdam 1753, Teil I, S. 83-86; Christensen (*Rameau*, S. 9) weist auf die enthaltene Paraphrase auf Pope's berühmtes Epigramm auf Newton hin („Nature and Nature's laws lay hid in night; God said ‚Let Newton be!' and all was light").

Veröffentlichungen für ein breiteres Publikum. Dieser Umstand betrifft auch den *Vollkommenen Capellmeister* bei aller Verschiedenheit in der Konzeption, vergleicht man ihn mit den *Orchestre*-Schriften für den *galant homme* als extremen Gegenpol zu den *Académie*-Schriften Rameaus; dieser Aspekt unterstreicht noch einmal die Neuartigkeit des Ansatzes Matthesons, der bereits mit dem *Neu-Eröffneten Orchestre* vorgeprägt ist.

*

Im musikhistorischen Kontext ist die Debatte um den Primat von Melodie oder Harmonie für das 18. Jahrhundert bestimmend; neben den Protagonisten Rameau, der im Mittelpunkt der Auseinandersetzung in Frankreich stand, auch insbesondere im Streit mit den Enzyklopädisten wie auch im Buffonistenstreit, dessen Grundlagen auf die Kontroverse um Harmonie und Melodie zurückführbar sind, und Mattheson stehen bedeutende Theoretiker wie Marpurg (der, in den *Historisch-kritischen Beyträgen* 1754-1762 publiziert, gegen Sorge zugunsten der Theorie Rameaus polemisierte und mit der Übersetzung der *Elémens de musique* von d'Alembert 1757 als *Systematische Anleitung in die musikalische Setzkunst, nach den Lehrsätzen des Herrn Rameau* die eigentliche, ernsthafte Auseinandersetzung mit Rameaus theoretischem System anregte), Christoph Nichelmann (mit dem Traktat *Die Melodie nach ihrem Wesen sowohl, als nach ihren Eigenschaften*, Danzig 1755), aber auch Carl Philipp Emmanuel Bach, der in einem Brief an Kirnberger schreibt: „Das Betragen von Herrn Marpurgen gegen Ihnen ist verabscheuungswürdig [...]. Daß meine und meines seel. Vaters Grund=sätze antirameauisch sind, können Sie laut sagen."[308] Auch die Kritik Johann Adolph Scheibes an der Musik Johann Sebastian Bachs gehört in diesen Zusammenhang[309]. Scheibe widmete darüber hinaus das 4. Stück seines neu gegründeten *Critischen Musikus* (vom 16. April 1737) einer „Erklärung der Melodie und Harmonie", gefolgt von einer

---

[308] Carl Philipp Emmanuel Bach, *Briefe und Dokumente. Kritische Gesamtausgabe*, hg. von Ernst Suchalla, Göttingen 1994, Band I, S. 248.
[309] Vgl. Reckow, *Die ,Schwülstigkeit*, S. 211-243. Schneider (*deutsch-französische Musikbeziehungen*, S. 41) weist auf die Frontenbildung zwischen Marpurg und Nichelmann als Rameau-Anhänger auf der einen und Mattheson, Carl Philipp Emmanuel Bach, Marpurg (sic!) und Scheibe als Rameau-Gegner auf der anderen Seite hin; in seiner Arbeit *Von Rameau und Riepel zu Koch* untersucht Markus Waldura unter anderem, inwieweit sich bei Riepel, Marpurg und Kirnberger deutsche Tradition und Rameau-Rezeption verbinden.

„Untersuchung des ersten Grundes der Musik" im 5. Stück[310], sicherlich auch als Unterstützung des *Kerns melodischer Wissenschaft*, den Mattheson in schneller Folge herausgab. Auch das 19. Jahrhundert sollte Schauplatz der Debatte um die Dichotomie von Melodie und Harmonie sein – auch wenn die Theorie vom Primat der Melodie in der Folgezeit immer mehr zur biederen Kampfparole gegen komplex-komplizierte Musik zugunsten einer Art von „Popularität" und „Verständlichkeit" wurde, die wiederum unter künstlerischen Gesichtspunkten als kompromittierend betrachtet werden konnte[311].

1984 wendet Carl Dahlhaus skeptisch ein, daß die Entgegensetzung von Melodie und Harmonie sowie die Kontroversen um diese Dichotomie „intern musiktheoretisch" betrachtet „überhaupt nicht verständlich"[312] seien: In der kompositorischen Realität wirken Harmonie und Melodie als voneinander abhängige Aspekte des musikalischen Kunstwerks stets auf irgend eine Art zusammen; um so mehr von Interesse ist dann die Frage, warum eine scheinbar realitäts- und zeitferne Debatte nicht nur die Zeitgenossen des 18. Jahrhunderts, sondern auch weit darüber hinaus Musiktheoretiker wie Komponisten beschäftigt und beunruhigt hat. In seiner *Technique de mon langage musical* von 1944 schreibt Olivier Messiaen, eine Komponistengestalt, die (von besonderen Aspekten seines Personalstils wie die neue Modalität, Rhythmik und Einbindung der Ornithologie in sein kompositorisches Schaffen abgesehen) vor allem unter dem Gesichtspunkt einer zeitgenössisch neuartigen Harmonik für die Musikgeschichte des 20. Jahrhunderts von Bedeutung ist: „Primauté à la mélodie. Elément le plus noble de la musique, que la mélodie soit le but principal de nos recherches. Travaillons toujours mélodiquement; le rythme restant souple et cédant le pas au développement mélodique,

---

[310] Scheibe, *Critischer Musicus*, S. 39ff. und 47ff. Wenn Scheibe im 21. Stück schreibt, die Melodie müsse „den Grund ihrer eigenen Harmonie in sich selbst haben" (ebd., S. 204), verstößt er zwar gegen seine eigene Vorschrift, den Terminus *Harmonie* zu verwenden, wenn er sich gegen einen *circulus demonstrandi* wendet („den eigentlichen Misverstand, oder vielmehr die vorhandene Zweydeutigkeit verursachet das Wort: Harmonie. Dieses sollte billig in keiner Beschreibung der Melodie stehen, weil man vorher schon weis, daß eines dem andern entgegen gesetzt sein wird", ebd., S. 44), verstößt aber nicht gegen den Melodieprimat, den er an anderer Stelle ausformuliert; vgl. Birke, *Christian Wolffs Metaphysik*, S. 62.

[311] Vgl. Reckow, *Die 'Schwülstigkeit'*, S. 241; er weist auf die Gegenüberstellung der Musik Wagners und Verdis sowie auf das erneute Aufgreifen der Dichotomie in Wagners *Oper und Drama* hin (S. 241-242).

[312] Vgl. Dahlhaus, *Musiktheorie im 18. und 19. Jahrhundert*, S. 22.

l'harmonie choisie étant la ‹véritable›, c'est-à-dire voulue par la mélodie et issue d'elle.«[313] Abgesehen davon, daß dieser Komponist einer der größten Melodiker unserer Zeit war, was angesichts der für die Musik im 20. Jahrhundert so bedeutsamen rhythmischen, harmonischen und klangfarblichen Stilmerkmale Messiaens allzu oft vergessen wird und wofür nicht zuletzt die monodischen Sätze und Passagen aus seiner Feder als bemerkenswerte Beispiele gelten können, fällt auf, daß nach Messiaen nicht nur die Harmonie, sondern auch der Rhythmus, der „geschmeidig der melodischen Entwicklung nachgeben soll", der Melodie untergeordnet ist[314].

Von Bedeutung ist in diesem Zusammenhang Matthesons deutliche Parteinahme für den Materialismus Lockescher Prägung: Immer wieder (und besonders eindringlich seit 1721) tritt er zugunsten der sinnlichen Erfahrung gegen alle „Rationibus und Vernünffteleyen" auf (ein Attribut, mit dem auch Rameau beschrieben werden sollte – man vergleiche das Vokabular im bereits zitierten Abschnitt der *Critica musica* II!). Mattheson beruft sich auf Zarlino: „Zarlinus, der sonst ein mächtiger raisonneur war / das ist zu sagen: der groß Wesen von dem vermeynten Rationibus musicis machte; kann sich doch nicht enthalten / gleich Anfangs seines ersten Folianten / zu gestehen: dass die musicalische Wissenschafft ihren Ursprung vom Gehör habe / als von einem Sinn / der viel nöthiger sey / als die andern"[315]. Gerade in der direkten Gegenüberstellung mit Rameau ist aber auch der *Traité des passions de l'âme* René Descartes'[316] von Interesse, von dem sich die Affektenlehre des 17. wie des 18. Jahrhunderts ableiten läßt – ausgehend von einer mechanistisch-materialistischen Position, die Rameau nachweislich gerade im *Traité* stark beeinflußte; auch Mattheson stützt sich auf diese Schrift.

---

[313] Olivier Messiaen, *Technique de mon langage musical*, Paris 1944, Kapitel VIII, Einleitung.

[314] Vgl. Thomas Daniel Schlee und Dietrich Kämper (Hg.), *Olivier Messiaen: La Cité céleste – Das himmlische Jerusalem. Über Leben und Werk des französischen Komponisten*, Köln 1998, S. 129; die zitierte Textpassage aus der *Technique* weist (neben vielen anderen) darauf hin, daß die Debatte weit über die Jahre 1848/1849 hinaus – die Fritz Reckow als Grenze für die Wirkung der Kontroverse setzt (Reckow, *Die ‚Schwülstigkeit'*, S. 243) – bis in unsere Tage hinein gehört.

[315] Mattheson, *Das Forschende Orchestre*, S. 66.

[316] René Descartes, *Traité des passions de l'âme*, Paris 1649; Mattheson erhielt vermutlich Kenntnis von diesem Werk über die Amsterdamer Veröffentlichung von 1650.

Angesichts der betont sensualistischen Ausrichtung der französischen Frühaufklärung[317] – insbesondere bei Jean-Jaques Rousseau (verwiesen sei auf die *Lettre sur la musique françoise* von 1754, die einen entscheidenden Abschnitt des Buffonistenstreits besonders in der Auseinandersetzung um den Monolog der *Armide* aus Lullys gleichnamiger Tragédie lyrique begleiten sollte) – stand die *mélodie* seit dem frühen 18. Jahrhundert im Mittelpunkt der öffentlichen Sympathie. Fritz Reckow weist darauf hin, daß dabei wiederum keineswegs nur künstlerische Ideale und Präferenzen eine Rolle spielten: „Wirksam wurden auch pragmatisch-soziale Erwägungen und Zielsetzungen, die das Aufklärungsdenken ja vielfach bis in den Kern der Kunsttheorie hinein motiviert und geleitet haben"[318]. Das emanzipatorische Potential der „sentiment-Ästhetik" in der Nachfolge des Abbé DuBos[319] ist groß: In der aufklärerischen Anthropologie ist die Melodie auch als zentrales Symptom menschlicher Natürlichkeit und insofern auch als zentraler Zugang zum unverbildeten Wesen des Menschen zu betrachten; schon allein daran ist seit der frühen Aufklärung das Interesse von Anthropologie und Sozialpsychologie am Gesang des Menschen, an der Melodie zu erklären.

*

Die besondere Pointe im Gebrauch der Kategorien Melodie und Harmonie besteht letztlich darin, daß diese im 18. Jahrhundert (zumal im frühen) keineswegs ausschließlich auf kompositorische Sachverhalte bezogen werden – und im übrigen in der Praxis kaum isoliert begegnen können (siehe Dahlhaus' Einwand): Melodie und Harmonie werden in den unterschiedlichen Traditionen aus *ästhetischer* Sicht unterschiedlich begründet und einander entgegengesetzt. Der Gegensatz läßt sich (nach Reckow[320]) schlagwortartig und in der emphatisch-polemischen Entgegenstellung polarisiert wie folgt zusammenfassen: „Melodie" meint „die beseelte, menschlich-organische Dimension" von Musik, die zur „Sprache der Leidenschaften", des Gefühls und der Natur erklärt wird; mit Harmonie dagegen werden die „unbeseelten, konstruktiv-mechanischen Schichten" von Musik – insbesondere die

---

[317] Vgl. Reckow, *Die ‚Schwülstigkeit'*, S. 223, außerdem Peter Bürger, *Studien zur französischen Frühaufklärung*, Frankfurt am Main 1972.
[318] Reckow, *Die ‚Schwülstigkeit'*, S. 223.
[319] Abbé DuBos, *Réflexions critiques sur la poésie et sur la peinture*, Paris 1719 (⁷1770).
[320] Vgl. ebd., S. 222-224; außerdem ders., Art. *Tonsprache*, in: HmT, Wiesbaden 1979.

kontrapunktische Organisation des Stimmengefüges – assoziiert. Die neuen stilistischen Tendenzen gerade Matthesons, die mit der Formel „galanter Stil" zusammengefaßt werden, favorisieren in ihrer aufklärerischen Auslegung klar die Melodie. Und nicht nur diese stilistischen Tendenzen, sondern die kulturphilosophische Lage in Deutschland – die Erwartungen einer neuen bürgerlichen städtischen Öffentlichkeit, die sich einerseits um eine anspruchsvolle Musikkultur bemühte, andererseits zugleich auf „Verständlichkeit" wie „Einfachheit" Wert legte – sollte diese Sicht unterstützen: Das Problemverhältnis Harmonie-Melodie läßt sich unschwer auf ein Niveau heben, das der Zeit der Aufklärung auch in philosophisch-ästhetischer Hinsicht gerecht wird. Wird das Denken Johann Matthesons in diesem Zusammenhang vielfach als bedeutender Beitrag zum Durchbruch der Aufklärung in der deutschen Musiktheorie gewürdigt, so vermag die Diskussion um Melodie und Harmonie diese These zu konkretisieren.

V Melodielehre in der frühen *Orchestre*-Phase

Zwei Jahre, bevor Mattheson die Anwartschaft auf das Dom-Kantorat (das er von 1718 an zehn Jahre lang ausübte) zugesichert wurde[1], erscheint die erste Schrift Matthesons, mit der er sein Interesse an „Musicam didacticam & theoricam"[2] bekundet: Das *Neu-Eröffnete Orchestre* veröffentlicht er 1713 als breit angelegte Offensive gegen konservative Musikausübende. Zu diesem Umstand tragen mehrere Faktoren bei, darunter der Schreibstil des Werkes. Bereits mit dem ungewöhnlichen Titel dieses Buches (den er modifiziert 1717 und 1721 wiederholt und so nominell eine „Orchestre"-Trias schafft) spielt Mattheson auf eine Vielzahl von Gesichtspunkten an, die für eine Arbeit dieses Ausmaßes neuartig, mindestens aber andersartig sind. Der Terminus „Orchestre" wird als für dramatische, vokale und instrumentale Musik gemeinsamer Begriff gewählt, wie er selbst in der „Einleitung vom Verfall der Music und dessen Ursachen" schreibt: „Da denn, was den Titul des neu-eröffneten *Orchestres* betrifft, zu wünschen hätte sein können, dass ein *generalers* Wort, welches beides Kirchen- und *Theatral-* so wol *Vocal-* als *Instrumental-Music* begreiffen möchte, sich hätte wollen finden lassen; Allein so habe ich Abgang dessen, das *Orchestre* oder *Orquestre* als eine noch nicht sehr gemeine und dabey *galante Expression* lieber setzen wollen [...]. Nachdem aber in den neuern Zeiten das *parterre* nicht mehr wie vor Alters der vornehmste Platz geblieben [...], so hat man den Ort, harte vors Theatre, wo die Herren *Symphonisten* ihre Stelle haben, mit dem Namen *Orchestre* oder Herren-Sitz beehren wollen, vermuthlich aus folgenden Ursachen, erstlich, weil die *force* und das *tutti* am meisten in der *Symphonie* oder *Instrumental-Music* stecket, zum andern und vornehmlich, weil daselbst das Haupt des gantzen Wesens *scilicet*, der Capelmeister [...] seinen beständigen und gar *honorablen* Platz einnimmt, als auf dessen *mouvement* und Zeichen alle Augen gerichtet, und von dem so wol Sänger als *Symphonisten* gleichsam ihre *ordre* hohlen."[3]

Werner Braun macht für die von ihm so betitelte „Orchestre-Phase" 1713 bis 1721 die „Gesinnungsfreunde"[4] Calvisius bis Gibelius,

---

[1] Vgl. Marx, *Johann Mattheson*, S. 18.
[2] Vgl. Cannon, *Spectator*, S. 83.
[3] Mattheson, *Das Neu-Eröffnete Orchestre*, S. 34-35.
[4] Werner Braun, *Deutsche Musiktheorie des 15. bis 17. Jahrhunderts. Zweiter Teil. Von Calvisius bis Mattheson*, Darmstadt 1994 (Geschichte der Musiktheorie 8/II), S. 401/402; vgl. Mattheson, *Das Beschützte Orchestre*, S. 373-374.

Baryphonus, Lippius und Werckmeister als Stützen für Matthesons Grundüberzeugungen im Hinblick auf Solmisation, Tonarten und Intervall-Lehre aus. Matthesons erstes Buch kann nach Cannon verstanden werden als „'introduction' to the formalization of the musical esthetic spreading through Germany in the first half of the eighteenth century"[5]. In den folgenden Werken berühren seine Interpretationen die später formulierten Prinzipien einer vollkommenen Melodie – im *Vollkommenen Capellmeister* schließlich synthetisiert und systematisiert er vollständiger als seine Zeitgenossen die musikalischen Prinzipien, auf die er im *Neu-Eröffneten Orchestre* bereits hingearbeitet hat. Friedhelm Krummacher geht in einem Beitrag von 1986[6] in erster Linie der Frage nach, inwieweit das Denken bzw. das Vorgehen Matthesons ein systematisches ist; in der Vorgängerliteratur kamen kaum Momente zur Sprache, die auf die innere Stringenz in Matthesons Denken hinweisen. Grundlage der Arbeit Krummachers ist – vor allem in dem der Stilsystematik Matthesons gewidmeten Absatz – der Text Paliscas von 1983[7]. Demnach beinhaltet der *Vollkommene Capellmeister* die gleiche Intentionskreuzung wie die frühen Schriften von 1713: Mit der Kompositionslehre (mit dem Primat der Melodie und erst als deren Derivat die Harmonie) kreuzt sich das Programm einer „wissenschaftlichen Betrachtung" – die Tonlehre mündet in die Stiltheorie[8]. Wenn die musikästhetischen Grundlagen der Arbeit Matthesons also bereits 1713 schlüssig formuliert sind und diese untrennbar verbunden bleiben mit den Prinzipien der Melodielehre, denen er 1739 den letzten Schliff verleiht, müssen auch grundsätzliche Aspekte derselben im *Neu-Eröffneten Orchestre* zu entdecken sein. Die Verbindung von Grundelementen der Melodielehre mit der Kontrapunktlehre ist im gesamten Traktat existent und deshalb auch in diesem Rahmen zu konsultieren[9]; gleiches gilt für die Nachfolgeschrift, *Das Beschützte Orchestre*, das Mattheson als Erwiderung auf die Kritik Buttstetts verfaßte – die jüngere Schrift relativiert oder verdeutlicht die

---

[5] Cannon, *Spectator*, S. 144-145.
[6] Friedhelm Krummacher, *Stylus versus Genus: Zum systematischen Denken Johann Matthesons*, in: Fs Arno Forchert, Kassel 1986, S. 86-95.
[7] Claude V. Palisca, *The genesis of Mattheson's style classification*, in: George J. Buelow und Hans-Joachim Marx (Hg.), *New Mattheson Studies*, Cambrigde 1983, S. 409-423.
[8] Krummacher, *Stylus versus Genus*, S. 86.
[9] Vgl. Braun, *Deutsche Musiktheorie*, S. 402: „Daß sogar die Melodielehre, Matthesons kostbarstes Geschenk an die Nachwelt, am Kontrapunkt hängt, darf als bekannt gelten."

von Mattheson 1713 erstmals aufgeworfene Fragen. Davon unberührt bleibt die überdeutliche Vorgängerfunktion der *Critica Musica* – ausgeprägt etwa in der Kontroverse mit Bokemeyer.

*

Grundsätzlich ist festzuhalten, daß schon die Veröffentlichung von 1713 primär nicht als Nachfolger der traditionellen Kompositionslehren in der Art eines Christoph Bernhard angelegt ist, was – wie bereits kurz bemerkt – schon aus der Formulierung des Titels hervorgeht: In erster Linie geht es dem Autor um eine „Universelle und gründliche Anleitung / Wie ein *Galant Homme* einen vollkommenen Begriff von der Hoheit und Würde der edlen Music erlangen [...] möge", also um ein Sonderfeld der höheren Allgemeinbildung und insbesondere der Geschmacksformung. Noch deutlicher wird Mattheson in der zweiten *Orchestre*-Schrift: „Das *Orchestre* ist für Unkundige und ausser der Profeßion lebende geschrieben"[10]. Die Besonderheit dieser Zielgruppe und Matthesons Bildungsanspruch darf auch im Hinblick auf die spezielle Ausformung von Ansätzen der Melodielehre nicht aus dem Auge verloren werden.

Die Einteilung der Schrift in drei Teile folgt nur noch bedingt der klassischen Ausformung und Einteilung eines Traktates in *Musica theorica* und *Musica practica*, die ja auch die Traktate in historisch enger Nachbarschaft wie die *Harmonologia Musica* Werckmeisters (1707) oder die *Praecepta der Musicalischen Composition* Johann Gottfried Walthers (Weimar 1708, ms.) nur stark modifiziert übernehmen[11]. Vor dem Hauptteil des *Neu-Eröffneten Orchestres* steht die „Einleitung vom Verfall der Music und dessen Ursachen", für die Rezeptionsgeschichte der ersten größeren Schrift Matthesons ein entscheidender Abschnitt, in dem er ausführlich (immerhin auf 37 Seiten, das entspricht einem Anteil am gesamten Textcorpus von über

---

[10] Mattheson, *Das Beschützte Orchestre*, S. 94.
[11] Die Arbeit Walthers übernimmt – trotz der deutlich praxisbezogeneren Ausrichtung – diese Einteilung noch am deutlichsten; Walther bemerkt im *Caput 1*: „Die Abtheilung der *Music* ist zweyerley, nemlich *Theoretica* und *Practica*." (Walther, *Praecepta*, S. 14). Die Brücke zwischen den Disziplinen schlägt Walther mit einem „Registerlein", einer Erklärung gängiger fremdsprachiger Fachtermini. – Einen Sonderfall in diesem Zusammenhang stellt die *Musicalische Handleitung* Friedrich Erhard Niedts von 1710 dar, an dessen posthumer Fertigstellung Mattheson entscheidend beteiligt war: Die *Handleitung* ist als Generalbaßlehre eine rein praxisbezogene Schrift.

10 Prozent) Partei gegen „zerstümlete und errathene Antiquitäten"[12] der „Music-Verderber"[13] ergreift und den Standpunkt eines möglichen Reformers verdeutlicht[14]. Die „Pars Prima Designatoria, oder Von den Dingen und Zeichen die zu einer Musicalischen Composition gehören" entspricht der *Musica theorica*, beschränkt sich aber mehr auf Elementarkenntnisse, wie Mattheson selbst in der Einleitung[15] einräumt; die „Pars Secunda Compositoria, oder von der Musicalischen Composition an sich selbst" entspricht der *Musica practica*, tatsächlich nimmt aber dieser Teil keineswegs den größten Raum der Schrift ein, wie es in Kompositionslehren eher der Fall ist – und ob *Das Neu-Eröffnete Orchestre* überhaupt zu dieser Traktatgattung gezählt werden kann, erscheint fraglich. Der dritte Teil, „Pars Tertia Judicatoria oder Wie eines und anders in der Music zu beurtheilen" überschrieben, schließt als umfangreichster Teil die Schrift ab und beinhaltet die Erörterung nationalstilistischer Unterschiede, eine knappe Affektenlehre (die Boomgarden zufolge bemerkenswerte Parallelen zu Addisons 1711 erschienenem *Spectator* aufweist[16]) und schließlich eine kleine Instrumentenkunde sowie ein Supplementum und Anmerkungen Reinhard Keisers. Mattheson urteilt selbst: „Im dritten Theil aber / wird der nunmehro mit den nothwendigsten wolversehene gescheute Leser nach bereits aufgeführten Gebäuden einen Schritt zurück thun / und unpartheyisch erstlich von der äusserlichen *parade*, hernach von der innerlichen Güte und Bequemlichkeit der ihm vorkomenden *Structuren* ein gefundenes Urtheil fällen können / welches denn [...] einem *galant homme* zur formirung seiner in diesem Stücke zu hegenden *idée*, wie auch folglich zur *adroiten* Unterhaltung eines *discourses* über solcher *Materie* ungemein behülflich seyn kann."[17]

Bemerkenswerterweise fällt in diesem Zusammenhang der Terminus „*Structuren*": Bislang ist allgemein angenommen worden, der Begriff „Struktur" sei kein spezifisch musikalischer Terminus technicus; auch angesichts des Zusammenhanges, in dem Mattheson ihn verwendet, ist dieser Auffassung durchaus zuzustimmen. Klaus Kropfinger ging in einer Untersuchung der Begrifflichkeit von „Struktur" im musikalischen Zusammenhang[18] davon aus, daß es E. T. A. Hoffmann gewesen sei,

---

[12] Mattheson, *Das Neu-Eröffnete Orchestre*, S. 6.
[13] Ebd., S. 13.
[14] Vgl. Cannon, *Spectator*, S. 116.
[15] Mattheson, *Das Neu-Eröffnete Orchestre*, S. 36.
[16] Boomgaarden, *Musical Thought in Britain and Germany*, S. 82-84.
[17] Mattheson, *Das Neu-Eröffnete Orchestre*, S. 36-37.
[18] Klaus Kropfinger, *Bemerkungen zur Geschichte des Begriffswortes „Struktur" in der Musik*, in: ders., *Über Musik im Bilde. I. Schriften zu Analyse, Ästhetik und*

der (offenbar in Kenntnis anatomischer und sprachwissenschaftlicher Terminologie) das Begriffswort „Struktur" als erster „umfassend zur Bezeichnung musikalisch-formaler Sachverhalte eingesetzt hat und damit ganz neue Bedeutungsaspekte und Funktionsmöglichkeiten des Wortes eröffnete"[19]. Ob Mattheson mit dem Begriff die auch für den heutigen Strukturbegriff zentrale Vorstellung der formal konstitutiven Wechselbeziehung der Teile untereinander und zum Ganzen verband, ist aus dem zitierten Zusammenhang aus dem *Neu-Eröffneten Orchestre* nicht abzuleiten; die Erwähnung des Terminus ist jedoch eine im Sinne etwa Hoffmanns und damit eine der ersten in einem musikalischen Zusammenhang. Daß Mattheson den Begriff für eine eventuelle Prägung der als Vorstufe für eine Formenlehre geltenden Incisionslehre des späteren *Vollkommenen Capellmeisters* verwendet wissen wollte, ist allerdings zu bezweifeln – in der Schrift von 1739 ist der Terminus „Struktur" in diesem Zusammenhang nicht anzutreffen.

Eine elementare Rolle spielt im Grundgerüst dieser Lehrschrift für den *galant homme* der dritte Teil des Textcorpus, der in die klassische Ausformung einer Musiklehre und ihrer Einteilung in *musica practica* und *musica theorica* nicht passen mag: Die *Pars Judicatoria* ist das Element, das den Leser zur Beurteilung der von ihm rezipierten Musik in die Lage setzen soll – eines der nach Matthesons Bekunden wichtigsten Motivationen zur Abfassung des *Neu-Eröffneten Orchestre*. In diesem Rahmen sind Hinweise auf eine Melodielehre im Sinne einer Handwerkslehre als „Kunst, eine gute Melodie zu machen"[20] oder eben einer Ästhetik, wie Mattheson sie schließlich in den Schriften der dreißiger Jahre entwarf, kaum *expressis verbis* zu finden; die gezielte Suche nach Hinweisen fruchtet in erster Linie im zweiten Teil, dem „Pars Secunda Compositoria", der der eigentlichen Kompositionslehre gewidmet ist. Der erste Teil der Schrift beinhaltet als Elementarlehre zwar auch Aspekte, die in einer vollständigen Melodielehre nicht fehlen sollen – so die später noch im Zusammenhang mit der Kontroverse mit Buttstett zu erörternde Verwerfung des modalen Systems zugunsten einer deutlich vorgeprägten Dur-Moll-Systematik (Cap. I), aber auch die Hinweise Matthesons auf Takt (Cap. III) und Tempo (Cap. IV) – , dennoch ist die Eröffnung des zweiten Teils der Schrift für eine

---

Rezeption in Musik und Bildender Kunst, Köln 1995, S. 1-9 (Nachdruck aus Hans Heinrich Eggebrecht (Hg.), *Zur Terminologie der Musik des 20. Jahrhunderts*, Stuttgart 1974 (= Veröffentlichungen der Walcker-Stiftung 5), S. 188-204).
[19] Ebd., S. 2.
[20] Mattheson, *Der vollkommene Capellmeister*, S. 133.

Genealogie der Melodielehre Matthesons von weitaus größerer Bedeutung.

1. Melodie im Neu-Eröffneten Orchestre

Das erste Kapitel des zweiten Teils, überschrieben „Von den General-Reguln der Con-und Dissonantien", zielt in erster Linie auf die Darstellung von zwölf Regeln, die im §5 des Kapitels dargelegt und im folgenden ausführlicher beschrieben werden. Diese Regeln sind keine zwingenden Gebote bzw. eindeutige Verbote, sondern nur Empfehlungen; die zwölf Regeln Matthesons stimmen zum größten Teil mit den Regeln überein, die Christoph Bernhard zu Beginn seines *Tractatus compositionis augmentatus*[21] im zweiten Kapitel, überschrieben mit „Von denen General Regeln des Contrapuncts", gibt. Zum Teil sind die Entsprechungen sogar wörtlich; deutlich sind auch die Übereinstimmungen mit Bernhard in der Eröffnungssequenz des Kapitels. Dieser Umstand ist sicherlich der von Braun[22] „Bernhard-Tradition" titulierten Kurzform des Kompositionsunterrichtes „Vom Gebrauche der Con- und Dissonantien" zuzurechnen. Eine Konkordanz mag die deutlichen Übereinstimmungen veranschaulichen:

---

[21] Christoph Bernhard, *Tractatus compositionis augmentatus*, hg. von Joseph Müller-Blattau als *Die Kompositionslehre Heinrich Schützens in der Fassung seines Schülers Christoph Bernhard*, Leipzig 1926, Kassel ³1999 (²1963), S. 40-42.
[22] Braun, *Deutsche Musiktheorie*, S. 165.

Christoph Bernhard:	Johann Mattheson:
Tractatus compositionis	*Das Neu-Eröffnete*
augmentatus	*Orchestre*
(1648/49?)	**(1713)**

1. Vom Contrapuncte insgemein	1. Von den General-Reguln [...]

1) Die *Composition* ist eine Wissenschaft aus wohl gegen einander gesetzten *Con-* und *Dissonantiis* einen *harmonischen Contrapunct* zu setzen. (40)	Diese *Composition* [ist] zu *definiren* / daß sie nemlich sey: **Eine Wissenschafft /aus wol gegen einander gesetzten** *Consonantiis* **und** *Dissonantiis* **einen** *harmoni*schen *Contrapunct* zu machen. (§1, 103)

2) Ist also der Zweck der *Composition* die *Harmonia* oder Wohl-Laut mehrerer und unterschiedener Stimmen, welches die *Musici* einen *Contrapunct* heißen, weilen vor Alters und vor Erfindung derer itzt üblichen Noten anstatt derselben nur *Puncte* gebraucht worden; daher also durch solche *Puncta* angedeutete zwey oder mehrere Stimmen Contrapunct genannt worden [...] (40)	(3) Ist *Finis*, oder der eigentliche Zweck der *Composition* daraus abzunehmen / daß es nemlich sey / die *Harmonia*, oder der Wollaut unterschiedener Stimmen und Instrumenten, dessen *Designation* die *Musici* deswege *Contrapunctum* nennen / weil man vor Alters / an statt itzt üblicher Noten, nur *Puncta* gebrauchet. (§1, 103/104)

3) Die *Materia* solches *Contrapuncts* sind *Con-* und *Dissonantien,*

doch unter denen letztern nur Diejenigen, welche aus Eintheilung der *Octave* in ihre *Tonos* und *Semitonia* herrühren, nicht aber die übrigen, so unnatürlich, und also der *Harmonie* zuwider sind. (40)

(1) [Daraus folget / daß] Die *Materia* solches *Contrapuncts* / *Con-* und *Dissonantien* seyn müssen [...]. (§1, 103)
(Durch die *Dissonantien* werden hier nur diejenigen verstanden / welche aus Eintheilung der Octavae in ihre *Tonos* und *Semitonia,* (d.i. in die so offt berührte 12. Chromatischen *Intervalla*) entspringen / nicht aber die übrigen kleineren *proportiones,* welche der *Harmonie* zuwider sind. (§4, 105)

4) Die *Forma* besteht in der künstl[ichen] Abwechselung und Vermengung solcher *Con-* und *Dissonantien,* also in *Observation* der *General* und *Special* Regeln des *Contrapucts,* als aus deren unterschiedlichen Brauch und natürlichen *Influentz* es herrühret, daß eine *Composition* gut, die andere aber besser ist, die [Zuhörer] minder oder mehr vergnüget und den *Authoren* berühmt macht. (40)

(2) Die *Forma* solcher *Composition* bestehe in der Abwechselung und Zusammenfügung solcher *Con-* und *Dissonantien;* nicht weniger in *Observation* der *General-* und *Special-*Reguln des *Contrapuncts,* wie auch der *Tone* Eigenschafft und natürlicher *Influenz,* als wodurch es vornehmlich geschiehet / daß diese oder jene *Composition* die Zuhörer afficiret oder nicht. (§1, 103)

2. Von denen General Regeln [...]

1) Die erste Regel, und aus der die andern alle herfließen ist, daß eine jede Stimme des *Contrapuncts* sich wohl singen ließe [...]. (40)

(1.) So ist die erste und vornehmste [General-Regul]: **Daß man** *Cantable* **setze.** h.e. daß sich alles / was man machet / es sey *vocal-* oder *Instrumental-Music* wohl singen lasse. (§5, 105)

2) Zu solchem Ende dient vornehmlich, daß *Text* und Noten sich wohl zusammen reimen [...]. (40)

3) Soll solcher *Contrapunct* aus *Notis cantabilibus* nach einer richtigen *Mensur* bestehen [...]. (40)

4) Keine Stimme soll allzuhoch noch allzutief gesetzet werden [...]. (40)

6) Im Auff- und Absteigen soll man sich hüten für unnatürlichen Gängen und Sprüngen, als da sind der Sprung der *Septima*, der Gang und Sprung der falschen *Quinte* und *Quarte*, zu mahl wenn solche *Superfluae* sind, wie auch der *Secunda Superflua. (41)*

7) Eine jede Stimme, und also der gantze *Contrapunct* soll nach einem derer 12. *Modorum* sich richten, davon drunten. (41)

(2.) **Daß sich in der** *Vocal-Music* **Text und** *Noten* **vor allen Dingen wol zu sammen reimen** [...]. **(§5, 105/106).**

(3.) **Daß die** *Mensur* **richtig sey / und man keine** *cadencen*, **die derselben entgegen sind / hören lasse. (§5, 106).**

(4.) **Daß man die** *Etenduë* **(natürliche Höhe und Tieffe) einer jeden Stimme und eines jeden** *Instruments* **nicht überschreite. (§5, 106)**

(10.) **Daß man sich für verbotnen Gängen / Sprüngen und Fällen** [vid. §.9h.c.] **hüte. (§5, 107).**

(6.) **Daß man sich einen gewissen Thon erwehle / nach Anleitung der** *Materie,* **welchen die gantze** *Modulation,* **oder das gantze Stück / zum Fundament lege und darinn schliesse. (§5, 107)**

9) *Modus Contrarius* soll in einem *Tricinio*, wo sichs immer leiden will, gefunden werden, ausgenommen, wo die *Consecutio* der *Sexten* durch *Tertias* gemittelt wird; in einem *Quatuor* soll er unausbleiblich anzutreffen sein. (41)

(8) **Daß der** *Motus contrarius* (vid. §.6h.c.) **so viel immer thunlich / observiret werde.**
(9) **Daß die** *Trias Hamonica* (vid.§§.7.& 8.h.c.) **in einem sogenannten** *Trio* (oder aus dreyen Stimmen bestehende Sätze) **so offt es müglich / gehöret werde / viel nothwendiger aber / in einem** *Quatuor,* **oder in mehr und vielstimmigen Sachen.** (§5, 107)

12) Die Stimmen sollen auch keine falsche *Relationes* gegen einander haben, als eines *Tritoni* oder *Semi-diapente, Octavae Superfluae etc.* [...]. (41)

[11] **Daß man keine falsche** *Relation* **mache** [vid. §10.h.c.]. (§5, 107)

16) Die hohen Stimmen sollen selten unter die Tieffen und die Tieffen über die Hohen steigen. (42)

(7) **Daß die hohen Stimmen selten unter die tieffen / absonderlich aber der** *Baß* **nimmer** (es sey denn daß er eine *consonanz* mache) **über die höheren steige.** (107)

„Mag sich auch ein Druckwerk als Plagiat herausstellen – es ist ,echt' als Zeitdokument."[23] Aus der Konkordanz von *Tractatus compositionis augmentatus* und *Neu-Eröffnetem Orchestre* anhand ihrer ersten auf die eigentliche Kompositionslehre bezogenen Kapitel wird deutlich, daß die Vermutung Cannons, Mattheson sei „scheinbar mit dem Kompositionstraktat Christoph Bernhards vertraut"[24] gewesen, eine Untertreibung ist – der größte Teil der „General=Reguln" Matthesons ist dem Traktat Bernhards entlehnt. Allerdings ist der Frage nachzugehen, in welchen Punkten das „Caput primum" Matthesons von den Regeln Bernhards abweicht. Zwei Klassen von Abweichungen sind zu unterscheiden:

1. Abweichungen in der Formulierung
2. Hinzufügungen zu den Ausführungen Bernhards

Eine dritte Art der Abweichung vom Text Bernhards ergibt sich durch Auslassung von Regeln, wie aus der Konkordanz hervorgeht.

Die Umformulierungen Matthesons sind nur zum Teil aus dem zeitgenössischen Sprachgebrauch heraus zu verstehen; diese Art Umformulierung begegnet im §1 Matthesons, der inhaltlich dem „1sten Capitel" Bernhards entspricht. Formal liegen hier aber deutliche Unterschiede in der Gewichtung von Thesen vor: Der erste Punkt Bernhards, „Was eine *Composition* sey" erhält bei Mattheson die Bedeutung einer übergeordneten These, dem sich die drei anderen Punkte unterordnen. Die Tendenz Matthesons ist die Systematisierung der von Bernhard genannten Aspekte: Im *Neu-Eröffneten Orchestre* folgen logisch nacheinander *Materia – Forma – Finis*, während die Reihenfolge bei Bernhard den Zweck der Komposition quasi induktiv an die zweite Stelle stellt.

---

[23] Ebd., S. 27.

[24] Cannon, *Spectator*, S. 117: „He [Mattheson] was aquainted with the terminology of Athanasius Kircher, and apparently with the treatise on composition by Christoph Bernhard, one of Hamburg's leading musicians in the preceeding century." – vgl. auch Braun, *Deutsche Musiktheorie*, S. 402: „[...] mit Christoph Bernhards *Tractatus* war er [Mattheson] wohl schon im Kompositionsunterricht bei Johann Nicolaus Hanff in Berührung gekommen." Die Einschätzung Wulf Arlts, der von „stillschweigend übernommenen Bestimmungen Bernhards" schreibt, trifft da eher (eine Einordnung der Zitate Matthesons in den Text stellt sich allerdings höchstens philologisch schwierig dar, nämlich aufgrund der problematischen Überlieferung des *Tractatus*, vgl. Arlt, *inventio*, S. 375).

Der Hang zur Systematisierung läßt sich auch an der weiteren Textgestalt Matthesons ausmachen, vor allem aufgrund seiner Erweiterungen gegenüber der Vorlage Bernhards. Nach den allgemein gehaltenen Definitionen im §1 folgt in §3 (einen §2 gibt es nicht) eine Erörterung, was eine Komposition ausmacht: „Es gehören sonst zu einer *Composition* dreyerley: *Inventio*, (Die Erfindung) *Elaboratio*, (Die Ausarbeitung) *Executio*, (die Ausführung oder Aufführung) welches eine ziemlich nahe Verwandtschafft mit der *Oratorie* oder *Rhetorique* (Rede=Kunst) an den Tag leget [...]"[25]. Der §4 holt als kurze Erklärung die Dissonanzdefinition nach, die bei Bernhard im ersten Kapitel unter der Definition des Tonmaterials zu finden ist. Die „General=Reguln der Composition" im §5 entsprechen in ihrer Reihenfolge zum größten Teil den „General Regeln" Bernhards im „2ten Capitel: Von denen General Regeln des Contrapuncts"; von Bedeutung ist Matthesons Ergänzung der zweiten Regel mit Hinweisen auf Parallelen zur Rhetorik: „[...] **und die in den Worten steckende** *Emphasis*, **nebst den** *Distinctio***nen / als** *Comma, Colon &c.* **wol in acht genommen / und geschickt** *exprimiret* **werden.** Als worinn mir Recht die musicalische *Rhetoric* stecket."[26] Die vier ersten Regeln als Präliminarien (Kantabilität – Text – Mensur – Ambitus) werden von Mattheson abgerundet mit der Forderung von *Varietas*, die bei Bernhard (jedenfalls so deutlich) an der entsprechenden Stelle nicht zu finden ist: „**Daß man sich der Abwechselung /** (so viel es ohne haseliren geschehen kan) **befleißige /** weil nichts in der Welt so sehr nach Veränderung schnappet / als eben die *Music*, darum man das *Changement* wol ohne grosses Unrecht ihr *Element* nennen möchte."[27] Die deutlichste Annäherung findet sich in der im Rahmen der Konkordanz nicht erwähnten 5. Regel: „Keine Stimme soll allzulange auff einer *Chorde* absonderlich in der Höhe oder Tieffe *obteniren*, denn nichts die *Melodie* so annehmlich macht, als das wohl abgewechselte Auff- und Absteigen des Gesanges womit gleichwohl die *falsi bordoni* nicht verworffen werden"[28]. Das Verbot von parallelen perfekten Konsonanzen ([12.], S. 108) schließlich erscheint nicht in den „General Regeln" Bernhards, wohl aber im „vierdten Capitel: Von [denen] Consonantiis"[29]; warum Mattheson diese detaillierte Regel

---

[25] Mattheson, *Das Neu-Eröffnete Orchestre*, S. 104.

[26] Ebd., S. 106.

[27] Ebd.

[28] Bernhard, *Tractatus*, S. 40.

[29] Ebd. S. 43: „10) Zwey *Consonantiae perfectae einer Speciei* können nicht *immediatè* aufeinander folgen, wohl aber im Stille stehen und bißweilen in *Motu contrariô*."

ganz im Gegensatz zu seiner Tendenz der Verallgemeinerung der Regeln mit vielen Querverweisen zu späteren Kapiteln unter die „General=Reguln" einordnet, erklärt er selbst: „Diese *Regul* ist nur klein und leicht zu fassen / aber schwer zu *practiciren*. Sie ist dannenhero zugleich die vornehmste und die geringste / die erste und die letzte."[30] Die Anordnung der „General Regeln" Bernhards ist in sich wiederum systematisch, wenngleich sie Mattheson seinen Bedürfnissen gemäß angleicht und verändert. Nach den ersten fünf Regeln, die wie bei Mattheson übergeordnete Bedeutung haben, folgt die Regel 6 mit Hinweisen auf Besonderheiten der Melodieführung; Regel 7 und 8 betreffen den Modus des Stückes. Die achte Regel („Man soll nicht oft einerley *Modulation* wiederbringen, doch bleiben die *Fugen* und *Imitationes* in ihrem Werte"[31]) wird von Mattheson vermutlich ausgelassen, weil er sie einesteils schon in der Forderung nach *Varietas* aufgenommen hat, anderenteils auf „*Fugen* und *Imitationes*" später (vor allem im 4. Kapitel der „Pars Secunda") zu sprechen kommen wird. Die folgenden Regeln wirken ungeordnet; sie betreffen Stimmführung (9, 12, 16, 17), Konsonanzvorkommen (10, 11), Stimmabstand (13), Akzentparallelen (14) und Generalbaßhinzufügung (15). Darunter finden sich auch mehrere Lizenzen (12-17). Die Regel 11 wird von Mattheson nicht in seinen Katalog aufgenommen, da sie in ihrer Formulierung zu deutlich auf imitatorische Komposition verweist: „Die *Consonantiae perfectae* sollen den *Contrapunct* anfangen und enden: Wenn sie aber nicht mit einander anfangen, so soll die folgende Stimme in einer *perfecta* gegen die erste Note der ersten Stimme sich anheben [...]"[32]. Diese Regel kann in ihrer Zielsetzung unmöglich zu einer Kompositionslehre Matthesons gehören, da deren kompositionsgeschichtliche Ausrichtung ein halbes Jahrhundert nach Bernhard eine vollkommen andere ist. Mattheson repliziert die Regel in §8: „Es habe sich zwar die uhralten *Musici* nun (1) des zum *Fundament* gesetzten *Tone*s (2) der darüber liegenden *Quinte*, und (3) der *Octave* zur Darstellung ihrer *Triadis harmonicae*, bedienet / und folglich die *Tertiam* als *consonantiam imperfectam*, dazu vor untüchtig gehalten. Dem zu folge haben sie die nunmehr *abolirte* Regul gegeben: *Consonantes perfectae* **heben eine** *Composition* **an / und enden dieselbe.** Allein heut zu Tage würde man sehr kahl mit solcher *antiquen Harmonie* bestehen / weil man nur gar zu wohl erfahren / daß eine einzige *Tertie*, insonderheit wenn sie *major* ist / einen weit grösser effect

---

[30] Mattheson, *Das Neu-Eröffnete Orchestre*, S. 108.
[31] Bernhard, *Tractatus*, S. 41.
[32] Ebd.

hat / und das Gehör mehr *touchiret* / als alle *Quinten* in der Welt."[33] Gleiches gilt für die von Bernhard an das Ende seiner Aufstellung gesetzten Lizenzen, die Mattheson ebenfalls nicht aufnimmt. Darüberhinaus erweitert Mattheson die Regeln Bernhards auf den instrumentalen Bereich, der für Bernhard zweitrangig war.

Auf den in den späteren Schriften spezifizierteren Bereich einer Melodielehre beziehen sich also in diesem Grundlagenkapitel des *Neu-Eröffneten Orchestres* Matthesons nur wenige Hinweise: Unter den „General=Reguln der Composition" sind es strenggenommen nur die ersten fünf Regeln, die sich auf die Ausgestaltung der Einzelstimmenführung beziehen, eventuell auch noch die sechste (Einheitlichkeit des Modus) und die zehnte („verbotne Gänge / Sprünge und Fälle"[34]); alle anderen beziehen sich auf die mehrstimmige Komposition.

Exkurs: Bernhard und Mattheson

Der Traktat Bernhards, den Schütz 1648/49 in der Vorrede zur „Geistlichen Chormusik" als „Tractatus compositionis" von der Hand eines Musikers, der seinem engeren Kreise zugehört, ankündigt[35], ist nie gedruckt worden[36]. Die Gestalt des *Neu-Eröffneten Orchestre* macht deutlich, daß Mattheson die Arbeit Bernhards schon im ersten Jahrzehnt des 18. Jahrhunderts außerordentlich gut gekannt haben muß; im *Forschenden Orchestre*, 1721 erschienen, vermutet er den *Tractatus* im Besitz der „meisten *curieusen Musici* [...] / ob gleich derselbe bei mir nur im M.S. vorhanden"[37]. Werner Braun bemerkt: „Da Mattheson auf ausgesprochen moderne Weise seine Quellen nennt (aus gewachsenem urheberrechtlichen Bewußtsein und aus ständiger Kritikbereitschaft), läßt sich das Fundament seiner musiktheoretischen Bildung leicht rekonstruieren"[38]. Der Hinweis, Mattheson habe sich auf Bernhard „erstmalig mit Nachdruck im *Beschützten Orchestre* (1717) berufen"[39], lenkt in die Irre – die Spuren im *Neu-Eröffneten Orchestre*

---

[33] Mattheson, *Das Neu-Eröffnete Orchestre*, S. 110.

[34] Diese Regel wird in § 9 desselben Kapitels näher ausgeführt.

[35] Vgl. die Einleitung zu *Die Kompositionslehre Heinrich Schützens in der Fassung seines Schülers Christoph Bernhard* von Joseph Müller-Blattau, S. 1-3.

[36] Zur Manuskriptlage vgl. ebd., S. 7-13 und 23-30, außerdem Braun, *Geschichte der Musiktheorie*, S. 28/29.

[37] Mattheson, *Das Forschende Orchestre*, S. 667.

[38] Werner Braun, *Johann Mattheson und die Musiktheorie des 17. Jahrhunderts*, in: Kgr.-Ber. Bayreuth 1981, Kassel 1984, S. 537.

[39] Ebd., S. 538.

sind (wie in der Konkordanz aufgezeigt) überdeutlich. Bernhards Theorie, errichtet auf einem kategorialen Fundament aus Kontrapunktarten, Stilen und musikalisch-rhetorischen Figuren[40], schlägt sich offenkundig sehr früh in den Schriften Matthesons nieder – die den Präliminiarien des ersten Kapitels im *Neu-Eröffneten Orchestre*, „Pars Secunda", folgende Kontrapunktlehre basiert demnach in ihrem Fundament deutlich auf der Arbeit Bernhards. Im gesamten Text wird Bernhard jedoch nur einmal beim Namen genannt, nämlich im Zusammenhang mit der „Quinta falsa": **„Hernach / ist nichts schöners als die** Quint **an** Sext **zusammen /** vornehmlich die *Quinta falsa*, deren Conjunction *Bernhardi* und andere berühmte *Autores* doch so *praecise* verboten". Mattheson macht schon hier seine Distanz zur Kontrapunkttheorie des vergangenen Jahrhunderts deutlich: „Da indessen jeder *Practicus* täglich findet / daß selbige übereinander / ohne eintzige Eischränkung / so wohl in der Mitten eines Stückes / als vor Cadentzen / gantz frey und wol angebracht werden"[41]. Claude Paliscas Annahme, Mattheson habe erst zum Zeitpunkt des Erscheinens des *Forschenden Orchestres* die Schrift Bernhards gekannt[42], ist ein Irrtum. So ist §13 des *Neu-Eröffneten Orchestre* zu den „Theilungen des *Contrapuncts*" als Kritik an der Terminologie Bernhards zu verstehen: „Was sonst die mancherley Theilungen des *Contrapuncts* betrifft / nemlich: in *æqualem & inæqualem*, oder welches einerley: *In simplicem* und *diminutivum* oder *floridum*, it. in *gravem& luxuriantem*, in *Stylum antiquuum & modernum*, in *communem & comicum*, &c. solches setze nur als eine Zugabe hieher / damit man / wenn dergleichen *Termini* vorkommen / keine *alteration* kriege; es sind sonst Grillen / die sich ohne Mühen begreiffen lassen. Den größten Unterscheid macht man zwischen Kirchen= *Theatral*- und Cammer-Musique, und das ist einem *galant homme* genug."[43] Mattheson bindet die Dissonanzlehre nicht mehr an die Stillehre, und die Figurenlehre schließlich erscheint gar nicht mehr in seinem Blickfeld. Im *Forschenden Orchestre* schließlich beschreibt Mattheson Bernhard als Kompositionslehrer, „den die gantze Welt vor musicalisch-orthodox erkennet"[44].

---

[40] Vgl. Oechsle, *Musica poetica*, S. 24, und die dort angegebene Literatur zur Figurenlehre bei Bernhard (S. 7-10, Fn. 1-25).

[41] Mattheson, *Das Neu-Eröffnete Orchestre*, S. 117-118.

[42] Palisca, *Mattheson's style classification*, S. 415: „However, Mattheson apparently did not know Scacchi's or Bernhard's writings in 1713."

[43] Mattheson, *Das Neu-Eröffnete Orchestre*, S. 113; vgl. Bernhard, *Tractatus*, S. 42-43 – „Das 3te Capitel: Des Contrapunctes unterschiedene Arten".

[44] Mattheson, *Das Forschende Orchestre*, S. 656.

Verweise auf Bernhards Arbeiten finden sich mehrfach in den Schriften Matthesons nach 1721, so in der *Critica musica* (1722): In Zusammenhang mit den Ligaturen erwähnt er Bernhard, „der zu seiner Zeit ein braver Mann / und berühmter Componist gewesen"[45]; auch zur Erörterung der Quinta deficiens wird der Ältere als Zeuge herangezogen[46]. In beiden Fällen erwähnt Mattheson allerdings nicht den *Tractatus*, sondern entscheidet sich für die Formulierung „Regulae Compositionis" – die in der *Ehren-Pforte* als „Compositions-Regeln" wiederkehrt. Im *Vollkommenen Capellmeister* beruft sich Mattheson zunächst im Zusammenhang mit der Terzfortschreitung auf des berühmten Bernhard „bekanntes Msct. von der Composition, dessen Original der Capellmeister Stöltzel in Gotha besitzet"[47]; im gleichen Zusammenhang nennt er das Manuskript beim Namen: „**Bernhardi** stimmt mit bey, im sechsten Hauptstück seines geschriebenen *Tractat. Composit. augment.* §.9 [...]"[48]. Wie die Kapitelzahlen der von Mattheson eingesetzten Zitate zeigen, bezieht er sich tatsächlich auf das unter dem Titel *Tractatus compositionis augmentatus* vorliegende Werk. Werner Braun räumt in diesem Zusammenhang ein, daß der ebenfalls zum schmalen Bestand der überlieferten theoretischen Schriften Bernhards gehörende *Ausführliche Bericht vom Gebrauche der Con- und Dissonantien*[49] (dessen Authentizität nicht ganz gesichert ist) in Matthesons Schriften hingegen keinerlei Spuren hinterlassen habe[50]; das maßgebliche Bezugswerk für den Kompositionslehrer Mattheson ist – in positiver wie negativer Hinsicht – der *Tractatus compositionis augmentatus*[51].

---

[45] Mattheson, *Critica Musica* I, S. 32.

[46] Ebd., S. 63.

[47] Mattheson, *Vollkommener Capellmeister*, S. 265; in der Fußnote finden sich bereits auf die *Ehren-Pforte* hinausweisende Bemerkungen zur Vita Bernhards, von Mattheson als Ergänzung zu den Angaben in Walthers *Lexicon* gemeint.

[48] Mattheson, *Der vollkommene Capellmeister*, S. 267.

[49] Christoph Bernhard, *Ausführlicher Bericht vom Gebrauche der Con- und Dissonantien*, hg. von Joseph Müller-Blattau als *Die Kompositionslehre Heinrich Schützens in der Fassung seines Schülers Christoph Bernhard*, Leipzig 1926, Kassel ³1999 (²1963), S. 132-153.

[50] Vgl. Braun, *Deutsche Musiktheorie*, S. 28.

[51] Vgl. die Erörterung von Beziehungspunkten zwischen Bernhard und Mattheson in Braun, *Johann Mattheson und die Musiktheorie des 17. Jahrhunderts*, S. 539. Daß sich über Bernhard ohne weiteres die Verbindung von Matthesons „General-Reguln" zur Kontrapunktlehre Zarlinos herstellen läßt, beweist das von Wolfram Steude in der Bibliothek des Evangelischen Predigerseminars in Wittenberg aufgefundene Exemplar der *Istitutioni*

Die in der oben angeführten Konkordanz aufgezeigten Entsprechungen zwischen den Grundregeln für die Kontrapunktlehre bei Bernhard und Mattheson betreffen das Fundament der Kontrapunktlehre; die Satzregeln Bernhards sind für Mattheson also nicht deckungsgleich mit dem von ihm im *Neu-Eröffneten Orchestre* bekämpften alten Musikerideal. Daß Mattheson auch in den weiterführenden Kapiteln seiner Kompositionslehre auf der Arbeit Bernhards – nach eigener Auskunft demnach auf dem *Tractatus compositionis augmentatus* – fußt, hat bereits Braun herausgestellt: Bernhard gibt mit den von ihm in die Theorie der Fuge eingeführten Begriffe „Consociatio Modorum" (die „Vereinigung des *Authentici* mit seinem *Plagali*[52], also das was – stark vereinfacht ausgedrückt – später als „tonale Beantwortung" verstanden wird) und „Aequatio modorum" (das Gegenstück, die „reale Beantwortung")[53] seinen Fachkollegen einschlägig verwendbare Fachtermini an die Hand; Mattheson, der sich in den Darlegungen des *Melotheta* von 1721 vor allem von Förtsch abhängig zeigt[54], schreibt Bernhard fort, indem er den Terminus „conciliatur modi" für den Fall, daß der Comes von einem unregelmäßigen Endpunkt in die Tonart zurückkehrt und dieser angeglichen wird, benutzt[55]. „Conciliatio Modorum" bedeutet also (mit den Worten des *Vollkommenen Capellmeisters*), daß man „ein Thema, dessen Schluß etwas ausserordentliches hat, durch einen kleinen Zusatz in die rechte Gleise bringet"[56] – im Sinne von Bernhards „alteratio Modi". Mattheson rechnete mit einer allgemeinen Kenntnis der Lehre Bernhards.

Im Zusammenhang mit der Fugentheorie ist die Aufnahme der Theorie Bernhards am deutlichsten; diese wird zur unbedingten Voraussetzung. Bei Mattheson besitzt auch im *Vollkommenen Capellmeister* die modusgemäße Beantwortung Vorrang, wie seine Erläuterung der

---

harmoniche (Venedig ³1573) aus dem Besitz Christoph Bernhards (Wolfram Steude, „... vndt ohngeschickt werde, in die junge Welt vnd neueste Manir der Music mich einzurichten." *Heinrich Schütz und die jungen Italiener am Dresdner Hof*, in: SJb 21 (1999), S. 74).
[52] Bernhard, *Tractatus*, S. 98.
[53] Zu diesen Begriffen und ihrer Bedeutung vgl. Braun, *Deutsche Musiktheorie*, S. 287-289, und Helmut Well, *Christoph Bernhards „Aequatio modorum' und die „reale Beantwortung'. Überlegungen zum Wandel der tonsystematischen Grundlagen im 17. Jahrhundert*, in: SJb 1998, Kassel 1998, S. 25-58; dieser Beitrag behandelt auch knapp die Weiterentwicklungen im *Vollkommenen Capellmeister* Matthesons in diesem Zusammenhang.
[54] Vgl. Braun, *Deutsche Musiktheorie*, S. 289.
[55] Mattheson, *Melotheta*, S. 129.
[56] Mattheson, *Der vollkommene Capellmeister*, S. 378.

Bernhardschen Begriffe zeigt: Die *Consociatio* wird als „die gewöhnliche, regelmäßige Weise des Wiederschlages" angeführt, die Aequatio gehört zu den „Freiheiten [...], so man sich hiebey nimmt"[57] stellt also eigentlich eine Regelverletzung dar. Helmut Well zufolge[58] zeigt sich in Matthesons Theorie – hier besonders bezogen auf den *Vollkommenen Capellmeister* – ein Stadium des Übergangs: Mattheson hält einerseits an der modalen Imitation fest und legt weiterhin größten Wert auf die Einsatzorte der imitierenden Stimmen und die traditionelle Betonung der Ambituswahrung, führt aber in seinen Beispielen reale Beantwortungen erst zugleich mit der Ablösung von den beiden letztgenannten Normen ein – das zu Grunde liegende System ist brüchig geworden. Die Begriffe „Consociatio" und „Aequatio modorum" bleiben bei Mattheson streng auf modale Verhältnisse bezogen, während diese andererseits durch eine „Dur-Moll-Terminologie" bereits außer Kraft gesetzt sind: „Harmonische Tonalität und die Tradition der Fugenbeantwortung bleiben für Mattheson letztlich getrennte Welten"[59].

2. *Melodie und Kontrapunktlehre im* Neu-Eröffneten Orchestre

In der „Pars Secunda Compositoria" setzt Mattheson deutlich den Schwerpunkt auf die mehrstimmige Komposition, wie es ja Bernhard in der Folie des *Tractatus compositionis augmentatus* auch tut. Da im Folgenden jedoch keine erneute Konkordanz zu Bernhard erarbeitet werden soll – diese wäre schließlich ohne die Rücksichtnahme auf die einschlägigen jüngeren Werke[60] von Johann Andreas Herbst[61] Giovanni Maria Bononcini[62], Angelo Berardi[63], Wolfgang Caspar Printz[64] und Johann Arnold Fokkerod[65] unvollständig – , mag ein knapper

---

[57] Ebd.; vgl. Well, *Bernhards „Aequatio‘*, S. 52.

[58] Ebd., S. 53.

[59] Ebd.

[60] Vgl. Braun, *Deutsche Musiktheorie*, S. 402.

[61] Vor allem *Musica poëtica, sive compendium melopoëticum. Das ist: Eine kurtze Anleitung [...], wie man eine schöne Harmoniam [...] nach gewiesen Praeceptis und Regulis componiren und machen soll [...]*, Nürnberg 1643.

[62] Giovanni Maria Bononcini, *Musico prattico [...]*; Bologna 1673, dt. Stuttgart 1701 (Teil II), Nachdruck Hildesheim 1969.

[63] Angelo Berardi, *Documenti armonici*, Bologna 1687, Nachdruck Bologna 1970.

[64] Vor allem *Phrynis (Mytilenaeus) oder Satyrischer Componist, [...]*, drei Teile, Quedlinburg 1670 (Teil I), Sagan 1677 (Teil II), Dresden und Leipzig 1696 (Teil III und zweite Auflagen von I und II).

[65] Johann Arnold Fokkerod, *Gründlichen Musikalischen Unter-Richts erster Teil [...]*, Mühlhausen 1698.

Einblick in die Satzlehrekapitel genügen, die spätere Aspekte der Melodielehre artikulieren.

Im dritten Kapitel des zweiten Teils, „Von den *Special-Regeln* der *Dissonantien*" überschrieben, findet sich im Zusammenhang mit einer Erörterung der Quarte im §5 eine Ausführung über den Vorrang des Gehöreindrucks: „Man *refutirt* aber allerdings die erste *Opinion*, da mittelst eines *Principii Arithmetici* dargethan werden will / es sey die *Quarta* eine *Consonantia imperfecta*, massen jeder vernünfftiger Mensch den schlechten Grund dieses *Arguments* leicht daraus erkennen wird / **daß die Zahlen in der *Music* nicht *decidiren* / sondern nur *instruiren*; Das Gehör aber allein der *Canal* sey / durch welchen ihre Krafft in das innerste der Seelen eine aufmercksamen Zuhörers eindringet.**"[66] Diese Äußerung gehört zu Matthesons Ausführungen im ersten Teil der Schrift, im Kapitel I „Von den *Tonis*, ihrer *Proportion* nach", heißt es im §11: „Man wird allhier bemercken / daß da die *Quarta* mit unter die *Consonantien* gesetzet / dieselbe zugleich mit einer *Marqve* bezeichnet worden / um *dadurch* anzudeuten / daß sie ihr Bürger-Recht noch lange nicht daselbst gewonnen / auch daß unmüglich eine einzige *proportion* zugleich *dis-*und *consonans* seyn könne. Der Streit aber / den man über das *intervallum* der Quartae führet / ob es nemlich *Consonans* oder *dissonans* sey / ist noch nicht recht erörtert. Etliche halten es vor *consonans* aus der Ursach / *quia Quarta dividit Octavam arithmeticè*; allen andere die nicht so wol die Zahlen / als den Gebrauch des *intervalli* erwegen und untersuchen / (davon im folgenden gehandelt werden wird) geben vor / es sey bißweylen *con-* bißweilen auch *dissonans*. Ohne aber jemanden seine Meinung zu benehmen / halte ich unmaßgeblich davor / es sey die *quarta* allemahl mehr *Dis-* als *Consonans*, und werde meine *Raison* mit mehrern davon drunten geben."[67] Die Ausführungen Matthesons – auch die im zweiten Teil im bereits zitierten §5 – erinnern durchaus an die „Zwar/aber-Formulierungen" etwa Christoph Bernhards[68], erscheinen ähnlich aber auch bei Brossard als „intervalle mixte"[69] – und auf dessen

---

[66] Mattheson, *Das Neu-Eröffnete Orchestre*, S 126-127.

[67] Ebd., S. 54-55.

[68] Bernhard, *Tractatus*, S. 62: „Nachdem wir uns die *Dissonantzen* insgemein besehen, ist nöthig daß wir ein wenig von der *Quarta* handeln, welche wir /: denen *Practicis* zu folgen :/ unter die *Dissonantzen* gerechnet, wiewohl sie vielmehr eine *Consonantz* ist, welches aus der alten *Authorität*, und mit vielen *rationibus* zu erweisen stehet, wenn solches unser *Institutum* leiden wollte." Vgl. Braun, *Deutsche Musiktheorie*, S. 180.

[69] Brossard, *Dictionaire de Musique*, Artikel „Quarta".

Dictionaire bezieht sich Mattheson sowohl im *Neu-Eröffneten Orchestre*[70] als auch in der Stilklassifizierung des Nachfolgewerkes, des *Beschützten Orchestre*[71]. Von größerer Bedeutung in diesem Zusammenhang und in Hinsicht auf die Vorbereitung einer Melodielehre ist der von Mattheson angeführte Gehörprimat, „**daß der Zweck der** *Music* **nicht das Gesicht / noch der eigentlich so genandte Verstand ist / sondern eintzig und allein das Gehör / welches der Seele und dem Verstande / die Ergetzung / so es empfindet / mittheilet /** so ist kein Zweifel / daß nicht alle und jede *Music*, nachdem sie zuvor / benöthigter massen / nach den Kunst=Sätzen *examinieret* und entworffen ist / diesem Zweck zu folge / blosserdings und vor allem / **dem Gehör zu gefallen /** sich müsse einrichten lassen / und daß man dahero schlechte Ursachen habe / eigensinniger Weise / und auf eine gezwungene Art / dieenigen Wege zu erwehlen / welche uns eine Wissenschafft (nemlich die *Arithmetic*) anzeiget / **die zwar eine gute Gefährtinn / hierinn aber keine unbetriegiche Wegweiserinn abgeben mag**"[72]. Den diesbezüglichen Zusammenhang mit der Philosophie John Lockes hat bereits Beekman C. Cannon aufgezeigt: „By elevating an organ of sense above abstract mathematical reasoning he is likewise putting to actual use the precepts of the new philosophy"[73]. Die Art der Argumentation Matthesons stimmt allerdings auch erstaunlich überein mit der Rousseaus in der Querelle mit Rameau um den Primat von Melodie oder Harmonie und wird in Matthesons Rezeption der Schriften Rameaus noch einmal zum Tragen kommen – Mattheson läßt sich (wie später in der *Critica musica*) nicht von Zahlen die ästhetische Ordnung vorgeben.

Am Ende desselben Kapitels macht Mattheson eine Bemerkung zur Bedeutung der Melodie im Allgemeinen bzw. im Vergleich zu den beiden anderen, tragenden Fundamenten der Musiktheorie: der

---

[70] Mattheson, *Das Neu-Eröffnete Orchestre*, S. 75; S. 101: „[...] da übrigens der *curieuse* Leser in *Monsieur Brossards Dictionaire de Musique*, dessen schon oben gedacht / von solchen und dergleichen / ob wol nicht von allen / *Terminis Musicis* einen ziemlichen Vorrath / nebst einer mit vielen Fleiß zusammen getragebnen Nachricht und *Explication* antreffen wird."
[71] Vgl. Krummacher, *Stylus versus Genus*, S. 88.
[72] Mattheson, *Das Neu-Eröffnete Orchestre*, S. 127-128.
[73] Cannon, *Spectator*, S. 124-125; vgl. ebd., S. 117-118: „Mattheson is groping for formulas in which to express his feeling for the importance of the senses – a concept which could have come to him from no other source than Johan Locke." bzw. S. 121-122: „Mattheson, however unconsciously, was already basing his theories on ideas that ran parallel with those of Locke. He was perhaps the only musical thinker so to do at this time."

Harmonie und – das ist in diesem Zusammenhang neu – mit der Galanterie: „Zum Beschluß dieses Capitels möchte noch überhaupt angemerckt werden / daß / da man sonst zu einer bereits verfertigten *Composition* nur die zwey Stücke / nemlich: *Melodiam & Harmoniam* erfordert / man bey jetzigen Zeiten sehr schlecht bestehen würde / wofern man nicht das dritte Stück / nemlich die *Galanterie* hinzu fügte / welche sich dennoch auf keiner Weise erlernen noch in Regeln verfassen läßt / sondern bloß durch einen guten *gout* und gefundenes *Judicium* acquiriret wird"[74]. Das Attribut „auf keiner Weise [zu] erlernen" erhält nur die Galanterie, nicht jedoch die beiden anderen Komponenten Melodie (als erstgenannte) und Harmonie – beide werden innerhalb der Kontrapunktlehre gelehrt und sind deren untrennbare Bestandteile; diese Bemerkung muß nicht unbedingt als Hinweis auf die Notwendigkeit einer Trennung bzw. die Schaffung einzelner Fachdisziplinen wie „Melodielehre" und „Harmonielehre" verstanden werden. Mattheson vergleicht die drei Begriffskomplexe mit der Verfertigung von Kleidern: Das Tuch stellt die Harmonie und die *Façon* die Melodie dar, während die Galanterie der Schnitt, die *Broderie* „vorstellen möchte""[75] – ein Vergleich, der allerdings in seiner Gewichtung, insbesondere in der Gleichsetzung der Notwendigkeit von Melodie *und* Harmonie (und in der Reihenfolge der Namensnennung!) bei dem von Mattheson spätestens von der *Critica musica* an vertretenen Melodieprimat problematisch erscheinen mag.

3. Die Kontroverse um Stil und Gattung

Der eigentliche Satzlehreteil des *Neu-Eröffneten Orchestres* beschäftigt sich im Vergleich mit Schriften ähnlichen Anspruchs etwa Bernhards oder Walthers nur knapp mit der eigentlichen Kontrapunktlehre; einen äußerst gewichtigen Teil nimmt dagegen das vierte Kapitel ein, überschrieben mit „Von der *Composition* unterschiedenen Arten", nämlich von 98 immerhin 62 Seiten, also gut zwei Drittel. Das erscheint im Vergleich zu den vorangehenden Kapiteln (I. „Von den *General*-Regeln der *Con-* und *Dissonantien*", II. „Von den *Special*-Reguln der *Consonantien*", III. „Von den *Special*-Reguln der *Dissonantien*") unverhältnismäßig viel, bedenkt man aber das Ziel Matthesons – die musikalische Ausbildung des *galant homme* –, so erscheint die Gewichtung korrekt. „Den größten Unterscheid macht man zwischen Kirchen= *Theatral*- und Cammer-Musique, und das ist einem *galant*

---

[74] Mattheson, *Das Neu-Eröffnete Orchestre*, S. 137-138.
[75] Ebd., S. 138.

homme genug"[76], setzte Mattheson – auch als Kritik an der Terminologie Bernhards – in den §11 des ersten Kapitels. Tatsächlich ist von Stillehre im *Neu-Eröffneten Orchestre* so gut wie gar nicht die Rede; an ihre Stelle rückt die Gattungslehre. Sie soll in diesem Rahmen kurz anschaulich gemacht werden, da sie einerseits in den Schatten des Streits um die *Stillehre* gerückt ist[77], sie andererseits aber im *Vollkommenen Capellmeister* als melodische Gattungslehre modifiziert wiederkehrt.

Die inhaltlichen Implikationen dieses Kapitels finden sich bereits bei Brossard, sind also nicht neu[78]. Sie unterscheiden sich aber von der Konvention durch ihren Anspruch, in systematischer Ordnung auf sachliche Kriterien gestützt der lexikalischen Anordnung etwa Brossards oder später Walthers eine logische Alternative beizugeben; „die Selbständigkeit dieses Ansatzes ist ebensowenig zu überschätzen wie die Geltung der zugrunde liegenden Kriterien."[79] Mattheson geht von vornherein von der Trennung vokaler und instrumentaler Gattungen aus; das Novum ist die Gleichberechtigung beider Gattungen, den Erörterungen im Rahmen der „General-Reguln" entsprechend. Am Anfang steht zwar recht konventionell noch der Choral, doch Mattheson verweist darauf, daß dafür „historische Pietät eher als musikalische Aktualität bestimmend sei"[80] – neben dem praktischen Ziel der Gattungslehre steht also auch eine ästhetische Intention.

Die Gattungslehre Matthesons im vierten Kapitel folgt folgendem Aufbau:

I. geistliche Kompositionen

1.	Choral	§ 2
2.	Motette	§ 3
3.	Fuge	§ 4-16
4.	Oratorium	
	a) Arie und Rezitativ	§ 17
	b) Chöre	§ 18

---

[76] Ebd., S. 113.
[77] Vgl. Krummacher, *Stylus versus Genus*, S. 88, und Braun, *Deutsche Musiktheorie*, S. 371-374.
[78] Schon Pietro Pontio beschreibt in seinem *Ragionamento* von 1588 etwa „Gattungsstile"; vgl. Oechsle, *Bachs Arbeit am strengen Satz*, S. 41.
[79] Krummacher, *Stylus versus Genus*, S. 88.
[80] Ebd.

II. weltliche Kompositionen

An die Reihung fügen sich 10. noch zwölf Einzeldefinitionen von Tänzen (§38 Allemande – §39 Courante – §40 Sarabande – §41 Entrée – §42 Rigaudon – §43 Bourée – §44 Rondeaux – §45 Passepied – §46 Gavotte – §47 Canaris – §48 Marche – §49 Menuett – §50 „übrige Tantz-Nahmen").

Die Einteilung in geistliche und weltliche Musik ist eindeutig, überschneidet sich aber auch mit der vorher genannten Einteilung in Kirchen-, Theater- und Kammerstil; die Kantate, die eigentlich als Mittler zwischen beiden Aspekten (geistlich und weltlich) stehen könnte, fällt deutlich unter die weltliche Musik – Mattheson bezieht sich eindeutig auf die (italienische) Solokantate. Die Stellung der Chaconne ist zu erklären mit der Zugehörigkeit zur Suite als Sonderglied, die Mattheson auch im Rahmen der Tanz-Definitionen immer wieder betont.

Mattheson folgt in seiner Gliederung des Kapitels einer eigenen Gewichtung: So steht der Choral – wie bemerkt – am Beginn des Kapitels und eröffnet die Erörterung der geistlichen Musik, dem „mit recht"[81] die Motetten folgen. Die sich anschließende Abhandlung der Gattung Fuge ist die umfangreichste des Kapitels, die noch am engsten mit der Kontrapunktlehre verknüpft ist: Mattheson erwähnt erst in diesem Zusammenhang auch Regeln, die weniger im Zusammenhang mit der Gattungslehre stehen, sondern vielmehr mit der

---

[81] Mattheson, *Das Neu-Eröffnete Orchestre*, S. 141.

Kontrapunktlehre per se zu tun haben, so die *Syncopatio* (§8) oder die *Ligatura* (§9, §10); auch Klauseln (§13) finden hier einen Platz.

Der Teil über die weltlichen Gattungen ist weitaus hierarchischer und nicht historisch gegliedert, erfüllt also sicherlich eher die ästhetischen Ansprüche Matthesons. Er beginnt mit der Oper, denn „Unter den **weltlichen Sachen** behalten ja nun wol die *Theatrali*schen / und unter diesen die geehrten *Opern* ohnstreitig den Vorzug / weil man in selbigen gleichsam einen *Confluxum* aller *Musicali*schen Schönheiten antreffen kan"[82]. Vor der Besprechung der Solokantate mit ihren Einzelsätzen steht allerdings eine Abhandlung der Eröffnungssätze zu einer Oper. Die Argumentation Matthesons in den einzelnen Definitionen wechselt so der Sache gemäß ständig; doch der kompositionstheoretische Anspruch, den dieses Kapitel grundsätzlich hat, scheint immer wieder durch – Mattheson beschränkt sich keineswegs darauf, Gattungen zu beschreiben, sondern rät zu ihrer Anlage; ein Beispiel mag seine Erörterung des Oratoriums und seiner Anlage sein, eine „Modegattung" per se (§17)[83].

Stehen in dieser Gattungslehre, deren Bedeutung kaum verkannt werden kann, zwar Instrumental- und Vokalwerke in der Definition gleichberechtigt nebeneinander, so ist doch die Anlage des Kapitels stark fokussiert, darüber hinaus aber auch in der Aufteilung getrennt zu betrachten und zu bewerten: Geht Mattheson im ersten Teil des Textes von einer historischen Anlage (angefangen beim Choral und mit einem Schwerpunkt auf der Fugenlehre) aus, die in der Betrachtung von Oratorium und Passion endet (also der zeitgenössischen Hauptgattung der geistlichen Musik!), beginnt er den zweiten Teil des Kapitels mit einer Betrachtung eben dieser Hauptgattung auf der weltlichen Seite, nämlich der Oper, und stuft die übrigen Gattungen (zum Teil allein unter Bezugnahme auf die Oper) ab. Diese (genau betrachtet streng hierarchische) Anlage kann durchaus den Blick auf den systematischen Hintergrund trüben: Zu verfolgen ist die Ausarbeitung dieses Rahmens

---

[82] Ebd., S. 160.

[83] Vgl. Krummacher, *Stylus versus Genus*, S. 90: „Mit der Trennung vokaler und instrumentaler Genera, die sich latent der Dreiteilung nach Kirche, Theater und Kammer fügen, kreuzen sich aber auch andere Aspekte. Führt der Kursus in den vokalen, eher geistlichen Gattungen vom ‚simplen Choral' zum mehrsätzigen ‚Kirchen-Stück', so setzt er bei instrumentalen, eher weltlichen Gattungen mit zusammengesetzten Typen ein, um dann mehrsätzige Instrumentalformen in ihre Einzelsätze aufzulösen [...]. die Gliederung [zielt] auf eine zwar nicht widerspruchslose, dafür aber realistische Verbindung von Stilen und Gattungen."

in den späteren Schriften. Warum Claude Palisca die Anordnung Matthesons unorganisiert und primitiv nennt, ist unerklärlich[84].

Um die Genese der Melodielehre Matthesons zu verfolgen, mag ein Blick auf Einzelmomente seiner Gattungslehre von Interesse sein. Der erste Paragraph mit der Erörterung einer relevanten Gattung (§2 mit der Beschreibung des Chorals) birgt allerdings keinerlei Hinweise auf die Verfertigung einer Melodie – eventuell bis auf die Bemerkung, daß eine Choral-Komposition immer „einen gewissen *modum* habe"[85]. Arie und Rezitativ finden zweifach Erwähnung in diesem Kapitel, einmal im Hinblick auf das Oratorium (§17) – allerdings nur sehr grob ausgeführt – , schließlich etwas exakter im Hinblick auf die weltliche Solokantate (§§ 31 und 32). „Eine *Aria* ist *generalement* eine jede *Melodie*, sie werde *vocaliter* oder *Instrumentaliter* hervorgebracht [!]; *in specie* aber ist es eine gesungene *Melodie*, die sich nach Beschaffenheit der Worte zu richten / und nach Befinden entweder an ein ander zu schliessen / oder in zwei Theil zu *separir*en pflegt"[86]. Mattheson erwähnt auch den Unterschied zum *Lied* (Strophenform, „Pausenlosigkeit"), den er vor allem in der Zweiteiligkeit der (Da Capo-)Arie ausmacht; bestimmend ist also für den Paragraphen erneut die formale Seite. Gleiches gilt für §32: „*Recitativ* ist eine Art zu singen / die einer *Declamation*, öffentlichen Rede oder Erzehlung fast so ähnlich ist / als einem Gesange / wobey man folglich mehr *Regard* vor die zu *exprimir*ende *Passiones* hat / als vor die *regulier*e *Observanz* der *Mensur*: Gleichwohl hindert ein solches nicht / die *Noten* in einen richtigen *Tact* zu bringen; allein weil man sich die Freyheit vorbehält / selbige *Noten*, nach Erfordern der Umstände und Sachen an sich selbst / lang oder kurtz zu machen"[87]. Es folgen knappe Ausführungen zur Generalbaß-Begleitung.

Die Äußerungen zum Menuett, die Mattheson im §49 macht, wurden bislang kaum ausreichend gewürdigt; dieser Umstand verwundert um so mehr, als das Menuett im *Vollkommenen Capellmeister* schließlich – als kompositionstechnisches Paradigma herausgestellt – einen ähnlich gewichtigen Platz einnimmt wie in der Gattungslehre des *Neu-*

---

[84] Palisca, *Mattheson's stlye classification*, S. 409: „[...] his approach was attacked by Johann Heinrich Buttstett - on good grounds, because Mattheson's treatment of the subject was disorganized and primitive."

[85] Mattheson, *Das Neu-Eröffnete Orchestre*, S. 140.

[86] Ebd., S. 179.

[87] Ebd., S. 180-181.

Eröffneten Orchestres und entsprechend gewürdigt wird[88]. Dabei erwähnt Mattheson bereits in der frühen Schrift Aspekte, die auch in den späten dreißiger Jahren entscheidendes Gewicht in seiner Erörterung haben sollen, darunter Hinweise auf Periodizität: „[...] daß die Anzahl ihrer [der Menuette] Tacte 4. oder 8. in der ersten / und eben so viel in der andern *Reprise* seyn / oder doch wenigstens / bey gemachter *Exception*, (da sie anders zum Tantzen nicht unbrauchbar seyn sollen) keinen ungeraden *Numerum* der Täcte haben / auch bey nicht weniger als 4. zehlen müssen / welches *Progressio Geometrica* heisset / wie *habilen* Tantzmeistern bekandt"[89]. Schließlich wagt er die These, der erste Teil eines Menuetts müsse keineswegs auf der Quinte oder der Terz des Grundtons zu schließen: „Ein gewisser neuer *Autor* [gemeint ist Printz, Anm. d. Verf.][90], der sonst vielen Fleiß angewandt / alles auszuklauben / schreibet: **Daß die erste** *Partie* **einer** *Minuetta*, **entweder in die** *Doniinante* [sic], (welches die *Quinta*) **oder doch zum wenigsten in die** *Mediante*, (welches die *Tertia* wie bekandt /) **nicht aber in die** *Finale*, **es sey denn ein** *Rondeau*, **schliessen solle.** Daß aber diese und dergleichen / aus dem blossen Gebrauch abgenommen / nicht aber des Gebrauches wegen eigentlich gemachte oder eingeführte / Reguln / ungültig seyn / wird ein jeder / der etwas in *Praxi* beschlagen / wohl wissen oder leicht finden. [...] es ist weder Schülern noch Meistern mit solchen Fratzen gedienet."[91] Mattheson bietet auch an, die These Printzens „mit berühmter Meister Arbeit und unzehlichen Exempeln / wenn es nöthig ist"[92] zu widerlegen, löst sein Versprechen aber erst 1739 wirklich ein[93] – ein Beispiel fehlt 1713 noch völlig. Allein die Tatsache, daß sich Mattheson so detailliert zu Form und Beschaffenheit des Menuetts äußert, macht den Paragraphen zu einer Besonderheit – keine andere Tanzform erfährt eine ähnliche Behandlung im *Neu-Eröffneten Orchestre*.

*

---

[88] Vgl. Krummacher *Stylus versus Genus*, S. 90: „Am Schluß steht also gerade das Menuett, das für Mattheson später zum Ausgangspunkt einer Theorie der instrumentalen Gattungen werden sollte."
[89] Mattheson, *Das Neu-Eröffnete Orchestre*, S. 193.
[90] Vor allem in dessen *Phrynis* Teil I, S. 33 und Teil III, S. 129; vgl. Braun, *Deutsche Musiktheorie*, S. 364-366.
[91] Mattheson, *Das Neu-Eröffnete Orchestre*, S. 193-194.
[92] Ebd., S. 194.
[93] Mattheson, *Der vollkommene Capellmeister*, S. 224; vgl. Braun, *Deutsche Musiktheorie*, S. 364-366.

Für die Ergründung der Stabilisierung einer Melodielehre schon in der *Orchestre*-Phase Matthesons ist der erste Teil der Schrift *Ut, Mi, Sol, Re, Fa, La, Tota Musica et Harmonia Æterna*[94] des Erfurter Organisten Johann Heinrich Buttstett aus dem Jahr 1716 (?)[95] zu befragen, die dieser als Antwort auf das *Neu-Eröffnete Orchestre* verfaßt hatte; Mattheson antwortet schließlich auf die *Harmonia Æterna* mit dem *Beschützten Orchestre*, Buttstett wiederum auf das *Beschützte Orchestre* 1718 mit einer weiteren Schrift, die von Mattheson aber offenkundig nicht weiter beachtet wurde: Das *Forschende Orchestre* ist von Ansatz und Anlage her in keinem Fall als zweite Replik auf die Kritik Buttstetts zu verstehen – dessen Name erscheint nicht einmal in der dritten *Orchestre*-Schrift.

Die erste Hälfte der *Harmonia Æterna* Buttstetts ist nichts anderes als eine schrittweise Analyse des *Neu-Eröffneten Orchestres* – und ein Beispiel für die Art von Musiktheorie, die Mattheson zu attackieren

---

[94] Zum Titel vgl. Walter Blankenburg, *Der Titel und das Titelbild von Johann Heinrich Buttstedts Schrift „Ut, mi, sol, re, fa, la – tota Musica et Harmonia aeterna oder Neueröffnetes, altes, wahres, einziges und ewiges Fundamentum musices" (1717)*, in: Mf 3 (1950), S. 64-66.

[95] Das Entstehungsjahr der Schrift ist unsicher, vgl. Braun, *Deutsche Musiktheorie*, S. 405; das Jahr der Drucklegung erscheint auch nicht auf dem Titel der Schrift. Ernst Ziller (*Der Erfurter Organist Johann Heinrich Buttstädt (1666-1727)*, Halle/Saale 1935 (Beiträge zur Musikforschung, hg. von Max Schneider, Bd. 3), S. 81) führt an, daß in den Handbüchern Ritters, Eitners und Adlers 1717 genannt wird; dieses Jahr dürfte nicht in Frage kommen, da 1717 bereits Matthesons Antwort erschien. Becker hingegen vermutet die Jahre 1714/16 (in der *Systematischen chronologischen Darstellung der musikalischen Literatur*, Leipzig 1836, S. 268); zum ersten Mal wird das Werk auf der Leipziger Michaelismesse 1715 im Großschen Katalog angezeigt – was aber noch kein Beweis für ein Erscheinen 1715 ist: Viele Schriften wurden über Katalog nur angekündigt, manche erschienen nie. Die These „Als Erscheinungsjahr steht auf jeden Fall 1715 fest" (Ziller, *Buttstädt*, S. 81) ist voreilig, die Annahme Cannons, das Werk sei erst 1717 erschienen (*Spectator*, S. 227), ist hingegen äußerst unwahrscheinlich. Blume (Art. *Buttstett, Johann Heinrich*, in: MGG Bd. 2, 1952,, Sp. 534) errechnet das Entstehungsdatum aus der Widmung: Wenn man den Beginn seines Schaffens 1691 ansetzt (1691 wurde das Organistenamt an der Predigerkirche endgültig an Buttstett übertragen), ergibt sich „mit Sicherheit" aus dem Satz in der Widmung seiner Schrift *Ut, Mi, Sol*, die er als „Erstlinge meiner musikalischen Wissenschaft, so ich nunmehro 25 Jahr, sonder Ruh zu melden, bei Catholisch und Lutherischen Gottesdiensten, wie auch sonsten, exerciret", das Jahr 1716 (1691 + 25 = 1716).

versucht[96]. Die zweite Hälfte der Schrift ist eine der letzten Erörterungen der Ideen von Guido von Arezzo[97]; Buttstetts Gedanken liegt eine Definition der Musik als *„scientia Mathematica subalterna"* zugrunde, weil „die Ursachen der Musicalischen Intervalle durch die Zahlen proportiones [...] gezeuget werden"[98].

Buttstett scheint auf den ersten Blick mit Mattheson übereinzustimmen, was den von Mattheson beschriebenen Verfall der Musik betrifft; allerdings sind die von Buttstett angegebenen Gründe denen Matthesons genau entgegengesetzt – der Hauptgrund für den Verfall ist in der Ignoranz wahrer Musiktheorie zu finden: „Alleine wie viel findet man heut zu tage solche *Musicos* welche dergleichen Wissenschafft haben, die meisten wissen nicht einmahl wie viel Styli, wie viel *Toni vel Modi in Musicis* sind, und welcher *Musicus* thut etwas *in stylo Ecclesiastico*? Wo bleibt der *Stylus Moteticus*? Dieser ist ja fast gar verloschen. [...] Warum? Es geht schwer ein, und wird nicht bezahlet. Daher kommt es dass man sich statt des rechten Wesens nur mit *Galanterien* behilfft, wie des Frauenzimmers Schmuck, welcher vor Alters in Perlen und güldenen Ketten bestanden, heut zu Tage aber Bänder und Spitzen sind."[99] Kurz davor heißt es: „Alleine *D. Luther* hat nicht das Drödelwerck so *in Musicis* heut zu tage so wohl auf dem *Theatro* als sonst in *privat Collegiis*, auch in Kirchen-*Musicken* gebraucht wird, als welches nur *in stylo phantastico & Choraico* und in *Galanterien* bestehet, wohl aber das rechte Wesen in *Musicâ Theoreticâ* [...] als welcher alles in sich begreiffet, *D. Luther* auch solchen sonderlich wohl verstanden hat, gemeinet"[100]. Die folgende Definition von *Musica Theorica* hat bereits Beekman C. Cannon als wörtliche Übernahme aus Agostino Steffanis Traktat *Quanta certezza habbia da suoi principii la musica* (Amsterdam, 1695) in der Übersetzung Werckmeisters von 1699 erkannt[101]; überhaupt gehört Werckmeister zu den wichtigsten Vorläufern der von Buttstett in dieser Schrift vertretenen

---

[96] Vgl. Cannon, *Spectator*, S. 135.

[97] Cannon (ebd.) weist daraufhin, daß Ludwig Meinardus in seinem 8. Artikel der *Walderseeschen Vorträge* von 1879 („Johann Mattheson und seine Verdienste um die deutsche Tonkunst") die Solmisationskontroverse detailliert dargestellt hat.

[98] Buttstett, *Harmonia Æterna*, S. 8; vgl. Mattheson, *Das Neu-Eröffnete Orchestre*, S. 5, bzw. Müller, Art. *Buttstett*, Sp. 1438.

[99] Buttstett, *Harmonia Æterna*, S. 9.

[100] Ebd., S. 6

[101] Cannon, *Spectator*, S. 136-137.

Lehrmeinung. Blume[102] erwähnt weiterhin Guido d'Arezzo, Gaffurio, Glarean, Zarlino, Praetorius, Kircher, Crüger, Printz und Bähr, als unmittelbare Autorität aber ist Werckmeister in Betracht zu ziehen. Für die Diskussion der Stile wird Kircher wichtig, dessen *Musurgia* auch Mattheson kannte – doch die Autorität, die Buttstett bewunderte, bestritt dieser.

Tatsächlich erweitert und ergänzt Buttstett in der *Harmonia Æterna* die Ausführungen Matthesons vielmehr, als daß er Ihnen widerspricht bzw. sie widerlegt; allerdings sind die Begründungen der von Mattheson erörterten Erscheinungen, ihre Herkunft und ihre Folgen, grundsätzlich anders geartet – Mattheson und Buttstett haben diametral entgegengesetzte Anschauungen vom Wesen der Musik. Buttstett wurzelt noch zutiefst in quadrivialen und theologischen Vorstellungen[103], wie auch die zweite Hälfte seiner Schrift zeigt. Im folgenden ist zu überprüfen, ob die Kontroverse mit Buttstett Spuren in der frühen Konzeption einer Melodielehre bei Mattheson hinterlassen hat: Zum einen ist festzustellen, welche Auswirkungen der Streit auf den bereits erörterten frühen Entwurf einer Gattungslehre (und insbesondere auf das Menuett als späteres Paradigma der Komposition und Melodielehre) hat, zum anderen ist die fortschreitende Etablierung der Melodielehre als entscheidende Disziplin der Komposition zu überprüfen; sowohl die Kontroverse um Stil und Gattung wie der Streit um die Solmisation und schließlich die Kirchentöne gehören zum näheren Verständnis des Phänomens, das später – in der Phase des *Vollkommenen Capellmeisters* – als voll entwickelte Melodielehre in Erscheinung tritt.

In diesem Zusammenhang hat die Kontroverse um die im *Neu-Eröffneten Orchestre* obsolet gewordenen Stilbegriffe, die Mattheson mit dem frühen Entwurf einer Gattungslehre scheinbar zu ersetzen versucht, eine besondere Bedeutung. In den musikwissenschaftlichen Arbeiten zu der Kontroverse zwischen Buttstett und Mattheson wird dieser Punkt, der nur ein (allerdings gewichtiger) Aspekt im Streit zwischen zwei grundlegend unterschiedlichen Musikauffassungen bzw. einem Streit an einer Epochenschwelle von erheblicher Tragweite ist, zentriert, so in den Untersuchungen Claude V. Paliscas und vor allem Friedhelm Krummachers[104]; auch in der Monographie Zillers ist diesem

---

[102] Blume, Art. *Buttstett,* Sp. 537.
[103] Vgl. ebd., Sp. 538.
[104] Neben dem bereits erwähnten Titel *Stylus versus Genus* vgl. auch Friedhelm Krummacher, *Stylus versus Opus. Anmerkungen zum Stilbegriff in der Musikhistorie,* in: *Om Stilforskning. Föredrag och diskussionsinlägg vid*

Aspekt ein erheblicher Anteil gewidmet. Nun gehören zu dem Gesamtbild, das die Kontroverse um „die alte und neue Musiklehre"[105] im zweiten Jahrzehnt des 18. Jahrhunderts zwischen Mattheson und Buttstett zeichnet, weitaus mehr Facetten; der Streit um Stil und Gattung – oder „Stylus versus Genus" – ist eine bedeutende, die aber nicht aus dem historischen Zusammenhang herausgelöst betrachtet werden darf. Zudem ist für den Wechsel der Paradigmen, der sich mit dem *Vollkommenen Capellmeister* etwa im Rahmen der Incisionslehre vollzieht, der Apparat der Stil- und Gattungslehre von erhöhter Bedeutung.

Während für Mattheson die Arten der Unterscheidung der Stile „Grillen, die sich ohne Unterschied begreifen lassen"[106], sind, hält Buttstett es für eine Kunst, „eines jeden *Styli* und *Contrapuncts* rechte Art zu treffen"[107]; infolgedessen ist er verwundert, daß Mattheson nur einen Kirchen-, Theatral- und Kammerstil unterschieden haben will. Buttstett macht acht Stile geltend, die er aus Kirchers *Musurgia* übernimmt: „Ich meine aber es sind 8. *Styli in Musicis*, (wie solche der gelehrte *Kircherus* beschreibet) worzu noch kommt der 9. *Stylus dramaticus* oder *recitativus*"[108]. Er versucht, feinsinnige Unterscheidungen der acht Stile herauszustellen, um deutlich zu machen, daß eine ausreichende Unterscheidung der drei Stile Matthesons nicht gemacht werden kann – was sich angesichts der Überschneidungen, die sich in dem anschließend von Mattheson entworfenen System zwangsläufig ergeben, bewahrheitet (s.u.): „Bringet man doch jetzo neben dem *Stylo recitativo Theatrali* fast allen liederlichen Krahm in die Kirche / und je lustiger und täntzlicher es gehet / je besser gefället es theils Personen / (aber nicht allen) daß es zuweilen an nichts fehlet / als daß die Mannsen die Weibsen anfasseten / und durch die Stühle tantzten / als wie es ja zuweilen auf Hochzeiten über Tisch und Bäncke gehet"[109]. Deshalb lehnt Buttstett die scharfe Unterscheidung zwischen Kirchen-,

---

Vitterhetsakademiens symposium 16-18 november 1982 (=Kungl. Vitterheds Historie och Antikvitets Akademiens Konferenser 9), Stockholm 1983, S. 29-45; Wiederabdruck in: Siegfried Oechsle, Heinrich W. Schwab, Bernd Sponheuer und Helmut Well (Hg.), *Friedhelm Krummacher: Musik im Norden. Abhandlungen zur skandinavischen und norddeutschen Musikgeschichte*, Kassel 1996, S. 1-17.

[105] Vgl. Ziller, *Buttstädt*, S. 117.
[106] Mattheson, *Das Neu-Eröffnete Orchestre*, S. 113.
[107] Buttstett, *Harmonia Æterna*, S. 61.
[108] Ebd.
[109] Ebd., S. 64.

Thearal- und Kammerstil ab, „dann man bringet jetzt alles in die Kirche, was auf dem Theater und bey der Kammermusik aufgeführt worden ist. Es werden ja alle Stücke auf theatralische Art gesetzet, auch legen sie geistliche Texte unter die theatralischen Arien."[110] Letzteres lehnt auch Mattheson ab, eine scharfe Unterscheidung der drei Stile hält er jedoch weiterhin für richtig, die von „gescheuten Componisten" auch beachtet wird[111].

Das Kapitel „Von der *Composition* unterschiedenen Arten und Sorten", in dem Mattheson seine frühe Gattungslehre erörtert, wollte Buttstett ursprünglich übergehen[112]; schließlich hat er doch mehrere Punkte auszusetzen: „In diesem weitläuffigen *Capite* handelt der Herr *Author* von allerhand: von keinen aber ausführlich / daß man das gemeine Sprichwort / welches sich vieler Wissenschafften rühmen aber keine recht verstehen: *Ex omnibus aliquid in toto nihil,* gar wohl allhier *applici*ren kan. Jedoch kan ich dem Herrn *Authori* gäntzlich nicht ablegen."[113] Den Passus Matthesons zur Choralkomposition läßt Buttstett aufgrund der Nichtberücksichtigung der Solmisation und der Moduslehre nicht durchgehen; zudem findet er Matthesons Begründung für den Platz des Chorals innerhalb der Gattungslehre (die eben aus rein traditionellen Gründen mit dem Choral beginnt[114]) anstößig. Mattheson antwortet darauf, der Choral könne ebenso wenig Musik genannt werden, „als wenig alle diejenige / so ihn singen / *Musici* genennet werden mögen. *Omnis Cantus enim non est Musica*"[115]. Abgesehen davon, daß Buttstett nicht (wie es Mattheson tut) der Ouvertüre die Vorrangstellung unter den instrumentaliter auszuführenden Stücken einräumen will, stößt er sich an den Worten „Boutade" und „Ricercate"[116], die Mattheson im §29 erklärt; Mattheson erklärt im *Beschützten Orchestre,* daß er tatsächlich nicht – wie Buttstett vermutet – „Ricercare" meint, sondern die Definition Brossards übernimmt[117]. Buttstett vermißt darüber hinaus einen Verweis Matthesons auf die „Pedes rhythmicos" und „numeros sectionales", die auch bei Gaffurio und Printz erscheinen; Mattheson verweist dagegen

---

[110] Ebd., S. 81-82.
[111] Vgl. Mattheson, *Das Beschützte Orchestre*, S. 203.
[112] S. Ziller, *Buttstädt*, S. 99.
[113] Buttstett, *Harmonia Æterna*, S. 80.
[114] Vgl. Oechsle, *Bachs Arbeit am strengen Satz*, S. 42-43.
[115] Mattheson, *Das Beschützte Orchestre*, S. 205-206.
[116] Vgl. Mattheson, *Das Neu-Eröffnete Orchestre*, S. 175.
[117] Mattheson, *Das Beschützte Orchestre*, S. 227 vgl. Brossard, *Dictionaire*, Art. *Ricercata*.

auf „die Tanzkunst, zu deren Gebiet sie [die „Pedes rhythmicos", Anm. d. Verf.] gehören"[118], und auf seine Angaben im *Neu-Eröffneten Orchestre* unter dem Titel „Progressiones Geometricae"[119].

Buttstetts Kritik am „Caput Quartum" in der Pars Secunda des *Neu-Eröffneten Orchestres* ist recht zurückhaltend, drückt jedoch ein großes Mißverständnis aus, das bei ihm angesichts der Ausführungen Matthesons ausgelöst wurde: Versuchte Mattheson eine Übersicht über die Gattungen als Möglichkeiten aktuellen Komponierens, ohne bereits wie später (in der Phase des *Vollkommenen Capellmeisters*) vom Vorrang der Melodie auszugehen, bemängelt Buttstett, daß Mattheson die Stile übergangen habe. Tatsächlich handelt es sich hier aber um zwei unterschiedliche Aspekte; daß diese zusammengehören, führt Mattheson im *Beschützten Orchestre* näher aus: Seine Antwort 1717 betont weniger die Neuheit der eigenen Gattungstheorie, sondern vielmehr den Zusammenhang mit den von Buttstett vermißten Stilbegriffen. Im Pars I, Capitel V („Beschützung des vierdten Capitels im andern Theil des Orchestre")[120] wird Buttstetts knappe Kritik an der Gattungslehre im ständigen Rekurs auf Stilbegriffe widerlegt. Friedhelm Krummacher erwähnt: „Jenseits der Polemik läßt sich beobachten, daß Mattheson wohl durch Buttstett die Stillehre als Korrelat der Gattungstheorie bewußt wurde"[121]. Die weiteren Schriften greifen nicht nur den eigenen Ansatz der Gattungslehre auf und führen ihn fort – ebenso erscheint immer die tradierte Stillehre. Heranzuziehen sind so die Anmerkungen zur *Handleitung* Niedts, die sich auch auf Gattungsbegriffe beziehen, aber auch die Kapitel II und IV im *Kern melodischer Wissenschafft*[122] und ihre Varianten bzw. endgültigen Formulierungen in den Schlußkapiteln der beiden ersten Teile des *Capellmeisters*.

Entwirft Mattheson im *Neu-Eröffneten Orchestre* unter Verzicht auf die traditionelle Stillehre eine Lehre der musikalischen Gattungen, „die dem

---

[118] Ziller, *Buttstädt*, S. 100.

[119] Mattheson, *Das Beschützte Orchestre*, S. 233; vgl. Mattheson, *Das Neu-Eröffnete Orchestre*, S. 93.

[120] Mattheson, *Das Beschützte Orchestre*, S. 202-234.

[121] Krummacher, *Stylus versus Genus*, S. 88; vgl. Braun, *Deutsche Musiktheorie*, S. 378: „Als eine Folge der Polemik mit Buttstedt, der auf Berücksichtigung der Kircher-Kategorien drang [...], mag Mattheson dann Kirchers System in das von Scacchi eingebaut und damit einen Beitrag zur ‚Trennung von Stil- und Gattungsbegriffen' (Krummacher, *Stylus versus Genus*, S. 89) geleistet haben."

[122] Mattheson, *Kern*, S. 12-28 und 93-126.

aufgeklärten Kenner weit eher eine Orientierung über die zeitgenössischen Möglichkeiten der Musik erlaubte"[123], trägt er 1717 nach dem Einspruch Buttstetts als revidierten Ansatz eine modifizierte Lehre von den Stilen (oder Schreibarten) nach, in der die unterschiedlichen tradierten Kategorien ausgeglichen werden sollten. Den Unterscheidungen Kirchers, die Buttstett aufgegriffen hatte, stellt er den Artikel „Stilo / Style" aus dem *Dictionaire* Brossards gegenüber; Brossard hatte Mattheson bereits im *Neu-Eröffneten Orchestre* als Gewährsmann herangezogen (so im Verlauf und am Ende des ersten Teils der Schrift[124]). Erst anschließend wendet er sich Kirchers Stilarten zu. Dabei verzichtet er auf die Spezialisierungen Buttstetts und beschränkt sich auf das Notwendige; „um aber Buttstädts Forderungen dennoch gerecht zu werden, verteilt er Buttstädts [also Kirchers, Anm. d. Verf.] Spezialstile auf seine drei großen Gruppen des Kirchen-, Theater- und Kammerstils."[125] Die drei „Rubriken" Kirchen-, Theater- und Kammerstil, die so bereits im *Neu-Eröffneten Orchestre* (1. Kapitel des zweiten Teils, §11)[126] standen, bleiben übergeordnet, zugeordnet werden ihnen je fünf Unterarten, die sich an die Terminologie von Kircher anlehnen[127]; statt der acht Stile Kirchers bzw. der neun Buttstetts erweitert Mattheson die neun Stile Brossards auf insgesamt 15, eine Einteilung, die Mattheson bis zum *Vollkommenen Capellmeister* beibehalten sollte. Ein Sonderproblem stellt in diesem Fall der Stylus phantasticus dar[128]. Die in diesem System entstehenden Überschneidungen sind notwendig –kanonischer und madrigalischer Stil sind im Kirchen- und Kammerstil, der Tanzstil wiederum ist im Kammer- und Theaterstil und der Instrumentenstil ist in allen drei übergeordneten Gruppierungen möglich; die Aufteilung mit ihren Widersprüchen und Doppelungen behält Mattheson bei, „um den wechselnden Aspekten

---

[123] Krummacher, *Stylus versus Opus*, S. 35.

[124] Vgl. Matthesons Verweis auf das *Dictionaire* im *Neu-Eröffneten Orchestre*, S. 101; s. auch Palisca, *Mattheson's style classification*, S. 411-412.

[125] Ziller, *Buttstädt*, S. 94.

[126] Mattheson, *Das Neu-Eröffnete Orchestre*, S. 113.

[127] Mattheson, *Das Beschützte Orchestre*, S. 131; s. den tabellarischen Vergleich bei Krummacher, *Stylus versus Genus*, S. 94-95.

[128] Mattheson definiert den Stylus phantasticus innerhalb des Theaterstils, um dann aber einen Exkurs über Toccaten und Phantasien folgen zu lassen (*Das Beschützte Orchestre*, S. 136-137); vgl. Krummacher, *Stylus versus Genus*, S. 93: „Der Widerspruch verweist vielmehr darauf, daß das ästhetische Moment des Phantastischen das System der Stile wie das der Gattungen zersetzt."

und vielfältigen Verbindungen gerecht zu werden"[129]. Die Widersprüche „[...] waren nicht sinnlos, da sie den vielfältigen Möglichkeiten der Zeit gerecht werden wollten. Sie waren andererseits erträglich, weil sie nur noch ein Stück Konvention benannten"[130]. Die Gattungslehre, die im *Neu-Eröffneten Orchestre* deutlich den Vorrang vor der Stillehre erhielt, gerät im *Beschützten Orchestre* ins zweite Glied.

Wird von Buttstett die Stillehre der Gattungslehre deutlich übergeordnet, ist es Matthesons Anliegen, den Zusammenhang zwischen Stil- und Gattungslehre aufzuzeigen – so wie schon 1713 der Gattungsbegriff ältere Ebenen wie Kontrapunkt und Stil nicht völlig verdrängen konnte; diese Problemstellung wirkt auch in der Kontroverse um die Modi und ihr Verhältnis zu Stilen und Affekten nach[131]. Matthesons neuer Rekurs auf die Stillehre führt allerdings nicht nur zur Darstellung dieses Zusammenhanges: De facto kommt es im *Beschützten Orchestre* zur Trennung von Stil- und Gattungsbegriffen. Mattheson hält einerseits an der neuen Gattungstheorie fest, holt aber als Nachtrag bzw. als Ausweitung auf Buttstetts Anregung hin die Stillehre nach; auf diesen Einschub weist Mattheson noch im *Vollkommenen Capellmeister* hin[132].

„Die Verkettung von Stilen und Gattungen wurde also der Kritik zuliebe geopfert, und für den Schein der kompletten Systematik waren neue Schwierigkeiten in Kauf zu nehmen, die aus der Trennung beider Ansätze entstanden"[133] – Probleme, die allerdings der Stillehre implizit sind, sobald ihre Begriffe auf Musik übertragen werden. „Stil- und Gattungstheorie kongruieren nur noch bei den eher peripheren Einzelsätzen, differieren aber bei den zentralen zyklischen Gattungen."[134] Von größter Bedeutung ist die Tatsache, daß schon 1717 die Arten des Kontrapunkts zurücktreten, während nachträglich Stilbegriffe eingeführt werden, die zugleich auf die Gattungen verweisen. An den im *Neu-Eröffneten Orchestre* aufgeführten Definitionen, die im Menuett als späterem Dreh- und Angelpunkt der

---

[129] Ebd., S. 90; „Matthesons Leistung [...] jedoch besteht einerseits in einer engeren Verbindung sozialer und satztechnischer Momente: Der Dreiteilung nach den ‚Orten' werden jeweils fünf Stile zugeordnet, die sich auf Satztechniken beziehen. Andererseits wiederholen sich nun in der Systematik die Schreibarten teilweise, da de facto keine neuen Stile eingeführt, sondern die tradierten Begriffe nur modifiziert werden."

[130] Krummacher, *Stylus versus Opus*, S. 35.

[131] Vgl. Krummacher, *Stylus versus Genus*, S. 89, bzw. Oechsle, *Bachs Arbeit am strengen Satz*, S. 41-42.

[132] Vgl. Mattheson, *Der vollkommene Capellmeister*, S. 68-69.

[133] Krummacher, *Stylus versus Genus*, S. 89.

[134] Ebd., S. 92.

Gattungs-, Kompositions- und schließlich Melodielehre münden, ändert Mattheson nichts Wesentliches; die Einsprüche Buttstetts bleiben in dieser Hinsicht darüber hinaus ohnehin nur verhalten.

4. Die Solmisationskontroverse

„Als ich diesen § zum ersten mahl durchlesen / hätte ich mich [...] schier zu tode wundern mögen. Indem ich nicht begreiffen kunte / auch bis diese Stunde noch nicht / daß ein *Musicus* gefunden wird / welcher die alten *Principia* / Grund-Sätze / gegebene Kunst-Regeln die 12. Griechischen *Modos vel Tonos* wie sie *in stylo Ecclesiastico* genennet werden / so gar verwirfft / ja gleichsam darauf lästert [...]. Dieser §. wirfft das gantze *Orchestre* über einen Hauffen"[135], schreibt Buttstett über Mathesons Behandlung der Modi und das sie ersetzende System der Dur- und Moll-Tonarten (und meint das erste Kapitel der „Pars Prima Designatoria"). Tatsächlich ist dieser Aspekt zwischen den Kontrahenten scheinbar der Streitpunkt, der am meisten Aufmerksamkeit sowohl von Buttstetts als auch und vor allem von Mathesons Seite her erheischt – ablesbar am Titel und am Titelkupfer des *Beschützten Orchestres* ebenso wie an den satirischen Gedichten[136], die auch einem universal Gebildeten wie Mattheson bei der Abfassung Mühe abverlangten. Das Buch ist „primär durch die Absage an die Kirchentöne und die Solmisation bekannt geworden"[137] und in dieser Hinsicht als musikhistorisches Dokument von großer Relevanz. Bereits die Vorgehensweise Mathesons und die Gesamtanlage des ersten Teils des *Neu-Eröffneten Orchestres* mißfällt Buttstett weitgehend, wie er im ersten Teil seiner Schrift recht deutlich macht; ein Gipfel seiner Kritik ist erreicht, wenn er zur Besprechung des §14 im ersten Kapitel, „Von den *Tonis,* ihrer *Proportion* nach", kommt: Die bereits angeführten Äußerungen Mathesons zum modalen System sind neuartig und aufgrund ihrer Tendenz natürlich für Buttstett besonders anstößig. Da – gerade in den späteren Schriften – die Modus- bzw. Tonartenlehre für die Melodielehre Mathesons unabdingbar sein wird, ist eine kurze Betrachtung dieses Aspekts auch in diesem Zusammenhang sinnvoll.

Wenn Mattheson im *Neu-Eröffneten Orchestre* bemerkt, die 12 Modi griechischer Abstammung werden nur noch „bisweilen in der „Kirchen-

---

[135] Buttstett, *Harmonia Æterna*, S. 83-84.

[136] Zum Beispiel das „Solmisationsgedicht" im zweiten Kapitel des zweiten Teils (*Das Beschützte Orchestre*, S. 376).

[137] Krummacher, *Stylus versus Genus*, S. 87.

und Choralmusik" verwendet[138], hält Buttstett hingegen alle Arten „bis zu dieser Stunde noch für üblich und gebräuchlich"[139] und ist in der Lage, zahlreiche Beispiele im „Stylo ecclesiastico" als Beweismittel anzuführen, die er bei „20jähriger Information in den Klöstern"[140] kennengelernt hat. Matthesons Unterscheidung zwischen den 12 griechischen Modi und den gebräuchlichen acht Modi Ecclesiastici lehnt Buttstett rundweg ab; Mattheson zitiert darauf im *Beschützten Orchestre* als Gewährsmann Conrad Matthaeus: „Es sind diese 8 *Toni* bei den alten weit anders beschaffen gewesen, als jetziger Zeit die *Modi Musici*. Denn heutigen Tags werden sie nach den *Speciebus* der *Octaven* (davon die Alten garnichts gewusst) unterschieden, da es doch bey ihnen nicht mehr als eine *Melodie* oder Art des Gesanges gewesen."[141] Mattheson rechnet zudem offenkundig mit mehr Selbstverständlichkeiten als Buttstett: Dieser bemängelt Auslassungen im Bereich der Modustranspositionen, die sich für Mattheson von selbst verstehen und (vor allem angesichts der Bildung des Adressaten, des *galant homme*) der näheren Erklärung nicht wert sind.

Mattheson hat im *Neu-Eröffneten Orchestre* falsche Angaben über den Iasticus und den Hypoiastius, die er als „Modi illegitimi"[142] bezeichnet, gemacht; Buttstett macht ihn darauf aufmerksam: „Allein Jastius und Hypoiasticus, Jonius und Hypoionius ist einerley"[143]. Mattheson gibt diesen Fehler im *Beschützten Orchestre* zu[144], behauptet aber, daß er ihn aufgrund der Schriften Kirchers begangen habe (wodurch erneut der Beweis für dessen Unzuverlässigkeit erbracht sei).

Ein grundlegendes Mißverständnis scheint aufzutreten, wenn Buttstett die von Mattheson im *Neu-Eröffneten Orchestre* aufgeführte Einteilung der Töne, wie sie „die Italiäner und heutigen *Componisten* gebrauchen"[145], also die Dur-Moll-Systematik, zu kritisieren versucht:

---

[138] Mattheson, *Das Neu-Eröffnete Orchestre*, S. 57.

[139] Buttstett, *Harmonia Æterna*, S. 43.

[140] Ebd.; Buttstett weist hier erneut auf seine eventuelle Tätigkeit für die römisch-katholische Konfession hin, die nach wie vor ungeklärt ist. Erfurt gehörte zum Erzbistum Mainz, und die *Harmonia Æterna* widmete Buttstett seinem Landesherrn, dem Erzbischof von Mainz.

[141] Mattheson, *Das Beschützte Orchestre*, S. 64; Mattheson zitiert Conrad Matthaeus, *Kurtzer, doch ausführlicher Bericht von den Modis Musicis*, Königsberg 1652, S. 63. Wohl auf diesem Titel basierend schreibt Ziller immer „Modis" statt „Modi" als korrekte Pluralform von „Modus" (*Buttstädt*, S. 89 u.a.).

[142] Mattheson, *Das Neu-Eröffnete Orchestre*, S. 59.

[143] Buttstett, *Harmonia Æterna*, S. 44.

[144] Mattheson, *Das Beschützte Orchestre*, S. 69.

[145] Mattheson, *Das Neu-Eröffnete Orchestre*, S. 60.

Buttstett verkennt die von Mattheson angeführten Thesen, indem er weiter von den griechischen Modi spricht. Mattheson erklärt diesen Aspekt im *Beschützen Orchestre* noch einmal näher: Bei seiner Einteilung sind sämtliche Oktavspezies gleich, der Unterschied der einzelnen Tonarten besteht lediglich „(1.) in der verschiedenen Höhe und Tieffe (2.) in den *temperirten Proportionibus* und (3.) in der *Triade*; keinesweges aber in gedachten *Semitoniis* [...]"[146]. Die genannten acht Töne „der Italiener" dürfen „mit den 8 *Tonis Ecclesiasticis* oder *Gregorianis* nicht confundirt werden"[147]. Einen Ursprung aus den traditionellen Modi lehnt Mattheson ab, er sieht den Ursprung der von ihm vorgetragenen Dur- und Molltonarten „in der Natur und in der Kehle des Menschen"[148], während Buttstett bemängelt, daß ihr Zusammenhang nicht deutlich genug ist. Obwohl manches bei diesen Tönen geändert worden ist: „das Fundamentum ist doch geblieben"[149] – was allerdings auch Matthesons Zustimmung erfährt[150]. Die von Mattheson darüber hinaus erwähnten sechzehn Töne sind nach Buttstetts Auffassung nichts als Transpositionen; von Transpositionen hat Mattheson allerdings an keiner Stelle des *Neu-Eröffneten Orchestres* gesprochen, er hält alle Töne für lauter natürliche Töne (daher ist auch Buttstetts Einspruch, die „Transpositionen" machten „Beschwerungen, vor allem instrumentaliter"[151], für ihn gegenstandslos). Auch im Zusammenhang mit der Gattungslehre, die Mattheson im *Neu-Eröffneten Orchestre* exponiert, und da´, vor allem im Zusammenhang mit dem ersten Artikel zum Choral, gibt es, wie bereits kurz erwähnt, Reibungspunkte – schließlich ist der Choral zentrales Anschauungsmaterial für die traditionellen Modi. So hat Mattheson „die ‚alten Principia' und die ‚12 Modes vel Tonos' nicht erwähnt, er hat wohl den ‚Cantum Choralem' beachtet, aber darüber hinweggesehen, daß dieser doch nur auf Grund der alten Prinzipien gesetzt werden kann und auch einer Berücksichtigung der Solmisation bedarf"[152]. Mattheson setzt

---

[146] Mattheson, *Das Beschützte Orchestre*, S. 73.
[147] Mattheson, *Das Neu-Eröffnete Orchestre*, S. 61.
[148] Mattheson, *Das Beschützte Orchestre*, S. 74.
[149] Buttstett, *Harmonia Æterna*, S. 49.
[150] Mattheson, *Das Beschützte Orchestre*, S. 74.
[151] Buttstett, *Harmonia Æterna*, S. 50.
[152] Ziller, *Buttstädt*, S. 99; vgl. Buttstett, *Harmonia Æterna*, S. 84. Ziller zitiert hier falsch „Modes", nur *ein* Beispiel für die Unzuverlässigkeit der Zitate in seiner Monographie, die darin gipfelt, daß er auch hin und wieder den Titel der Schrift Buttstetts entstellend unsinnig mit „Ut, Re, Mi [...]" wiedergibt (s. auch Blume, Art. *Buttstett*, Sp. 539).

dagegen, daß er die „Principia" der Alten schon lange verworfen und für unbrauchbar gehalten habe[153], insbesondere die Solmisation. Diese, die Mattheson im *Neu-Eröffneten Orchestre* endlich überwunden zu haben glaubt, führt Buttstett im zweiten Teil seiner Schrift (der „Pars II. Informatoria", die von Mattheson 1717 mit der „Pars Profligatoria oder Zerstreuung und gäntzliche Niederlage derjenigen Bestürmer, die das *Orchestre* vermeintlich haben überrumpeln sollen" beantwortet wird) noch einmal der Öffentlichkeit vor: Buttstett läßt sich in diesem Gebiet vom Neuen nicht im Geringsten überzeugen, „er wird *solmisir*en und *replicir*en / solange ein bißgen Wind in ihm und seinen Bälgen ist", schreibt Mattheson[154]. Nach Buttstett ist die Solmisation von großem Nutzen in der Komposition, zunächst „bei Einführung eines Comitis" (diesen an sich recht interessanten Gedanken führt Buttstett allerdings nicht näher aus, da er ausführlicher in seinen geplanten Werk „der curieusen musica"[155] und seinem Traktat „de fugis"[156] über diesen Zusammenhang zu schreiben gedenkt), vor allem aber in der Vokalmusik: Instrumentaliter hält er die von Mattheson propagierten Voces *a, b, c* etc. für gut, „vocaliter ist jedoch die Solmisation besser"[157]. Am Ende seines Traktats gesteht Buttstett sogar ein: „Inmittelst kan ich geschehen lassen, daß man nach den Buchstaben, es mögen auch die 7 ersten, mittelsten oder letzten des Alphabets seyn, singen lerne; so ist auch mein Propos allhier nicht musicam vocalem in specie zu dociren: Jedoch kann es, so fern Gott Leben und Gesundheit gibt geschehen, dass ich und vielleicht künfftige Ostermesse dem Liebhaber mit einer curieusen Musica (so mit vielen Exempeln illustrirt ist) aufwarte; worinne gezeigt wird, dass es möglich sey, bloss nach der Solmisation ohne die Claves singen lernen zu können."[158] Maßgebend ist für ihn die Aussprache, die bei den Silben *ut, re, mi* etc. leichter und nur „mit schwacher Anstoßung der Zunge an die Zähne hervorgeht"[159].

Die Solmisationslehre ist auch in diesem letzten Teil der Schrift Buttstetts eng verknüpft mit der Tonartenlehre; beide gehören in die gleiche Entstehungszeit, und beide gehören auch für Mattheson untrennbar zusammen. Deshalb sei kurz Rekurs auf die Äußerungen, die Buttstett im zweiten Teil seiner Schrift zum Thema Moduslehre

---

[153] Mattheson, *Das Beschützte Orchestre*, S. 204.
[154] Ebd., S. 321.
[155] Buttstett, *Harmonia Æterna*, S.132; vgl. Ziller, *Buttstädt*, S. 110.
[156] Buttstett, *Harmonia Æterna*, S. 137 und öfter.
[157] Ebd., S. 129.
[158] Ebd., S. 132.
[159] Ebd., S. 130.

macht, und auf die Antworten Matthesons im *Beschützten Orchestre* genommen. Buttstett betrachtet jeden der zwölf Töne umständlich unter mehreren, immer wiederkehrenden Gesichtspunkten; Mattheson fragt, ob es nicht genüge, „wenn ich *Ambitum Modi* und die *Triadem* kenne"[160] – zwei Aspekte, die dann besonders für die von ihm exponierte Dur-Moll-Systematik bestimmend sind. Er stellt der Übersicht Buttstetts eine eigene gegenüber, die zusammendrängt, was Matthesons Ansicht nach wirklich wissenswert ist, nämlich 1. Angabe der Oktave, 2. Lage der Halbtöne und 3. erforderliche Angaben für Terz und Sexte. Mattheson setzt den alten Modi ein Kapitel über „den neuen Gebrauch der Modorum" als viertes Kapitel seiner „Pars Profligatoria" gegenüber. Unter Berücksichtigung einer Temperatur, aufgrund derer eine Oktave in zwölf gleichschwebende Töne eingeteilt werden kann, entwirft Mattheson ausdrücklich sein neues System, in dem er von den „24 Modi minores"[161] spricht – von Dur und Moll: „Und das sind die 24, wovon das *Orchester* mit dem Zeugniss aller Stimmen und Instrumenten in der Welt handelt, dawider aber ein sechsmodichter Organist in Erfurt sich so schrecklich sperret und mausig macht"[162]. Mattheson vermeidet jede Weitschweifigkeit und zeigt auf, daß selbst nach der gängigen zeitgenössischen Praxis noch von Modi gesprochen werden kann.

Exkus: Zum Titelkupfer des Beschützten Orchestre

Daß Mattheson grundsätzlich Gegner eines spekulativ-quadrivialen Musikbegriffes ist – und nichts anderes führt Buttstett dem Leser mit dem letzten Teil seiner Schrift vor, vor allem mit dem Schlußkapitel „Beweiset, daß die Musik ewig bleiben wird" – , wird bereits zu Beginn des *Beschützten Orchestres* deutlich[163]. Die Solmisation nun lehnt Mattheson vollkommen ab, und er wird nicht müde, zu beweisen, daß er in guter Gesellschaft ist[164] – als „Waffenbrüder" zitiert er Ambrosius Profus, Mattheaus, Grimm, Gibelius, Baryphonus (also auch durchaus Theoretiker, deren Schaffen Mattheson durchaus kritisch einschätzt, wie sich später in der Phase der *Critica musica* zeigen sollte), Mersenne, Speer, Falck, Printz und schließlich sogar Werckmeister, der in seinen *Paradoxal-Discoursen* die sechs tradierten voces „zu Grabe singt"[165]; letztendlich verweist Mattheson auf Brossard, der im Artikel „Systema"

---

[160] Mattheson, *Das Beschützte Orchestre*, S. 380.
[161] Ebd., S. 424.
[162] Ebd.
[163] Vgl. z.B. ebd., S. 27-28.
[164] Ebd., ab S. 339; vgl. die Aufstellung bei Ziller, *Buttstädt*, S. 109-110.
[165] Vgl. ebd., S. 109.

weitere Autoren anführt. Mattheson beschäftigt sich kaum mehr sachlich mit dem Thema Solmisation – in erster Linie macht er sie lächerlich. Damit beginnt er bereits auf der Titelseite, indem er Buttstetts latinisierten Titel abwandelt in „[...] so dann endlich des lange verbannet gewesenen Ut Mi Sol Re Fa La Todte (nicht tota) Musica Unter ansehnlicher Begleitung der zwölff Griechischen *Modorum*, als ehrbarer Verwandten und Trauer-Leute / zu Grabe gebracht / und mit einem *Monument*, zum ewigen Andencken / beehret wird von MATTHESON".

Das erwähnte Monument findet sich sehr gestalthaft nicht nur zwischen den Zeilen, sondern auch im Titelkupfer (s. Abb. 2): Das bislang nahezu unbeachtete Kupfer ist der Unterschrift nach Mattheson eingefallen; die ausführenden Künstler waren Holst und Mentzel. Die Initialen „GA" symbolisieren Guido von Arezzo, den auch die das Epitaph zierende Büste darstellen soll; der auf der untersten Stufe lehnende Putte oder Knabe hält ein Pergament mit der Aufschrift „Stylus ligatus" in der Hand – Matthesons erster Kirchenstil, der untrennbar verbunden mit dem gregorianischen Choral ist. Diese Darstellung ist jedoch nicht als Grablegung des modalen Systems zu verstehen, auch wenn diese Folge den *Orchestre*-Schriften implizit ist: Dem „Sonnet auf das Titel=Kupffer" ist ebenso wie dem Epitaph zu entnehmen, daß die sechs Solmisations*silben* hier „beigesetzt" worden sind. Die Aufschrift auf der untersten Stufe ist eine Satire auf den Merksatz für die Solmisationssilben und lautet: „UT RElevet MIserum FAtum SOLitosque LAbores". Mattheson spielt damit vermutlich auf das mühsame Erlernen insbesondere der Mutationen und der Lage der Semitonia an. Die sechs Solmisationssilben zieren auch die stilisierten Lampen im oberen Teil des Epitaphs; die zwölf das Epitaph symmetrisch säumenden Bäume tragen den Namen der authentischen (vom Betrachter aus gesehen links) und plagalen (rechts) Modi, den Weg rahmen die Namen „Hyperaeolius" und „Hyperphrygius".

In der Landschaftsarchitektur des 18. und 19. Jahrhunderts existieren zahlreiche Darstellungen mit säulenförmigen Koniferen, insbesondere auf Abbildungen von Friedhöfen des 18. Jahrhunderts – es ist die Zeit des Gehölzimports aus dem mediterranen Raum, aber auch aus Fernost und Kanada. Die dargestellte Säulenkonifere ist mit Sicherheit keine Thuja: In der Regel handelt es sich bei vergleichbaren Abbildungen[166] um die Präsentation pseudoantiker Landschaften mit

---

[166] Vgl. Christian Cay Lorenz Hirschfeld, *Theorie der Gartenkunst*, Kiel 1779/80 (Nachdruck Hildesheim 1985); für die Hilfe bei der Exegese des Titelkupfers bin ich der Landschaftsarchitektin Frau Christiane Bockel, Eutin, und Herrn Prof. Dr. Gerhard Richter vom Institut für Freiraumplanung der Fachhochschule Weihenstephan, Freising, zu Dank verpflichtet.

Zypressen bzw. Scheinzypressen (*Chamaecyparis*, etwa blaue Hecken-, Säulen-, Kegelzypressen oder Gartenzypressen). Symbolisch werden die Immergrünen stets als Sinnbild für ewiges Leben und für Auferstehungshoffnung gewertet. Noch heute sind in erhaltenen oder rekonstruierten landschaftlichen Parkanlagen oder auf alten Friedhöfen vorwiegend Scheinzypressen anzutreffen.

Der gesamte zweite Teil des *Beschützten Orchestres* kann als Exposé über die Probleme des alten Solmisationssystems gelesen werden. Generell fügt Mattheson seinem im *Neu-Eröffneten Orchestre* dargestellten Standpunkt keine nennenswerten Ideen hinzu, aber er beschreibt diesen Absatz in der Widmung wie folgt: „Das vierdte und letzte, aber wichtigste Stück meines Anliegens, Hochansehnliche Herren, ist, daß Ew. Wohlgeb. u. Hoch-Edl., als vollenkommene und unverwerffliche *Judices competentes*, mir ein gantz unpartheyisches freyes und auffrichtiges Urtheil über den, meinem *Orchestre* unverschuldeter Weise, erregte Streit angedeyen lassen"[167]. Matthesons Schlußwort zum Thema Solmisation findet sich am Ende des zweiten Capitels der „Pars Profligatoria", mit „Von der *Guido*nischen *Solmisation* und derselben *Parentaliis*" überschrieben: „Und also sind die sechs Aretinischen Kracken von dem von der *Putten* weidlich geputzet; vom *Calvisio* tüchtig gecalvatert; vom *Lippio* schön zerlippert; vom *Profio* ernstlich geprüfet; vom *Matthaei* Schachmatt gemacht; vom *Grimmio* grimmig angetastet; vom *Gibelio* aus dem Gibel geworffen; vom *Baryphono* auf die Bahre gebracht; vom *Mersenno* ausgemergelt; vom *Falcken* brav zerhacket; vom *Printzen* beherrschet; vom *Werck*meister tapffer bemeistert und vom *Brossard* hübsch gebröselt [...] worden; daraus wird jedermann erkennen / ob das *Orch.* ersterer Eröffnung diesen *Solmisations*-Gebeinen zu viel oder zu wenig gethan habe?"[168] Matthesons Polemik gipfelt in einer Grabschrift:

> „Die Schildwach' *Ut*
> Ist gantz caput;
> Gefreytem *Re*
> Thut nichts mehr weh;
> Der arme *Mi*
> Verschmachtet hie /
> Und Bursche *Fa*
> Verrecket da;
> Calfactor *Sol*

---

[167] Mattheson, *Das Beschützte Orchestre*, S. 12.
[168] Ebd., S. 373-374.

Stirbt rasend toll;
Du lahmer *La*!
Dein End' ist nah."[169]

Das Verhältnis Matthesons zur Solmisation ist nicht nur ein äußerst gespanntes und schon allein deshalb interessant für die Darstellung eines deutlichen Wechsels im musikalischen Denken in den ersten Jahrzehnten des 18. Jahrhunderts: Es macht auch deutlich, wie unterschiedlich die Gewichtungen zwischen Einzelaspekten des theoretischen Konstrukts, das er mit dem *Neu-Eröffneten Orchestre* vorgelegt hatte und schließlich mit dem *Beschützten Orchestre* verteidigt, für Mattheson sein mußten. Während er sich durch die Kritik Buttstetts angesichts einer fehlenden Stillehre bzw. einer ausführlichen (wenn auch in den Augen seiner Kritiker unsystematischen) Gattungslehre dazu anregen läßt, seine Gattungslehre dahingehend zu überarbeiten, daß er die Zusammenhänge zwischen Gattungs- und Stilbegriffen darlegt und mit der Aufnahme der Stilbegriffe Brossards in ein schlüssiges (wenn auch widersprüchliches) System eine deutliche Trennung dieser Begriffe erreicht – und diese Aspekte sollten Matthesons Schriften bis zum *Vollkommenen Capellmeister* beibehalten –, kann er der Frage nach der tradierten Solmisation nur noch mit Polemik begegnen. Polemik mag diese Schrift ohnehin ständig durchziehen (so sind die Seiten 42-44 beeindruckende Zeugnisse musikästhetischen Imponiergehabes, wenn Mattheson sich als „galant homme" der Weltstadt Hamburg neben den Provinzorganisten stellt), in diesem Zusammenhang aber ist sie substantiell: Die Welt Guido von Arezzos, die Buttstett gerade im zweiten Teil seiner Schrift heraufbeschwört, ist von dem musikalischen Denken Matthesons bereits so weit entfernt, daß er ihr nur noch begegnen kann, indem er sie lächerlich macht. In gleicher Art zu verstehen ist die Kontroverse um die Solmisation: Die von Buttstett verteidigte Solmisationslehre ist 1717 als überholtes Zeugnis geradezu reaktionären Denkens zu sehen[170]. Ein Kompromiß bahnt sich am ehesten noch in der Frage nach den Modi an, deren Existenz auch in der zeitgenössischen Literatur Mattheson nicht bestreiten kann; allerdings läßt er sie nur neben den in der Praxis bereits weitaus gebräuchlicheren Dur- und Molltonarten stehen. Dieses Vorgehen Matthesons stimmt weitestgehend überein mit dem Vorgehen in der Gattungslehre im *Neu-Eröffneten Orchestre*: Hier stehen einerseits noch die tradierten Gattungen wie Choral, Motette etc.

---

[169] Ebd., S. 376.
[170] Vgl. Dammann, *Musikbegriff*, S. 503.

überliefert am Anfang, die Gattungslehre läuft jedoch fokussiert einerseits auf die Gleichberechtigung instrumentaler neben vokaler Musik, andererseits auf das Menuett als das Paradigma zeitgenössischen Komponierens hinaus. Altes und Neues stehen so im Grunde unverbunden nebeneinander, ihr einziger Berührungspunkt ist das System Matthesons; dieser Widerspruch findet den deutlichsten Ausdruck in der von Doppelungen und Querverweisen durchsetzten Stillehre Matthesons vom *Beschützten Orchestre* an.

Abb. 2: Das Titelkupfer des *Beschützten Orchestre* (1717)

5. Abschied vom Kontrapunkt?

Daß die Kontrapunktlehre als *eigentliche* Satzlehre zwar noch im Mittelpunkt des *Neu-Eröffneten Orchestres* steht, dennoch aber äußerst knapp behandelt wird und keineswegs mehr den inhaltlichen Mittelpunkt der Schrift ausmacht, ist bereits herausgestellt worden. Der didaktische Anspruch der Schrift darf keineswegs aus dem Auge verloren werden: Der *galant homme*, an den sich Mattheson wendet, ist der „Kenner und Liebhaber", der Musik ein wenig ausübt und den Anspruch erhebt, vernünftig über sie zu urteilen, ohne sie als Metier zu betreiben[171]; zu den Eigenschaften einer galanten Musik gehört ebenso wie die Dämpfung der Gefühle und die Disziplinierung roher Eigenschaften durch Vernunft eben auch die vornehme Geringschätzung eines strengen Kontrapunkts. Die musikalisch-ästhetische Bildung des *galant homme* wird in erster Linie nicht mehr von der Satzlehre im Mittelpunkt der Unterweisung geprägt – wenn der Vertreter des gesellschaftlichen Ideals, der *galant homme*, dazu überhaupt noch in der Lage ist, dann übt er Musik nur als schöngeistige Beschäftigung aus.

„Was sonst die mancherley Theilungen des *Contrapuncts* betrifft / nemlich: *in aequalem & inaequalem*, oder welches einerley: *In Simplicem* und *diminutivum* oder *floridum*, it. *in gravem & luxuriantem, in Stylum antiquum & modernum, in communem & comicum, &c.* solches setze nur als eine Zugabe hieher / damit man / wenn dergleichen *Termini* vorkommen / keine *alteration* kriege; es sind sonst Grillen / die sich ohne Mühe begreiffen lassen." Mit seiner Attacke gegen Bernhard, der „dadurch im Rang eines zentralen Repräsentanten der alten Kontrapunkttheorie bestätigt wird"[172], zielt Mattheson nun allerdings keineswegs auf die Abschaffung des kontrapunktischen Regelwerks: Es geht ihm vielmehr darum, neben der traditionellen Satz- und Stillehre Raum zu schaffen für andere, für die Musik seiner Zeit offenbar relevantere Aspekte. So wird das erste Notenbeispiel im fünften Kapitel der Melodielehre des *Vollkommenen Capellmeisters* von 1739 ein Kanon sein[173]: Mattheson thematisiert keinen „Anti-Kontrapunkt", sondern vielmehr einen Skalenzusammenhang (s.o.).

Die Entfremdung der Schrift vom Status einer Kompositionslehre (die auch eine Negierung der Melodielehre impliziert, die im Rahmen des *Neu-Eröffneten Orchestres* höchstens gestreift wird) ist von der

---

[171] Vgl. Dahlhaus, *Die Musik des 18. Jahrhunderts*, S. 27.
[172] Oechsle, *Bachs Arbeit am strengen Satz*, S. 40.
[173] Vgl. Mattheson, *Der vollkommene Capellmeister*, S. 135.

Gewichtsverlagerung zuungunsten der Satzlehre geprägt; mehrere Umstände sekundieren diesem Vorgang. Schon in der Einleitung der Schrift, „Vom Verfall der Music und Dessen Ursachen", wird die Ablehnung eventueller arithmetischer Zusammenhänge mit der real klingenden Musik erwähnt; Mattheson berichtet von einem „vornehmen Herren", dem er Athanasius Kirchers *Musurgia universalis* ausleiht: „[...] nun bildet ihm mancher ehrbarer *Musicaster* gantz getrost ein / er sey der *Apollo* selbst / weil er ein *Monochordum* zu Hause habe / und wisse daß 1. 2. 3. 4. zehn mache / item daß 1 – 2. Diapason 2 – 3. Diapente u.s.w. vorstelle; daß die *Musica* sey: *Scientia Mathematica subalterna, numerum habens ex Arithmetica & magnitudinem mensurabilem in Monochordo ex Geometrica, illaqve ad rem Physicam* (sc. sonum) *applicans*, da doch mannichmahl ein solcher andächtiger Sünder / wenns klappen soll / nicht zwey *Tacte* recht spielen kan / und seine marsialische Stümperey an den Tag legen muß. Das heißt die Pferde hinter dem Wagen gespannet; die *Music* gemartert; die *Ingenia* abgeschrecket; nach dem Schatten geschnappet und den rechten Bissen fallen gelassen. Es lautet ja sehr tröstlich / wenn hie und da ein fast verlöschtes Licht der Welt / ein *videtur, non est*, durch seine blinde und dumme *adorateurs* den Leuten weiß machen läst: **Es könne / ohne die Hebräische Sprache zu verstehen / keiner** *componiren*."[174] Mattheson macht schon hier sehr deutlich, mit solcherlei „Antiquiteten" endlich aufräumen zu wollen.

Einen ersten Gipfel der Lösung von der traditionellen Lehre der *Musica theorica* stellt Matthesons Klassifizierung der Modi im ersten Teil der Schrift dar. Mattheson beschreibt in §16 die traditionellen Modi (nicht ohne die einschränkende Bemerkung „deren sich noch bißweilen heut zu Tage die Kirchen= und Choral-*Music*, wiewol in grosser Freyheit und Veränderung bedienet"[175]), verwirft sie aber nahezu im §17, indem er den ersten acht Kirchentönen angepaßt Dur- und Mollnamen mit der Begründung, „die Italiäner und heutigen *Componisten* gebrauchen sich noch einer andern Art ihre *modulationes* zu unterscheiden"[176], zuweist; in engem Zusammenhang mit der neuen Bezeichnungsart steht die *Trias harmonica* als „Finalchord"[177] und zur Unterscheidung des Tongeschlechts. Damit nicht genug – auch auf das Problem der Instrumentalstimmung wird hingewiesen: „Damit sich aber niemand etwas weiß machen lasse / oder in der Zahl der Thone irre / so ist zu

---

[174] Mattheson, *Das Neu-Eröffnete Orchestre*, S. 5-6.
[175] Ebd., S. 57.
[176] Ebd., S. 60.
[177] Ebd.

wissen / daß wir nach itziger Eintheilung des *Claviers*, (nach welchem sich alle andre *Instrumenta* richten) nicht mehr als 12. *differente* Thone haben / so eben die 12. *Semitonia* der chromatischen *Octave* sind / deren jedes durch die *tertias minores* oder *majores* einmahl verändert werden kan / also / daß die vorgesetzte 24. herauskommen / und dabey bleibet es"[178]. Mit diesem Zirkel beruft sich Mattheson auf Heinichen; die These impliziert auch ein entsprechendes Stimmungssystem: „Dennoch wird kein *Musicus* leugnen / daß solche *Thone* nicht alle auf dem *Clavier* anzutreffen / und daß man sich ihrer auch gar geschicklich dann und wann bedienen könne / dafern die *Temperatur* der *Instrument*en (welche die Stimmer verstehen müssen) richtig getroffen [...] ist"[179]. Mattheson kommt auf die Skalen und ihren Affektgehalt in dem Kapitel „Von der *Musicalischen* Thone Eigenschafft und Würckung in Ausdrückung der *Affecten*" im letzten Teil des Buches noch einmal zurück. Dieser Aspekt ist vor allem im Zusammenhang mit der Auseinandersetzung mit Buttstett von großer Bedeutung, insbesondere in Matthesons Antwort im *Beschützten Orchestre*. Daß er sich auf das Verständnis von Kollegen berufen konnte, beweist unter anderem das Nachwort (die „beygefügten Anmerckungen") Reinhard Keisers: „Ich bleibe darbey / die Welt sey ihr noch in allem gleich; auch trage ich keine Scheu ferner zu behaupten / daß die **heutige der vorigen vorzuziehen**"[180]. Die Kategorie „Kontrapunkt" wird bei Mattheson zu einer Art positivem Paradigma: Sie wird immer wieder zu Grabe getragen (im *Neu-Eröffneten Orchestre* genauso wie in den direkten Nachfolgeschriften), wird aber als kompositionstheoretisches Paradigma immer wieder herangezogen – so im dritten Teil des *Vollkommenen Capellmeisters*.

*

Die Art und Weise, in der Mattheson sich in der frühen *Orchestre*-Phase den Komplexen Satzlehre, Stil- bzw. Gattungslehre nähert, ist einerseits bezeichnend für sein Anliegen, eine im weitesten Sinne „allgemeine" Musiklehre für den *galant homme* zu erstellen. Andererseits sind schon in dieser Phase die grundlegenden Bedingungen des *Vollkommenen Capellmeisters* ausgeprägt: Neben der deutlichen Bernhard-Paraphrase, die am Beginn der Satzlehre im *Neu-Eröffnete Orchestre* steht und Formulierungen enthält, die ihre deutlichen Entsprechungen in

---

[178] Ebd., S. 63.
[179] Ebd., S. 64.
[180] Ebd., S. 335.

den entsprechenden Passagen der Veröffentlichung von 1739 finden, ist gerade die Verquickung von Stil- und Gattungslehre, die im *Beschützten Orchestre* den Kompromißvorschlag nach der Extremsituation von 1713 bildet, eine unabdingbare Voraussetzung für die Gestalt des zweiten Teils des *Vollkommenen Capellmeisters*, der von beiden Elementen gewissermaßen gerahmt wird. Die Trennung von Stil- und Gattungslehre, die Mattheson 1739 vornimmt, ist keineswegs ein Rückschritt hinter den Ansatz von 1713 oder 1717, denn die Trennung dieser Elemente ist systematisch gerechtfertigt (s.o.) und darüber hinaus durch die Einbeziehung einer umfangreichen, nahezu selbständigen Melodielehre notwendig geworden: Die Stillehre gilt dem Verfertigen einer Melodie als grundlegende Voraussetzung, während die Gattungslehre, intern logisch, erst *nach* der Abhandlung der Melodielehre ausgeführt wird – eine Gattungslehre, die Mattheson ja auch folgerichtig „ Von den Gattungen der Melodien" nennt. Die deutliche Haltung Matthesons in der Frage der Solmisationslehre wiederum ist auch zu lesen als zielgerichtete Vorbereitung der entsprechenden Äußerungen im *Vollkommenen Capellmeister*.

Neben diesen auch formal zu verstehenden Ansätzen, die für die Phase des *Vollkommenen Capellmeisters* eine nicht unerhebliche Rolle spielen, steht die inhaltliche Komponente: Sowohl die Fokussierung auf den *galant homme* als auch die Anlage der Schriften – insbesondere des *Neu-Eröffneten Orchestres* – im Hinblick auf den Ort der Satzlehre und der Stil- bzw. Gattungslehre läßt das Anliegen Matthesons, das sich besonders 1739 im *Vollkommenen Capellmeister* manifestiert, überdeutlich werden, ein Anliegen, das die eigentlich treibende Kraft für Matthesons Haltung in der *Orchestre*-Phase und seinen Streit mit dem der alten, quadrivial geprägten Musikanschauung nachhängenden Buttstett ist: Der Mensch steht für Mattheson schon seit 1713 im Mittelpunkt des Interesses; er ist von vornherein Ziel der Musikausübung, und die Rezeption von Musik ist die entscheidende Komponente einer allgemeinen Musiklehre, die Mattheson mit den *Orchestre*-Schriften von 1713 und 1717 aufarbeitet.

VI Melodielehre als Paradigmenwechsel

Folgt man den Thesen Thomas S. Kuhns, die dieser in seinem in der anglo-amerikanischen wie europäischen Wissenschaftstheorie heftig diskutierten Buch *Die Struktur wissenschaftlicher Revolutionen*[1] aufgestellt hat, dann vollzieht sich Fortschritt in der Wissenschaft nicht durch kontinuierliche Veränderung, sondern durch revolutionäre Prozesse: Ein bisher geltendes Erklärungsmodell wird verworfen und durch ein anderes ersetzt. Diesen Vorgang bezeichnet sein berühmt gewordener Terminus „Paradigmenwechsel". Dabei beschreibt der Begriff der wissenschaftlichen Revolution den Vorgang, bei dem bestehende Erklärungsmodelle, an denen und mit denen die wissenschaftliche Welt bis dahin gearbeitet hat, abgelöst und durch andere ersetzt werden: Kuhn zufolge gibt es keine kontinuierliche Ansammlung von gesichertem Wissen, stattdessen ähneln Veränderungen in der Wissenschaft eher sozialen Revolutionen.

Angesichts der Melodielehre Johann Matthesons, die dieser in den Mittelpunkt seines Hauptwerkes, des *Vollkommenen Capellmeisters*, stellt, erscheint zum Schluß der Betrachtung die Frage gerechtfertigt, ob mit dem *Vollkommenen Capellmeister* 1739 auch ein Ansatz zum Paradigmenwechsel vorliegt – und wenn ja, inwiefern dieser tatsächlich verwirklicht ist. Da diese Frage notwendigerweise einen tiefen Einblick in die Kompositionsgeschichte des 18. Jahrhunderts erforderlich macht, der den Rahmen der vorliegenden Untersuchung sprengen würde, mag im Folgenden geklärt werden, ob überhaupt der Ansatz Matthesons mit der Definition des Paradigmenwechsels bei Kuhn – der ja eine Definition seines neuformulierten Terminus Paradigma einschließen muß – in Verbindung zu bringen ist, zumal Kuhn seine These ausdrücklich nur auf die *exakten* Wissenschaften wie etwa Physik oder Chemie anwendet und damit die Beschreibung kompositionstheoretischer Prozesse als Sonderfall einzustufen ist.

1. Eine Einschätzung des ausgehenden 18. Jahrhunderts: *Triests* Bemerkungen

Im dritten Jahrgang der Leipziger *Allgemeinen Musikalischen Zeitung* von 1800/1801 veröffentlichte Johann Karl Friedrich Triest seine *Bemerkungen über die Ausbildung der Tonkunst in Deutschland im achtzehnten Jahrhundert* als Überblick über das jüngst vergangene

---

[1] Thomas S. Kuhn, *The structure of scientific revolutions*, dt. *Die Struktur wissenschaftlicher Revolutionen*, Fankfurt am Main 1967, ²1969.

Saeculum. Die Schrift ist nicht nur aufgrund ihrer singulären Stellung als musikgeschichtliche Abhandlung über das 18. Jahrhundert *aus der Perspektive* des 18. Jahrhunderts bemerkenswert, sondern auch als eine der ersten historiographischen Äußerungen über Musik überhaupt – nach Forkel, dessen zweiter Band der *Allgemeinen Geschichte der Musik* aber nur bis in das Zeitalter der klassischen Vokalpolyphonie hineinreicht[2]; Triest, Prediger in Stettin, musikalischer Dilettant und philosophischer Eklektiker[3], verweist selbst auf den hohen Anspruch, den eine solche Arbeit an den Verfasser stellt, und auf Forkel, wenn er feststellt, daß „hier keine *vollständige Geschichte* der deutschen Tonkunst im 18ten Jahrhundert geliefert werden soll – ein Unternehmen, das auf einen Forkel wartet"[4].

Triest wagt in seiner über die Dauer von drei Monaten erschienenen Abhandlung eine „*Übersicht des Ganges der Ausbildung, den die Tonkunst während des vergangenen Jahrhunderts* [also während des achtzehnten, Anm. d. Verf.] *genommen hat*"[5], indem er Lehrwerke des Jahrhunderts – von Fux bis Klein – überblickt und zugleich die kompositionsgeschichtliche Entwicklung in Deutschland abschreitet und kommentiert. Ein wichtiges Element ist zudem der ästhetische Rekurs, den Triest mit dieser Abhandlung versucht – seine *Bemerkungen* sind nichts Geringeres als ein ästhetisch-geschichtsphilosophischer Traktat, in dem sich „zum erstenmal die Umrisse der Idee eines von Bach begründeten ,Zeitalters der deutschen Musik' abzeichnen"[6]; der

---

[2] Der zweite Band reicht bis zum 16. Jahrhundert; vgl. Hans Joachim Hinrichsen, *Johann Nikolaus Forkel und die Anfänge der Bach-Forschung*, in: ders. und Michael Heinemann (Hg.), *Bach und die Nachwelt* Bd. 1: 1750-1850, Laaber 1997, S. 221.

[3] Als Darstellung vgl. Carl Dahlhaus, *Zur Entstehung der romantischen Bach-Deutung*, in: Bach-Jb. 64 (1978), S. 192-210; Nachdruck in ders., *Klassische und romantische Musikästhetik*, Laaber 1988, S. 121-140.

[4] Anonymus [d.i. Johann Karl Friedrich Triest], *Bemerkungen über die Ausbildung der Tonkunst in Deutschland im achtzehnten Jahrhundert*, in: AMZ 3 (1800/01), Sp. 234, Anmerkung.

[5] Ebd., Sp. 226.

[6] Vgl. Dahlhaus, *Bach-Deutung*, S. 197; mit Blick auf Christian Gottfried Körners Abhandlung *Über Charakterdarstellung in der Musik* (1795) schreibt Bernd Sponheuer (*Musik als Kunst und Nicht-Kunst. Untersuchungen zur Dichotomie von „hoher" und „niederer" Musik im musikästhetischen Denken zwischen Kant und Hanslick*, Kassel 1987 (Kieler Schriften zur Musikwissenschaft Band XXX), S. 76): „Die sicherlich ebenfalls mit Mängeln behaftete Arbeit von Michaelis [Christian Friedrich Michaelis, *Ueber den Geist der Tonkunst. Mit Rücksicht auf Kants Kritik der ästhetischen Urteilskraft. En ästhetischer Versuch* (1795), Anm.

kategoriale Apparat dieser Schrift weist enge Berührungen mit der Ästhetik Schillers und Kant auf[7]. Das Jahrhundert unterteilt Triest dabei in drei Perioden: Eine erste umfaßt die Zeit bis 1750 (das Todesjahr Johann Sebastian Bachs), eine zweite reicht „von Graun, Hasse, C. Ph. E. Bach u.a. bis zu J. Haydn und Mozart"[8]; die dritte Periode reicht von Mozart bis zum Schluß des Jahrhunderts, wobei Triest mit der letzten Epochengrenze den Tod Mozarts (als „das letzte Zehnteil" des Jahrhunderts) meint. Für die vorliegenden Betrachtungen ist dabei nicht nur die erste Spanne, der auch das Schaffen Matthesons zuzurechnen ist, von Bedeutung, sondern ebenso Triests Bemerkungen allgemeinerer Art, insofern sie auf Aspekte einer affektiv geprägten Melodielehre als neuen Standard der Musiklehre hinweisen.

Die Musik des vorangegangenen 17. Jahrhunderts beschreibt Triest zunächst als *angewandte* Kunst[9]; als besonders bedeutungsvoll hebt er die „Entdeckung der *Harmonie*, welche den Mechanismus der Tonkunst unendlich erweiterte, der Melodie neuen Reiz verschaffte, den Ausdruck des Affekts erleichterte und verstärkte"[10], hervor. In der Harmonie vereinigten sich demnach alle Gelehrsamkeit und Kunst; als höchstes Gut galt die Kenntnis der Kontrapunkttechnik. Ähnliches konstatiert Triest für das beginnende 18. Jahrhundert, in dem kaum Werke aufzuweisen seien, „aus denen ein ästhetischer Geist weht, der den Mechanismus der Musik nicht als Zweck, sondern als Mittel behandelt"[11]. Die Musik als mechanische Kunst gerade im geistlichen Raum nun ließ es zu, daß „das Uebersinnliche des Gegenstandes und ein dem angemessener (oft unpoetischer und sogar unverständlicher) Text [...] allen kontrapunktischen Künsten und Kunststücken freyen Spielraum"[12] verschaffte: Die usuelle Wertigkeit von Musik lief dem Triest offensichtlich näher stehenden Hang zum individuellen Ausdruck entgegen. Weiterhin hebt Triest die Bedeutung der Rhetorik für die kompositionsgeschichtliche Entwicklung des frühen 18. Jahrhunderts

---

d. Verf.] und die an Kant anknüpfenden musikästhetischen Überlegungen von Triest [...] stellen demgegenüber substantiellere Versuche dar, Musikästhetik auf der Grundlage der zeitgenössischen philosophischen Ästhetik zu betreiben. Allerdings sind alle hier genannten musikästhetischen Versuche schon von den Zeitgenossen nicht recht rezipiert worden."

[7] Vgl. ebd., S. 53, bzw. Dahlhaus, *Bach-Deutung*, S. 199.
[8] Triest, *Bemerkungen*, Sp. 235.
[9] Ebd., Sp. 227-228 und 233.
[10] Triest, *Bemerkungen*, Sp. 231.
[11] Ebd., Sp. 242.
[12] Ebd., Sp. 246.

hervor: Gerade die deutsche Musik habe sich weniger in den Formen der Poesie, sondern in denen der Rhetorik gebildet. „Nun unterscheidet sich die Redekunst von der Poesie im Allgemeinen dadurch, daß der Verstand bey jener geschäftiger und herrschender ist, als die Einbildungskraft. Diesen Charakter erhielt auch die Musik. Der Mangel an lebhafter reger Phantasie, an klingender Sprache und an Bekanntschaft mit dem *Geiste* der Kunstwerke andrer Nationen, sowohl der alten als der neuen, alles dieses traf zusammen, um die angewandte (mit der Poesie verbundene) Musik so unbedeutend und saftlos zu machen, daß späterhin, wo der Geschmack sich verfeinerte, nur die Skelette solcher Werke zur Unterhaltung musikalischer Anatomiker dienen konnten"[13] – die Kritik Triests trifft zusammen mit den Bemerkungen des frühen Mattheson in dessen *Orchestre*-Schriften. Und als „seltene Ausnahme" hebt Triest – wie schon 1713 Mattheson – das Opernschaffen Reinhard Keisers hervor.

Die Gegenüberstellung von „poetisch" und „rhetorisch" als dialektisches Paar entspricht der „Charakteristik geschichtlicher Stufen"[14], die Triest skizzierte: Immer wieder treten Termini als Begriffspaare in dialektischer Gegenüberstellung auf, so etwa in der Passage über Carl Philipp Emmanuel Bach, dessen „hohes Verdienst" hervorgehoben wird, „daß er zeigte: die reine Musik sey nicht bloße Hülle für die angewandte, oder von dieser abstrahirt, sondern könne für sich allein große Zwecke erreichen. Sie habe nicht nöthig, sich als bloßes Sinnen- oder Verstandesspiel prosaisch oder höchstens rhetorisch herumzudrehen, sondern vermöchte sich zur *Poesie* zu erheben, die um desto reiner sey, je weniger sie durch Worte, (die immer Nebenbegriffe enthalten) in die Region des gemeinen Sinnes hinabgezogen würde."[15] So ersetzt Triest die gängige Aufteilung in instrumentale und vokale Musik durch das Begriffspaar „rein" und „angewandt" – die als Alternative gemeinte Begriffsopposition fällt immer wieder mit der Dichotomie von Instrumental- und Vokalmusik zusammen: Jene Werke, die „nichts weiter sind als schönes (d. h. nach Kunstregeln geformtes) Tonspiel, das schon Zweckmäßigkeit hat, wenn nur eine eine aesthetische, obgleich unbestimmte Idee durch das Ganze herrscht", bezeichnet Triest als „reine Musik", zu der er „sogar alle Gesangsstücke [rechnet], bey denen der Text nichts sagt, indem er nur als Vehikel zum Gebrauch der Singstimme dient"[16]; unter „angewandter Musik" hingegen versteht

---

[13] Ebd., Sp. 248-249.
[14] Dahlhaus, *Bach-Deutung*, S. 203.
[15] Triest, *Bemerkungen*, Sp. 301.
[16] Ebd., Sp. 228 (Anmerkung).

Triest „die musikalische Versinnlichung eines Subjekts (seiner Gefühle und Handlungen) wo die Poesie, die Mimik u. gl. den ersten Rang einnehmen", etwa „die charakteristischen Instrumentalstücke"[17]: „Was sich in dieser prinzipiellen Darlegung liest wie eine Ästhetik der ‚absoluten' Musik avant la lettre, wird in Wirklichkeit von Triest nur unzulänglich durchgeführt"[18] – zumal die ästhetisch-systematisch gemeinten Kategorien immer wieder in geschichtsphilosophische umschlagen.

Wie elementar die Bildung von Begriffspaaren für die Systematik Triests ist, wird besonders deutlich an der Charakterisierung des Schaffens von Johann Sebastian Bach, dem „Patriarchen der neueren Harmonie"[19]: „Hoch und hehr strahlt der Name Johann Sebastian Bachs vor allen deutschen Tonkünstlern in der ersten Hälfte des vorigen Jahrhunderts"[20]. Indem Triest den großen Thomaskantor als „tiefsinnigsten Harmonisten aller bisherigen Zeiten" beschreibt, der „mit Newtons Geist alles, was man bisher über Harmonie gedacht und als Beyspiel aufgestellt hatte", umfaßte und der „mit Recht als der Gesetzgeber in der ächten Harmonik, die bis auf den heutigen Tag gilt, anzusehen ist"[21], betont er den Aspekt der *Harmonie / Harmonik* gegenüber dem Terminus der Melodie: „In dem Lob, das Triest für Bach [...] bereithielt, war, wenn man es im Sinne der Vorurteile des 18. Jahrhunderts las, ein Tadel versteckt"[22], den Triest auch verdeutlicht: „Seine Verdienste erstrecken sich eigentlich nur auf reine Musik, d. h. auf den Mechanismus der Tonkunst, besonders auf Harmonie und gebundenen Styl. Ist aber von angewandter Musik oder vom freyen Styl u. dgl. die Rede, so steht ihm nicht nur sein Zeitgenosse Händel wenigstens zur Seite, sondern seine Nachfolger, sein Sohn C. P. E. Bach, ein Graun, Hasse und späterhin ein J. Haydn, Mozart und

---

[17] Ebd.; vgl. Hinrichsen, *Forkel*, S. 222. Zum Begriff der *„reinen* Kunst" und der „reinen Musik" vgl. Sponheuer, *Kunst und Nicht-Kunst*, S. 157-161; „Triests Terminologie, die geschichtlich weittragende Dichotomie von ‚reiner' und ‚angewandter Tonkunst', beruht, wie es scheint, auf einer Kontamination von Kants Unterscheidung zwischen ‚reiner und anhängender Schönheit' einerseits und der Einteilung in ‚reine' und ‚angewandte Mathematik' andererseits" (Dahlhaus, *Bach-Deutung*, S. 199). Dahlhaus verweist auf Immanuel Kant, *Kritik der Urteilskraft*, § 16.

[18] Ebd.

[19] Triest, *Bemerkungen*, Sp. 261.

[20] Ebd., Sp. 259. Zur Beurteilung der Bedeutung Triests für die Bach-Rezeption des 19. Jahrhunderts vgl. Dahlhaus, *Bach-Deutung*, S. 121-140, und Hinrichsen, *Forkel*, S. 221-224.

[21] Triest, *Bemerkungen*, Sp. 261.

[22] Dahlhaus, *Bach-Deutung*, S. 202.

andere, fanden eine Bahn, die er nicht betreten hatte"[23]. Neben der Feststellung, daß Bach demnach der „Vorgeschichte" angehört, wird aus dem Zusammenhang deutlich, daß nicht nur die Bach-Rezeption Triests (deren Implikationen für das 19. Jahrhundert von großer Bedeutung sein werden), sondern auch sein ganzes ästhetisches Kategoriensystem in den Grundzügen dem terminologischen Apparat der Aufklärungsästhetik verpflichtet ist – ein „Apparat, der von Johann Adolf Scheibe 1737 benutzt worden war, um Bach in eine Vergangenheit zurückzustoßen, die tot und abgetan war"[24].

Zu diesem ästhetischen Kategoriensystem gehört seit Scheibe (und schon davor) eine Charakteristik geschichtlicher Stufen, die von Begriffskontrasten geprägt ist: Begriffspaare wie „Harmonie" und „Melodie", „gebundener" und „freier Stil", „reine" und „angewandte Tonkunst" bilden ein System, in dem jeder Begriff der einen Seite mit jedem anderen unwillkürlich assoziiert, ohne daß expressis verbis gesagt werden mußte, daß dem „harmonisch Tiefsinnigen" der „ästhetische Geist" fehle. Dieses formelhaft verfestigte System von Antithesen ist ein tragendes Fundament für die meisten Denkmodelle der Aufklärungsästhetik[25]. Dahlhaus weist darauf hin, daß im Begriff der „reinen Tonkunst" außer den Assoziationen mit „reiner Schönheit" und „reiner Mathematik" auch die Konnotation „reiner Satz" steckt, wie die Verbindung mit „Harmonie" – also Kontrapunkt! – und „gebundenem Stil" zeigt[26]. So beinhaltet die Bach-Rezeption Triests gleichfalls heftige Kritik an einer offenkundig längst überholten Stilistik. Auf die hohe Bedeutung des Aspektes „Harmonie" weist Triest aber in seinem Text auch immer wieder hin: Wenn er Hasse und Graun vorwirft, „um einer süßen gefälligen Melodie willen die Harmonie als eine Nebensache"[27] zu behandeln, wird im Umkehrschluß daraus der Vorwurf der Regellosigkeit, die Triest ebenso verurteilt. Harmonie

---

[23] Triest, *Bemerkungen*, Sp. 261.

[24] Dahlhaus, *Bach-Deutung*, S. 202; „Und daß Triest Vokabeln und Antithesen, die Jahrzehnte früher zur Polemik gedient hatten, in eine Apologie einfügen konnte, mag zunächst überraschen, zeigt aber lediglich, daß die Verlagerung von Wertakzenten in einem Kategoriensystem nicht dessen Umsturz zu bedeuten braucht. Das Denkmuster bleibt bestehen, auch wenn die Urteile wechseln" (ebd.).

[25] Vgl. Bernd Sponheuer, *Über das „Deutsche" in der Musik. Versuch einer idealtypischen Rekonstruktion*, in: Hermann Danuser und Herfried Münkler (Hg.), *Deutsche Meister – Böse Geister? Nationale Selbstfindung in der Musik*, i. Vorb. 2001, S. 17 (zitiert nach dem Ms.).

[26] Vgl. ebd., S. 203: „Wenn das eine Moment gegeben war, schloß man auf das andere, ohne sich im Ernst auf die Sache einzulassen".

[27] Triest, *Bemerkungen*, Sp. 278.

definiert Triest als die „*Organisation ihrer* [der Musik, Anm. d. Verf.] *festeren* Theile"[28].

„*Gründliche Theorien*" als Grundlage einer musikalischen Ausbildung beschreibt Triest im allgemeinen als sicheren Maßstab für die Beurteilung der von ihm intendierten Übersicht über den Gang der Ausbildung. Zu einer solchen Theorie gehört nach Triest, „daß sie auf *festen* Principien beruhe, und daß sie ohne bedeutende Lücken, mithin weitumfassend sey, aber dabey doch nicht die Grenzen ihres Gebietes überschreite"[29]. Er unterscheidet zwischen der *mechanischen* Theorie, die dem Praktiker „*nur* zur Vermeidung mechanischer Fehler geschickt macht" – also der Handwerkslehre – , und der *ästhetischen* Theorie, die sich „mit den eigentlichen *Kunstzwecken philosophisch* beschäftigt"[30]. Diese Theorie war nach Triest bis zu der Zeit Johann Sebastian Bachs noch nicht existent, da das Tonsystem erst spät eine endgültige Form annahm; als die ersten echten Theoretiker nennt er Kirnberger, Marpurg und Carl Philipp Emmanuel Bach, deren Texte zwar noch in Hinblick auf die *mechanistische* Theorie ausgelegt waren, aber den späteren Theoretikern den Weg bahnten. „Bis dahin behalf man sich mit einzelnen Bemerkungen, welche, trotz ihrer systematischen Form, doch auf den Namen einer Theorie (nach obigem Begriff) nicht Anspruch machen durften"[31]. Zu diesen gehört laut Triest auch Mattheson, den Triest in diesem Zusammenhang als einzigen Musikschriftsteller nennt, denn „die dahin einschlagenden Werke des fast übermenschlichen Polygraphen Matheson enthalten zwar sehr viele schöne, originelle und scharfsinnige Bemerkungen; aber sie sind zu fragmentarisch, zu polemisch, und mit zu vielem (obgleich oft treffenden und naiven) Witze überladen, dabey, nach dem Geschmacke seines Zeitalters, zu spielend und mikrologisch, so, daß man ihnen das bunte Gedränge der großen Masse von Ideen gleich ansieht, welches sich in dem Kopfe ihres schnell schreibenden Urhebers befand"[32].

Betrachtet man die Einschätzung Triests auch unter dem Gesichtspunkt der dialektischen Kontraste, fallen mehrere Punkte an seiner Beschreibung der Arbeiten Matthesons auf: Neben dem Lob als „übermenschlichen Polygraphen" (dem zugleich auch Vielschreiberei

---

[28] Ebd., Sp. 443. Die Einschätzung Dahlhaus', die romantische Bach-Deutung setze mit den Anmerkungen Triests ein, erscheint übertrieben (vgl. Hinrichsen, *Forkel*, S. 221).
[29] Triest, *Bemerkungen*, Sp. 302.
[30] Ebd., Sp. 302-303.
[31] Ebd., Sp. 303.
[32] Ebd., Sp. 303-304.

attestiert wird) und der Erwähnung des großen publizistischen Erfolges, der Mattheson zuteil wurde, beinhaltet der Passus auch das Vorurteil, Matthesons Arbeit sei unsystematisch – „überladen" und zugleich „fragmentarisch". Daß seine Arbeiten wiederum „zu spielend und mikrologisch" seien, lastet Triest dem Geschmack seines Zeitalters an – ein Zeitalter also, das nach seiner Einschätzung längst vergangen und mit dem Tod Johann Sebastian Bachs abgeschlossen ist. Zugleich bringt er den inhaltlichen Diskurs der Schriften Matthesons in die Nähe des „Mit der Mode-Gehens".

An der Erörterung der Theoretikerpersönlichkeiten Marpurg, Kirnberger und C. Ph. E. Bach läßt sich erkennen, welches Idealbild Triest für die Entwicklung der von ihm erläuterten „doppelten Theorie" vorschwebte: So begnügte sich Marpurg, der Kirnberger an Bildung Überlegene, nicht mit der technischen Seite des Sujets, sondern streifte mit seinen Arbeiten auch die ästhetische Theorie, „wofür die Kunst damals noch nicht reif genug war"[33] – was ihn weniger erfolgreich als Kirnberger werden ließ. Auch Marpurg „drängte, wie Matheson, obgleich geordneter als bey diesem, eine große Masse von Kunstideen, welche sich oft nur in fragmentarische Darstellungen ergoß" – während den Werken Marpurgs „das Gepräge der Vollendung" fehlte, brachte Kirnberger seine Arbeit (Triest erwähnt *Die Kunst des reinen Satzes*) als System in eine Einheit und vermochte eine Schule zu begründen. Und was beide auf dem Gebiet der Tonkunst vollbrachten, „das that C. P. E. Bach für die Praxis des Klaviers"[34]. Überbetont wird in der Darstellung jeweils der Aspekt der Systematik, die Matheson in der Auffassung Triests demnach vollkommen abging; über inhaltliche Aspekte verliert Triest allerdings kein Wort.

Triests Begriff des „Mechanischen", dessen Auseinanderlegung in den Arbeiten Matthesons demnach im Vordergrund steht, weist enge Konnotationen zum Begriff des „Rhetorischen" auf, da das „Ästhetische" von Triest als Alternative zu „Poetisch" verwendet wird[35]. Das Werturteil, das der halb pejorativ gemeinte Begriff des „Mechanischen" enthält und mit dem sich die Vorstellung des Virtuosen verbindet, zeichnet sich deutlich in Triests Schilderung des „Geistes der Gründlichkeit", durch den die deutsche Musik geprägt wurde, ab[36]. Carl Dahlhaus weist darauf hin, daß die Assoziation des Instrumentalen mit dem Mechanischen und die Leugnung „ästhetischen Geistes" in der Instrumentalmusik des Jahrhundertanfangs und der dazugehörenden schriftstellerischen Betrachtung auf Jean-Jaques Rousseau zurück-

---

[33] Ebd., Sp. 305.
[34] Ebd., Sp. 306.
[35] Vgl. Dahlhaus, *Bach-Bedeutung*, S. 203.
[36] Triest, *Bemerkungen*, Sp. 242; vgl. Dahlhaus, *Bach-Bedeutung*, S. 203.

gehen, „der die ‚wahre' Musik in der gefühlvollen Simplizität gesungener Melodien suchte" – Rousseau hob das ihm vorschwebende Ideal polemisch von der dunklen Folie einer „gotischen und barbarischen Musik" ab, „in deren Begriff er die Gegensätze zu den Merkmalen der ‚wahren Musik' – das ‚Errechnete', das ‚Künstliche', das ‚vergrübelt Harmonische' und das ‚Instrumentale' versammelte"[37].

Mit Jean-Jaques Rousseau zieht Triest als Testo eine besonders polarisierende Figur der Musikanschauung im 18. Jahrhundert heran. Rousseau veröffentlichte im November 1753 die Streitschrift *Lettre sur la musique françoise*[38], die von großer Bedeutung für das musikalische Bewußtsein der Zeit auch in soziologischer, sogar politischer Hinsicht[39] war; eine der zentralen Thesen Rousseaus gerade in der Auseinandersetzung mit Jean-Philippe Rameau lautete, die einzige Funktion der Harmonie sei die, der Melodie zu dienen: „Il faut [...] que le tout ensemble ne porte à la fois qu'une mélodie à l'oreille & qu'une idée à l'esprit"[40]. Der Angriff auf Rameau und seine Lehre verband sich bei Rousseau mit dem Ideal des etwa „Volksliedhaften" schon im *Lettre*; festzuhalten ist allerdings, daß der Harmoniebegriff Rousseaus ein gänzlich anderer ist als der Rameaus – zumindest vollkommen anders reflektiert[41]. Dabei ist das Tête-à-tête der beiden französischen

---

[37] Ebd.

[38] Jean-Jaques Rousseau, *Lettre sur la musique françoise*, Paris 1753. Eine schlüssige Darstellung des Textes und seines geistesgeschichtlichen Umfeldes findet sich in E. Cynthia Verbas Veröffentlichung *Music and the French Enlightenment. Reconstruction of a Dialogue 1750-1764*, Oxford 1993, Kapitel 2 und 3 (S. 8-50); siehe auch Albert Jansen, *Jean-Jaques Rousseau als Musiker*, Berlin 1884, S. 200: „Die ‚Lettre sur la musique française' gehört zu den epochemachenden Werken in der Entwickelungsgeschichte des Geschmackes und zu den Meisterwerken der polemischen Schriftstellerei."

[39] Vgl. Robert Wokler, *Rousseau on Rameau and Revolution*, in: *Studies in the Eighteenth Century* 4 (1978), S. 251-283.

[40] Rousseau, *Lettre*, S. 36 (708) Die Zahlen in den Klammern geben die Paginierung in *La Querelle des Bouffons. Texte des Pamphlets avec Introduction, commentaire et index par Denise Launay*, Genf 1973 (3 Bände) an.

[41] Vgl. auch Peter Gülke, *Rousseau und die Musik, oder: Von der Zuständigkeit des Dilettanten*, Leipzig 1983, S. 54: „Wir stoßen hier zugleich auf eine Disparität in der Grundkonstellation des berühmten Duells, welche den Schlagabtausch ebenso erklärt, wie sie ihn zugleich fast unsinnig erscheinen läßt: Selbst wenn die beiden von der gleichen Sache reden, reden sie aneinander vorbei. Stellt man die Formulierungen gegenüber, in denen sie aufeinander Bezug genommen haben, so läßt sich die Disparität bis in die Konnotationen der Begriffe hinein verfolgen, ganz abgesehen von mutwilligen

Kontrahenten der wichtigste Beitrag zur Auseinandersetzung um den Primat von Melodie oder Harmonie in Frankreich – und mithin von vollkommen anderer Qualität als die Rameau-Rezeption Matthesons. Bei Rousseau spielt in die Argumentation auch das Verdikt über Instrumentalmusik hinein, die auf einer ästhetisch niedrigeren Stufe stehe als die Vokalmusik.

Triest bezieht sich auf das *Dictionnaire de Musique* Rousseaus von 1768: Auch Triest widmet in den *Bemerkungen* der Volksliedkunst und ihrem Stand einen umfangreichen Passus – „der *Gesang*, der *schöne künstliche* (nicht künstelnde) *Gesang!!* – Er ist einmal, wie schon bemerkt, keine ganz einheimische deutsche, besonders nord-deutsche Frucht und bedarf daher um desto mehr der sorgfältigsten Pflege"[42]. Rousseaus Ablehnung der Instrumentalmusik macht sich Triest eingeschränkt auf die ältere zu eigen, was paradox erscheinen mag, wenn Triest eigentlich eine Rechtfertigung der deutschen Musik (und zwar der instrumentalen!) intendierte. Nur in diesem Kontext ist es zu verstehen, daß Triest die offensichtlich parallel gewachsenen Argumentationslinien bei Rousseau und Mattheson in mindestens einer Hinsicht nicht bemerkte bzw. unterschätzte: Beide standen im Streit um den Primat von Melodie oder Harmonie auf der gleichen Seite – wenn auch unabhängig voneinander und mit teilweise einander entgegengesetzten Argumenten.

Die von Triest mit den *Bemerkungen* vorgelegte Geschichtskonstruktion entbehrt so nicht der Widersprüche: Neben den sachlichen, den eklektischen Ausführungen immanenten Ungereimtheiten macht die antithetische Urteilsfindung den Traktat zu einem Sammelpunkt unterschiedlichster Auffassungen von Musik, die sich Ende des 18. Jahrhunderts bündeln. „Was ästhetisch als romantische Aneignung und Verfärbung barocker Kategorien erscheint, soll geschichtsphilosophisch als dialektischer Progreß gelten; der Eklektizismus präsentiert sich als Synthese".[43] Als elementare These für die Musikanschauung Triests ergibt sich daraus, daß „reine Musik" nicht im „Mechanischen" steckenbleibe, sondern sich zum „Poetischen", dem Gegensatz des „Rhetorischen" erhebe; dieses wiederum begreift Triest als die Musik etwa Johann Sebastian Bachs: „Bisher war ein künstlicher Gang der Harmonie das einzige gewesen, was man an Produkten der Art schätze. Ihre Formen waren, noch mehr als die der angewandten, durchaus nur

---

und böswilligen Mißverständnissen. Wenn Rameau von Harmonie redet, so ist ein anderer Kontext angesprochen, als wenn Rousseau dies tut [...]."

[42] Triest, *Bemerkungen*, Sp. 427.

[43] Dahlhaus, *Bach-Bedeutung*, S. 206.

rhetorisch, nicht poetisch. [...] Wenn das Thema nur eine Melodie enthielt, die sich nöthigenfalls in zehnfachen Umkehrungen produziren konnte, so bekümmerte man sich nicht weiter darum, ob damit auch etwas gesagt werden sollte."[44] Der Fortgang der Musikgeschichte besteht für Triest demnach in der Entwicklung vom Rhetorisch-Mechanischen über das Galante hin zum Poetischen – allerdings zieht er daraus nicht die Konsequenz, das Poetische der Musik durch poetisches Reden zu erklären, was auch die Verbindung zu den Äußerungen Rousseaus verbindlicher erscheinen lassen würde; „gerade das Musikalisch-Poetische nämlich garantiert die Unabhängigkeit der Instrumentalmusik – auch von aller literarischen Poesie –, der sie nun gleichberechtigt gegenübertreten kann"[45]. Der Dreischritt Triests führt vom Rhetorischen über das Galante hin zum Poetischen; Mattheson mag in diesem Schema die Mittelposition einnehmen – auch wenn seine Position, bei Licht betrachtet, die eines Vermittlers von Galantem und Gelehrtem (um in der Zuweisung von Begriffspaaren zu bleiben) ist.

Dahlhaus weist darauf hin, daß der Begriff, den sich Triest von barocker Instrumentalmusik machte, durchaus inadäquat ist – so angemessen die Vokabel auch erscheinen mag: Triest verstand unter rhetorischer Musik im Sinne des antibarocken Affekts aus dem zweiten Jahrhundertdrittel nichts anderes als „Formelkram: prunkende Virtuosität des Figurenwesens ohne genügenden Sach- und Wahrheitsgehalt"[46]. Dazu tritt Triests kritische Beurteilung der Gefühlsproblematik: „Aber es wäre [...] in der That noch trauriger, wenn das blosse Gefühl, oder, was dasselbe sagt, der Geschmack der unwissenden Zuhörer, zum höchsten Maasstabe für die Kunst dienen sollte. Es gäbe keinen kürzeren und sicherern Weg zur Barbarey, als diesen"[47] – die Zeit des *galant homme* ist längst vorüber.

2. Das Problem des Paradigmenwechsels in der Musiktheorie des 18. Jahrhunderts

Als Paradigmenwechsel in der Musiktheorie des 18. Jahrhunderts wird (im Allgemeinen) vor allem die neuartige Lehre Rameaus als Inbegriff einer ersten Harmonielehre angesehen; eine Melodielehre als tradierte

---

[44] Triest, *Bemerkungen*, Sp. 297-298.
[45] Sponheuer, *Musik als Kunst und Nicht-Kunst*, S. 142; vgl. ders., *Über das „Deutsche" in der Musik*, S. 23.
[46] Dahlhaus, *Bach-Bedeutung*, S. 206-207.
[47] Triest, *Bemerkungen*, Sp. 258-259; vgl. Sponheuer, *Musik als Kunst und Nicht-Kunst*, S. 116.

Lehrgattung ist dagegen grundsätzlich kaum existent. Erfüllt die Melodielehre Matthesons überhaupt die Kriterien eines möglichen Paradigmenwechsels, und wenn ja, worin könnte dieser dann bestehen?

Bei der Erörterung dieser Problematik ist zunächst der Frage nachzugehen, wie der Begriff des Paradigmenwechsels bei Kuhn überhaupt zu verstehen ist und zudem, inwiefern er auf den musikwissenschaftlichen Diskurs anwendbar bleibt. Eine angemessene Würdigung der Arbeit Kuhns würde den Rahmen der vorliegenden Arbeit erheblich sprengen, daher ist die folgende Erörterung in erster Linie Kuhns Terminologie und ihren Korrelationen zur Arbeit Matthesons verpflichtet, weniger der (allerdings nicht unerheblich anfallenden) Kritik an der Systematik Kuhns und ihren Ergebnissen.

Exkurs: Der Terminus „Paradigmenwechsel" bei Kuhn

Thomas S. Kuhn (1922-1996) erhielt 1951 vom Lowell Institute Boston die Einladung, Vorträge zum Thema *The Quest for Physical Theory* zu halten. Die folgenden zehn Jahre war er am Lehrstuhl für Wissenschaftsgeschichte tätig; in dieser Zeit entstand sein Buch *The Structure of Scientific Revolutions*. Bis zu seiner Emeritierung bekleidete er eine Professur für Wissenschaftstheorie und Wissenschaftsge-schichte in Princeton. Kuhns Thema ist der Prozeß, in dem wissenschaftliche Erkenntnisse erzielt werden: Fortschritt in der Wissenschaft – das ist seine These – vollzieht sich nicht durch kontinuierliche Veränderung, sondern durch revolutionäre Prozesse. In Zeiten der „normalen Wissenschaft"[48] beschäftigen sich Wissenschaftler mit dem „Lösen von Rätseln"; funktioniert dies nicht, wird die Schuld dem Forscher gegeben, nicht dem zugrunde liegenden Paradigma. Wenn Anomalien auftreten, die innerhalb des herrschenden Paradigmas nicht lösbar sind, bahnt sich eine Krise ein, die zu einem „Paradigmenwechsel" führt. Dieser Schritt scheint nicht rational begründbar zu sein, da es keine objektive Möglichkeit des Vergleichs rivalisierender Paradigmen gibt („Inkommensurabilität"[49]). Durch den

---

[48] „In diesem Essay bedeutet ‚normale Wissenschaft' eine Forschung, die fest auf einer oder mehreren wissenschaftlichen Leistungen der Vergangenheit beruht, Leistungen, die von einer bestimmten wissenschaftlichen Gemeinschaft eine Zeitlang als Grundlagen für ihre weitere Arbeit anerkannt werden" (Kuhn, *Struktur*, S. 25).

[49] „In erster Linie werden die Befürworter konkurrierender Paradigmata oft nicht über die Liste der Probleme, welche jeder Paradigma-Anwärter lösen muß,

Paradigmenwechsel verändern sich aber nicht nur die Annahmen und Theorien, sondern auch die apparativen und institutionellen Bedingungen. Wissenschaftliche Revolutionen verlaufen nach Kuhn entsprechend einer nicht-linearen Entwicklung – dies ist kurzgefaßt der Inhalt dieser ersten Veröffentlichung Kuhns zum Thema, die (unter anderem auch aufgrund der heftigen Kritik an seiner Argumentationsweise) in späteren Auflagen, besonders mit dem *Postskriptum* von 1969, erhebliche Modifizierungen erfuhr.

Der Terminus „Paradigma" (aus dem Griechischen *parádeigma*: Modell, Urbild) wird erst von Kuhn in die wissenschaftstheoretische Debatte eingeführt und von ihm zunächst auf zweierlei Art definiert. Zunächst werden mit ihm allgemein anerkannte wissenschaftliche Leistungen bezeichnet, die für eine gewisse Zeit einer Gemeinschaft von Fachleuten (die *wissenschaftliche Gemeinschaft*: Fachleute eines wissenschaftlichen Spezialgebietes, deren Angehörige ähnliche Ausbildungsmerkmale besitzen) maßgebende Probleme und Lösungen liefern; darüber hinaus stehen Paradigmen für konkrete Problemlösungen. „Normale Wissenschaft" bedeutet nach Kuhn „eine Forschung, die fest auf einer oder mehreren wissenschaftlichen Leistungen der Vergangenheit beruht, Leistungen, die von einer bestimmten wissenschaftlichen Gemeinschaft eine Zeitlang als Grundlagen für ihre weitere Arbeit anerkannt werden"[50] und auf axiomatischen Systemen und Theoriegebäuden beruhen. Diese Leistungen sind „neuartig genug, um eine beständige Gruppe von Anhängern anzuziehen, die ihre Wissenschaft bisher auf andere Art betrieben hatten", und „noch offen genug, um der neuen Gruppe von Fachleuten alle möglichen ungelösten Probleme zu stellen. Leistungen mit diesen Merkmalen werde ich von nun an als ,Paradigmata' bezeichnen, ein Ausdruck, der eng mit dem der ,normalen Wissenschaft' zusammenhängt"[51].

Die ursprüngliche Bestimmung des Begriffs und seiner Bedeutung blieb bei aller Eleganz der Kuhnschen Argumentation in mancher Hinsicht

---

übereinstimmen. Ihre Normen oder Definitionen der Wissenschaft weichen voneinander ab" (ebd., S. 159).

[50] Ebd., S. 25.
[51] Ebd.; vgl. S. 37: „Paradigmata erlangen ihren Status, weil sie bei der Lösung einiger Probleme, welche ein Kreis von Fachleuten als brennend erkannt hat, erfolgreicher sind als die mit ihnen konkurrierenden. Erfolgreicher sein heißt jedoch nicht, bei einem einzelnen Problem völlig erfolgreich oder bei einer größeren Anzahl bemerkenswert erfolgreich zu sein."

undurchsichtig, weshalb sie durch Margaret Masterman[52] eine überzeugende Kritik erhielt. Sie wies nach, daß Kuhn seinen Paradigmabegriff in mehreren Bedeutungen verwendet, von denen die Kategorie der sogenannten Arbeitsthesen-Paradigmen (engl. „artefact or construct paradigms") die wichtigste darstellt[53]. Davon ausgehend, umriß sie die Wirkungsweise von Arbeitsthesen-Paradigmen bei der Entwicklung der Wissenschaft: Deren wesentlicher Charakter ist der grober Analogien (engl. „crude analogies"[54])[55].

Die sich an die Kritik Mastermans anlehnende Neuformulierung der Paradigmadefinition, die sich im *Postskriptum* von 1969 (deutsch 1970) findet, geht davon aus, daß der Begriff Paradigma in zwei verschiedenen Bedeutungen gebraucht wird, von denen die zweite die philosophisch tiefere darstellt: „Einerseits steht er für die ganze Konstellation von Meinungen, Werten, Methoden usw., die von den Mitgliedern einer gegebenen Gemeinschaft geteilt werden. Andererseits bezeichnet er ein Element in dieser Konstellation, die konkreten Problemlösungen, die, als Vorbilder oder Beispiele gebraucht, explizite Regeln als Basis für die Lösung der übrigen Probleme der ‚normalen Wissenschaft' ersetzen können."[56] Die erste Bedeutung nennt Kuhn die soziologische. Die zweite, wichtigere, entspricht Mastermans Arbeitsthesen-Paradigmen. Für das gemeinsame Element einer gegebenen wissenschaftlichen Gemeinde schlägt er den Ausdruck

---

[52] Margaret Masterman, *The Nature of Paradigm*, in: Imre Lakatos und Alan Musgrave (Hg.), *Criticism and the Growth of Knowledge*, Cambrigde 1970, S. 59-91.
[53] Vgl. ebd., S. 61: „In fact, Kuhn himself used his term in at least 21 ways"; vgl. Wolfgang Schmidt, *Struktur, Bedingungen und Funktionen von Paradigmen und Paradigmenwechsel. Eine wisenschafts-historisch-systematische Untersuchung der Theorie T. S. Kuhns am Beispiel der Empirischen Psychologie*, Frankfurt am Main und Bern 1981 (Europäische Hochschulschriften: Reihe 6, Psychologie, Bd. 80), S. 40.
[54] Ebd., S. 79.
[55] An den durch Kuhns Theorie der Wissenschaftsentwicklung ausgelösten wissenschaftstheoretischen Kontroversen sind drei Gruppen beteiligt, nämlich neben Kuhn und den ihm nahe stehenden Autoren der Kritische Rationalismus Poppers und seiner Schüler sowie die Analytische Wissenschaftstheorie; diese drei Richtungen teilen allerdings über ihre Divergenzen hinaus doch die Merkmale des neben kontinentalem Positivismus und amerikanischem Pragmatismus an der Entstehung der Wissenschaftstheorie maßgeblich beteiligten modernen Empirismus. Als Darstellung vgl. Schmidt, *Paradigmen*, besonders S. 4-9.
[56] Kuhn, *Struktur*, S. 186.

„disziplinäres System" vor. Dieses setzt sich aus vier Elementen zusammen, nämlich aus symbolischen Verallgemeinerungen, metaphysischen Paradigmen, Werten und Musterbeispielen; dieses vierte Element bildet das eigentliche Herzstück von Kuhns ursprünglichem Ansatz. Das „Musterbeispiel" scheint mit Mastermans Beschreibung des Arbeitsthesen-Paradigmas identisch zu sein, namentlich in zwei Schlüsselaspekten: Es ist konkret, und es liefert eine grobe Analogie, eine Art und Weise, ein Problem wie ein anderes bereits bekanntes zu sehen. Diese Vorstellung einer als Analogie eingesetzten konkreten wissenschaftlichen Errungenschaft ist von grundlegender Bedeutung für den Paradigmabegriff.

Kuhn hatte in seinem ursprünglichen Ansatz unterschieden zwischen paradigmatischer, „normaler Wissenschaft", die durch den Besitz eines einzigen Paradigmas charakterisiert wird, innerhalb dessen die gesamte wissenschaftliche Tätigkeit in Form eines Rätsellösens stattfindet, und vorparadigmatischer Wissenschaft. Jede Tätigkeit, die nicht durch ein einzelnes Paradigma geleitet wird, sei vorparadigmatisch. Deshalb seien die Verhaltens-, Sozial- und Informationswissenschaften in einem vorparadigmatischen Zustand. Aus der Tatsache, daß Kuhn drei Zustände – nicht-paradigmatische, multiparadigmatische (z.B. Verhaltens-, Sozial- und Informationswissenschaften) und diparadigmatische Wissenschaft („normale Wissenschaft" in der Krise) – in einen Topf warf und folglich deren jeweiliges Verhältnis zueinander und zur normalen Wissenschaft erst gar nicht untersuchte, folgerte Masterman im Gegensatz dazu, daß man immer beim Vorhandensein von Paradigmen (einem, zwei oder vielen) von normaler Wissenschaft sprechen könne. Darauf führt Kuhn in seiner Neuformulierung an, daß es nicht der Erwerb eines Paradigmas sei, der den Umschwung zur Reife und die Einführung der „normalen Wissenschaft" bezeichne, sondern eher ein Wandel in der Struktur eines Paradigmas, der normale Wissenschaft möglich mache[57]. Der Besitz von Paradigmen stellt demnach keine hinreichende (obwohl notwendige) Bedingung für die Entwicklung ausgereifter Wissenschaft dar: Nur von einer ausgereiften Wissenschaft ist zu sagen, daß sie Paradigmen besäße oder daß di- oder multiparadigmatische Wissenschaft nicht existiert. Somit sind Bereiche mit vielen Paradigmen, wie Verhaltens-, Sozial- und (eben auch) Informationswissenschaften, ebenso rechtmäßige Bereiche für die Erkennung von Paradigmen und die Analyse ihrer jeweiligen

---

[57] Vgl. ebd., S. 190.

Bedeutung wie Bereiche mit nur einem oder zwei Paradigmen (wie etwa die Naturwissenschaften in ihren normalen und Krisenzuständen).

Kuhn verfährt in seiner Begründung für die Behauptung, daß Paradigmen die Wissenschaft (im normalwissenschaftlichen Stadium) anleiten und nicht methodologische Regeln, anders als die tradierte Wissenschaftstheorie; für ihn und die anderen Vertreter dieser Hypothese hat sich der Begriff der „New Philosophy of Science" eingebürgert[58]. Kuhn fragt nicht danach, welche Voraussetzungen eine Theorie erfüllen muß, um als Theorie anerkannt zu werden; ihn interessiert die dieser Frage zugrundeliegende Problematik: „Wann kann man sagen, daß eine Theorie von allen (‚relevanten') Wissenschaftlern einer Disziplin anerkannt wird und worauf ist es zurückzuführen, daß Wissenschaftler eine gemeinsame Grundlage für die Anerkennung oder Ablehnung einer Theorie besitzen?"[59] Diese Fragestellung berührt die faktisch bestehenden Praktiken einer Wissenschaft und nicht die Bedingungen der Möglichkeit von Wissenschaft überhaupt – „in ihrem soziologischen Gehalt setzt sich die Frage auch von der kritisierten Zugangsweise des wissenschaftssoziologischen Funktionalismus ab: sie interpretiert Wissenschaft unter dem Aspekt ihrer kognitiv-normativen, nicht ihrer institutionell-normativen Orgaisation"[60].

Zwischen verschiedenen wissenschaftlichen Gemeinschaften kann es zu einem Konflikt kommen: Beide Gemeinschaften befassen sich mit derselben Materie und können somit in Konkurrenz zueinander treten[61]. Dabei wird an der gleichen Sache geforscht, jedoch entwickeln sich schnell unvereinbare Standpunkte, da sich die Paradigmen der einzelnen Gemeinschaften unterscheiden. Es entsteht ein Dominanzstreit, aus dem nur eine wissenschaftliche Gemeinschaft als Sieger hervorgehen kann, die dann ihre Forschungen weiterführt. Kuhn setzt sich mit der Frage auseinander, wie es zu diesen unvereinbaren Standpunkten kommen kann, und nennt die Eventualität, daß jegliche Kommunikation unmöglich werden kann. Er spricht dann von sogenannten inkommensurablen Standpunkten: Kuhns Inkommensurabilitätsbegriff bezieht sich in erster Linie auf wissenschaftliche Theorien, die dann inkommensurabel sind, wenn die

---

[58] Als Darstellung vgl. Jost Halfmann, *Paradigmenwechsel in der Theorie der Wissenschaft*, phil. Diss. (masch. schr.) Frankfurt am Main 1977.

[59] Ebd., S. 161.

[60] Ebd., S. 162.

[61] Vgl. Kuhn, *Struktur*, S. 90: Krisen sind „eine notwendige Voraussetzung für das Auftauchen neuer Theorien".

Prädikate und Gegenstände der einen nicht durch die der anderen erklärt bzw. beschrieben werden können – zwei solcher Theorien generieren verschiedene Welten[62]. Liegt eine Inkommensurabilität vor, so ist es nicht möglich, den Konflikt durch Anwendung der Logik zu lösen – nutzt man die Methoden der Logik, gibt es festgelegte Prämissen und Schlußfolgerungen: Die streitenden Parteien können die Denkschritte des Kontrahenten nachvollziehen, bis einer zugeben muß, daß er einen Fehler gemacht hat bzw. daß er gegen eine anerkannte Regel verstoßen hat[63]. Erkennen jedoch beide Parteien, daß sie eine unterschiedliche Basis besitzen, daß sie also über die Bedeutung oder Anwendung vereinbarter Regeln unterschiedlicher Meinung sind, so bleibt nach Kuhn ein einziges Mittel übrig – die Überredung: den anderen zu überzeugen, daß die eigene Meinung die einzig richtige ist. Kuhn sieht die Überredung "als Vorspiel zur Möglichkeit des Beweises"[64].

Schafft es nun die eine Gemeinschaft, die Ideen und Vorstellungen der anderen zu verstehen oder zumindest nachzuvollziehen, so kommt es zu einer *Konversion*: Das Paradigma der anderen Gemeinschaft wurde übernommen. Dieser Übergang ist für den einzelnen nicht willentlich nachvollziehbar. Er stellt irgendwann fest, daß die Konversion stattgefunden hat; das neue Paradigma ist nach der Konversion so verinnerlicht, daß das alte nun keine Gültigkeit mehr besitzt. Kuhn vertritt die Auffassung, daß zwei Paradigmen nebeneinander unerträglich sind; somit hat also für eine der streitenden Gemeinschaften ein Paradigmenwechsel stattgefunden. Kuhn beschreibt diesen Wechsel als einen sehr schnellen Vorgang: Eine Gemeinschaft hält zwar sehr lange an ihrem alten Paradigma fest[65]. Ist jedoch der Punkt der Konversion erreicht, an dem das eigene Paradigma plötzlich zugunsten des neuen an Bedeutung verliert, spielt sich dieser Gestaltwandel sehr rasch ab. Kuhn spricht hierbei von revolutionären Vorgängen: Das eigene Paradigma, das bisher

---

[62] Zur Rezeption der Inkommensurabilitätstheorie Kuhns im Bereich der analytischen Philosophie vgl. auch Kathrin Glüer, *Donald Davidson zur Einführung*, Hamburg 1993, S. 132-134.

[63] Vgl. Kuhn, *Struktur*, S. 210.

[64] Ebd.

[65] Ebd., S. 97: „Alle Krisen beginnen mit der Aufweichung eines Paradigmas und der sich daraus ergebenden Lockerung der Regeln für die normale Forschung. In dieser Hinsicht ähnelt die Forschung während einer Krise sehr der Forschung in der einem Paradigma vorausgehenden Periode, nur daß bei der ersteren der Ort des Zwiespalts kleiner und schärfer definiert ist."

Grundlage sämtlicher Wertvorstellungen der wissenschaftlichen Gemeinschaft war, wird plötzlich aufgegeben, um einer völlig neuen Anschauung zu weichen. Kuhn gelangt damit zu einem Zyklusmodell der Wissenschaftsentwicklung, in dem Phasen der „Normalwissenschaft" und solche der „außerordentlichen Wissenschaft" („Krisen" und „wissenschaftliche Revolutionen"), die in einer „reifen" Wissenschaft als zwei typische Wissenschaftsformen unterschieden werden können, fortlaufend einander ablösen: Im ersten Fall führen die Forschungsaktivitäten zu einem kontinuierlichen Wissenschaftsfortschritt, im zweiten dagegen zur Verdrängung einer alten durch eine neue Forschungstradition mit diskontinuierlichem Wissenschaftsfortschritt[66].

*

Die von Kuhn initiierte Wende zum Historischen und die damit verbundene Einbeziehung von Dialektik, Hermeneutik und dem Evolutionsschema in den Horizont der Wissenschaftstheorie gilt mittlerweile als klassisch[67]; der Begriff des Paradigmenwechsels ist nicht nur tief in die musikwissenschaftliche Terminologie des ausgehenden 20. Jahrhunderts eingedrungen, er erfährt zugleich eine quasi inflationäre Be- und Abnutzung. Zu fragen ist zunächst nach einer Berechtigung einer Anwendung dieses wissenschaftstheoretischen Modells auf eine Kunstwissenschaft – schließlich wird in der New Philosophy of Science Wissenschaft zu einem Ablauf von Theorien stilisiert, die ihr je eigenes Weltbild mit je eigenem Erfahrungsschatz erzeugen und mit ihm wieder verschwinden; sie bleibt in den Grenzen philosophischer Argumentation befangen[68]. Da Kuhn selbst seine Theorie in erster Linie auf die Naturwissenschaften angewendet hat, stellt sich die Frage nach der Rationalität von Geisteswissenschaften, die eine Grundlage des Kuhnschen Modells ist; rational kann eine Wissenschaft allerdings nur aufgrund ihres Verfahrens und nicht wegen der Verfügbarkeit des Gegenstandes sein: So sind Naturwissenschaften nicht deshalb rationaler als Sozial- oder eben Geisteswissenschaften,

---

[66] Zur Bedeutung dieser Thesen für die Wissenschaftstheorie etwa Stegmüllers und Lakatos' vgl. Schmidt, Paradigmen, S. 310-311 und 317, bzw. Elisabeth Ströker, Geschichte als Herausforderung, in: neue hefte für philosophie 6-7 (1974), S. 29.
[67] Vgl. Hans Poser, Wissenschaftstheorie. Eine philosophische Einführung, Stuttgart 2001, S. 279-280.
[68] Vgl. etwa die Darstellung bei Halfmann, Paradigmenwechsel, S. 57-59.

weil ihre Theorien einen hohen Konsistenz- oder Plausibilitätsgrad haben. „Fragen der Überlegenheit bestimmter Wissenschaften gegenüber anderen beziehen sich auf den ,Wahrheitsgrad' bestimmter Theorien, die die Relation von Satzsystemen zu einem Gegenstand betreffen."[69] Deshalb ist die Frage nach der Rationalität von Wissenschaft keine nach dem Unterschied von Natur- und Geistes- respektive Sozialwissenschaften, sondern eine nach dem wissenschaftlichen Arbeitstyp, nach der Zweck-Mittel-Relation wissenschaftlichen Handelns, nach der Organisation der Mittel im Sinne der Konstruktion und der Verhandlung von Theorien und „der Verfügbarkeit der Zwecke wissenschaftlichen Handelns"[70].

„It is the way of its growth, which makes science rational and empirical"[71] – folgt man Karl Popper, dann ist Wissenschaft rational, wenn sie wächst. Popper redet von Wachstum jedoch keineswegs im Sinne des Zuwachses an etwa empirischem Beobachtungswissen, sondern an Theorien, die riskante Hypothesen aufstellen. Demnach soll ein kausales Erklärungsschema mit eingebauter Selbstkorrektur (Falsifikationsmöglichkeit) ohne Ausnahme für alle Wissenschaften gelten. Das Denken, das diesem hypothetisch-deduktiven Schema nicht entspricht, ist als nicht wissenschaftlich abzugrenzen von dem wissenschaftlichen Netz des undogmatischen Erkenntnisfortschritts –

---

[69] Ebd., S. 64.

[70] Ebd., S. 65; „wenn ,Methodologien [...] Mengen untereinander verbundener Sätze [sind], die Vorschriften für das Handeln von Wissenschaftlern enthalten und wenn Poppers Behauptung stimmt, daß ,die Prüfung wissenschaftlicher Theorien Teil ihrer kritischen Diskussion [ist], oder wie man sagen könnte, ihrer rationalen Diskussion, denn in diesem Zusammenhang kenne ich kein besseres Synonym für ,rational' als ,kritisch', dann wäre Rationalität eine methodische Vorschrift oder eine Eigenschaft von Methode [...]. Die Frage ist, ob die methodische Vorschrift, an Theorien rationale Kritik zu üben, d. h. sie – so Popper – mit dem Mittel der deduktiven Logik zu prüfen, ausreicht, um Wissenschaft als rationales Handeln auszuweisen." Halfmann bezieht sich auf Karl Raimund Popper, *Zwei Seiten des Alltagsverstandes*, in: ders., *Objektive Erkenntnis*, Hamburg ²1974, S. 96. Zur Übertragbarkeit des Kuhnschen Modells vgl. Michael Friedman, *Remarks on the History of Science and the History of Philosophy*, in: Paul Horwich (Hg.), *World Changes. Thomas Kuhn and the Nature of Science*, Cambrigde und London 1993, S. 37-54.

[71] Karl Raimund Popper, *Truth, Rationality and the Growth of Knowledge*, in: ders., *Conjectures and Refutations*, London ⁴1972, S. 216; vgl. Halfmann, *Paradigmenwechsel*, S. 67: „Mit dem Wachsen der Wahrscheinlichkeit ihrer Falsifikation steigt die Rationalität der Wissenschaft, da die Mittel der Rationalitätssicherung, die kritische Überprüfung von Theorien, den Zweck haben, Theorien zu stürzen, jedoch nicht zu früh, d. h. nicht ehe sie ihre vorläufige Fruchtbarkeit erwiesen haben".

„Insofern sich die Sätze einer Wissenschaft auf die Wirklichkeit beziehen, müssen sie falsifizierbar sein, und insofern sie nicht falsifizierbar sind, beziehen sie sich nicht auf die Wirklichkeit"[72]. Unter der Perspektive dieser Vorgaben steht die Eingliederung der Musikwissenschaft als Wissenschaft in die Theorie Kuhns. Kuhn merkt selbst an: „Ein scharfsichtiger Historiker, der einen klassischen Fall von Neuorientierung einer Wissenschaft durch Paradigmawechsel betrachtete, beschrieb vor kurzem diesen Vorgang mit der Wendung ,den Stock am anderen Ende aufheben', ein Prozeß, bei dem ,das gleiche Paket Daten wie vorher behandelt wird, die Daten aber in ein neues System gegenseitiger Beziehungen gestellt werden, indem man ihnen einen anderen Rahmen gibt'"[73]. Die damit zusätzlich auftretende Problematik ist auch die der Historizität in der Entwicklung der Musik – ist das „Paket Daten" nach der Umarbeitung in einen neuen Rahmen noch das gleiche?

Nach Hugo Riemann[74] sind der „Untergang der Solmisation" und „der Generalbaß" die Kennzeichen der Umbruchsphase in der Musiklehre des frühen 18. Jahrhunderts: Mit dem Aufstieg des „akkordischen Komponierens" im 16. Jahrhundert verbindet er den allmählichen Verfall der Solmisation. Die Theoretiker der Zeit bemühten sich vergeblich um eine Anpassung des alten Systems an die Gegebenheiten der veränderten Praxis, und das Grablied, das Mattheson für die Solmisationssilben Guido von Arezzos 1717 als Beendigung des Disputes mit Buttstett veröffentlicht, ist einer der Schlußpunkte dieser Entwicklung. Die Isolierung dieser beiden Phänomene, die Riemann vornimmt, versucht den Anschluß an die allgemeine musikalische Entwicklung herzustellen, nämlich „den Übergang von einem primär vokalen zu einem primär instrumentalen Stil [...], verweist aber auch auf ein streng teleologisches Geschichtsbild: der Verfall des einen bedingt den Aufstieg des anderen mit dem verborgenen Ziel der klassisch-romantischen Funktionsharmonik"[75]. Dabei läßt Riemann das Faktum der pädagogischen Eigenbewegungen im „Generalbaß-Zeitalter", die „nicht nur defensiven Charakter besessen haben können"[76], rigoros

---

[72] Karl Raimund Popper, *Logik der Forschung*, Tübingen ⁵1973, S. 256.

[73] Kuhn, *Struktur*, S. 98; vgl. Vgl. Dahlhaus, *Grundzüge einer Systematik*, S. 9: „Daß der Weg, den die Entwicklung der Musiktheorie einschlug, von der Kontemplation des Tonsystems über die Regulierung des Tonsatzes zur Analyse individueller Werke führte, steht im Groben fest".

[74] Hugo Riemann, *Geschichte der Musiktheorie*, Berlin ²1921, S. 427-430.

[75] Braun, *Musiktheorie als öffentliche Angelegenheit*, S. 37.

[76] Ebd.

außer Acht; nichtsdestoweniger gilt noch im ausgehenden 20. Jahrhundert der von Riemann 1921 beschriebene Umstand als klassischer Fall eines Paradigmenwechsels, erweist sich doch das Konzept einer „internen Problem- und Dogmengeschichte"[77] als bei weitem zu eng, da die Geschichte der Musiktheorie schließlich niemals „eine aus sich selbst heraus abrollende Wissenschaftsentwicklung gewesen ist": Das Verhältnis von Theorie und Praxis, das stets umstritten blieb, war nicht nur „durch die Nähe und Ferne, die es ausprägte, sondern auch durch die Richtung, in der es wirksam wurde", immer wieder anders[78].

Zu der Diskussion um diesen angenommenen Paradigmenwechsel in der Musiklehre des 18. Jahrhunderts gehört die Frage der Terminierung dieser Krise, denn ein Paradigmenwechsel – folgt man den Ausführungen Kuhns – verläuft im Kern sehr schnell. Nach Carl Dahlhaus ist das Epochenjahr 1750 eine Fiktion; der Stilbruch, der das 17. Jahrhundert vom 18. trennt, fällt – der *communis opinio* der Musikhistoriker gemäß – in das Jahrzehnt zwischen 1720 und 1730. Nur die Zaghafteren sprechen von einer Zäsur um 1750, um die Nähe zum früheren, bei musikalischen Laien ungebrochen populären Epochenjahr 1750 nicht preiszugeben: „Die Merkmale des neuen Stils – der homophone Satz, die kleingliedrige Melodik, die rhythmische Quadratur und der langsame harmonische Rhythmus – sind zu auffällig, als daß es möglich wäre, sie zu überhören oder als irrelevant abzutun. Und man kann, sobald man von der Heroengeschichte abrückt, die geringere Statur der Komponisten, von denen das Neue verkörpert wurde, nicht als historiographisches Argument benutzen: Gleichgültig wie man ästhetisch urteilt – die historische Bedeutung des Vorgangs steht fest"[79].

---

[77] Vgl. Carl Dahlhaus, *Was heißt „Geschichte der Musiktheorie"?*, in: Frieder Zaminer (Hg.), *Ideen zu einer Geschichte der Musiktheorie*, Darmstadt 1985 (Geschichte der Musiktheorie Bd. 1), S. 31.

[78] Ebd.

[79] Dahlhaus, *Die Musik des 18. Jahrhunderts*, S. 2; vgl. ders., *Musiktheorie im 18. und 19. Jahrhundert*, S.1: „Daß die Jahre zwischen 1720 und 1730 [...] sowohl kompositions- als auch theoriegeschichtlich tiefgreifende Zäsuren markieren, ist nach strukturgeschichtlichen Kriterien nicht ganz selbstverständlich". Zur Frage des Epochenjahres 1750 vgl. auch Martin Zenck, *1740-1750 und das ästhetische Bewußtsein einer Epochenschwelle? Zum Text und Kontext von Bachs Spätwerk*, in: Christoph Wolff (Hg.), *Johann Sebastian Bachs Spätwerk und dessen Umfeld. Perspektiven und Probleme*, Kassel, Basel, London, New York und Prag 1988 (Bericht über das wissenschaftliche Symposion anläßlich des 61. Bachfestes der Neuen Bach-Gesellschaft Duisburg 1986), S. 109-116.

Dahlhaus geht so weit, das offensichtlichste Anzeichen eines Wechsels in der Musiktheorie, nämlich die Theorie Jean-Philippe Rameaus, mit den sozialgeschichtlichen Implikationen der Figur des *galant homme* zu verbinden. Die Ablösung des kontrapunktischen Normensystems und dessen Überbau durch Rameaus Fundamentalbaßlehre wird von ihm als geschichtlicher Vorgang aufgefaßt, durch den sich eine den ästhetischen Idealen des galant homme entsprechende musikalische Wahrnehmung durchzusetzen begann: „Nicht der freie Satz als solcher, wohl aber die Interpretation von Phänomenen wie dem frei einsetzenden Septakkord, der abspringenden Wechselnote oder dem betonten oder gedehnten Durchgang: eine Interpretation, die dem freien Satz prinzipielle Selbständigkeit einräumt, statt ihn als Sammlung von Lizenzen zu erklären, die auf die Kontrapunktnormen in Gedanken zurückbezogen werden sollen, läßt sich demnach sowohl mit dem Stilwandel zwischen 1720 und 1730 als auch mit dem galanten Geschmack in Verbindung bringen: mit dem Stilwandel, weil die Häufung der Abweichungen von den Kontrapunktregeln eine während des Hörens nachvollziehbare Reduktion im Sinne der Figurenlehre verhinderte; mit dem galanten Geschmack, weil sich in der Interpretation Rameaus eine unpedantische Hörweise manifestierte, die den ästhetischen Idealen des galant homme entsprach"[80]. Die von Rameau 1722 begründete Harmonielehre, die der Figurenlehre (als Teilmoment der Kontrapunkttheorie) theoretisch den Boden entzog, und die Ästhetik der Empfindsamkeit sind demnach ideengeschichtlich zwei Seiten derselben Sache. Die Entstehung der Harmonielehre, der „Modelldisziplin" der Musiktheorie im 18. und 19. Jahrhundert, bedeutete in den Augen von Dahlhaus keineswegs eine Auflösung des traditionellen Kontrapunkts, der vielmehr in der Fassung durch Fux die Epochen der Klassik und der Romantik äußerlich ungebrochen überdauerte, obwohl die Prämissen, von denen Fux ausging, mit denen der Harmonielehre unvereinbar waren: Die fundamentale Kategorie des Kontrapunkts ist das Intervall, die der Harmonielehre der Akkord[81]. Die extreme zeitliche Nähe von Rameaus *Traité* (1722) und Fux' *Gradus ad Parnassum* (1725) läßt eine gleichzeitige und insofern epochemachende Begründung langandauernder Traditionen in der Kontrapunkt- und der damit neubegründeten Harmonielehre vermuten; das Buch von Fux markiert aber nur theoretisch das Ende einer Entwicklung und stellt lediglich didaktisch den Anfang eines besonderen

---

[80] Dahlhaus, *Die Musik des 18. Jahrhunderts,* S. 32; vgl. ebd., S. 58.
[81] Vgl. ebd., S. 61.

Entwicklungsstranges im musikalischen Unterricht dar[82]. Die theoretischen Voraussetzungen sind außerdem inkompatibel. So geht es bei dem tragenden Wandel der Theorie im 18. Jahrhundert also um die Begründung von harmonischem Zusammenhang durch Schritte der *Basse fondamentale* statt durch Intervallprogressionen und schließlich auch um „die Verdrängung einer teleologisch orientierten durch eine am Kausalitätsbegriff haftende Philosophie"[83].

Der Zusammenhang zwischen der Theorie Rameaus und dem, was Riemann als „Generalbaßzeitalter" klassifiziert, ist zu komplex, um in diesem Rahmen angemessen gewürdigt zu werden[84]; dazu gehört auch die Frage, ob das Theoriesystem Rameaus – wenn es denn überhaupt ein System ist! – alle Voraussetzungen bietet, um wirklich den Standard der Kategorie einer „ersten Harmonielehre" (auch in der Gegenüberstellung zu einer Melodielehre Matthesons) zu erfüllen. So ist es möglich aufzuzeigen, daß Rameau die Prämissen, die nach den Kriterien des 19. und 20. Jahrhunderts eine Harmonielehre begründen, zwar nicht teilt, andererseits aber Konzeptionen wie die der Werke Moritz Hauptmanns oder Hugo Riemanns durchaus antizipiert[85]. Grundsätzlich ist festzuhalten, daß die bereits im frühen 18. Jahrhundert strittige These über den Vorrang der Harmonie vor der Melodie eine Veränderung im Hinblick auf das zu Grunde liegende kontrapunktische Regelsystem bedeutet – ein Regelsystem, das zwar erhalten bleibt („alle Lehrbücher des 18. Jahrhunderts zur ‚musikalischen Setzkunst' bestehen zum größten Teil aus bekannten Fortschreitungsregeln, und

---

[82] Vgl. Dahlhaus, *Musiktheorie im 18. und 19. Jahrhundert*, S. 2.

[83] Dahlhaus, *Was heißt „Musiktheorie"?*, S. 33.

[84] Als Darstellung vgl. Dahlhaus, *Musiktheorie im 18. und 19. Jahrhundert*, Kap. I.3. „Das Neue in der Musiktheorie des 18. Jahrhunderts" (S. 10-22) bzw. Markus Waldura, *Von Rameau und Riepel zu Koch. Zum Zusammenhang zwischen theoretischem Ansatz, Kadenzlehre und musikalischem Periodenbegriff in der Musiktheorie des 18. Jahrhunderts*, Saarbrücken 1999 (phil. habil., masch. schr.; Druck i.V.).

[85] So versteht etwa Wolfgang Horn unter „Harmonielehre" eine „Darstellung von Klangkomplexfortschreitungen, die als Repräsentanten ‚harmonischer Funktion' verstanden werden" (*Die Kompositionslehre Christoph Bernhards*, S. 106); vgl. Carl Dahlhaus, *Ist Rameaus ‚Traité de l'harmonie' eine Harmonielehre?*, in: ZfMth 1.2 (1986), S. 123-127, bzw. Peter Benary, *Zur musikalischen Satztechnik in Theorie und Praxis um 1750*, in: Günther Wagner (Hg.), *Jahrbuch des Staatlichen Instituts für Musikforschung Preußischer Kulturbesitz*, 1994, S. 80: „Rameaus musiktheoretische Leistung [betrifft] nicht die Harmonik, sondern die Harmonielehre; und wie weit diese voneinander entfernt sein können, zeigt sich gerade bei harmonischen Analysen Bachscher Werke".

noch jede Harmonielehre des 20. Jahrhunderts erwähnt das Parallelenverbot"[86]), aber zu einem abgeleiteten Moment wird, als primäres ersetzt durch die Bewegung von zwei Akkorden, deren Betrachtung im Vordergrund steht. Dabei bleibt – ungeachtet ihrer praxisbezogenen Anteile – der Aspekt *Theorie* immer im Vordergrund der Erörterungen Rameaus; die Frage, inwieweit die Modellentwicklung (also ein Paradigma für die Harmonielehre als neue Disziplin im Sinne Kuhns) aus der Praxis – etwa aus dem Generalbaßmodell – entstand oder eben aus den bei Rameau dargestellten Zusammenhängen, ist kaum zu beantworten[87]. Unstrittig erscheint allerdings, daß der Kuhnsche Begriff des Paradigmenwechsels auch in der Übertragung auf die Musiktheorie Chancen bietet: Zwar fordert die Orientierung an diesem Schema Einwände heraus, aber gerade indem es „Schwierigkeiten sichtbar macht, die gelöst werden müssen", bereitet es der Reflexion über die Möglichkeit, „die Veränderungen der Musiktheorie als Geschichte zu verstehen"[88], statt sie als bloße Häufung unzusammenhängender Dogmenerörterungen zu erleben, den Weg.

3. Matthesons Melodielehre als Paradigmenwechsel

Carl Dahlhaus hält die primäre Orientierung der Musiktheorie am musikalischen Kunstwerk und damit den Blick auf Strukturprinzipien des Tonsatzes für den avanciertesten Aspekt der Musiklehre im frühen 18. Jahrhundert: Die Orientierung am Kunstwerk selbst ist kompositions- und ideengeschichtlich im ersten Drittel des 18. Jahrhunderts „an der Zeit"[89]. Für die Perspektive dieser Orientierung ist das Schrifttum Matthesons weder aus der zeitgenössischen Diskussion noch aus der des 20. Jahrhunderts wegzudenken: Neben der Fokussierung *des galant homme* als idealem Adressaten seiner theoretischen Äußerungen und damit der Begründung einer neuen Form der Musiklehre steht die neue Orientierung ebendieser Musiklehre auf das Zentrum Melodielehre, vollständig ausgeprägt in der Phase des *Vollkommenen Capellmeisters*, aber bereits vorbereitet in den frühen

---

[86] Well, *Kompositorische Grundlagen im Wandel*, S. 312.

[87] Vgl. ebd., S. 336-337; vgl. ebd., S. 391: „Erst wenn verschiedene Phänomene dergestalt aufeinander einwirken, daß eine neuartige Hierarchie der satzbildenden Parameter entsteht, läßt sich sinnvollerweise von einem Paradigmenwechsel sprechen". Well versucht damit die direkte Einbindung kompositionsgeschichtlicher Phänomene in den theoretischen Zusammenhang eines Paradigmenwechsels.

[88] Dahlhaus, *Was heißt „Musiktheorie"?*, S. 33.

[89] Dahlhaus, *Musiktheorie im 18. und 19. Jahrhundert*, S. 2.

Orchestre-Schriften. Auch wenn der Ansatz einer Harmonielehre, die Rameau zu unterstellen wäre, kaum vergleichbar ist mit der Ausprägung einer Melodielehre des didaktischen Zuschnitts, die Mattheson im zweiten Teil des *Vollkommenen Capellmeisters* schafft, stehen beide jedoch auf einem vergleichbaren Niveau in Bezug auf einen (angestrebten) Paradigmenwechsel.

Folgt man Dahlhaus, dann hat es immer Melodielehren gegeben, niemals aber, wie in der Kontrapunkt- und Harmonielehre, eine Kontinuität der Theorie und des pädagogischen Regelsystems; was Dahlhaus meint, sind wohlverstanden nicht die handwerklichen Regeln zur Melodiebildung um der Melodie selbst willen, wie sie Mattheson mit dem *Vollkommenen Capellmeister* in der Ausrichtung auf die modischen Schreibarten in der Musik des 18. Jahrhunderts zu vermitteln sucht: Dahlhaus spielt auf das Regelwerk der Kontrapunktlehren bis hin zu Fux' *Gradus ad Parnassum* von 1725 an. Das Erstaunliche ist somit nicht der Mangel an Tradition in der Melodielehre, sondern „deren Festigkeit in der Kontrapunkt- und Harmonielehre"[90], die offenbar in der Theorie des Kontrapunkts auf der Kanonisierung des Palestrinastils und in der Theorie der Harmonik auf einem Rückzug in Abstraktionen, die von den historischen Veränderungen nicht betroffen werden, beruhen. Das einzige „Melodiegesetz", das „überliefert" oder immer wieder entdeckt worden ist, besagt, daß einem Sprung eine stufenweise Bewegung in entgegengesetzter Form folgen soll (und umgekehrt); „als Muster einer in der Natur der Musik begründeten Melodik galt bis zum 19 Jahrhundert im allgemeinen der Stil der eigenen Zeit, in neueren Theorien manchmal ein historischer Stil"[91]. Die Melodielehre Matthesons ist – auch nach eigenem Bekunden[92] – der erste Versuch einer umfänglichen Systematisierung, auch wenn Mattheson nicht der „Erfinder" einer Melodielehre gewesen sein mag[93].

Die von Mattheson entworfene Melodielehre gibt sich zwar durchaus den Anschein einer Handwerkslehre, ist aber tatsächlich eher der Ausdruck seiner ästhetischen Vorstellungen, ablesbar insbesondere an dem zentralen Apparat der Incisionslehre. Betrachtet man das Postulat,

---

[90] Carl Dahlhaus, Art. *Melodie*, in: MGG² Sachteil Bd. 6 (1997), Sp. 45.
[91] Ebd.
[92] Mattheson rühmt sich 1740, als erster „auf eine einzelne, saubere Melodie als das schönste und natürlichste in der Welt gedrungen" zu haben, vgl. den Vorbericht zur *Ehrenpforte*; vgl. auch im *Vollkommenen Capellmeister*, S. 133: „Niemand hat sonst, meines Wissens, mit Vorsatz und Nachdruck von der Melodie geschrieben".
[93] Vgl. Dahlhaus, *Musiktheorie im 18. und 19. Jahrhundert*, S. 13.

daß Musik beredt sein müsse, um nicht in leeres Getön zu verfallen, als einen – wie auch immer differenziert – über Epochengrenzen hinausreichenden ästhetischen Grundgedanken[94], dann betrifft dieses Postulat in erster Linie die Ästhetik des 18. und 19. Jahrhunderts, die explizit oder unausgesprochen eine Ästhetik der Melodie ist: Das Teilmoment der Musik, von dem man primär Expressivität und Sprachcharakter erwartete[95], war die Melodie – eine Haltung, die sich in dieser Form unbedingt schon bei Mattheson findet.

Da diese Melodielehre Elemente der kompositionsgeschichtlichen Praxis aufgreift und beschreibt, war sie in den Jahren um 1740 zwar modern; diesen Modernitätsanspruch konnte sie aber nicht lange aufrecht erhalten[96]. Einer der Gründe, die eine Festigung der Melodielehre zur „tradierbaren Disziplin" verhinderten oder hemmten, war die Ungewißheit über ihre Stellung und Funktion im System der Musiktheorie: „ [...] der Zweifel, ob sie fundamentale oder gerade umgekehrt zusammenfassende Bedeutung habe"[97]. Die ihr immanente Verengung des Begriffs vom musikalischen Satz[98] spielt eine gewichtige Rolle in der Rezeptionsgeschichte und in der mit ihr verbundenen Gewohnheit, Melodie und Harmonie einander entgegenzusetzen. Darum geht es bei Mattheson nicht – der Primat der Melodie vor der Harmonie ist für ihn selbstverständliche Voraussetzung, um überhaupt Regeln für eine Melodielehre geben zu können.

Mattheson versucht mit der Melodielehre im *Vollkommenen Capellmeister* nichts geringeres, als der mathematisch fundierten

---

[94] Vgl. Dahlhaus und Abraham, *Melodielehre*, S. 25.

[95] Ebd.: „Der Begriff des Melodischen und der des Expressiven fließen ineinander"; vgl. Dahlhaus, *Musiktheorie im 18. und 19. Jahrhundert*, S. 15: „Es ist für das 18. Jahrhundert, die Epoche der Aufklärung, des Klassizismus und der Empfindsamkeit – deren Tendenzen man weniger in abstrakter Trennung als in ihrer Durchdringung betrachten sollte –, charakteristisch und aufschlußreich, daß eine Melodielehre überhaupt entstehen und Einfluß gewinnen konnte, und zwar dadurch, daß die ästhetischen Prämissen, das ‚bewegende und rührende Wesen' und die ‚edle Einfalt', sowohl in der dominierenden Denkform des Zeitalters [...] verwurzelt waren als auch eine didaktische Ausprägung erlaubten".

[96] Vgl. Dahlhaus und Abraham, *Melodielehre*, S. 12; Dahlhaus wertet diesem Umstand eher als „ein Zeichen ihrer geschichtlichen Authentizität als ihrer Unzulänglichkeit" (S. 19).

[97] Ebd., S. 11.

[98] Vgl. ebd., S. 12: „Weder muß ein melodischer Gedanke, der etwas taugt, als Einfall gegeben sein, noch leuchtet es umgekehrt ein, daß sich Inspiration, was immer sie sei, auf melodische Gedanken beschränkt".

Kontrapunktlehre – der Substanz der traditionellen *musica poetica* – eine **ästhetisch begründete** Melodielehre entgegenzusetzen und die ältere Disziplin zwar nicht außer Geltung zu setzen (ablesbar an der Kompositionslehre im dritten Teil des *Vollkommenen Capellmeisters*), aber doch durch die neuere aus der Position einer tragenden Grundlehre der Musiktheorie oder der musikalischen Satzlehre zu verdrängen. „Zusammen mit dem musikalischen Gegenstand, der ins Zentrum rückte, wechselte die philosophische Orientierung: Statt der Mathematik, die Mattheson als bloße Hilfswissenschaft für Instrumentenbauer betrachtete, also ihres ontologischen (platonisch-pythagoreischen) Anspruchs beraubte, war es die Ästhetik, an der er als Musiktheoretiker Rückhalt suchte."[99] Dazu tritt das Vorwärtsweisende der von Mattheson entworfenen Melodielehre – die Kontinuität, auf die er zielt, ist nicht die Sequenzierungs- oder Fortspinnungstechnik, sondern das klassische Korrespondenzprinzip: die rhythmische Analogie von Vorder- und Nachsatz, und „nicht zufällig erinnert Mattheson an das Vorbild der ‚Dicht-Kunst'. Seit dem 18. Jahrhundert wird die Melodie gleichsam als musikalischer Vers oder als Versgruppe begriffen".[100] Dabei mochte Mattheson die spätbarocke Tradition des „Einheitsablaufs" nicht restlos preisgeben, worauf in der Melodielehre des *Vollkommenden Capellmeisters* die Regeln über „das fließende Wesen" hinweisen. Und die Auffassung, daß ein „rechtfließendes Melos nur wenig förmliche Cadentzen haben müsse"[101] und daß Zäsuren zwar nicht unkenntlich gemacht, aber überbrückt werden sollen, ist mit der Forderung nach deutlicher, durch Kadenzabstufungen differenzierter Gliederung, die Mattheson in einem anderen Paragraphen erhob, tatsächlich kaum vereinbar[102].

3.1. Eine „philologisch-musicalische Wissenschafft"

Wenn Musikgeschichtsschreibung sich auch als historische Sozialforschung versucht, ist der Aspekt der „Modernisierung" ein durchaus reizvolles Interpretationsangebot, besonders für „das 18. Jahrhundert"[103]: Das Denken in einem solchen Modell geht gerade nicht von Kontinuität aus, sondern betont den Wechsel von Paradigmen, wie er von Karsten Mackensen als „Wechsel von Grundannahmen, die über

---

[99] Ebd., S. 13.

[100] Ebd., S. 26.

[101] Mattheson, *Der vollkommene Capellmeister*, S. 150.

[102] Vgl. Dahlhaus, *Musiktheorie im 18. und 19. Jahrhundert*, S. 16.

[103] Vgl. Hans-Ulrich Wehler, *Modernisierungstheorie und Geschichte*, Göttingen 1975, S. 5, bzw. Mackensen, *Simplizität*, S. 86-87.

264

einen längeren Zeitraum als unveränderlich galten und nicht zur Diskussion standen"[104], definiert wird – ein Wandel, der aber auch in der Gegenüberstellung von tradiertem und modernem Verständnis desselben Sachverhaltes niemals Zusammenhangslosigkeit bedeutet. Auch unter dieser Voraussetzung ist zu fragen nach der Konsistenz eines Paradigmenwechsels, wenn er denn mit der Melodielehre Matthesons feststellbar ist. Als Paradigma, das einem anderen weicht, kann der Kontrapunkt verstanden werden: Er wird immer wieder als Leitlinie der Kompositionsgeschichte von Matheson verworfen, muß aber auch immer wieder aufs Neue herangezogen werden. Der Angriff auf die Tradition, den Matheson mit dem *Neu-Eröffneten Orchestre* 1713 beginnt, spricht dem Kontrapunkt (und mit ihr verbunden der traditionellen Stillehre) die *alleinige* Kompetenz ab, „die aktuellen Belange der musikalischen Praxis zu erreichen"[105]. Die von Kuhn vertretene These, im Rahmen einer wissenschaftlichen Revolution – und nichts anderes ist im Grunde mit diesem Markstein Matthesons intendiert! – wechsle ein Paradigma radikal und unumkehrbar, trifft also für den paradigmatischen Komplex Kontrapunkt – Melodielehre nicht zu. Zieht man andererseits Kuhns zweite (spätere) Definition von Paradigma als „Musterbeispiel", Margaret Mastermans „Arbeitsthesen-Paradigmen", zur Betrachtung heran, kann die Analyse des Menuetts am Ende des zweiten Teils der Veröffentlichung von 1739 als neues Paradigma gewertet werden: Hier liegt die erste formale Analyse eines kompositionsgeschichtlich gesehen aktuellen Musterbeispiels vor, die Matheson mit Hilfe der von ihm exponierten Incisionslehre erarbeitet. Das soziologische Paradigma trifft also die Anlage und vor allem den Effekt der Melodielehre Matthesons weniger als die Beschreibung eines Paradigmenwechsels mit dem Arbeitsthesen-Paradigma Menuett – was in erster Linie mit dem Adressatenbezug der Arbeit Matthesons zusammenhängt. Tatsächlich stimmt diese Beobachtung ja auch überein mit dem kompositionsgeschichtlichen Zusammenhang der Zeit: Das Menuett ist im frühen 18. Jahrhundert ebenso an der Tagesordnung wie die Entwicklung des periodischen Satzbaus – auch wenn die Prospektivität des Umstandes nicht zu leugnen ist, daß Matheson ausgerechnet einen Tanz zur Betrachtung heranzieht, der in der *á-la-mode*-Suite eine eher untergeordnete Rolle spielt: Eine Hauptrolle unter den musikalischen Genera sollte das Menuett erst fünfzig Jahre nach der Veröffentlichung des *Vollkommenen Capellmeisters* erhalten! –, und die Melodielehre Matthesons hatte auf

---

[104] Ebd., S. 87.
[105] Oechsle, *Bachs Arbeit am strengen Satz*, S. 40.

die kompositionsgeschichtliche Entwicklung weitaus weniger Einfluß als etwa die Theorie Rameaus, die ja viel stärker rezipiert worden ist. Folgt man den Arbeitsthesen-Paradigmen Mastermans, bezeichnet der Terminus Paradigma in Kuhns Neuformulierung von 1970 ja „die konkreten Problemlösungen, die, als Vorbilder oder Beispiele gebraucht, explizite Regeln als Basis für die Lösung der übrigen Probleme der ‚normalen Wissenschaft' ersetzen können"[106] innerhalb einer Konstellation von Meinungen, Werten, Methoden usw., die von den Mitgliedern einer wissenschaftlichen Gemeinschaft geteilt werden. Das neue Paradigma bringt in diesem Verständnis auch eigene Regeln mit sich, die im Normalfall im Nachhinein aufzufinden sind; Mattheson liefert ebenfalls einen komplexen Regelapparat für die Gestaltung einer Melodie – ein deutliches Zeichen für die Annahme eines Paradigmenwechsels: „Regeln [...] leiten sich von Paradigmata her, aber Paradigmata können die Forschung selbst noch bei fehlenden Regeln leiten"[107]. Kuhn begründet diesen Umstand damit, daß in der wissenschaftlichen Sozialisation nicht die formalen Regeln oder „Grundbegriffe" der Wissenschaft, sondern vorbildiche Problemlösungen gelehrt werden. Daß Matthesons Regeln zum Teil undifferenziert und zudem tief verwurzelt in der satztechnisch bestimmten Anschauung des 17 Jahrhunderts verhaftet sind, bleibt unstrittig. Welche Problemkreise allerdings auch mit dem Begriffspaar „Gesetz und Regel" gerade in Zusammenhang mit dem Kontrapunkt als Paradigma verbunden sind, ist kaum zu übersehen[108].

Die von Mattheson vor allem unter dem Blickwinkel der Incisionslehre vorgenommene Menuett-Analyse ist nicht deckungsgleich mit der Feststellung einer von metrisch-harmonischer Quadratur bestimmten, „neuartigen" Konstruktion – dies ist keineswegs das entscheidende Ergebnis aus der Beschäftigung mit seinen Ausführungen, aber eben doch ein tragendes: Mattheson liest das Menuett schließlich aus einer rhetorisch-prosaähnlichen Perspektive, die auch die ursprüngliche textlich bedingte Sinngliederung mit einbezieht. In dem von Mattheson angeführten Beispiel[109] ist eine binäre Teilung offensichtlich, die von Matthesons Incisionsanalyse zwar weitgehend bestätigt wird, allerdings nicht überall: In die vier Takte lange Schlußwendung T. 13-16 setzt

---

[106] Kuhn, *Struktur*, S. 186.

[107] Ebd., S. 56.

[108] Vgl. etwa die Art. *Gesetz und Regel* in: Joachim Ritter (Hg.), *Historisches Wörterbuch der Philosophie*, Bd. 3, Basel und Darmstadt 1974, Sp. 480-514 und Bd. 8, Basel und Darmstadt 1992, Sp. 427-450, bzw. Klaus-Jürgen Sachs, *Der Contrapunctus im 14. und 15. Jahrhundert. Untersuchungen zum Terminus, zur Lehre und zu den Quellen*, Wiesbaden 1974 (= Beihefte zum AfMw 13), S. 110-111; vgl. auch Horn, *Die Kompositionslehre Christoph Bernhards*, S. 104.

[109] Mattheson, *Der vollkommene Capellmeister*, S. 224, s. auch Kapitel IV.5. der vorliegenden Arbeit.

Mattheson – den maßgeblichen Vorstellungen seiner Incisionsregeln entsprechend – kein *Comma*, um den rhetorisch logischen Verlauf innerhalb der viertaktigen Einheit zu unterstreichen: Die vier Takte sind nicht teilbar[110], eine Trennung der zweitaktigen Abschnitte unter dem Blickwinkel der metrischen Ordnung im Sinne der quadratischen Gruppierungen von jeweils zwei Taken zu viertaktigen Phrasen bzw. Halbsätzen widerspricht der latenten Sinngliederung. So weist Mattheson in seiner Darstellung auch auf „pathetische" Akzente im Sinne der von ihm definierten „Emphasis" auf herausstechenden Hochtönen, nicht aber auf Akzente im Sinne des späteren Akzentstufentakts hin.

Daß Mattheson im Rahmen der Incisionslehre somit auch nicht zu einer eigenständigen metrisch-harmonischen Periodenlehre vordringt, die diesen Aspekt wenigstens problematisiert, ist dem Verzicht auf eine gleichberechtigte Berücksichtigung des harmonischen Parameters – der für diesen Zusammenhang von erheblicher Bedeutung ist! – geschuldet. Aus diesem Umstand wird ersichtlich, daß die von Mattheson in diesen Zusammenhang gestellte Perspektive einer „Klang-Rede" schwerlich die Bedeutung eines neuen paradigmatischen Begriffsfeldes haben kann, zu einseitig und ambivalent ist die Sichtweise Matthesons.

Im *Vollkommenen Capellmeister* Matthesons ist erstmals in der Geschichte der Musiklehre eine intensive Beschäftigung mit der Historie zu konstatieren: Nicht nur durch die ständige Bezugnahme auf historische Autoritäten, sondern auch durch eine Betrachtung von Satzlehre vor dem Hintergrund eines entstehenden Geschichtsbewußtseins wird der *Vollkommene Capellmeister* zu einem ersten Scheitelpunkt in der Entwicklung der Musikgeschichte als Wissenschaft. So wird etwa Christoph Bernhard nicht nur als Autorität für stil- und satztechnische Hinweise herangezogen, sondern auch offen unter einem historischen Blickwinkel kritisiert. An einer Stelle heißt es: „Im Kirchen-Styl war es damahls, und ist noch wol eine nothwendige Sache, alles auf das reineste in der Harmonie zu verfertigen; doch sind die Zeiten zu unterscheiden. Heutiges Tages, da sich die Schreib-Art verändert hat, und auch in den andächtigsten geistlichen Stücken der Noten Geltung von dem alten Gebrauch abweicht, müssen wir auch von solchen Dingen einen anderen Begriff haben; und doch rein setzen: d. i. wir müssen die guten Grundsätze unsrer Vorfahren mit vernünfftigen Auslegungen versehen, welches eben alhier unsre Absicht ist"[111] – das Geschichtsbewußtsein, dessen Entwicklung unbedingtes Element der Geistesgeschichte in der Aufklärung ist, ist nicht nur neu im

---

[110] Vgl. Dahlhaus, *Musiktheorie im 18. und 19. Jahrhundert*, S. 174.
[111] Mattheson, *Der vollkommene Capellmeister*, S. 389.

Rahmen einer Kompositionslehre, sondern auch im Schrifttum Matthesons. Der Kenner als Ziel des *Vollkommenen Capellmeisters* muß ganz im Gegensatz zum Liebhaber, an den sich das *Neu-Eröffnete Orchestre* noch richtete, auch historische Kenntnisse besitzen. So ist Mattheson mit dem *Capellmeister* auch auf dem Weg zu einer *Musik-Wissenschaft* – als „philologisch-musicalische Wissenschafft" bezeichnet er die von ihm im ersten Teil des *Capellmeisters* referierten Traktate, und nicht anders sind die Titel seiner Veröffentlichungen zu verstehen. So beschreibt er seine Arbeit auch im Zusammenhang mit der Melodielehre als solche: „Die Menge der Regeln machen eine Wissenschaft schwer; wenige und gute machen sie leicht und angenehm"[112]. Vorbereitet wird damit die Einstellung etwa Mizlers, „die Musik völlig in die Gestalt einer Wissenschaft zu bringen, die Historie derselben zu untersuchen und in Ordnung zu bringen"[113].

Carl Dahlhaus nähert sich der Paradigmenwechsel-Terminologie Kuhns über die Differenz von antikem und neuzeitlichem Theoriebegriff: In erster Instanz scheint der (auch in der Musikwissenschaft durchaus zu einer Modevokabel verkommene) Terminus „Paradigmenwechsel", der Kontinuitätsbrüche in der Wissenschaftsgeschichte mittels Austausch der tragenden Prämissen, Kategorien und Anschauungsmodelle bezeichnet, geeignet zu sein, um die „schroffe Differenz zwischen dem antiken und dem neuzeitlichen Theoriebegriff und der Idee von Musik, auf die er sich bezog", angemessen zu charakterisieren: „Daß in der Antike die ethisch und sozial motivierte Kontemplation über mathematische Strukturen des von Natur gegebenen Tonsystems, in der Neuzeit dagegen die pragmatisch orientierte Systematisierung genereller Merkmale einer sich geschichtlich verändernden kompositorischen Praxis als Musiktheorie aufgefaßt und in institutionalisierte Formen gebracht wurde, zwingt wegen des Mangels an Kontinuität, der Geschichtsschreibung nach dem Entwicklungsmodell als willkürliche Konstruktion begreifen läßt, die Historiker der Musiktheorie geradezu, beim Begriff des Paradigmenwechsels methodologisch Zuflucht zu suchen"[114]. Abgesehen davon, daß Dahlhaus hier den wichtigen Aspekt der Kontinuität nennt, wird aus den sich anschließenden Ausführungen deutlich, daß die Widerstände, denen etwa der Versuch begegnete, den Kompositionsbegriff als Paradigma einer neuzeitlichen Musiktheorie durchzusetzen, ebenso zahlreich wie heftig waren: Der

---

[112] Ebd., S. 142.

[113] Arnold Schering, *Johann Sebastian Bach und das Musikleben Leipzigs im 18. Jahrhundert* (Musikgeschichte Leipzigs, Bd. 3), Leipzig 1941, S. 195; vgl. Geck, *Bach*, S. 270.

[114] Dahlhaus, *Was heißt „Geschichte der Musiktheorie"?*, S. 29.

Konflikt zwischen dem modernen, naturwissenschaftlich geprägten Theoriebegriff, den sich auch die Musiktheorie zu eigen macht[115], und der Geschichtlichkeit der Kompositionslehre führt zu einer gegenseitigen Isolierung. Einer Theorie, die – wie die Melodielehre Matthesons – auch noch so eng an die Praxis gebunden sein mochte, als Kompositionslehre einen Platz im neuen bürgerlichen Bldungssystem sucht, steht somit das Vorurteil entgegen, daß Komposition nicht lehrbar sei, ein Vorurteil, das nach Dahlhaus aus dem späten 18. Jahrhundert stammt. Das Fundament dieses Vorurteils manifestiert sich jedoch schon in der Rezeption der Arbeiten Matthesons: In dem Augenblick, in dem die Form des Regelwerkes, das auch Mattheson (wenn auch in rundum erneuerter Weise) formuliert, durch die Originalitätsidee abgelöst, das Rhetorisch-Mechanische also durch das Poetische abgelöst wird, um mit Triest zu sprechen, umfaßt die Kompositionslehre weiterhin lediglich den „mechanischen Teil"[116], während der „poetische" der Ästhetik überlassen bleibt. Die Vermittlung zwischen beiden Ebenen bleibt schließlich nahezu auf der Strecke.

Wenn Riepel 1755 meint, „ohne Kenntnis des Gesanges ist mit dem Basse nichts auszurichten" und Caspar Ruetz 1754 hinzufügt, „der Gesang hat sein Wesen für sich selbsten, wenn auch keine Harmonie hinzu kommt"[117], dann wird deutlich, daß der Gedanke, den Mattheson mit dem Entwurf einer auf dem Fundament der Rhetorik stehenden Melodielehre verfolgt, im *on dit* des mittleren 18. Jahrhunderts fest verankert ist: Die Beachtung, die man der Frage nach einem melodischen oder harmonischen Primat schenkte, belegt auch den Verlust der für Bach noch selbstverständlichen Korrelation der Außenstimmen sowie des Gleichgewichtes zwischen vertikalen und horizontalen Satzstrukturen, das sich für ihn im Generalbaß manifestierte. Die prinzipielle Zweistimmigkeit, die auch den mehrstimmigen Kontrapunkt regelte, verkürzte sich zu einer Intervallik, die einen Akkord repräsentierte oder supponierte: „Der Übergang vom Intervallsatz zum Akkordsatz bedeutete weniger eine Schwächung der mit den Außenstimmen gegebenen Satzklammer als deren Umdeutung und Neubewertung. Der Generalbaß verlor die ihm immanente Kontrapunktik; das satztechnische Gleichgewicht von Horizontale und

---

[115] Vgl. ebd., S. 30: „[...] dadurch [...], daß sie akustische Bedingungen der Musik unreflektiert als musikalische Grundlagen, also als Ausgangspunkt der Musiktheorie interpretierte".

[116] so etwa bei Heinrich Christoph Koch, vgl. ebd., S. 30.

[117] Caspar Ruetz, *Sendschreiben eines Freundes an den andern über einige Ausdrücke des Herrn Batteux von der Musik*, 1754; zitiert nach Benary, *Zur musikalischen Satztechnik*, S. 79.

Vertikale ging zugunsten eines Vorrangs von Melodie oder Harmonie verloren."[118]

Ein elementares Problem bleibt dennoch die fehlende Kontinuität in der Rezeption, will man die Melodielehre Mathesons als Versuch eines Paradigmenwechsels werten. Dabei stellt Kontinuität auch auf dem umgekehrten Wege auf der Zeitachse ein Problem dar – denn Mathesons Schreiben über Musik greift noch 1739 (wieder) Elemente der tradierten Musiklehre in einem Maße auf, das einen Mangel an Kontinuität in der Vermittlung (gerade in Hinblick auf die Satzlehre) und damit ein zentrales Merkmal eines Paradigmenwechsels im Sinne der Manifestierung eines Austausches der tragenden Prämissen, Kategorien und Anschauungsmodelle nicht erkennbar werden läßt; nichtsdestoweniger ist der Ansatz von 1713 – nicht nur die Gattungslehre des *Neu-Eröffneten Orchestres*, sondern ebensosehr die Adressierung des Werkes! – ein Kontinuitätsbruch in all seiner gegen die Tradition der Musiklehre gewendeten Polemik. Zugegebenermaßen ist der *Capellmeister* schließlich nur ein (wenn auch enger) Verwandter des *galant homme* der *Orchestre*-Schriften, der nur bedingt mit den gleichen musiktheoretischen Inhalten vertraut sein muß wie der Professionelle, für den der *Capellmeister* gearbeitet ist.

Zu fragen ist in diesem Zusammenhang noch einmal nach dem Sinn der erneuten Aufnahme einer Stillehre in den eigentlich von der innovativeren Gattungslehre beherrschten Kanon: Warum breitet Matheson überhaupt erst nach Ausführung der Melodielehre eine Gattungslehre aus, wenn er dieser Lehre einen nahezu traditionell zu nennenden Stilkatalog vorangestellt hat? Als Konsequenz stößt der Autor den Leser so bei einigen Gattungen zweimal in Gebiete, die im Rahmen der Stillehre als längst abgehandelt gelten können, so etwa in Hinblick auf die schon im Rahmen des motettischen Stils abgehandelte Motette oder der Zusammenhang Fantasie – phantastischer Stil[119]. Offenbar unternimmt Matheson im *Vollkommenen Capellmeister* einen doppelten Kursus: Ausgehend von der für die traditionelle Kontrapunkt- wie für die innovative Melodielehre gleichermaßen gültigen Elementarlehre erörtert er zunächst die üblichen stiltheoretischen Problemfelder, um dann – bei der Melodielehre angesetzt bzw. dieser nachgestellt – eine Gattungslehre zu entwickeln. Dabei ist festzuhalten, daß im Rahmen des ersten Kursus der Kontrapunkt noch als

---

[118] Ebd.
[119] Vgl. im *Vollkommenen Capellmeister* S. 74-78 und 222-223; im Zusammenhang mit der Gattung Fantasie verweist Matheson selbst in einer Fußnote auf das zehnte Hauptstück im ersten Teil (ebd., S. 232).

übergreifende Grundlage für die Stiltheorie beibehalten ist, obwohl sich zugleich der gleichsam historisierende Blick Matthesons auf die Schreibarten offenbar wird. Zwischen beiden Kursen besteht somit ein erhebliches historisches Gefälle, zumal die im zweiten Teil erörterten Gattungen zeitgenössische Tendenzen berücksichtigen bzw. von diesen geprägt sind. Anders, als es in der Schrift von 1713 mit einer Aussparung der Stillehre zugunsten einer Gattungslehre den Anschein erwecken mag (was vor allem der Andersartigkeit des jeweiligen Adressaten zuzuschreiben ist), geht es Mattheson im *Vollkommenen Capellmeister* nicht um die Ablösung der einen Lehrinstitution durch die andere, innovativere, sondern vielmehr um eine Überlagerung beider Elemente – und damit auch wieder um den Blickwinkel des Historikers, aus dem die distanziertere Betrachtung von Musik und Musiklehre, aber auch des Beziehungsgeflechtes Melodie – Kontrapunkt – Harmonie erst möglich wird.

Damit wird die immanente Notwendigkeit des doppelten Kursus deutlich: Stil- und Gattungslehre sind für die Publikation von 1739 gleichermaßen vonnöten, weil einerseits nur beide den mit dem Titel angesprochenen Capellmeister zu einen vollständigen machen können; andererseits ist die historisierende Perspektive, die Mattheson auch dem Leser eröffnen will, nur möglich unter Einbeziehung beider Lehrkomplexe, die einander nicht widersprechen, sondern ergänzen und überlagern. Und auch die räumliche Trennung von Stil- und Gattungslehre, deren Ort hinter der Melodielehre nur bedingt einleuchtend erscheinen mag, erklärt sich aus diesem Zusammenhang: Während die „modernere" Institution Gattungslehre der zeitgemäßen Melodielehre zuzuweisen ist, schließt die Stillehre den Reigen der vorbereitenden Überlegungen des ersten Teils ab und vervollständigt somit die für Melodielehre und Satzlehre gleichermaßen gültige Elementarlehre.

3.2. Melodielehre als Brennpunkt

Zwischen 1730 und 1750 löst sich die Vorstellungswelt des deutschen Barock auf: Der epochale Umbruch um 1740 äußert sich am tiefgreifendsten in der Ablehnung der rationalen Fundamentlehre, in der Entmachtung der Mathematik. Sie wird zwar nicht sogleich verworfen, doch tritt eine Degradierung und Veräußerlichung der Mathematik ein – am eindringlichsten erkennbar im VI. Teil der Vorrede des *Vollkommenen Capellmeisters*[120]. Mit der Mathematik geht der zentrale

---

[120] Vgl. Dammann, *Musikbegriff*, S. 477.

Begriff der Ordnung verloren; gleichzeitig ändert sich das Verhältnis zum Affektbegriff. Als neues, ästhetisches Regulativ tritt an die Stelle der Mathematik der Geschmack: Das Verhältnis von Komponist und Werk ändert sich auffallend dahingehend, daß das barocke Distanzverhältnis des Komponisten zur „materia" der Musik nahezu verschwunden ist. Ein Individualisierungsvorgang wird mit dem Werk Matthesons beschrieben, der im Kontext der „subjektivistischen Ausdrucksechtheit, wie sie die empfindsame Musik und die des ,Sturm und Drang' von Grund auf bestimmt"[121], steht und der Musik der Klassik den Boden bereitet.

Für Mattheson, dessen musikalisches Denken auch und gerade in den vierziger Jahren von Elementen der tradierten (insbesondere deutschsprachigen) Musiklehre bestimmt ist, selbst wenn es im Wandel begriffen bleibt, steht die Rhetorik auch unter dieser Perspektive als Brennpunkt seiner Arbeit im Vordergrund des Interesses – ablesbar an der Ausformulierung nicht nur einer Topik, die mit dem Etikett der Inventionslehre versehen ist, sondern vor allem des Kapitels „Von der Kunst eine gute Melodie zu machen". Dabei ist die Aufarbeitung einer Topik, wie Mattheson sie im vierten Kapitel des zweiten Teils vornimmt, nicht nur aus enzyklopädischen Gründen oder aus dem Willen, eine Tradition zu verfolgen, heraus zu verstehen – die Topik stellt das „logische" Rüstzeug des Redners bzw. des Komponisten dar. Der Künstler als Rhetor verfügt mit ihrer Hilfe über mehr Möglichkeiten als der Wissenschaftler insofern, als er auch ethische und pathetische Mittel ausschöpfen kann (sich allerdings mit Rücksicht auf seine Zuhörer beim Schlußfolgern zurückhalten muß[122]): Beherrscht er den von Mattheson dargestellten Stoff, hat er gute Chancen, seine Musik dem Zuhörer erfolgreich zu vermitteln. Erzwingbar ist dieses Ziel jedoch nicht: Wo nur Wahrscheinlichkeit herrscht, die Mattheson unter anderem mit der Beschränkung auf *regulae arbitrariae* bewirkt, gibt es keine endgültige Gewißheit. Auch an diesem Punkt ist der Abstand von Wissenschaft und Kunstwissenschaft, die bei Mattheson eher noch das Gewand der Handwerkslehre trägt, zu beobachten. Die Rhetorik operiert nicht weit von der Wissenschaft entfernt: Sie hat gerade über die Topik Kontakt mit ihr, auch wenn die wissenschaftliche Topik (als Dialektik) komplexer angelegt ist[123]. Im entscheidenden Punkt aber herrschen gleiche Voraussetzungen: Auch in der Wissenschaft ist

---

[121] Ebd., S. 487.
[122] Vgl. Karl-Heinz Göttert, *Einführung in die Rhetorik. Grundbegriffe – Geschichte – Rezeption*, München ³1998, S. 90.
[123] Vgl. ebd.

Wahrscheinlichkeit die Ausgangsbasis – auch und gerade für einen Paradigmenwechsel! –, wenn man nicht ganze Bereiche des für den Menschen Wichtigen ausklammern will; „umso mehr gilt es, diese Bereiche im Alltag der Kontrolle zu unterstellen. Wo kein endgültiges Wissen erreichbar ist, erfüllt gemeinsames Fürwahrhalten genau den Minimalanspruch, auf den sich bauen läßt."[124] Topisches Argumentieren führt nicht zu endgültigen Schlüssen, bedeutet aber auch nicht Verzicht auf Schließen überhaupt: „Schlüssiges Vermuten"[125] ist die Signatur eines solchen Denkens. Das Aufgreifen einer Topik im Rahmen des *Vollkommenen Capellmeisters* ist ein weiterer Schritt Matthesons in Richtung einer Wissenschaft von der Musik.

Die Freiheit des Kontrapunktsystems, das überzeitliche Wirkung auch über die Grenzen von Stil- und Gattungslehre hinweg zeigt, kann mit der Melodielehre Matthesons nicht ersetzt werden: Zu sehr ist die von Mattheson im zweiten Teil seines *Vollkommenen Capellmeisters* ausgeführte Melodielehre stilistischen Phänomenen seiner Zeit verhaftet. Mattheson kann im Rahmen seiner Musiklehre den Apparat Kontrapunkt nicht außer Acht lassen, da die Institution Kontrapunktlehre unerläßlich ist für die Vermittlung einer Kompositionstechnik, die Elemente auch außerhalb eines polyphonen Satzgeflechtes kombinierbar sein läßt. Und wenn Mattheson unter Zuhilfenahme der Incisionslehre Prinzipien eines bereits von Periodik bestimmten (aber dabei noch in der Tradition eines *style d'une teneur* stehenden) Menuetts beschreibt, steht seine Analyse in erster Linie unter der Prämisse der klassischen barocken Disziplinen – rhetorische Elemente in vorderster Front. Die Besinnung auf eine neue Musiklehre bleibt aber notwendigerweise ein zentrales Anliegen Matthesons – 1713 wie 1739: Die tradierte Kontrapunktlehre reicht nicht mehr aus, um die Ergebnisse zeitgemäßen musikalischen Komponierens angemessen zu beschreiben. Die Incisionslehre und ihr beigegeben die Analyse eines Menuetts sind nur *ein* Versuch Matthesons in dieser Richtung; der monumentale Komplex der Melodielehre ist diesem übergeordnet. Mit der Melodielehre Matthesons liegt somit weniger der Versuch eines Paradigmenwechsels vor, wohl aber eine deutliche Gewichts-verlagerung in der Anschauung und Bewertung der musikalischen Parameter – und für die Kontrapunktlehre ändert sich die Legitimationsbasis.

---

[124] Ebd., S. 90-91.
[125] Der Begriff stammt von Gonsalv K. Mainberger, *Rhetorica I: Reden mit Vernunft. Aristoteles. Cicero. Augustinus*, Stuttgart 1987, S. 233-235.

So wie für Triest der Fortgang der Musikgeschichte in der Entwicklung vom Rhetorisch-Mechanischen zum Poetischen besteht, gilt die Geschmacksbildung als Leitbild der Melodielehre in der Jahrhundertmitte – sei es die Matthesons oder seiner nicht auf sachgerechte Didaktik zielenden Nachfolger wie Riepel oder Ruetz. Wenn Johann Sebastian Bach schon 1723 im Titel seiner Inventionen „eine cantable Art im Spielen" fordert und damit das zentrale Stichwort der Bemühungen um Geschmacksbildung nennt, in deren Rahmen auch die Melodielehre Matthesons zu sehen ist, dann wird deutlich, wie eng die Verknüpfungen zwischen den musikästhetischen Implikationen Matthesons und den kompositionsgeschichtlichen Aspekten im ersten Drittel des 18. Jahrhunderts sind. Im Mittelpunkt der Musikanschauung steht jetzt nicht mehr die *materia*, sondern das *subjectum* Mensch – bei Mattheson wie bei Triest, und später bei Hegel soll daraus die „Unterscheidung von genießendem Subjekt und objektivem Werk" werden[126].

Hinter der Fokussierung Triests auf eine Fortentwicklung vom Rhetorisch-Mechanischen über das Galante hin zum Poetischen steht auch die Warnung vor melodischer Leere – Triest warnt vor der Flachheit ausschließlicher Melodienseligkeit, also unter Aussparung anderer musikalischer Parameter, eben besonders der Harmonik, etwa wenn er „das blosse Gefühl", den Geschmack allein der Zuhörer als Maßstab für den Wert von Kunst ausdrücklich ablehnt[127]. Triest zielt auf Synthese. Wenn er daneben auf einen „melodischen Frühling" hinweist, steht er durchaus in der Tradition eines Mattheson, der von der Synthetisierung im Sinne einer Überlagerung von Lehrinstitutionen ausgeht: Ohne die Grundbegriffe der Elementarlehre, die für die traditionelle Kontrapunktlehre noch bis ins 18. Jahrhundert hinein konstitutiv bleibt, ist eine Melodielehre in der Provenienz Matthesons nicht zu leisten; umgekehrt aber bleibt eine Satzlehre, die keine Rücksicht auf betont historische oder aktuelle musikalische Entwicklungen nimmt, inhaltsleer – und für diesen Schritt ist im übrigen wiederum ein Bewußtsein für die Historizität von Musik notwendig, das sich in dieser Form erstmals bei Mattheson findet.

Wie offensichtlich sich die Denkweisen der Theoretiker im zweiten Viertel des 18. Jahrhunderts in eine Richtung entwickeln, wird nicht nur aus dem direkten Vergleich des *Vollkommenen Capellmeisters* Matthesons mit den Arbeiten Scheibes deutlich – wobei die Bindung

---

[126] Georg Wilhelm Friedrich Hegel, *Ästhetik*, Bd. II, nach der zweiten Ausgabe Hothos [1835] redigiert und mit einem ausführlichen Register versehen von Friedrich Bassenge, Berlin und Weimar ³1976, S. 275; vgl. Sponheuer, *Kunst und Nicht-Kunst*, S. 116-117.
[127] Triest, *Bemerkungen*, Sp. 258-259.

zwischen Mattheson und Scheibe schon aus rein geographischen Gründen naheliegend ist. So zögert Mizler in der *Musicalischen Bibliothek* nicht, nach einer deutlichen Kritik an der Vorrede zum *Vollkommenen Capellmeister* bei der Besprechung des fünften Hauptstücks im zweiten Teil, „Von der Kunst eine gute Melodie zu machen", die Originalität der Gedankenführung voll und ganz anzuerkennen: „Die Melopöie ist eine würckende Geschicklichkeit in Erfindung und Verfertigung solcher singbarer Sätze, daraus dem Gehör ein Vergnügen entstehet. Herr Mattheson ist unstreitig der erste, welcher öffentliche Beschreibungen und regelmäßige Anleitung dazu gegeben."[128] Zum neunten Hauptstück, „Von den Ab- und Einschnitten der Klang-Rede" – also der Incisionslehre –, bemerkt Mizler: „Ich komme hier auf ein so wichtiges Capitel, daß ich Herrn Mattheson viel Glück wegen seiner sehr guten Gedancken wünschen muß. Die Nachwelt ist ihm schon wegen seiner melodischen Regeln verbunden, und hier hat er wahrhafftig sich um solche nicht weniger verdienet gemachet. Er ist der erste, der mit gutem Erfolg an diese so nothwendige Lehre gedacht."[129] Auch die Taktlehre Marpurgs ist offenkundig von den Arbeiten Johann Matthesons (nicht nur von der *Critica Musica*, sondern auch und insbesondere vom *Vollkommenen Capellmeister* und seiner Incisionslehre) beeinflußt[130]. Die Terminologie Matthesons bzw. der Begriff von Melodie, den er mit seinen Äußerungen von 1737 und 1739 formuliert, ist (wenn auch

---

[128] Lorenz Christoph Mizler, *Musikalische Bibliothek*, 4 Bde., Leipzig 1736-1754 (Neues Titelblatt in Bd. I: *Neu eröffnete Musikalische Bibliothek*, Leipzig 1739), Nachdruck Hilversum 1966, Bd. 2, S. 232.
[129] Ebd., S. 242-243. Hellmut Federhofer (*Johann Joseph Fux und Johann Mattheson im Urteil Lorenz Christoph Mizlers*, in: FS Heinrich Husmann (*Speculum Musicae artis*), München 1970, S. 114) weist darauf hin, daß Mizler gerade mit Bezug auf diese Stelle in der Anmerkung S. 195 seiner Übersetzung des *Gradus ad Parnassum* von Fux äußert: „Es wundert mich sehr, daß Hr. Mattheson in seinem Capellmeister p. 181 von den Ab- und Einschnitten der Klangrede vorgeben mögen: daß kein Mensch bisher die geringste Regel oder nur einigen Unterricht davon gegeben hätte. Ist denn Hr. Fux, der sein Buch vierzehn Jahr vor dem Capellmeister herausgegeben, kein Mensch? Ist das, was er hiervon hier vorgetragen, kein Unterricht? Wahrhafftig so gut als Hr. Mattheson sein Unterricht. Nur nicht so weitläufftig." Fux spricht in dem betreffenden Abschnitt *De stylo rezitativo* auch von den Einschnitten der Rede, wie Comma, Colon, Semicolon, Punctum, Frage, Verwunderungszeichen, Parenthesis, die in der musikalischen Gestaltung zu beachten seien.
[130] Vgl. Markus Waldura, *Marpurg, Koch und die Neubegründung des Taktbegriffs*, in: Mf 53 (2000), S. 237-253.

abgewandelt) auch in den Veröffentlichungen etwa Riepels und Kochs aufzufinden – ganz im Gegensatz zu Termini, die sich über die Schiene d'Alembert – Marpurg aus den Arbeiten Rameaus ableiten lassen.

Mizler, der als universell gebildeter Gelehrter nicht nur musikalische, sondern auch theologische, philosophische, ästhetische, naturwissenschaftliche und sogar medizinische Studien betrieb, widmete Mattheson 1734 zunächst seine *Dissertatio, quod Musica Ars sit pars eruditionis Philosophicae*, aber schon in Zusammenhang mit der *Kleinen General-Baßschule* und dem *Kern melodischer Wissenschafft* fallen kritische Bemerkungen insbesondere gegenüber der Fugenlehre Matthesons[131]; da das Verhältnis zwischen den beiden Musikgelehrten seit der Mitte der dreißiger Jahre angespannt erscheint (die Vorrede zum *Vollkommenen Capellmeister* ist laut Federhofer auch als eine scharfe Absage an Mizler zu verstehen), ist die Wertschätzung Matthesons, die Mizler mit der Besprechung des *Vollkommenen Capellmeisters* äußert, umso höher zu bewerten.

Mit der Lektüre eines kurzen Traktats von Ernst Gottlieb Baron wird die Tatsache vollends deutlich, daß die Neuorientierung auf das Subjekt Mensch *common sense* in weiten Kreisen der deutschen Musiktheorie werden sollte. Der *Abriß einer Abhandlung von der Melodie*[132] von 1755, den der „Königlich Preußische Hofmusicus" Baron 1756 vorlegt, wendet sich – wenn auch unausgesprochen – an den gleichen Adressaten wie die Schriften Matthesons, nämlich an den *galant homme*, an „Leute, die sich gerne von allen Dingen einen Begriff machen wollen"[133], denen er zeigen möchte, „was eine Melodie sey". Das Zentrum der kleinen Schrift ist tatsächlich das gleiche wie bei Mattheson – und die von Baron erörterten Regeln greifen deutlich die Thesen des Hamburgers auf, ohne diese Quelle expressis verbis zu nennen. So gehört zu den Eigenschaften eines „*gut Naturell*", das für die Schöpfung einer guten Melodie erforderlich ist, neben einem „*guten Verstande*", Witz und Einbildungskraft auch das dem *galant homme* zustehende Beurteilungsvermögen, „durch welche[s] man unterscheidet, was einer Sache zukommt und was ihr nicht zukommt, was ihr eigen ist und nicht eigen, und wie sie von andern Dingen unterschieden ist"[134]. Abgesehen von der Tatsache, daß mehrere der von Baron erörterten Axiome enge Verbindungen zum Regelwerk aus dem zweiten Teil des *Vollkommenen*

---

[131] Federhofer, *Fux und Mattheson*, S. 112-113.

[132] Ernst Gottlieb Baron, *Abriß einer Abhandlung von der Melodie. Eine Materie der Zeit*, Berlin 1756; Neuausgabe in: Birke, *Christian Wolffs Metaphysik*, S. 91-96.

[133] Ebd., S. 91.

[134] Ebd., S. 92.

Capellmeisters aufweisen[135], fällt die Aufnahme von Elementen und Termini der Rhetorik in ähnlicher Weise wie bei Mattheson auf: So soll eine Melodie „mit einer rednerischen Anzahl der Takte versehen seyn": „Gleichwie ein Redner unterschiedene Abtheilungen zu einem Periodo nöthig hat, bis er durch einen Punct zu Ende eines Periodi kommt: Also müssen auch in der Musik die klingenden Töne durch unterschiedene Abschnitte fortgeführet werden, biß sie [...] auf irgend einen Ort zur Ruhe kommt"[136]. Beachtet man nicht diese Aspekte der (von Mattheson als Incisionslehre im *Vollkommenen Capellmeister* eingesetzten) „rednerischen Abschnitte", so werde die Musik ungrade (!), dunkel, undeutlich und unbegreiflich[137]. Daß Baron ein Vertreter des Melodieprimats ist, wie ihn Mattheson seit den Tagen der *Critica musica* propagiert hat, versteht sich von selbst[138].

Joachim Birke liest diesen knappen Traktat vor allem als deutlichste Ausprägung einer Rezeption der Metaphysik Christian Wolffs, dessen Einfluß auf die Kunsttheorie des 18. Jahrhunderts Thema seiner Dissertation ist; die Ausprägung ist in Barons Text umso deutlicher als etwa bei Scheibe, Gottsched oder Mizler, da hier ein begrenztes Problem auf engstem Raum abgehandelt wird. Zudem übernimmt Baron nahezu kritiklos Definitionen und Axiome Wolffs[139]; so ist er sich des allgemeinen Charakters seiner Voraussetzungen und Ergebnisse bewußt, weshalb er bezweifelt, daß man „von der schönsten Melodie in der Welt, wird dauerhafte Regeln setzen können"[140] – Triests Ablösung des Rhetorisch-Mechanischen, des Regelkanons durch das Poetische ist überdeutlich, aber sie kündigt sich schon mit dem *Vollkommenen Capellmeister* Matthesons an, und da nicht nur mit dem Hinweis auf die *inventio ex abrupto*, die schon in der Topik die Abkehr vom System der

---

[135] So muß etwa die Melodie „aus seinem eigenen Geiste fliessen" (ebd., S. 93) und „gewisse Abschnitte haben" (S. 94).

[136] Ebd.

[137] Vgl. ebd.: „[...] so wird die Musik ungrade, dunkel, unordentlich, undeutlich, unbegreiflich und widerlich".

[138] Vgl. ebd., S. 96: „Und wollte man gleich Triadem harmonicam vor die Hauptquelle fest setzen, und die Melodie daraus herleiten, so würde man nur die Pferde hinter den Wagen spannen" – auffällig ist die fast wörtliche Übereinstimmung dieses Satzes mit der Bemerkung in Matthesons *Critica musica* II, S. 10: „Und also ist die Harmonie aus der Melodie genommen. Natur / Alterthum und tägliche Erfahrung bekräftigen es; wenn auch alle Componisten vom unrechten Ende anfangen / und die Pferde hinter den Wagen spannen sollten."

[139] Vgl. Birke, *Christian Wolffs Metaphysik*, S. 83.

[140] Baron, *Abriß*, S. 95.

klassischen Inventionslehre heraufbeschwört. Matthesons Denken über Musik markiert nur bedingt einen wirklichen Wendepunkt: Vor allem ist es ein Brennpunkt in der Geschichte der Musiktheorie – ein Schnittpunkt zwischen barocker Musiklehre und einer fortschrittlichen Musiktheorie des 18. Jahrhunderts, die das Subjekt Mensch in ihrem Mittelpunkt nicht mehr mit der *musica speculativa* des Mittelalters belasten will.

Abkürzungen

AfMw	Archiv für Musikwissenschaft
AMl	Acta Musicologica
AMZ	Allgemeine Musikalische Zeitung
BachJb	Bach-Jahrbuch
EdM	Das Erbe deutscher Musik
Fs	Festschrift
HmT	Handwörterbuch der musikalischen Terminologie
Kb	Kongreßbericht
Mf	Die Musikforschung
MGG	Die Musik in Geschichte und Gegenwart (MGG²: Neuausgabe 1994 ff.)
MMR	The Monthly Musical Review
MR	The Music Review
Mt	Die Musiktheorie
NBA	Neue Bach-Ausgabe
SJb	Schütz-Jahrbuch
StzMw	Studien zur Musikwissenschaft
ZfMth	Zeitschrift für Musiktheorie
ZfMw	Zeitschrift für Musikwissenschaft

Literaturverzeichnis

1. Quellen des 17. und 18. Jahrhunderts

Jacob Adlung, *Anleitung zu der musikalischen Gelahrtheit*, Erfurt 1758 (*Documenta musicologica I IV*, Kassel und Basel 1953).

Anonymus [T.S.], *Beytrag zu einem musikalischen Wörterbuche*, in: Johann Adam Hiller (Hg.), *Wöchentliche Nachrichten und Anmerkungen*, Bd. II, Leipzig 1768, S. 245-251, 253-259, 281-284, 285-291, Bd. III, Leipzig 1769, S. 301-304, 307-313, 315-330, 336-337, 339-362, 367-370.

Anonymus [d.i. Johann Karl Friedrich Triest], *Bemerkungen über die Ausbildung der Tonkunst in Deutschland im achtzehnten Jahrhundert*, in: AMZ 3 (1800/01), Sp. 225-235, 241-243, 257-264, 273-286, 297-308, 321-331, 369-379, 389-401, 405-410, 421-432 und 437-445; Reprint Amsterdam 1964.

Bach-Dokumente, hg. von Werner Neumann und Hans-Joachim Schulze für das Bach-Archiv Leipzig (= Supplement zu NBA) Bd. II. *Fremdschriftliche und gedruckte Elemente zur Lebensgeschichte Johann Sebastian Bachs 1685-1750*, Kassel, Basel, Tours, London und Leipzig 1969.
Bach-Dokumente, hg. von Hans-Joachim Schulze für das Bach-Archiv Leipzig (= Supplement zu NBA) Bd. III. *Dokumente zum Nachwirken Johann Sebastian Bachs 1750-1800*, Kassel, Basel, Tours, London und Leipzig 1972.

Carl Philipp Emmanuel Bach, *Briefe und Dokumente. Kritische Gesamtausgabe*, hg. von Ernst Suchalla, Göttingen 1994.

Ernst Gottlieb Baron, *Abriß einer Abhandlung von der Melodie. Eine Materie der Zeit*, Berlin 1756; Neuausgabe in: Joachim Birke, *Christian Wolffs Metaphysik und die zeitgenössische Literatur- und Musiktheorie: Gottsched, Scheibe, Mizler*, Berlin 1966 (*Quellen und Forschungen zur Sprach- und Kulturgeschichte der germanischen Völker*, Neue Folge 21 [145]), S. 91-96.

Angelo Berardi, *Documenti armonici*, Bologna 1687, Nachdruck Bologna 1970.

Christoph Bernhard, *Von der Singe-Kunst oder Manier*, hg. von Joseph Müller-Blattau als *Die Kompositionslehre Heinrich Schützens in der Fassung seines Schülers Christoph Bernhard*, Leipzig 1926, Kassel ³1999 (²1963), S. 31-39.

Ders., *Tractatus compositionis augmentatus*, hg. von Joseph Müller-Blattau als *Die Kompositionslehre Heinrich Schützens in der Fassung seines Schülers Christoph Bernhard*, Leipzig 1926, Kassel ³1999 (²1963), S. 40-131.

Ders., *Ausführlicher Bericht vom Gebrauche der Con- und Dissonantien*, hg. von Joseph Müller-Blattau als *Die Kompositionslehre Heinrich Schützens in der Fassung seines Schülers Christoph Bernhard*, Leipzig 1926, Kassel ³1999 (²1963), S. 132-153.

Giovanni Maria Bononcini, *Musico prattico [...]*; Bologna 1673, dt. Stuttgart 1701 (Teil II), Nachdruck Hildesheim 1969.

Sébastien de Brossard, *Dictionnaire de Musique [...]*, Paris 1703, Nachdruck Amsterdam 1964.

Johann Heinrich Buttstett, *Ut, Mi, Sol, Re, Fa, La, Tota Musica et Harmonia Æterna, Oder Neu=eröffnetes, altes, wahres, eintziges und ewiges Fundamentum Musices, entgegen gesetzt Dem neu=eröffneten Orchestre [...]*, Erfurt [1716 (?)].

Baldesar Castiglione, *Il libro del cortegiano. A cura di Giulio Preti*, Torino o.J.; deutsch als *Hofman, ein schon holdselig Buch, in Welscher sprach der Cortegiano, oder zu Teutsch der Hofman genañt / Welches seinen Ursprung und anfang an dem Fürstlichen Hof zu Urbino empfangen / lustig zulesen / Etwa in Italiänischer Sprach durch Graf Balthasern Castigliuon beschriben worden. Numals in schlecht Teutsch / durch Laurentzen Kratzer Mautzaler zu Burckhausen transferiert*, München 1565 bzw. *Der Vollkommene Hofmann und Hof=Dame. Von dem Graf Balthasar de Castillon Vormahls in Italiänischer Sprach beschrieben / Anjetzo Wegen seiner / von dem Thuano; Rutg. Rulando; M͞ de Wiquefort, und andern berühmten Scribenten / belobten Vortreflichkeit. Zum erstenmahl Verteutscht Durch I.C.L.L.I.*, Frankfurt am Main 1684; neuerdings *Das Buch vom Hofmann*, übers. von Fritz Baumgart, Bremen 1960.

Renatus [René] Descartes, *Musicae Compendium*, Amsterdam 1656, deutsch *Leitfaden der Musik*, hg. und übersetzt von Johannes Brockt, Darmstadt 1978.
Ders., *Traité des passions de l'âme*, Paris 1649, deutsch *Die Leidenschaften der Seele*, Hamburg 1996.

Abbé DuBos, *Réflexions critiques sur la poésie et sur la peinture*, Paris 1719 ([7]1770).

Nicolas Faret, *L'Honeste Homme. Ou L'Art de plaire a la Cour*, Rouen 1637; deutsch von Caspar Bierling, *L'honneste Homme, das ist: der Ehrliebende Welt=Mann / Oder Die von vielen Leuten gesuchte schöne Kunst / wie einer an grosser Herren Höfe durch besondere Tugenden / und geschicktes Wolverhalten gegen männiglichen sich beliebet und belobet machen könne. Erstlichen und zwart vor wenigen Jahren in Frantzösischer Sprache zu Paris durch einen grossen Hoff=Mann Den Herrn Faret heraus gegeben / Und stracks darauff durch einen Leipzigschen Patricium C.B. so Studierens / und selbe königliche Hoffhaltung wol zu besehen sich zu selbiger Zeit viel Jahr daselbst auffgehalten / ins Teutsche mit Fleiß übergesetzt und zierlichen verdolmetscht*, Leipzig 1647.

Hermann Finck, *Practica musica [...]*, Wittenberg 1556, Nachdruck Bologna 1969.

Johann Arnold Fokkerod, *Gründlichen Musikalischen Unter-Richts erster Teil [...]*, Mühlhausen 1698.

Franchinus Gafurius, *Practica Musice*, Mailand 1496 (Nachdruck New York 1979).

Ernst Ludwig Gerber, *Lexikon der Tonkünstler*, Leipzig 1790.
Ders., *Neues Lexikon der Tonkünstler*, Leipzig 1812.

Johann Christoph Gottsched, *Ausführliche Redekunst: nach Anleitung der alten Griechen und Römer wie auch der neuern Ausländer, Geistlichen und weltlichen Rednern zu gut, in zweenen Theilen verfasset und mit Exempeln erläutert*, Leipzig 1736, Nachdruck Hildesheim und New York 1973.

Friedrich Andreas Hallbauer, *Anweisung Zur Verbesserten Teutschen Oratorie Nebst einer Vorrede von Den Mängeln Der Schul=Oratorie*, Jena 1725, Nachdruck Kronberg/Ts. 1974.

Johann David Heinichen, *Neu erfundene und gründliche Anweisung, wie ein Music-Liebender auff gewisse vortheilhafftige Arth könne zu vollkommener Erlernung des General-Basses [...] gelangen [...]*, Hamburg 1711 (Nachdruck Kassel 2000).
Ders., *Der General-Baß in der Composition [...]*, Dresden 1728, Nachdruck Hildesheim und New York 1969.

Johann Andreas Herbst, *Musica poëtica, sive compendium melopoëticum. Das ist: Eine kurtze Anleitung [...], wie man eine schöne Harmoniam [...] nach gewiesen Praeceptis und Regulis componiren und machen soll [...]*, Nürnberg 1643.

Christian Cay Lorenz Hirschfeld, *Theorie der Gartenkunst*, Kiel 1779/80 (Nachdruck Hildesheim 1985).

Hieronymus Freyer, *Anweisung zur Teutschen Orthographie*, Halle 1721, [3]1735.

Johann Joseph Fux, *Gradus ad Parnassum [...]*, Wien 1725. Nachdruck Kassel 1967, vorgelegt von Alfred Mann, in: Johann Joseph Fux, *Sämtliche Werke*, Serie VII, Bd. 1. Deutsch von Lorenz Christoph Mizler als *Gradus ad Parnassum oder Anführung zur Regelmäßigen Musikalischen Komposition [...]*, Leipzig 1742. Nachdruck Hildesheim [2]1984.

Athanasius Kircher, *Musurgia universalis sive ars magna consoni et dissoni in X. libros digesta]...]*, 2 Bde, Rom 1650, Nachdruck Hildesheim und New York 1970.

Bernard Lamy, *L'Art de parler*, Paris 1675, Nachdruck hg. von E. Ruhe, München 1980.

John Locke, *An Essay Concerning Human Understanding*, London 1689, Nachdruck bei P.H. Nidditch (Hg.), Oxford 1975; deutsch [*Versuch*] *über den menschlichen Verstand*, übersetzt von Carl Winckler, Hamburg 1911-13, Nachdruck Hamburg [4]1981.

Nicolas Malebranche, *De la recherche de la vérité*, Paris 1674ff.; Nachdruck in G. Rodis-Lewis (Hg.), *Œuvres*, Paris 1979-1992.

Jean-François Marmontel, *Epître à Rameau*, in: Pierre-Louis d'Aquin de Châteaulion, *Siècle littéraire de Louis XV*, Amsterdam 1753, Teil I, S. 83-86.

Conrad Matthaeus, *Kurtzer, doch ausführlicher Bericht von den Modis Musicis*, Königsberg 1652.

Johann Mattheson, *Das Neu-Eröffnete Orchestre, Oder Universelle und gründliche Anleitung / Wie ein Galant Homme einen vollkommenen Begriff von der Hoheit und Würde der edlen Music erlangen / seinen Gout darnach formiren / die Terminos technicos verstehen und geschicklich von dieser vortrefflichen Wissenschafft raissoniren möge [...] Mit beigefügten Anmerckungen Herrn Capell-Meister Keisers*, Hamburg 1713 (Nachdruck Hildesheim 1993).
Ders., *Das Beschützte Orchestre, oder desselben Zweyte Eröffnung / Worin Nicht nur einem würklichen galant-homme, der eben kein Profeßions-Verwandter / sondern auch manchem Musico selbst die alleraufrichtigste und deutlichste Vorstellung musicalischer Wissenschaften / wie sich dieselbe vom Schulstaub tüchtig gesäubert / eigentlich und wahrhafftig verhalten / ertheilet; aller wiedrigen Auslegung und gedungenen Aufbürdung aber völliger und truckener Bescheid gegeben; so dann endlich des lange verbannet gewesenen Ut Re Mi Fa Sol La Todte (nicht tota) Musica Unter ansehnlicher Begleitung der zwölf Griechischen Modorum, als ehrbarer Verwandten und Trauer-Leute / zu Grabe gebracht und mit einem Monument, zum ewigen Andencken / beehret wird*, Hamburg 1717 (Nachdruck Leipzig 1981).
Ders., *Das Forschende Orchestre, oder desselben Dritte Eröffnung. Darinn Sensus Vindiciae et Quartae Blanditiae, D.i. Der beschirmte Sinnen-Klang Und der Schmeichelnde Quarten-Klang / Allen unpartheyischen Syntechnitis zum Nutzen und Nachdenken; keinem Menschen aber zum Nachtheil / sana ratione & autoritate untersucht / und vermuthlich in ihr rechtes Licht gestellet worden von Joanne Mattheson*, Hamburg 1721 (Nachdruck Hildesheim und New York 1976).
Ders., *Melotheta, das ist Der grundrichtige, nach jetziger neuesten Manier angeführte Componist Wie derselbige in einem Collegio*

vorgetragen wurde, Hamburg 1721, Ms. Staatsbibliothek zu Berlin, Mus. ms. autogr. theor. J. Mattheson.

Ders., *Critica Musica. D.i. Grundrichtige Untersuch- und Beurtheilung / Vieler / theils vorgefaßten / theils einfältigen Meinungen / Argumenten und Einwürffe / so in alten und neuen / gedruckten und ungedruckten / Musicalischen Schriften zu finden. Zur müglichsten Ausräutung aller groben Irrthümer / und zur Beförderung eines bessern Wachsthums der reinen harmonischen Wissenschaft / in verschiedene Theile abgefasset / Und Stück-weise heraus gegeben Von Mattheson [...], Hamburg / im May 1722. (Band II:) CRITICAE MUSICAE Tomus Secundus. d.i. Zweyter Band der grund-richtigen Untersuch- und Beurtheilung vieler, theils guten, theils bösen, Meynungen, Argumenten, und Einwürffe, so in alten und neuen, gedruckten und ungedruckten musikalischen Schriften befindlich: zur Ausräutung grober Irrthümer, und zur Beförderung bessern Wachsthums der reinen Harmonischen Wissenschaft, in verschiedene Theile verfasset, und Stückweise herausgegeben von Mattheson [...],* Hamburg 1725, Reprint beider Bände in einem Band Amsterdam 1964.

Ders., *Der Musicalische / Patriot, / welcher seine gründliche / Betrachtungen, / über / Geist- und Weltl. Harmonien, / samt dem, was durchgehende / davon abhänget, / In angenehmer Abwechslung / zu solchem Ende mittheilet, / dass / GOttes Ehre, das Gemeine Beste, / und eines jeden Lesers besondere Erbauung / dadurch befördert werde. / Ans licht gestellt / von /* Mattheson, Hamburg 1728.

Ders., *Johann Matthesons / Hoch-Fürstl Schleswig-Hollsteinischen Capellmeisters, und Königl. Gross. Britan- / nischen Gesandten-Secretars im Nieder-Sächsischen Kreise / Kleine / General-Baß-Schule. / Worin / Nicht nur Lernende, sondern vornehmlich Lehrende. / Aus / Den allerersten Anfangs-Gründen des Clavier-Spielens, / überhaupt und besonders, / Durch / Verschiedene Glassen u. Ordnungen der Accords / Stuffen-weise, / Mittelst / Gewisser Lectionen oder stundlicher Aufgaben, / Zu / Mehrer Vollkommenheit in dieser Wissenschafft, / Rightig, getreulich, und auf die deutlichste Lehr-Art, / kurtzlich angeführet werden. / Utilis, non subtilia,* Hamburg 1735 (Nachdruck Laaber 1980).

Ders., *Kern melodischer Wissenschafft, bestehend in den auserlesensten Haupt- und Grund-Lehren der musicalischen Komposition, als ein Vorläuffer des Vollkommenen Capellmeisters,* Hamburg 1737 (Nachdruck Hildesheim 1990).

Ders., *Der vollkommene Capellmeister, Das ist gründliche Anzeige aller derjeniger Sachen, die einer wissen, können, und vollkommen innehaben muß, der einer Capelle mit Ehren und Nutzen vorstehen will: zum Versuch entworfen von Mattheson*, Hamburg 1739, Reprint Kassel 1954, ⁶1995 (= Documenta Musicologica. Erste Reihe: Druckschriften-Faksimiles V, hg. von Margarete Reimann); Neusatz hg. von Friederike Ramm, Kassel 1999.

Ders., *Grundlage / einer / Ehren-Pforte, / woran der / Tüchtigsten Capellmeister, / Componisten, Musikgelehrten, / Tonkünstler &c. / Leben, Werke, Verdienste &c. / erscheinen sollen*, Hamburg 1740, Neudruck hg. von M. Schneider, Berlin 1910.

Ders., *PLUS ULTRA, / ein / Stückwert / von neuer und mancherleyArt* (2 Bände), Hamburg 1754/55.

Menantes (Christian Friedrich Hunold), *Die allerneueste Art zur reinen und galanten Poesie zu gelangen*, Hamburg 1707.

Ders., *Die allerneueste Art, höflich und galant zu schreiben*, Hamburg 1709/10.

Lorenz Christoph Mizler, *Dissertatio quod musica ars sit pars eruditionis philosophicae*, Leipzig 1734 (²1736).

Ders., Musikalische Bibliothek, 4 Bde., Leipzig 1736-1754 (Neues Titelblatt in Bd. I: Neu eröffnete Musikalische Bibliothek, *Leipzig 1739), Nachdruck Hilversum 1966.*

Gottfried Polycarp Müller, *Abriß einer gründlichen Oratorie: zum Academischen Gebrauch entworffen und mit Anmerckungen versehen*, Leipzig 1722.

Johann Georg Neidhardt, *Gäntzlich erschöpfte, mathematische Abtheilungen des diatonisch-chromatischen, termperirten Canonis Monochordi*, Königsberg 1732 (Leipzig und Königsberg 1734).

Benjamin Neukirch, *Anweisung zu Teutschen Briefen*, Leipzig 1721; Nachdruck (in Auszügen) als *Über die Galanterie in Briefen* bei Conrad Wiedemann (Hg.), *Der galante Stil 1680-1730*, Tübingen 1969, S. 30-42.

Friedrich Erhard Niedt, *Musicalische Handleitung / oder Gründlicher Unterricht. Vermittelst welchen ein Liebhaber der Edlen Music in kurtzer Zeit sich so weit perfectioniren kan / daß Er nicht allein den General-Baß nach denen gesetzten deutlichen und wenigen Regeln fertig spielen / sondern auch folglich allerley Sachen selbst componiren / und ein rechtschaffener Organiste und Musicus heissen könne. Erster Theil. Handelt vom General-Baß, denselben schlecht weg zu spielen,* Hamburg 1710; *Anderer Theil / Von der Variation des General-Basses, Samt einer Anweisung / Wie man aus einem schlechten General-Baß allerley Sachen / als Præludia, Ciaconen, Allemanden, &c. erfinden könne,* Hamburg ²1721; *Dritter und letzter Theil / Handlend vom Contra-Punct, Canon, Motetten, Choral, Recitativ-Stylo und Cavaten. Opus Posthumum. Denne beygefüget Veritophili Deutliche Beweis-Gründe / Worauf der rechte Gebrauch der Music / beydes in den Kirchen und ausser denselben beruhet [...],* hg. von Johann Mattheson, Hamburg 1717 (Nachdruck Buren 1976).

Wolfgang Caspar Printz, *Phrynis (Mytilenaeus) oder Satyrischer Componist, [...],* drei Teile, Quedlinburg 1670 (Teil I), Sagan 1677 (Teil II), Dresden und Leipzig 1696 (Teil III und zweite Auflagen von I und II). Ders., *Compendium musicae signatoriae & modulatoriae vocalis, das ist: Kurtzer Begriff aller derjeniger Sachen, so einem, der die Vocl-Music lernen will, zu wissen von nöthen seyn [...],* Dresden 1698, Dresden und Leipzig 1714, Nachdruck Hildesheim und New York 1974.

Arist(e)ides Quintilianus, *De musica libri III,* in: Marcus Meibom (Hg.), *Antiquae auctores septem. Graece et latine,* Band 2, Amsterdam 1652, Nachdruck New York 1977.

Jean-Philippe Rameau, *Traité de l'harmonie réduite à ses principes naturels,* Paris 1722. Nachdruck in: *Complete Theoretical Writings,* Bd. 1, Rom 1967; separat hg. von Martha Cook, Madrid 1983 (1984).

Jean Rousseau, *Méthode claire, certaine et facile, pour apprendre à chanter la musique,* Paris 1683 (Amsterdam 1691, 1700, 1710), Nachdruck der Ausgabe von 1710: Genf 1976.

Jean-Jaques Rousseau, *Lettre sur la musique françoise,* Paris 1753, hg. in *Oeuvres complètes de J. J. Rousseau,* Aux Deux Ponts 1782ff., Bd. 15, S. 199-292, Nachdruck in: *Oeuvres complètes,* Paris 1869, Bd. 12, S. 671-764; deutsch in: *Musik und Sprache. Ausgewählte Schriften,* übersetzt von Dorothea und Peter Gülke, Wilhelmshaven 1984, S. 47-98.

Johann Adolph Scheibe, *Critischer Musicus,* Leipzig ²1745; Nachdruck Hildesheim und New York 1970.

Agostino Steffani, *Quanta certezza habbia da suoi principii la musica*, Amsterdam 1695 (deutsch von Andreas Werckmeister, Quedlinburg 1699, als *D. A. Steffanis Sendschreiben*).

Johann Georg Sulzer, *Allgemeine Theorie der schönen Künste in einzeln, nach alphabetischer Ordnung der Kunstwörter auf einander folgenden, Artikeln. Neue vermehrte zweyte Auflage*, 4 Bände, Leipzig 1792-1799 [¹1771-1774], Nachdruck Hildesheim 1967.

Christian Thomasius, *Christian Thomas eröffnet Der Studierenden Jugend zu Leipzig in einem Discours, Welcher Gestalt man denen Frantzosen in gemeinem Leben und Wandel nachahmen solle?"* [1687], S. 14-16 und 45-50; Nachdruck: Christian Thomasius, *Über die Begriffe „galant" und „galant homme"* in: Conrad Wiedemann (Hg.), *Der galante Stil 1680-1730*, Tübingen 1969, S. 1-4.

Daniel Gottlob Türk, *Kurze Anweisung zum Generalbaßspielen*, Halle 1791.

Johann Christian Wächtler, *Pensum der praktischen Galanterie. Kurtze Methode zu einer galanten Conduite, wie auch recommendablen Politesse in zierlichen Reden und wohlanständigen Gebärden zu gelangen*, in: *Commodes Manual Oder Hand-Buch [...] Fünffte und vermehrte Edition von Johann Christian Wächtlern [...]* Leipzig, o. J. [1709]; Nachdruck bei Conrad Wiedemann (Hg.), *Der galante Stil 1680-1730*, Tübingen 1969, S. 13-16.

Johann Gottfried Walther, *Praecepta der Musicalischen Composition* [Ms. Weimar 1708], Erstdruck hg. von Peter Benary (= Jenaer Beiträge zur Musikforschung, hg. von Heinrich Besseler, Bd. 2), Leipzig 1955.
Ders., *Musicalisches Lexicon Oder Musicalische Bibliotec [...]*, Leipzig 1732, Nachdruck Kassel und Basel 1953 (= Documenta Musicologica, 1. Reihe, Bd. III).

Christian Weise, *Curiöse Gedanken von deutschen Versen*, Leipzig 1693.

Christoph Weißenborn, *Gründliche Anleitung zur Teutschen und Lateinischen Oratorie und Poesie. Welche nach dem Vorgange, so wohl der Alten, als sonderlich der Neuesten Redner und Poeten, Durch deutliche Reguln und Exempel Frag- und Antworts-weise der studirenden Jugend zum Besten ausgeführet [...]*, Dresden und Leipzig 1731 [recte 1713].

Andreas Werckmeister, *Musicae mathematicae Hodegus curiosus*, Frankfurt und Leipzig 1686, Merseburg ²1687, ³1689.
Ders., *Die Nothwendigsten Anmerckungen / Und Regeln Wie der Bassus Continuus, Oder General-Baß wol könne tractiret werden [...]*, Aschersleben 1698.

2. Forschungsliteratur

Lars Ulrich Abraham und Carl Dahlhaus, *Melodielehre*, Laaber 1982.

Hans Werner Arndt, *John Locke: Die Funktion der Sprache*, in: ders., *Grundprobleme. Philosophie der Neuzeit Bd. 1*, S. 176-210.

Wulf Arlt, *Zur Handhabung der „inventio" in der deutschen Musiklehre des frühen achtzehnten Jahrhunderts*, in: George J. Buelow und Hans Joachim Marx (Hg.), *New Mattheson Studies*, Cambridge 1983, S. 371-391.

Alfred Baeumler, *Das Irrationalitätsproblem in der Ästhetik und Logik des 18. Jahrhunderts bis zur Kritik der Urteilskraft (Kants Kritik der Urteilskraft. Ihre Geschichte und Systematik, d. 1)*, Halle 1923.

Leo Balet und E. Gerhard [Eberhard Rebling], *Die Verbürgerlichung der deutschen Kunst, Literatur und Musik im 18. Jahrhundert*, Berlin 1936 (Frankfurt am Main 1981, hg. von Gert Mattenklott).

Wilfried Barner, *Barockrhetorik. Untersuchungen zu ihren geschichtlichen Grundlagen*, Tübingen 1970.

Dietrich Bartel, *Handbuch der musikalischen Figurenlehre*, Laaber 1985.

Karl Ferdinand Becker, *Systematische chronologische Darstellung der musikalischen Literatur*, Leipzig 1836.

Peter Benary, *Die deutsche Kompositionslehre des 18. Jahrhunderts*, Leipzig 1961 (Jenaer Beiträge zur Musikforschung, hg. von Heinrich Besseler, Bd. 3).
Ders., *Die Stellung der Melodielehre in der Musiktheorie des 18. Jahrhunderts in Deutschland*, Kb Kassel 1962, S. 362-364.
Ders., *Zur musikalischen Satztechnik in Theorie und Praxis um 1750*, in: Günther Wagner (Hg.), *Jahrbuch des Staatlichen Instituts für Musikforschung Preußischer Kulturbesitz*, 1994, S. 71-85.

Heinrich Besseler, *Das musikalische Hören der Neuzeit*, Berlin 1959 (Berichte über die Verhandlungen der Sächsischen Akademie der Wissenschaften zu Leipzig, Bd. 104, 6).

Joachim Birke, *Christian Wolffs Metaphysik und die zeitgenössische Literatur- und Musiktheorie: Gottsched, Scheibe, Mizler*, Berlin 1966 (*Quellen und Forschungen zur Sprach- und Kulturgeschichte der germanischen Völker*, Neue Folge 21 [145]).

Walter Blankenburg, *Der Titel und das Titelbild von Johann Heinrich Buttstedts Schrift „Ut, mi, sol, re, fa, la – tota Musica et Harmonia aeterna oder Neueröffnetes, altes, wahres, einziges und ewiges Fundamentum musices" (1717)*, in: Mf 3 (1950), S. 64-66.

Friedrich Blume, Art. *Buttstett, Johann Heinrich*, in: MGG Bd. 2, 1952, Sp. 533-540.

Donald R. Boomgaarden, *Musical Thought in Britain and Germany during the early eighteenth century*, New York 1987.

Werner Braun, *Johann Mattheson und die Aufklärung*, phil. Diss. (masch.), Halle 1952.
Ders., *Musiktheorie im 17./18. Jahrhundert als öffentliche Angelegenheit*, in: Frieder Zaminer (Hg.), *Über Musiktheorie. Referate der Arbeitstagung 1970 in Berlin*, Köln 1970 (= Veröffentlichungen des Staatlichen Instituts für Musikforschung Preußischer Kulturbesitz 5), S. 37-47.
Ders., *Johann Mattheson und die Musiktheorie des 17. Jahrhunderts*, in: Kb Bayreuth 1981, Kassel 1984, S. 537-540.
Ders., *Deutsche Musiktheorie des 15. bis 17. Jahrhunderts. Zweiter Teil. Von Calvisius bis Mattheson*, Darmstadt 1994 (Geschichte der Musiktheorie 8/II).

Georg Braungart, *Hofberedsamkeit. Studien zur Praxis höfisch-politischer Rede im deutschen Territorialabsolutismus*, Tübingen 1988.

François Brunot, *Histoire de la langue française des origines à 1900*, Vol. III, 1, 2. Aufl., Paris o. J.

Ernst Bücken, *Der galante Stil*, in: ZfMw VI (1923/24), S. 418-430.
Ders., *Die Musik des Rokoko und der Klassik*, Potsdam 1927 (Reihe *Handbuch der Musikwissenschaft*).

George J. Buelow, *The Loci Topici*, in: MR 27 (1966), S. 161-176.

Ders., *An Evaluation of Johann Mattheson's Opera, Cleopatra (Hamburg, 1704)*, in: H. C. Robbins Landon (Hg.), *Studies in Eighteenth-Century Music* (= FS Karl Geiringer), London 1970, S. 92-107.

Ders., Vorwort zu EdM Abt. 9 Bd. 69, Mainz 1975: *Johann Mattheson: Cleopatra*.

Ders., *Johann Mattheson and the invention of the Affektenlehre*, in: George J. Buelow und Hans Joachim Marx (Hg.), *New Mattheson Studies*, Cambridge 1983, S. 393-407.

George J. Buelow und Hans-Joachim Marx (Hg.), *New Mattheson Studies*, Cambridge 1983.

Peter Bürger, *Studien zur französischen Frühaufklärung*, Frankfurt am Main 1972.

Beekman C. Cannon, *Johann Mattheson – Spectator in Music* (= Yale Studies in History of Music, Vol. 1), New Haven 1947.

Ders., *The legacy of Johann Mattheson: a retrospective evaluation*, in: George J. Buelow und Hans Joachim Marx (Hg.), *New Mattheson Studies*, Cambridge 1983, S. 1-12.

Thomas Christensen, *Rameau and Musical Thought in the Enlightenment*, Cambrigde 1993 (Cambridge Studies in Music Theory and Analysis Bd. 4).

Ders., *Sensus, Ratio, and Phtongos: Mattheson's Theory of Tone Perception*, in: Raphael Atlas und Michael Cherlin (Hg.), *Musical Transformation and Musical Intuition*, Chicago 1994, S. 1-20.

C. L. Cudworth, *Cadence galante: The Story of a Cliché*, in: MMR 79 (1949), S. 176-178.

Ders., *Baroque, Rococo, Galant, Classic*, in: MMR 83 (1953), S. 172-175.

Carl Dahlhaus, *Musikästhetik*, Köln 1967 (= *Musik-Taschen-Bücher Theoretica*, Bd. 8).

Ders., *Zur Theorie der musikalischen Syntax*, in: Mt 2 (1978), S. 16-26.

Ders., *Zur Entstehung der romantischen Bach-Deutung*, in: BachJb 64 (1978), S. 192-210; Nachdruck in ders., *Klassische und romantische Musikästhetik*, Laaber 1988, S. 121-140.

Ders. (mit Lars Ulrich Abraham), *Melodielehre*, Laaber 1982.

Ders., *Die Musiktheorie im 18. und 19. Jahrhundert. Erster Teil: Grundzüge einer Systematik*, Darmstadt 1984 (Geschichte der Musiktheorie Bd. 10).

Ders., *Was heißt „Geschichte der Musiktheorie"?*, in: Frieder Zaminer (Hg.), *Ideen zu einer Geschichte der Musiktheorie*, Darmstadt 1985 (Geschichte der Musiktheorie Bd. 1), S. 8-39.

Ders., *Ist Rameaus ‚Traité de l'harmonie' eine Harmonielehre?*, in: ZfMth 1.2 (1986), S. 123-127.

Ders., *Die Musiktheorie im 18. und 19. Jahrhundert. Zweiter Teil: Deutschland*, Darmstadt 1989 (Geschichte der Musiktheorie Bd. 11).

Ders., *Die Musik des 18. Jahrhunderts*, Laaber 1994 (Neues Handbuch der Musikwissenschaft Bd. 5).

Ders., Art. *Melodie*, in: MGG² Sachteil Bd. 6 (1997), Sp. 35-67.

Rolf Dammann, *Zur Musiklehre des Andreas Werckmeister*, in: AfMw XI (1954), S. 206-237.

Ders., *Der Musikbegriff im deutschen Barock*, Köln 1967, Laaber ²1984.

Alfred Dürr, *Johann Sebastian Bach – Das Wohltemperierte Klavier*, Kassel 1998.

Joachim Dyck, *Ticht-Kunst. Deutsche Barockpoetik und rhetorische Tradition*, Bad Homburg, Berlin und Zürich ²1969.

Hans Wilhelm Eckardt, *Hamburg zur Zeit Johann Matthesons: Politik, Wirtschaft und Kultur*, in: George J. Buelow und Hans Joachim Marx (Hg.), *New Mattheson Studies*, Cambridge 1983, S. 15-44.

Hans Heinrich Eggebrecht, *Scheibe gegen Bach – im Notenbeispiel*, in: *Das Musikleben* V (1952), Nachdruck in ders., *Bach – wer ist das? Zum Verständnis der Musik Johann Sebastian Bachs*, München ²1994, S. 187-191.

Ders., *Musik als Tonsprache*, in: AfMw XVIII (1961), S. 73-100.

Ders., *Musikalisches und musiktheoretisches Denken*, in: Frieder Zaminer (Hg.), *Ideen zu einer Geschichte der Musiktheorie*, Darmstadt 1985 (Geschichte der Musiktheorie Bd. 1), S. 40-58.

Hans Eppstein, *Johann Sebastian Bach und der galante Stil*, in: Wolfgang Birtel und Christoph-Hellmut Mahling (Hg.), *Aufklärungen. Studien zur deutsch-französischen Musikgeschichte im 18. Jahrhundert – Einflüsse und Wirkungen*, Bd. 2, Heidelberg 1986, S. 209-218.

Hellmut Federhofer, *Johann Joseph Fux und Johann Mattheson im Urteil Lorenz Christoph Mizlers*, in: FS Heinrich Husmann (*Speculum Musicae artis*), München 1970, S. 111-123.

Konrad Fees, *Die Incisionslehre bis zu Johann Mattheson. Zur Tradition eines didaktischen Modells*, Pfaffenweiler 1991.

Ludwig Finscher, *Galanter und gelehrter Stil: Der kompositionsgeschichtliche Wandel im 18. Jahrhundert*, in: *Funkkolleg Musikgeschichte* Studienbegleitbrief 6, Mainz 1988, S. 118-196.

Arno Forchert, *Französische Autoren in den Schriften Johann Matthesons*, in: FS Heinz Becker zum 60. Geburtstag, Laaber 1982, S. 382-391.
Ders., *Polemik als Erkenntnisform: Bemerkungen zu den Schriften Matthesons*, in: George J. Buelow und Hans Joachim Marx (Hg.), *New Mattheson Studies*, Cambridge 1983, S. 199-212.
Ders., *Musik und Rhetorik im Barock*, in: SJb 7/8 (1985/86), S. 5- 21.
Ders., *Johann Sebastian Bach und seine Zeit*, Laaber 2000.

Michael Friedman, *Remarks on the History of Science and the History of Philosophy*, in: Paul Horwich (Hg.), *World Changes. Thomas Kuhn and the Nature of Science*, Cambrigde und London 1993, S. 37-54.

Martin Geck, *Figürlich, affekthaft, Bachisch: Petri Reue in der Johannes- und der Matthäuspassion*, in: *Alles findet bei Bach statt. Erforschtes und Erfahrenes*, Stuttgart und Weimar 2000, S. 7-15.
Ders., *Bach. Leben und Werk*, Reinbek bei Hamburg 2000.

Ursula Geitner, *Die Sprache der Verstellung. Studien zum rhetorischen und anthropologischen Wissen im 17. und 18. Jahrhundert*, Tübingen 1992 (*Communicatio. Studien zur europäischen Literatur- und Kulturgeschichte* Bd. 1).

Kathrin Glüer, *Donald Davidson zur Einführung*, Hamburg 1993.

Karl-Heinz Göttert, *Rhetorik und Musiktheorie im frühen 18. Jahrhundert*, in: Poetica 18 (1986), S. 274-287.
Ders., *Einführung in die Rhetorik. Grundbegriffe – Geschichte – Rezeption*, München ³1998.

Gunter E. Grimm, *Literatur und Gelehrtentum in Deutschland. Untersuchungen zum Wandel ihres Verhältnisses von Humanismus bis zur Frühaufklärung*, Tübingen 1983.

Jacob und Wilhelm Grimm, *Deutsches Wörterbuch* Band 4,1, Leipzig 1878.

Peter Gülke, *Rousseau und die Musik, oder: Von der Zuständigkeit des Dilettanten*, Leipzig 1983.

Jürgen Habermas, *Strukturwandel der Öffentlichkeit. Untersuchungen zu einer Kategorie der bürgerlichen Gesellschaft*, Darmstadt und Neuwied 1962.

Jost Halfmann, *Paradigmenwechsel in der Theorie der Wissenschaft*, phil. Diss. (masch. schr.) Frankfurt am Main 1977.

Christoph Helferich, *Geschichte der Philosophie. Von den Anfängen zur Gegenwart und Östliches Denken*, München 1998.

Michael Heinemann und Hans Joachim Hinrichsen (Hg.), *Bach und die Nachwelt* Bd. 1: 1750-1850, Laaber 1997.

Lothar Hoffmann-Erbrecht, *Der „galante Stil" in der Musik des 18. Jahrhunderts. Zur Problematik des Begriffs*, in: StzMw XXV (1962) (FS Erich Schenk), S. 252-260.

Wolfgang Horn, *Die Kompositionslehre Christoph Bernhards in ihrer Bedeutung für einen Schüler*, in: SJb 17 (1995), S. 97-118.
Ders., Art. *Invention*, in: MGG² Sachteil Bd. 4 (1996), Sp. 1139-1149.

Paul Horwich (Hg.), *World Changes. Thomas Kuhn and the Nature of Science*, Cambrigde und London 1993.

Anton Hügli, Art. *Invention, Erfindung, Entdeckung*, in: *Historisches Wörterbuch der Philosophie* Bd. 4, Darmstadt und Basel 1976, Sp. 544-574.

Albert Jansen, *Jean-Jaques Rousseau als Musiker*, Berlin 1884.

Guido Kähler, *Studien zur Entstehung der Formenlehre in der Musiktheorie des 18. und 19. Jahrhunderts*, phil. Diss. (masch. schr.), Heidelberg 1958.

Volker Kapp, *Die Lehre von der actio als Schlüssel zum Verständnis der Kultur der frühen Neuzeit*, in: ders. (Hg.), *Die Sprache der Zeichen und Bilder. Rhetorik und nonverbale Kommunikation in der frühen Neuzeit*, Marburg 1990 (Ars rhetorica Bd.1), S. 40-64.

Erich Katz, *Die musikalischen Stilbegriffe des 17. Jahrhunderts*, Freiburg im Breisgau 1926 (phil. Diss.).

Manfred Kienpointner, Art. *Inventio*, in: Gert Ueding (Hg.), *Historisches Wörterbuch der Rhetorik* Bd. 4, Tübingen 1998, Sp. 561-587.

Janina Klassen, *„Nur als zukker und gewürze zu brauchen". Musikalisch-rhetorische Figuren im Kontext von Musikschriften des 16. bis 18. Jahrhunderts*, Habil.-Schrift Berlin 1997 (masch. schr.).

Rainer Klassen, *Logik und Rhetorik der frühen deutschen Aufklärung*, München 1973 (phil. Diss.).

Joachim Knape, *Was ist Rhetorik?*, Stuttgart 2000.
Ders., *Allgemeine Rhetorik. Stationen der Theoriegeschichte*, Stuttgart 2000.

Lothar Kreimendahl, *Philosophen des 17. Jahrhunderts. Eine Einführung*, Darmstadt 1999.

Herrmann Kretzschmar, *Allgemeines und Besonderes zur Affektenlehre*, in: PJb 18 (1911), S. 63-77, und 19 (1912), S. 65-78.

Hartmut Krones, Art. *Musik und Rhetorik*, in: MGG² Sachteil Bd. 6 (1997), Sp. 814-852.
Ders., *„denn jedes Tonstück ist ein Gedicht". „Rhetorische Musikanalyse" von Joh. Mattheson bis Fr. A. Kanne*, in: Gernot Gruber (Hg.), *Zur Geschichte der musikalischen Analyse*, Laaber 1996, S. 45-61.

Klaus Kropfinger, *Bemerkungen zur Geschichte des Begriffswortes „Struktur" in der Musik*, in: ders., *Über Musik im Bilde. I. Schriften zu*

Analyse, Ästhetik und Rezeption in Musik und Bildender Kunst, Köln 1995, S. 1-9 (Nachdruck aus Hans Heinrich Eggebrecht (Hg.), *Zur Terminologie der Musik des 20. Jahrhunderts*, Stuttgart 1974 (= Veröffentlichungen der Walcker-Stiftung 5), S. 188-204).

Lorenz Krüger, *Der Begriff des Empirismus. Erkenntnistheoretische Studien am Beispiel John Lockes*, Berlin und New York 1973 (Quellen und Studien zur Philosophie Bd. 6).

Friedhelm Krummacher, *Stylus phantasticus und phantastische Musik. Kompositorische Verfahren in Toccaten von Frescobaldi und Buxtehude*, in: SJb 2 (1980), S. 7-77.
Ders., *Stylus versus Opus. Anmerkungen zum Stilbegriff in der Musikhistorie*, in: *Om Stilforskning. Föredrag och diskussionsinlägg vid Vitterhetsakademiens symposium* 16-18 november 1982 (=Kungl. Vitterheds Historie och Antikvitets Akademiens Konferenser 9), Stockholm 1983, S. 29-45; Wiederabdruck in: Siegfried Oechsle, Heinrich W. Schwab, Bernd Sponheuer und Helmut Well (Hg.), *Friedhelm Krummacher: Musik im Norden. Abhandlungen zur skandinavischen und norddeutschen Musikgeschichte*, Kassel 1996, S. 1-17.
Ders., *Stylus versus Genus: Zum systematischen Denken Johann Matthesons*, in: FS Arno Forchert, Kassel 1986, S. 86-95.
Ders., *Bach als Zeitgenosse. Zum historischen und aktuellen Verständnis von Bachs Musik*, in: AfMw 48 (1991), S. 64-83.

Thomas S. Kuhn, *The structure of scientific revolutions*, dt. *Die Struktur wissenschaftlicher Revolutionen*, Fankfurt am Main 1967, ²1969.

Andreas Liebert, *Die Bedeutung des Wertesystems der Rhetorik für das deutsche Musikdenken im 18. und 19. Jahrhundert*, Frankfurt am Main 1993 (Europäische Hochschulschriften Reihe XXXVI Bd. 98).

Mark Lindley, *Stimmung und Temperatur*, in: Frieder Zaminer (Hg.), *Hören, Messen, Rechnen in der frühen Neuzeit*, Darmstadt 1987 (Geschichte der Musiktheorie Bd. 6), S. 109-331.

Erich Loos, *Baldassare Castigliones „Libro del Cortegiano". Studien zur Tugendauffassung des Cinquecento*, Frankfurt am Main 1955.

Niklas Luhmann, *Interaktion in Oberschichten: Zur Transformation ihrer Semantik im 17. und 18. Jahrhundert*, in: ders., *Gesellschaftsstruktur und Semantik. Studien zur Wissenssoziologie der modernen Gesellschaft* Band I, Frankfurt am Main 1993, S. 72-161.

Karsten Mackensen, *Simplizität. Genese und Wandel einer musikästhetischen Kategorie des 18. Jahrhunderts*, Kassel 2000 (Reihe *Musiksoziologie*, hg. von Christian Kaden, Bd. 8).

Gonsalv K. Mainberger, *Rhetorica I: Reden mit Vernunft. Aristoteles. Cicero. Augustinus*, Stuttgart 1987.

Hans-Joachim Marx (Hg.), *Johann Mattheson (1681-1764). Lebensbeschreibung des Hamburger Musikers, Schriftstellers und Diplomaten*, Hamburg 1982.
Hans-Joachim Marx und George J. Buelow (Hg.), *New Mattheson Studies*, Cambridge 1983.

Margaret Masterman, *The Nature of Paradigm*, in: Imre Lakatos und Alan Musgrave (Hg.), *Criticism and the Growth of Knowledge*, Cambrigde 1970, S. 59-91.

Thomas J. Matthiesen, Art. *Aristides Quintilianus*, in: MGG² Personenteil Bd. 1 (1999), Sp. 917-922.

Olivier Messiaen, *Technique de mon langage musical*, Paris 1944.

Helga de la Motte-Haber, *Musik und Natur. Naturanschauung und musikalische Poetik*, Laaber 2000.

Christian Müller, Art. *Buttstett*, in: MGG² Personenteil Bd. 3 (2000), Sp. 1437-1441.

Frederick Neumann, *Mattheson on performance practice*, in: George J. Buelow und Hans Joachim Marx (Hg.), *New Mattheson Studies*, Cambridge 1983, S. 257-268.

Siegfried Oechsle, *Johann Sebastian Bachs Arbeit am strengen Satz. Studien zum Kantatenwerk*, phil. habil. (masch. schr.) Kiel 1996, Druck i. Vorb.

Ders., *Musica poetica und Kontrapunkt. Zu den musiktheoretischen Funktionen der Figurenlehre bei Burmeister und Bernhard*, in: SJb 20 (1998), S. 7-24.
Ders., *Johann Sebastian Bachs Rezeption des Stile antico. Zwischen Traditionalismus und Geschichtsbewußtsein*, in: Martin Geck (Hg.), *Bach und die Stile*, Bericht über das 2. Dortmunder Bach-Symposion 1998, Dortmund 1999 (Dortmunder Bach-Forschungen Bd. 2), S. 103-122.

Claude V. Palisca, *The genesis of Mattheson's style classification*, in: George J. Buelow und Hans-Joachim Marx (Hg.), *New Mattheson Studies*, Cambrigde 1983, S. 409-423.

Birger Petersen-Mikkelsen, *Terminologie in den theoretischen Hauptwerken Jean-Philippe Rameaus und ihre Rezeption im 18. und 19. Jahrhundert*, Lübeck 1996 (masch. schr.).

Hans Pischner, *Die Harmonielehre Jean-Philippe Rameaus. Ein Beitrag zur Geschichte des musikalischen Denkens*, Leipzig 1967.

Roland Ploeger, *Formeln und Tabellen zu den historischen Instrumentalstimmungen*, Lübeck 1988.

Karl Raimund Popper, *Conjectures and Refutations*, London [4]1972.
Ders., *Objektive Erkenntnis*, Hamburg [2]1974.
Ders., *Logik der Forschung*, Tübingen [5]1973.

Hans Poser, *Wissenschaftstheorie. Eine philosophische Einführung*, Stuttgart 2001.

Rolf W. Puster, *John Locke: Die Idee des Empirismus*, in: Lothar Kreimendahl (Hg.), *Philosophen des 17. Jahrhunderts. Eine Einführung*, Darmstadt 1999, S. 91-112.

Fritz Reckow, *„Sprachähnlichkeit" der Musik als terminologisches Problem. Zur Geschichte des Topos Tonsprache*, Freiburg im Breisgau 1977 (Habil.-Schr., masch.schr.).
Ders., Art. *Tonsprache*, in: HmT, Wiesbaden 1979.
Ders., *Die ‚Schwülstigkeit' Johann Sebastian Bachs oder ‚Melodie' versus ‚Harmonie'. Ein musiktheoretischer Prinzipienstreit der europäischen Aufklärung und seine kompositions- und*

sozialgeschichtlichen Implikationen, in: Helmut Neuhaus (Hg.), *Aufbruch aus dem Ancien régime. Beiträge zur Geschichte des 18. Jahrhunderts*, Köln, Weimar und Wien 1993, S. 211-243.

Frieder Rempp, *Elementar- und Satzlehre von Tinctoris bis Zarlino*, in: Frieder Zaminer (Hg.), *Italienische Musiktheorie im 16. und 17. Jahrhundert. Antikenrezeption und Satzlehre*, Darmstadt 1989 (= Geschichte der Musiktheorie Bd. 7), S. 39-220.

Hugo Riemann, *Geschichte der Musiktheorie*, Berlin ²1921.
Ders., Art. *Galanter Stil*, in: ders., *Musiklexikon*, Berlin ¹¹1929, S. 562.

Oskar Roth, *Die Gesellschaft der Honnêtes Gens. Zur sozialethischen Grundlegung des honnêteté-Ideals bei La Rochefoucauld*, Heidelberg 1981.

Klaus-Jürgen Sachs, *Der Contrapunctus im 14. und 15. Jahrhundert. Untersuchungen zum Terminus, zur Lehre und zu den Quellen*, Wiesbaden 1974 (= Beihefte zum AfMw 13).

Rudolf Schäfke, *Geschichte der Musikästhetik in Umrissen*, Berlin 1934, Tutzing ²1964.
Ders., *Quantz als Ästhetiker. Eine Einführung in die Musikästhetik des galanten Stils*, in: AfMw VI (1924), S. 213-242.

Henning Scheffers, *Höfische Konvention und die Aufklärung. Wandlungen des honnête-homme-Ideals im 17. und 18. Jahrhundert*, Bonn 1980.

Arnold Schering, *Die Musikästhetik der deutschen Aufklärung*, in: ZIMG 8 (1907), S. 263-271 und 316-322.
Ders., *Johann Sebastian Bach und das Musikleben Leipzigs im 18. Jahrhundert* (Musikgeschichte Leipzigs, Bd. 3), Leipzig 1941.

Thomas Daniel Schlee und Dietrich Kämper (Hg.), *Olivier Messiaen: La Cité céleste – Das himmlische Jerusalem. Über Leben und Werk des französischen Komponisten*, Köln 1998.

Peter Schleuning, *Die Fantasie*, Bd. 1 (= Das Musikwerk, Bd. 42), Köln 1971.
Ders., *Das 18. Jahrhundert: Der Bürger erhebt sich*, Reinbek 1984.

Ders., *Johann Sebastian Bachs ,Kunst der Fuge'. Ideologien, Entstehung, Analyse*, München und Kassel 1993.

Ders., *Die Sprache der Natur. Natur in der Musik des 18. Jahrhunderts*, Stuttgart und Weimar 1998.

Siegfried Schmalzriedt, Art, *Subjectum / soggetto / sujet / Subjekt*, in: HmT, Tübingen 1978.

Wolfgang Schmidt, *Struktur, Bedingungen und Funktionen von Paradigmen und Paradigmenwechsel. Eine wisenschafts-historisch-systematische Untersuchung der Theorie T. S. Kuhns am Beispiel der Empirischen Psychologie*, Frankfurt am Main und Bern 1981 (Europäische Hochschulschriften: Reihe 6, Psychologie, Bd. 80).

Herbert Schneider, *Mattheson und die französische Musik*, in: George J. Buelow und Hans Joachim Marx (Hg.), *New Mattheson Studies*, Cambridge 1983, S. 425–442.

Ders., *Jean-Philippe Rameaus letzter Musiktraktat*, Stuttgart 1986 (= Beihefte zum AfMw XXV).

Ders., *Rameaus musiktheoretisches Vermächtnis*, in: ZfMth 1.2, 1986, S. 153-161.

Ders., *Die deutsch-französischen Musikbeziehungen im Zeitalter Rameaus und die Aufführung seines* Castor und Pollux *in Kassel (1771)*, in: Friedhelm Brusniak und Annemarie Clostermann (Hg.), *Französische Einflüsse auf Deutsche Musiker im 18. Jahrhundert* (Arolser Beiträge zur Musikforschung Bd. 4), Köln 1996, S. 39-62.

Matthias Schneider, *Buxtehudes Choralphantasien – Textdeutung oder „phantastischer Stil"?*, Kassel 1997.

Heinrich W. Schwab, *Sangbarkeit, Popularität und Kunstlied. Studien zu Lied und Liedästhetik der mittleren Goethezeit 1770-1814*, Regensburg 1965 (Studien zur Musikgeschichte des 19. Jahrhunderts Bd. 3).

Wilhelm Seidel, Art. *Galanter Stil*, in: MGG² Sachteil Band 3 (1995), Sp. 983-989.

David A. Sheldon, *The Galant Style Revisited and Re-evaluated*, in: AMI XLVII (1975), S. 240-270.

Ders., *Exchange, Anticipation, and Ellipsis: Analytical Definitions of the Galant Style*, in: Thomas Noblitt (Hg.), *Music East and West* (FS Walter Kaufmann), New York 1981, S. 225-241.

Rainer Specht, *John Locke*, München 1989.
Ders., *Nicolas Malebranche: Empfindung und Ideenschau. Umwandlung des Cartesianismus in eine Philosophie der Alleintätigkeit Gottes*, in: Lothar Kreimendahl, *Philosophen des 17. Jahrhunderts. Eine Einführung*, Darmstadt 1999, S. 157-175.

Bernd Sponheuer, *Musik als Kunst und Nicht-Kunst. Untersuchungen zur Dichotomie von „hoher" und „niederer" Musik im musikästhetischen Denken zwischen Kant und Hanslick*, Kassel 1987 (Kieler Schriften zur Musikwissenschaft Band XXX).
Ders., Art. *Kenner – Liebhaber – Dilettant*, in: MGG² Sachteil Bd. 5 (1996), Sp. 31-37.
Ders., *Über das „Deutsche" in der Musik. Versuch einer idealtypischen Rekonstruktion*, in: Hermann Danuser und Herfried Münkler (Hg.), *Deutsche Meister – Böse Geister? Nationale Selbstfindung in der Musik*, i. Vorb. 2001.

Wolfram Steinbeck, *Das Menuett in der Instrumentalmusik Joseph Haydns*, München 1973 (Freiburger Schriften zur Musikwissenschaft Bd. 4).

Wolfram Steude, *„... vndt ohngeschickt werde, in die junge Welt vnd neueste Manir der Music mich einzurichten." Heinrich Schütz und die jungen Italiener am Dresdner Hof*, in: SJb 21 (1999), S. 63-76.

Barbara Stollberg-Rilinger, *Europa im Jahrhundert der Aufklärung*, Stuttgart 2000.

Elisabeth Ströker, *Geschichte als Herausforderung*, in: *neue hefte für philosophie* 6-7 (1974), S. 27-66.

Dagmar Teepe, *Die Entwicklung der Fantasie für Tasteninstrumente im 16. und 17. Jahrhundert. Eine gattungsgeschichtliche Studie*, Kassel 1991 (Kieler Schriften zur Musikwissenschaft Bd. XXXVI).

Udo Thiel, *John Locke*, Reinbek 1990.

Ernst Thurau, *„Galant", ein Beitrag zur französischen Wort- und Kulturgeschichte*, Frankfurt 1936.

Hans Turnow, *Die Verzierungskunst aus Matthesons Sicht*, in: George J. Buelow und Hans Joachim Marx (Hg.), *New Mattheson Studies*, Cambridge 1983, S. 269-289.

Gert Ueding, *Klassische Rhetorik*, München 1995.
Ders., *Moderne Rhetorik. Von der Aufklärung bis zur Gegenwart*, München 2000.
Gert Ueding und Bernd Steinbrink, *Grundriß der Rhetorik. Geschichte – Technik – Methode*, Stuttgart und Weimar ³1994.

Cynthia Verba, *Music and the French Enlightenment. Reconstruction of a Dialogue 1750-1764*, Oxford 1993.

Günther Wagner, *J. A. Scheibe – J. S. Bach: Versuch einer Bewertung*, in: BachJb 68 (1982), S. 33-49.
Ders., *Die Bach-Rezeption im 18. Jahrhundert im Spannungsfeld zwischen strengem und freiem Stil*, in: ders. (Hg.), Jahrbuch des staatlichen Instituts für Musikforschung Preußischer Kulturbesitz 1985/86, S. 221-238.

Markus Waldura, *Von Rameau und Riepel zu Koch. Zum Zusammenhang zwischen theoretischem Ansatz, Kadenzlehre und musikalischem Periodenbegriff in der Musiktheorie des 18. Jahrhunderts*, Saarbrücken 1999 (phil. habil., masch. schr.; Druck i.V.).
Ders., *Marpurg, Koch und die Neubegründung des Taktbegriffs*, in: Mf 53 (2000), S. 237-253.

Hans-Ulrich Wehler, *Modernisierungstheorie und Geschichte*, Göttingen 1975.

Helmut Well, *Christoph Bernhards ‚Aequatio modorum' und die ‚reale Beantwortung'. Überlegungen zum Wandel der tonsystematischen Grundlagen im 17. Jahrhundert*, in: SJb 20 (1998), S. 25-58.
Ders., *Kompositorische Grundlagen im Wandel. Studien zur Veränderung des Tonmalitätsbegriffs im 17. Jahrhundert am Beispiel der Musik für Tasteninstrumente*, Kiel 1999 (phil. habil., masch. schr.; Druck i. Vorb.).

Engelhard Weigl, *Schauplätze der deutschen Aufklärung. Ein Städterundgang*, Reinbek 1997.

Conrad Wiedemann (Hg.), *Der galante Stil 1680-1730*, Tübingen 1969.

Robert Wokler, *Rousseau on Rameau and Revolution*, in: *Studies in the Eighteenth Century* 4 (1978), S. 251-283.

Hellmuth Christian Wolff, *Die Barockoper in Hambug (1678-1738)*, Wolfenbüttel 1957.

Hermann Zenck, *Grundformen deutscher Musikanschauung*, in: *Jahrbuch der Akademie der Wissenschaften in Göttingen*, 1941/42, Nachdruck in: Ders., *Numerus und Affectus – Studien zur Musikgeschichte*, Kassel 1959, S. 37-54.

Martin Zenck, *1740-1750 und das ästhetische Bewußtsein einer Epochenschwelle? Zum Text und Kontext von Bachs Spätwerk*, in: Christoph Wolff (Hg.), *Johann Sebastian Bachs Spätwerk und dessen Umfeld. Perspektiven und Probleme*, Kassel 1988 (Bericht über das wissenschaftliche Symposion anläßlich des 61. Bachfestes der Neuen Bach-Gesellschaft Duisburg 1986), S. 109-116.

Ernst Ziller, *Der Erfurter Organist Johann Heinrich Buttstädt (1666-1727)*, Halle/Saale 1935 (Beiträge zur Musikforschung, hg. von Max Schneider, Bd. 3).

Personenregister

Adlung, Jacob *43, 44, 60, 61*
Ahle, Johann Georg *70*
d'Alembert, Jean le Rond *186, 276*
Arezzo, Guido von *218, 219, 230-232, 257*
Arlt, Wulf *111-113, 117, 119, 122-125, 201*
Arndt, Hans Werner *55*
Bach, Carl Philipp Emmanuel *33, 53, 181, 186, 240-242, 244, 245*
Bach, Johann Sebastian *1, 2, 20, 34, 64, 184-186, 240, 242-245, 274*
Baeumler, Alfred *63*
Balet, Leo *14, 32, 53, 54, 62*
Baron, Ernst Gottlieb *276, 277*
Barner, Wilfried *15, 123*
Bartel, Dietrich *109, 124*
Batteaux, Charles *63*
Beetz, Karl Otto *58*
Benary, Peter *76, 153, 171, 172, 260, 269*
Bendusi, Francesco *18*
Berardi, Angelo *208*
Bernhard, Christoph *7, 21, 47, 67-69, 100, 108, 122, 132, 192, 196-209,*
　　　　212, 234, 236, 267
Besseler, Heinrich *56, 57, 150*
Birke, Joachim *65, 187, 277*
Blankenburg, Walter *217*
Blum, Gerhard *180, 181*
Blume, Friedrich *217, 219*
Bokemeyer, Heinrich *51, 64, 192*
Boomgarden, Donald R. *63, 194*
Braun, Werner *4, 18, 19, 30, 44, 50, 54, 57, 58, 61, 62, 83, 191, 192,*
　　　　196, 201, 204, 206, 207, 209, 212, 216, 222, 257
Braungart, Georg *18*
Brossard, Sébastien de *39, 89, 176, 209, 210, 212, 221, 223, 229, 231,*
　　　　232
Brunot, François *11*
Bücken, Ernst *32, 35, 37*
Buelow, George J. *47, 49-53, 113, 131*
Bürger, Peter *189*
B(u)ononcini, Giovanni Maria *142, 143, 208*
Burmeister, Joachim *67, 72, 121*

Palisca, Claude *4, 91-94, 192, 205, 215, 219, 223*
Pischner, Hans *175, 180*
Ploeger, Roland *86*
Pontio, Pietro *212*
Popper, Karl *256, 257*
Poser, Hans *255*
Praetorius, Michael *30, 118, 219*
Printz, Wolfgang Caspar *19, 21, 30, 69, 70, 106, 137, 169, 208, 216, 219, 229, 231*
Puster, Rolf W. *54*
Quantz, Johann Joachim *32, 33*
Quintilianus, Arist(e)ides *120, 121, 127, 133, 137, 168*
Rameau, Jean Philippe *42, 63, 64, 82, 87, 128-131, 173-190, 210, 246-248, 259-263, 266, 276*
Rebling, Eberhard (E. Gerhard) *14, 32, 53, 54, 62*
Reckow, Fritz *2, 64, 74, 75, 123, 174, 177, 186-189*
Rempp, Frieder *131*
Riemann, Hugo *32, 257, 258, 260*
Riepel, Joseph *186, 269, 274, 276*
Ritter, Joachim *266*
Rousseau, Jean *150*
Rousseau, Jean-Jaques *64, 73, 189, 210, 245-247*
Roth, Oskar *17*
Ruetz, Caspar *269, 274*
Sachs, Klaus-Jürgen *266*
Sauveaur, Joseph *63, 174*
Schäfke, Rudolf *32, 50*
Scheffers, Henning *17*
Scheibe, Johann Adolph *1-3, 53, 65, 78, 146, 186, 187, 243, 274, 275, 277*
Schleuning, Peter *5, 17, 18, 20, 62, 63, 65, 81, 118, 130*
Schering, Arnold *50, 268*
Schlee, Thomas Daniel *188*
Schmalzriedt, Siegfried *44*
Schmidt, Wolfgang *251, 255*
Schneider, Herbert *64, 176, 177, 181, 186*
Schneider, Matthias *118*
Schramm, Friedrich *19*
Schubart, Christian Friedrich Daniel *184*
Schütz, Heinrich *204, 206, 207*
Schwab, Heinrich W. *143, 144*

EUTINER BEITRÄGE ZUR MUSIKFORSCHUNG
herausgegeben von Birger Petersen-Mikkelsen und Martin West

Band 1
Birger Petersen-Mikkelsen
Die Melodielehre des Vollkommenen Capellmeisters Johann Mattheson. Eine Studie zum Paradigmenwechsel in der Musiktheorie des 18. Jahrhunderts
Eutin 2002, ISBN 3-8311-3484-7.   VIII + 312 S., 20.- €

Band 2
Birger Petersen-Mikkelsen und Martin West (Hg.)
Josef Gabriel Rheinberger und seine Zeit.
Die Referate des Symposions im Rahmen der 15. Internationalen Orgelwochen Eutin 2001.
Beiträge von Hans-Josef Irmen, Susan Lempert, Matthias Schlothfeldt, Matthias Schneider und Birger Petersen-Mikkelsen.
Eutin 2002, i. Vorb.

Band 3
Roland Ploeger
Studien zur systematischen Musiktheorie.
mit einem editorischen Nachwort von Michael Töpel
1990 / 2., neu bearbeitete und ergänzte Auflage 2001
Eutin 2002, i. Vorb.

Band 4
Birger Petersen-Mikkelsen und Axel Frieb-Preis (Hg.)
Kirchenmusik und Verkündigung – Verkündigung als Kirchenmusik. Zum Verhältnis von Theologie und Kirchenmusik.
Die Referate des im Oktober 2001 vom Nordelbischen Landesverband Evangelischer Kirchenmusikerinnen und Kirchenmusiker in Deutschland veranstalteten Symposions
mit Beiträgen von Axel Frieb-Preis, Hans-Joachim Günther, Bertold Höcker, Traugott Koch, Birger Petersen-Mikkelsen, Reiner Preul, Uwe Röhl, Henrich Schwerk, Thomas Vogel und Hans-Jürgen Wulf
Eutin 2002, i. Vorb.